La paradoja de la prosperidad

La paradoja
de la prosperidad

Cómo la innovación puede sacar
a las naciones de la pobreza

Clayton M. Christensen,
Efosa Ojomo y Karen Dillon

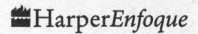

HarperEnfoque

Harper*Enfoque*

La paradoja de la prosperidad

© Harper*Enfoque*
Publicado en Nashville, Tennessee, Estados Unidos de América
Harper*Enfoque* es una marca registrada
de HarperCollins Christian Publishing, Inc.

La paradoja de la prosperidad. Cómo la innovación puede sacar a las naciones de la pobreza.
Título original: *The Prosperity Paradox: How Innovation Can Lift Nations Out of Poverty.*
© by Clayton M. Christensen, Efosa Ojomo, and Karen Dillon, 2019. All rights reserved.

First published in Harper Business. An Imprint of HarperCollins Publishers, 2019. For information, address HarperCollins Publishers, 195 Broadway, New York, NY 10007.

Traducción: Pilar Obón.
Revisión de la traducción: Mariana Flores Monroy.
Diseño de forros: Ana Paula Dávila.
Diseño de interiores: Ricardo Gallardo Sánchez.

ISBN: 978-1-4003-4319-5
ISBN: 978-1-4003-4320-1 (eBook)

Primera edición: mayo 2019.

Índice

Prefacio

A principios de la década de 1970 pasé dos años sirviendo como misionero mormón en Corea del Sur, una de las naciones más pobres de Asia en esa época. Ahí fui testigo de primera mano de los devastadores efectos de la pobreza: perdí amigos por enfermedades prevenibles y vi familias que rutinariamente tenían que decidir entre poner comida en la mesa, educar a sus hijos o mantener a las viejas generaciones. El sufrimiento era parte de la vida cotidiana de los sudcoreanos. La experiencia me conmovió tanto que, cuando recibí una beca de Rhodes para asistir a Oxford, decidí estudiar desarrollo económico, enfocándome en Corea del Sur. Esperaba que eso pudiera llevarme a obtener un puesto en el Banco Mundial, donde podría tratar de ayudar a resolver los problemas que había presenciado en Corea del Sur. Sin embargo, justo el año en el que quise unirme, el Banco Mundial ya no estaba contratando estadounidenses. Esa opción estaba cancelada para mí. De modo que, como resultado de los vaivenes de la suerte, acabé en Harvard estudiando negocios. Pero las imágenes atormentadoras del país empobrecido no me abandonaron.

Me complace decir que, ahora que volví a Corea del Sur, no se parecía en nada al lugar que yo recordaba. En las décadas que transcurrieron desde que viví ahí, no sólo se ha convertido en una de las naciones más ricas del mundo; también integra las respetadas clasificaciones de países miembros de la Organización para la Cooperación y el Desarrollo Económicos (OCDE); y, de ser receptor, ha pasado a ser donante de ayuda extranjera.[1] El periodista estadounidense Fareed Zakaria incluso ha llamado a Corea del Sur "el país más exitoso del mundo".[2] No puedo estar más de acuerdo. La transformación de esa nación en pocas décadas es poco menos que milagrosa.

Por desgracia, tan drástica mutación no ha sido posible para muchos otros Estados que recuerdan a la Corea del Sur de hace unos decenios. En contraste, Burundi, Haití, Níger, Guatemala y muchos otros países que en los setenta eran desesperadamente pobres siguen siéndolo en la actualidad. Las preguntas que hace unos años despertaron mi interés por ayudar a Corea del Sur han seguido molestándome por décadas. ¿Por qué algunos países encuentran su camino a la prosperidad, mientras otros languidecen en una profunda pobreza?

Pues bien, la prosperidad es un fenómeno relativamente reciente para la mayoría de los países. En su mayor parte, las naciones ricas no siempre han sido prósperas. Consideremos, por ejemplo, a los Estados Unidos. Quizá hemos olvidado cuán lejos ha llegado esa nación. No hace mucho tiempo, los Estados Unidos también eran desesperadamente pobres, estaban plagados de corrupción y tenían un gobierno caótico. De acuerdo con casi cualquier parámetro, los Estados Unidos estaban, en la década de 1850, más empobrecidos que la Angola, la Mongolia o la Sri Lanka de nuestros días.[3] La mortalidad infantil en esa época era de unas 150 muertes por cada millar de nacimientos, porcentaje tres veces peor que el de la África Subsahariana de 2016.[4] La sociedad estadounidense de entonces, con su falta de instituciones e infraestructura estable, no se parecía en nada a lo que es hoy. Pero ésa es exactamente la razón por la cual la historia de los Estados Unidos ofrece esperanza a las naciones pobres del mundo. Es posible encontrar un camino para salir de la pobreza. La pregunta es cómo.[5]

A lo largo de décadas hemos estudiado cómo acabar con la pobreza de raíz y crear crecimiento económico en los países pobres, y hemos hecho algunos progresos reales. Por ejemplo, el índice global de pobreza extrema disminuyó de 35.3 por ciento en 1990 a un estimado de 9.6 por ciento en 2015.[6] Eso representa más de 1 000 millones de personas que han salido de la pobreza desde 1990. Sin embargo, una estadística tan espectacular puede estar reflejando un falso sentido de progreso. De esos casi 1 000 millones de personas que han sido rescatadas de la pobreza, la mayoría, aproximadamente 730 millones, pertenece a un solo país: China. Esa nación ha podido reducir su tasa de pobreza extrema de 66.6 por ciento en 1990 a menos de 2 por ciento en la actualidad.[7] Esto es impresionante en verdad. Pero en otras regiones, como en la África Subsahariana, el número de personas que viven en pobreza extrema incluso *ha aumentado* en forma significativa.[8] Aun para quienes no viven técnicamente en pobreza extrema, la supervivencia sigue siendo muy precaria.

Si bien es cierto que ha habido progresos, parece no existir consenso sobre cómo erradicar la pobreza. Las sugerencias van desde reparar la deplorable infraestructura social (incluyendo educación, cuidado de la salud, transporte, etcétera) hasta mejorar las instituciones, incrementar la ayuda extranjera, estimular el comercio exterior, entre otras.[9] Pero incluso quienes no coinciden en la solución correcta seguramente sí lo harán en la evaluación de que el progreso ha sido demasiado lento.

Figura 1. *El ingreso per cápita de 1960-1969 se promedió para obtener un valor de dicho ingreso en la década de 1960. Los valores se ajustaron a la inflación*

País	1960 (pesos)	2015 (pesos)	Porcentaje de cambio
1 Burundi	470	315	-33
2 República Centroafricana	677	339	-50
3 Malawi	412	353	-14
4 Gambia	773	384	-50
5 Madagascar	1 108	393	-65
6 Níger	1 196	403	-66
7 Liberia	1 447	469	-68
8 República Democrática del Congo	1 742	478	-73
9 Togo	783	578	-26
10 Afganistán	698	615	-12
11 Uganda	686	625	-9
12 Sierra Leona	1 128	675	-40
13 Benín	802	709	-12
14 Senegal	2 003	935	-53
15 Zimbabue	2 207	1 037	-53
16 Costa de Marfil	1 545	1 319	-15
17 Ghana	1 632	1 401	-14
18 Zambia	2 252	1 576	-30
19 Venezuela	8 507	4 263	-50
20 Kuwait	34 087	29 983	-12

Fuente: Base de datos del panorama económico mundial del Fondo Monetario Internacional (FMI).

Considérese lo siguiente. Desde 1960 hemos gastado más de 4.3 billones de dólares en Ayuda Oficial para el Desarrollo, tratando de auxiliar a los países más pobres.[10] Por desgracia, buena parte de esas intervenciones no ha tenido la repercusión que esperábamos. De hecho, muchos de los países que en 1960 eran los más pobres del mundo siguen siéndolo en la actualidad. Y lo que es peor: al menos 20 países, después de recibir apoyos de miles de millones de dólares, en 2015 eran más pobres que en 1960 (véase la figura 1).[11]

Efosa Ojomo, coautor de este libro y uno de mis antiguos alumnos de Harvard, conoce de primera mano el dolor de fracasar a pesar de realizar esfuerzos bienintencionados. Su experiencia ofrece una percepción de la frustración que acompaña a tantos proyectos que alguna vez fueron esperanzadores, diseñados para llevar mejores condiciones laborales y mayor calidad de vida a las economías empobrecidas. Oriundo de Nigeria, Ojomo ha pasado la mayor parte de su vida adulta trabajando en los Estados Unidos. Así que, pese a reconocer la pobreza que aqueja a numerosos países, de cierta manera era asunto distante para él, hasta que leyó la dedicatoria del libro *The White Man's Bur-*

den [La carga del hombre blanco], la crítica del profesor William Easterly, de la Universidad de Nueva York, a los esfuerzos occidentales para socorrer a las naciones empobrecidas. En su libro, Easterly cuenta la historia de Amaretch, niña etíope de 10 años que a diario se levantaba a las tres de la madrugada para recoger leña y que después tenía que caminar kilómetros para vender esa leña en el mercado con el fin de ayudar a su familia.

Efosa no pudo dormir después de haber leído la historia. Ningún niño merece llevar una vida tan difícil. Así que se reunió con algunos amigos y juntos fundaron Poverty Stops Here [La pobreza se detiene aquí], organización no lucrativa cuyo objetivo es recaudar dinero para construir pozos en varias zonas de Nigeria. "La falta de agua es lo primero que te golpea cuando visitas una comunidad pobre", me confesó Efosa más tarde. "El agua es vida. Por eso hay tantos proyectos hídricos en el mundo. Necesitamos conseguir agua para la gente. Todo comienza ahí." En el mismo orden de ideas, cuando visitas un país pobre, la falta de educación de calidad, los caminos sin pavimentar, los malos gobiernos y otros indicadores de pobreza son algo dolorosamente obvio. ¿No es razonable pensar que la solución de la pobreza está en proporcionar una o todas esas cosas?

Efosa logró reunir más de 300 000 dólares e identificó cinco comunidades en las que se construirían los pozos. El día que él y sus seguidores acudieron a esas comunidades para activar los pozos por primera vez fue increíblemente alegre, tanto para Efosa como para los habitantes del lugar. Puedo imaginar que hay pocas escenas más emocionantes que ver agua limpia manar en torrente de un pozo en una aldea que antes no tenía ninguno.

Sin embargo, los pozos dejaron de funcionar. Unos seis meses después de construir un nuevo pozo, Efosa recibió una llamada en su casa de Wisconsin; le informaban que el agua había dejado de brotar, y debía pensar, a miles de kilómetros de distancia, cómo hacer que alguien viajara a Nigeria para arreglar el problema. Como todos los pozos que había construido su organización se encontraban en áreas rurales, era todo un reto hallar un técnico calificado que buscara las refacciones y se desplazara a la aldea. Solucionaban un problema y surgía otro. En la actualidad, sólo uno de los cinco pozos que instaló Poverty Stops Here funciona. Efosa y sus amigos, que tan honestamente se habían propuesto ayudar a esas comunidades, se rindieron a su pesar en la tarea de construir más pozos.

No obstante, la de Poverty Stops Here no es historia única. Solamente en África hay más de 50 000 pozos que no funcionan, según reveló un estudio reciente del Instituto Internacional para el Ambiente y el Desarrollo. En algunas comunidades, más de 80 por ciento de los pozos están averiados.[12] En una de las aldeas donde Efosa decidió construir un pozo, notó que ya existía uno, a unos cuantos metros del que había puesto Poverty Stops Here, el cual había sido instalado por una organización de ayuda internacional, pero fue abandonado una vez que quedó inservible.

La experiencia fue profundamente desalentadora para Efosa, a quien entusiasmaba tanto tratar de aliviar el sufrimiento. Su fracaso le planteó algunas preguntas difíciles. Si esos agobiantes problemas no podían resolverse con una inyección de recursos y buena voluntad, ¿entonces qué ayudaría? ¿Por qué algunos esfuerzos tenían éxito y otros no? ¿Por qué a algunos países les iba mucho mejor que a otros? Y, tal vez más profundamente, Efosa reconoció que aliviar la pobreza —o al menos sus signos más obvios— puede no solucionar el problema a largo plazo. Aliviar la pobreza no es lo mismo que crear prosperidad. Debemos empezar a pensar de forma diferente. Esperamos que este libro cambie la forma en que el lector piensa acerca del problema del desarrollo económico, las preguntas que se plantea y las soluciones que desarrolla para apoyar a las comunidades que tan desesperadamente lo necesitan.

¿Qué queremos decir con *prosperidad*? Hay algunas definiciones obvias y de uso común para la palabra, como acceso a la educación, atención médica, seguridad, buen gobierno, etcétera. El Legatum Prosperity Index, que califica a 148 naciones en esas categorías, también incluye otros parámetros, como los esfuerzos ambientales. No es de sorprender que países como Noruega, Nueva Zelanda y Finlandia encabecen la lista, mientras Sudán, Yemen y la República Centroafricana ocupen los últimos lugares.

Si bien esas mediciones son importantes para evaluar el bienestar de los miembros de una sociedad, creemos que una definición aún más importante es el acceso al empleo bien remunerado y la movilidad social. Así que, para los fines de este libro, definiremos *prosperidad* como el proceso mediante el cual cada vez más gente de una región mejora su bienestar económico, social y político.

Ésta es una distinción importante, porque es posible encontrar algunos países "ricos", pero no particularmente prósperos, como las naciones que poseen recursos naturales valiosos. La prosperidad fomenta crecientes libertades económicas, sociales y políticas, y depende menos del acceso a uno o dos recursos singulares, como el petróleo. Así, aunque ciertos Estados son ricos y han creado formas de distribuir su riqueza entre algunos de sus ciudadanos, no los consideramos prósperos porque su riqueza no ha generado una cultura de investigación, innovación y diversidad de mercados. Y esos recursos tampoco han conducido a un entorno en el que la prosperidad se vuelva sustentable aun después de que esos recursos se agoten o pierdan su valor en el futuro. Esto ilustra la importancia de entender qué es lo que genera pobreza.

Y es así como, junto con mis coautores —Efosa Ojomo y Karen Dillon, ex editora de *Harvard Business Review*—, me he propuesto investigar cómo pueden las naciones pobres volverse prósperas.

Para facilitar la lectura de este libro lo hemos escrito en primera persona (mi voz); no obstante, el pensamiento aquí capturado es en gran medida el producto de nuestra colaboración. Efosa y Karen han sido coautores en todo el sentido de la palabra, y estoy agradecido por su compañerismo y su pasión al tratar de hacer de este mundo un lugar mejor. Sabemos que muchos de ustedes comparten nuestras metas.

Hemos escrito este libro teniendo en mente cuatro grupos de interés.

Primero, quienes forman parte de la industria del desarrollo y trabajan diligentemente para librar al mundo de la pobreza. Aplaudimos sus esfuerzos y esperamos que el enfoque que presentamos les ayude a pensar de forma diferente, tal vez incluso a contracorriente, acerca de los problemas que están tratando de resolver.

Segundo, los inversionistas, innovadores y emprendedores que buscan construir empresas exitosas en los mercados emergentes. Su trabajo desempeña un papel crítico en la creación de prosperidad en países de ingresos bajos y medios. El mundo los necesita más que nunca. Pero nuestras ideas aquí no pretenden impulsarlos a invertir en esos países únicamente por un sentido de responsabilidad cívica, sino descubrirles oportunidades potenciales que otros podrían estar perdiendo de vista.

Tercero, los creadores de políticas que buscan impulsar el desarrollo en sus países. En el mundo hay pocos empleos más difíciles que el de un servidor público en un Estado de escasos recursos. Esperamos que, al proporcionarles un modelo para el desarrollo basado en la teoría, puedan traducirlo en políticas de desarrollo apropiadas para las circunstancias únicas de su país.

Por último y más importante, las niñas de 10 años de todo el mundo, quienes, como Amaretch, merecen una vida mejor. Escribimos este libro para los que viven en las aldeas de Nigeria y celebraron el agua que salió del pozo de Efosa, si bien éste se averió unos pocos meses después. Escribimos esto para padres y madres que trabajan incansablemente con el fin de sostener a sus familias, pero no pueden generar ingresos suficientes para elevarse por encima de la mera subsistencia. Finalmente, escribimos este libro para el creciente número de jóvenes que, con cada día que pasa, sienten que sus esperanzas se extinguen porque el mundo parece carecer de oportunidades. Esperamos que este libro encienda de nuevo su confianza y optimismo; un futuro mejor les espera. Un futuro mejor nos espera a todos.

Sección 1

El poder de las innovaciones creadoras de mercado

Capítulo 1

Introducción a la paradoja de la prosperidad

> No es fácil ver que la gente seria se ría de ti. Y la gente seria se rio de mí cuando dije que quería construir una red de tele-comunicaciones en África hace 20 años. Me dijeron todas las razones por las cuales el proyecto nunca tendría éxito. De alguna manera yo seguí pensando: ya sé que hay retos, pero ¿por qué no pueden ver la oportunidad?
>
> Mo Ibrahim

LA IDEA EN BREVE

Niños famélicos en las esquinas. Barrios marginados que carecen de agua limpia y saneamiento. Proyectos de empleo sin esperanza entre la creciente población joven. La mayoría de nosotros nos conmovemos al ver las doloro-sas señales de pobreza en los países pobres de todo el mundo. Según el Banco Mundial, más de 750 millones de personas siguen viviendo en pobreza extre-ma, sobreviviendo con menos de 1.90 dólares diarios. Todos queremos ayu-dar. Pero la que parecería ser la solución más obvia a esa situación —invertir directamente en los países pobres con el fin de eliminar esas señales visibles de pobreza— no ha tenido el éxito que a muchos de nosotros nos gustaría. Sólo hay que ver los miles de millones de dólares que se han destinado a esos pro-blemas en el transcurso de los años, con un progreso relativamente lento, para concluir que algo no está bien. Podemos aliviar temporalmente la pobreza de algunos con esos esfuerzos, pero no se ha avanzado lo suficiente.

¿Qué tal si abordamos el problema con una óptica diferente? ¿Qué tal si, en vez de tratar de eliminar las señales visibles de pobreza, nos enfocamos en crear prosperidad duradera? Esto puede requerir un enfoque contradictorio, pero hará que se vean oportunidades donde menos se espera.

A finales de la década de 1990, cuando Mo Ibrahim concibió la idea de esta-blecer una compañía de telefonía móvil en África, la gente dijo que estaba..., bueno, loco. "Todo el mundo dijo que África era un caso perdido", recuerda él ahora. "Es un lugar peligroso, lleno de dictadores, lleno de locos..., todos corruptos." De hecho, la gente se rio al conocer su idea.

Ibrahim, ex director técnico de British Telecom, tenía una exitosa firma consultora y planeaba desarrollar, desde cero, una red de comunicaciones móviles en África Subsahariana, donde la mayoría de la gente nunca había usado siquiera un teléfono, para no hablar de tener uno. El continente africano, que lo mismo alberga los bazares de Marruecos que los grandes complejos de negocios de Johannesburgo, es hogar de 54 países. Su población total, que supera los 1 000 millones, está diseminada en más de 19 millones de kilómetros cuadrados, una superficie tres veces más grande que la de los Estados Unidos. La vasta mayoría de ese territorio carecía de infraestructura para los antiguos teléfonos fijos, ya no digamos de las torres celulares necesarias para que una empresa de telefonía móvil pudiera funcionar. En esa época, los celulares eran considerados un juguete caro para los ricos, un lujo que los pobres no podían costear y, lo que es más importante, no requerían. Cuando muchas personas, incluyendo los clientes y antiguos colegas de Ibrahim en las principales compañías de telecomunicaciones, evaluaron la oportunidad en África, sólo vieron el nivel de pobreza, la falta de infraestructura, la fragilidad de los gobiernos e incluso la falta de acceso al agua, la atención médica y la educación. Vieron una pobreza invasiva y palpable que permeaba cada aspecto de la sociedad, en vez de un territorio fértil para nuevos negocios.

Pero es preciso darle crédito a Ibrahim, quien percibió las cosas de forma distinta. En vez de ver sólo la pobreza, vio la *oportunidad*. "Si vives muy lejos de la aldea donde vive tu madre, y quieres hablar con ella, quizá tengas que hacer un viaje de siete días", recuerda Ibrahim ahora. "Si pudieras tomar un dispositivo y hablar con ella al instante, ¿cuál sería el valor de eso? ¿Cuánto dinero podrías ahorrar? ¿Cuánto tiempo?" Nótese que Ibrahim no dijo: "¿Cómo podrían millones de africanos, para quienes tres comidas al día suelen ser un lujo, costear un teléfono móvil?" o "¿Cómo justificar las inversiones en infraestructura para un mercado que no existe?" Él se enfocó en la lucha por lograr algo importante y para lo cual existían algunas buenas soluciones. Para Ibrahim, la lucha representaba un enorme potencial.

A menudo, esa lucha se presenta como "no consumo", esto es, cuando los consumidores potenciales están desesperados por progresar en aspectos particulares de su vida, pero no existe una solución viable y accesible para sus problemas. Así que simplemente se quedan como están o desarrollan soluciones alternativas, pero su lucha y su sufrimiento continúan —por lo general bajo el radar de los parámetros convencionales utilizados para evaluar las oportunidades de negocios—. Pero en ese no consumo Ibrahim vio la oportunidad de *crear* un mercado. Así que, con escaso respaldo económico y tan sólo cinco empleados, fundó Celtel[1] con el objetivo de crear una compañía de telecomunicaciones móviles panafricana.

Los obstáculos eran enormes. Crear la red de infraestructura celular que se requería era una empresa alucinante, la cual se llevaría a cabo sin contar con el apoyo de los gobiernos locales o los principales bancos. Reunir el capital fue tan difícil que, aun después de probar su modelo de negocios y alcanzar un flujo de efectivo predecible de millones de dólares, los bancos seguían negándose a prestar dinero a Ibrahim. Éste tuvo que fundar Celtel con financiamiento accionario, "el primero de su clase en la industria de las telecomunicaciones para una compañía de nuestro tamaño y escala", explica. Pero ni ese ni muchos otros desafíos que debió enfrentar lograron detenerlo. Donde no había energía, él llevó la suya; donde no había logística, él desarrolló una propia; donde no había educación o atención médica, él proporcionó capacitación y cuidados sanitarios para su personal, y donde no había caminos, construyó vías improvisadas o utilizó helicópteros para mover el equipo. Ibrahim estaba impulsado por su visión: el inmenso valor de millones de africanos que ya no necesitaban luchar para mantenerse en contacto. Y, a la postre, tuvo éxito.

En sólo seis años Celtel operaba en 13 países africanos —entre ellos Uganda, Malawi, los dos Congos, Gabón y Sierra Leona— y obtuvo 5.2 millones de clientes. En la inauguración de las tiendas de Ibrahim no era raro ver filas de cientos de personas entusiasmadas. Celtel tuvo tanto éxito que, hacia 2004, sus ganancias habían alcanzado 614 millones de dólares y sus utilidades netas eran de 147 millones. En 2005, cuando Ibrahim decidió vender su empresa, recibió unos buenos 3 400 millones de dólares. En tan poco tiempo Celtel liberó miles de millones de dólares en valor provenientes de algunos de los países más pobres del planeta.

Pero Celtel sólo era la punta del *iceberg*. Hoy, en África hay una sofisticada industria de telecomunicaciones móviles, con numerosas empresas (como Globacom, Maroc Telecom, Safaricom, MTN, Vodacom, Telkom, entre otras) que proporcionan más de 965 millones de líneas de telefonía móvil. Esas compañías no sólo han reunido miles de millones de dólares en financiamiento accionario y de deuda, sino que se pronostica que para 2020 proveerán 4.5 millones de empleos, aportarán 20 500 millones de dólares en impuestos y añadirán más de 214 000 millones de dólares de valor a las economías africanas.[2] Los teléfonos móviles también liberaron valor en otras industrias, como la tecnología financiera; así, las compañías ahora usan los registros de uso telefónico como criterio para conceder créditos, lo que ha permitido favorecer a millones de personas que históricamente no podrían haberlos recibido.

Esto puede parecer obvio ahora que los teléfonos móviles están presentes en todo el mundo —y en toda África—; sin embargo, se debe recordar que hace 20 años Ibrahim vio lo que pocas personas pudieron ver.

El mercado que Mo Ibrahim creó, con las difíciles y aparentemente improbables circunstancias en que lo hizo, constituye una solución a lo que llamamos la "paradoja de la prosperidad". Puede sonar contradictorio, pero nuestra investigación sugiere que para muchos países la prosperidad duradera no se producirá al remediar la pobreza. Será resultado de invertir en innovaciones que creen nuevos mercados en esos países.[3] Hemos descubierto que la prosperidad real y duradera no se genera destinando recursos a los países pobres para mejorar sus indicadores de pobreza —como la educación de baja calidad, la atención médica mediocre, el mal gobierno, la falta de infraestructura, etcétera—, lo que podría sugerir prosperidad. En vez de eso, creemos que, en el caso de muchas naciones, la prosperidad echa raíces en una economía al invertir en un tipo particular de innovación —aquel que crea mercados—, lo que a menudo actúa como catalizador y base para crear desarrollo económico sostenido.

Comparemos el enfoque de Mo Ibrahim al erigir Celtel con los esfuerzos de Efosa para construir pozos mediante su organización no lucrativa Poverty Stops Here. Esta última es significativamente más pequeña, pero ejemplifica a la perfección el razonamiento que subyace tras muchos esfuerzos emprendidos en la actualidad para socorrer a los países pobres. Por ejemplo, sólo 18.2 por ciento de la ayuda oficial para el desarrollo se destina a proyectos de "infraestructura económica", mientras que el resto financia educación, salud, infraestructura social y otros proyectos convencionales de desarrollo.[4] Además de que la ayuda que proporcionan los países de la OCDE representa la mayor parte de la inversión extranjera en este rubro, el patrón de esa inversión tiene un efecto indicador para muchos otros que donan y financian proyectos en los países pobres. En cierto sentido, fue lo que inspiró el proyecto de Efosa, esto es, la creencia de que, si canalizamos recursos a un área empobrecida, podremos remediar la pobreza.

¿Pero qué ocurriría si desplazáramos el énfasis hacia la innovación y las soluciones basadas en el mercado en vez de proponer soluciones convencionales de desarrollo? Dicho de otra manera: ¿qué tal si gastamos menos en proyectos como el de Efosa y más en proyectos como el de Mo Ibrahim? Efosa quería financiar y construir más pozos para resolver un problema. Ibrahim pensó cómo crear un mercado dirigido a la gente que estaba dispuesta a pagar por un producto. No es lo mismo. Y, como demostró nuestra investigación, los efectos a largo plazo son muy diferentes.

ENTENDER LA PARADOJA DE LA PROSPERIDAD

No soy experto en todas las economías de bajos y medianos ingresos, pero mis herramientas personales para sortear retos difíciles descansan en la teoría, lo que ayuda a llegar al núcleo del problema. Una buena teoría permite entender el mecanismo subyacente que impulsa las cosas.

Considérese, por ejemplo, la historia de los intentos de la humanidad para volar. Los primeros investigadores observaron importantes correlaciones entre la capacidad de volar y tener plumas y alas. Las historias de los hombres que intentaron volar colocándose alas se remontan a cientos de años atrás. Copiaban lo que creían que permitía a los pájaros elevarse: alas y plumas.

Poseer esos atributos tenía una importante *correlación* —conexión entre dos cosas— con la capacidad de volar, pero cuando los humanos intentaron aplicar lo que consideraban las "mejores prácticas" de los voladores más exitosos, y se colocaron alas, saltaron de las catedrales y aletearon con fuerza..., fracasaron. El error fue que, aunque las plumas y las alas estaban correlacionadas con el vuelo, los aspirantes a aviadores no entendían el *mecanismo causal* fundamental —lo que realmente hace que algo suceda— que posibilitaba a ciertas criaturas volar.

El verdadero parteaguas en el vuelo humano no se produjo al diseñar mejores alas o usar más plumas, aunque ambas fueron buenas cosas. Ocurrió gracias al matemático suizo-alemán Daniel Bernoulli y su libro *Hydrodynamica*, un estudio de la mecánica de los fluidos. En 1738 este personaje estableció lo que sería conocido como el principio de Bernoulli, una teoría que, aplicada al vuelo, explicó el concepto de la elevación. Fuimos de la correlación (alas y plumas) a la causalidad (elevación). El origen del vuelo moderno puede ubicarse directamente en el desarrollo y la adopción de esta teoría.

Pero el esclarecedor entendimiento de la causa del vuelo no fue suficiente para que éste resultara perfectamente *confiable*. Cuando un avión se estrellaba, los investigadores tenían que preguntarse: "¿Qué hubo en las circunstancias de ese intento dado de volar que lo llevó al fracaso? ¿El viento? ¿La niebla? ¿El ángulo de la aeronave?" De esta manera, los investigadores pudieron definir las reglas que los pilotos deben observar para tener éxito en cualquier circunstancia. Y ése es el sello de una buena teoría: brinda su consejo en enunciados tipo "si/entonces".

Como profesor de la escuela de negocios, cientos de veces al año me piden que exponga mis opiniones sobre desafíos de negocios específicos en industrias u organizaciones de las que no tengo conocimiento particular. Sin embargo, puedo expresar mis percepciones porque cuento con herramientas *teóricas* que me enseñan no *qué* pensar, sino *cómo* pensar respecto de un problema. Una buena teoría es la mejor manera que conozco de enmarcar los problemas para plantear las preguntas correctas que llevarán a las respuestas más útiles. Adoptar la teoría no equivale a caer en un atolladero de minucias académicas, sino, por el contrario, enfocarse en la pregunta, completamente práctica, de *qué es lo que lo causa* y *por qué*. Ese abordaje es el núcleo de este libro.

¿Así que cómo, entonces, se relaciona la teoría con nuestro empeño de crear prosperidad en numerosos países pobres y en última instancia hacer del mundo un lugar mejor? El atractivo de muchas cosas correlacionadas con la prosperidad —ponernos alas y plumas— es increíblemente seductor. ¿Quién no se emociona al ver un pozo recién cavado que proporciona agua limpia a una comunidad que carecía de ella? Pero en realidad, sin importar en cuántas cosas buenas invirtamos, si no mejoramos nuestro razonamiento acerca de las causas de la prosperidad económica sostenida nuestros progresos serán muy lentos.

En nuestro estudio de la ruta de la prosperidad, al examinar el progreso (o la falta de él) en diversas economías del mundo —incluyendo Japón, México, Nigeria, Rusia, Singapur, Corea del Sur, los Estados Unidos y varias otras— encontramos que distintos tipos de innovaciones tienen repercusiones tremendamente diferentes en el crecimiento y la prosperidad de una nación en el largo plazo.

Sin embargo, debemos aclarar que el proceso que describiremos aquí —y a lo largo de este libro— no explica cómo cada país próspero ha emergido de la pobreza. Por ejemplo, algunos Estados, como Singapur, comenzaron con un gobierno que dio prioridad al desarrollo económico y a la creación de riqueza, mientras otros, como los Estados Unidos, iniciaron su marcha hacia la prosperidad hace mucho tiempo y de forma más gradual. Todas las buenas teorías deben aplicarse en un contexto; sólo son útiles en ciertas circunstancias. Cada país del mundo es diferente en tamaño, población, cultura, liderazgo y capacidades. Esas circunstancias desempeñan un papel en su destino.

No obstante, en términos generales, encontramos que invertir en innovaciones, y más específicamente en innovaciones capaces de crear mercados para la mayoría de las naciones, ha demostrado ser una ruta confiable hacia la prosperidad para países de todo el mundo. Este libro presenta la historia de economías que ahora son prósperas con el fin de ilustrar los elementos clave de la teoría que proponemos, la cual describe el proceso mediante el cual la creación de nuevos mercados repercute en una sociedad. Fue a través de ese proceso como algunos de los países más pobres del orbe pudieron crear miles de millones de dólares en valor y millones de empleos para sus ciudadanos.

UNA RUTA A LA PROSPERIDAD QUE SE PASA POR ALTO

Nuestro razonamiento se enfoca en lo que hemos identificado como impulsores críticos para crear y sostener la prosperidad en muchos países: encontrar una oportunidad en la lucha, invertir en innovaciones creadoras de mercado (lo cual, entre otras cosas, genera los empleos que ayudan a hacer crecer la economía local) y aplicar una estrategia de desarrollo que consiste en "jalar" (en la cual las instituciones e infraestructuras necesarias son "jaladas" a una sociedad cuando los nuevos mercados así lo exigen), lo que exploraremos con más detalle a lo largo de este libro. Todos esos temas e ideas son esenciales para resolver la paradoja de la prosperidad, y el lector los verá repetidos y examinados desde distintas perspectivas en las innovaciones e historias que expondremos aquí.

Cuando hablamos de innovación no sólo nos referimos a productos de alta tecnología o con muchas características. Nuestra definición de la innovación se refiere a algo muy específico: un cambio en los procesos mediante los cuales una organización transforma el trabajo, el capital, los materiales y la información en productos y servicios de mayor valor.[5] Las "innovaciones creadoras de mercados" transforman productos complejos y costosos en productos más simples y costeables, con lo que los vuelven accesibles para todo un nuevo sector de la sociedad integrado por quienes llamamos los "no consumidores".

Toda economía está conformada por consumidores y no consumidores. En las economías prósperas, la proporción de consumidores para muchos productos suele sobrepasar a la de no consumidores, los cuales son personas que de alguna manera luchan para progresar, pero no lo han conseguido porque a lo largo de la historia no han tenido una buena solución a su alcance. Esto no significa que no haya una solución en el mercado, pero a menudo los no consumidores no pueden costear las soluciones existentes o carecen del tiempo y el conocimiento requeridos para usar el producto adecuadamente.

Las innovaciones creadoras de mercado pueden echar a andar el motor económico de un país. Cuando son exitosas, tienen tres resultados distintos. Primero, por su propia naturaleza, crean *empleos* en la medida en que se necesita cada vez más gente para hacer, comercializar, distribuir y vender las innovaciones. Los empleos son factor crucial en la evaluación de la prosperidad de un país.

Segundo, crean *utilidades* a partir de un amplio sector de la población, las cuales suelen usarse para financiar la mayoría de los servicios públicos de la sociedad, como educación, infraestructura, atención médica, etcétera.

Y, tercero, tienen el potencial para modificar la *cultura* de sociedades enteras. Como mostraremos, muchos países hoy prósperos alguna vez fueron pobres y corruptos y tuvieron malos gobiernos. No obstante, la proliferación de innovaciones puso en marcha un proceso que ayudó a transformar esas economías. Por ejemplo, en los Estados Unidos, las innovaciones creadoras de mercado, como la máquina de coser de Singer, las cámaras de Eastman Kodak y el modelo T de Ford (innovaciones que analizaremos en detalle más adelante), contribuyeron a cultivar una cultura de la innovación que cambió drásticamente a la sociedad estadounidense. Una vez que se generan, los nuevos mercados que atienden a los no consumidores "jalan" otros componentes necesarios —infraestructura, educación, instituciones e incluso cambios en la cultura— para asegurar la supervivencia del mercado, como explicaremos detenidamente a lo largo de este libro. Así es como la trayectoria de una sociedad puede comenzar a modificarse.

Pueden identificarse elementos de nuestro modelo en lo que hizo Ibrahim al construir Celtel. Primero desarrolló, en las circunstancias más improbables, una innovación que hizo que un producto históricamente complejo y costoso se volviera asequible, de modo que millones de personas pudieran acceder a él con mayor facilidad. Al hacerlo creó un vibrante mercado que no sólo generó miles de empleos para la gente, sino que también permitió la formación de otras industrias, como servicios financieros y salud móvil. Segundo, Ibrahim jaló los recursos que necesitaba para establecer su compañía. Como sólo jaló los recursos que requería para el nuevo, grande y rentable mercado que estaba creando —dirigido al no consumo—, lo que construyó fue sustentable. Éste es un tema al que volveremos una y otra vez debido a su importancia para hacer inversiones inteligentes. Tercero, Celtel también se desarrolló pensando en los ciudadanos locales. Por ejemplo, en vez de diseñar un modelo de negocios en el que los clientes tendrían que pagar mensualmente sus facturas de telefonía celular —como ocurre en los países más ricos, donde la gente tiene mayor poder adquisitivo—, Ibrahim introdujo las tarjetas de prepago. Los nuevos clientes podían adquirir tarjetas por cantidades tan pequeñas como 25 centavos de dólar, lo que dio como resultado más compras. Además, 99 por ciento de los empleos que se crearon fueron para africanos nativos.

Si bien el empeño de Ibrahim puede parecer anómalo, especialmente hoy, cuando esperamos que los gobiernos de los países pobres se responsabilicen de gran parte de las cosas de las que Ibrahim se hizo cargo —como ocurre en muchas naciones prósperas—, mostraremos que sus esfuerzos no son muy diferentes de los de numerosos innovadores que han encendido la llama de la prosperidad en sus lugares de origen.

Si bien es cierto que para que las naciones mantengan la prosperidad a largo plazo necesitan buenos gobiernos que promuevan y apoyen la cultura de la innovación, los innovadores que crean mercados pueden encender el fuego y los gobiernos alimentarlo. Creemos que, al entender la forma en que la innovación creadora de mercados puede activar y catalizar el buen gobierno —un patrón que observamos en la actualidad en muchos países prósperos—, podremos ayudar a crear prosperidad sustentable y a largo plazo.[6]

UNA GUÍA PARA ESTE LIBRO

Lo que a simple vista podría parecer desesperanzador a menudo es una oportunidad para crear mercados nuevos y pujantes. Esta percepción no sólo es importante para los grupos de interés que tratan de mejorar las cosas activamente, como los gobiernos, las organizaciones no gubernamentales (ONG) y otros actores de la industria del desarrollo, sino también para innovadores y emprendedores que tal vez no han visto una oportunidad hasta ahora. Por ejemplo, en vez de considerar los 600 millones de personas que carecen de electricidad en África sólo como señal de inmensa pobreza, debemos verlos como una enorme oportunidad para crear un mercado que espera ser capturado. Debe ser un llamado a la innovación, no a la cautela. Ése es el espíritu con el que ofrecemos las ideas de este libro.

Entendemos que nos aventuramos en territorio complicado al escribir sobre desarrollo económico, pero esperamos que los modelos, historias y casos que aquí presentamos aportarán una perspectiva fresca al lector. Hemos dividido el libro en cuatro secciones que se detallan a continuación, con el fin de ayudar a seguir nuestro razonamiento y sus aplicaciones prácticas en el mundo.

En la sección 1 explicamos la importancia de la innovación para crear prosperidad en una economía. Detallamos la forma en que un tipo particular de innovación —la que crea mercados— sirve como base sólida para generar y mantener una prosperidad duradera.

En la sección 2 ilustramos nuestro modelo proporcionando ejemplos de cómo la innovación, y la cultura que ésta crea, han tenido impacto en los Estados Unidos, Japón, Corea del Sur y México.

En la sección 3 nos enfocamos en las barreras percibidas del desarrollo. Analizamos la relación entre las innovaciones creadoras de mercado y el desarrollo de buenas instituciones, la reducción de la corrupción y la construcción y mantenimiento de infraestructura en una nación.

En la conclusión exponemos la importancia de convertir la paradoja de la prosperidad en un proceso de prosperidad y repasamos algunos principios clave del libro.

Por último, en el apéndice perfilamos varias oportunidades de nuevos mercados y esfuerzos de desarrollo de emprendedores, gobiernos y ONG para cambiar el juego en distintas partes del globo. Deseamos que eso ayude a quienes están interesados en encontrar oportunidades para pensar en forma diferente acerca de dónde y cómo pueden invertir sus preciosos recursos con el fin de crear riqueza y generar prosperidad.

Sabemos que hay pocos temas tan complejos como el de crear prosperidad en los países pobres y hemos entrado en este debate con la esperanza de que nuestro razonamiento hará surgir nuevas formas de abordar tan arraigados y desalentadores problemas. En el fondo, este libro busca celebrar el poder y el potencial de la innovación para cambiar el mundo. Pero ése es, esperamos, sólo el comienzo de una conversación provechosa.

Capítulo 2

No todas las innovaciones son iguales

> Una de las cosas que la gente no entiende es que los mercados son creaciones. No son algo que podamos [sólo] encontrar. Un mercado tiene que ser creado.[1]
>
> Ronald Coase,
> Premio Nobel de Economía 1991

LA IDEA EN BREVE

Muchos entendemos el valor de construir instituciones fuertes y desarrollar la infraestructura de una nación. Sin embargo, el papel de la innovación todavía no está muy claro. Sabemos que es importante porque significa cosas diferentes para distintas personas; lo que no se reconoce ampliamente es cómo los distintos tipos de innovación pueden repercutir en una economía. En este capítulo describiremos tres categorías de innovación —sustentación, eficiencia y creación de mercado— y explicaremos el impacto de cada una en una organización y en una economía. Aunque todas las innovaciones son importantes para mantener una economía vigorosa, un tipo en particular, el que crea mercados, tiene una función significativa al proporcionar una base sólida para la prosperidad económica sostenida. Cuando la prosperidad de un país no aumenta, pese a lo que parece ser una enorme actividad dentro de sus fronteras, dicho país podría tener un problema de *innovación,* no de *crecimiento.*

Desde que publiqué *The Innovator's Dilemma* [El dilema del innovador], donde explico cómo a veces las grandes compañías son ciegas ante la amenaza que representan las empresas emergentes, he trabajado con cientos de corporaciones para ayudarlas a enfrentar sus propios dilemas. En el núcleo de ese trabajo está mi teoría de la innovación disruptiva,[2] que describe la forma como una compañía con menos recursos puede desafiar negocios más establecidos al introducir innovaciones más simples, más convenientes y más costeables en un segmento saturado o ignorado de clientes, con lo que en última instancia redefine la industria.

En las décadas que han transcurrido desde que publiqué mi razonamiento, la teoría se ha enraizado en la comunidad de los negocios y en otras áreas, incluyendo la educación y el cuidado de la salud. Por ello, a menudo me acribillan con preguntas acerca de mi teoría y su aplicación a una industria específica. Aunque sé que nunca seré experto en todas las industrias, he descubierto que siempre puedo recurrir a mi estuche de herramientas teóricas para ayudar a la gente a ver a través de distintas lentes y contemplar los problemas de nuevas formas.

Hace algunos años, después de dar una plática en una cumbre de directores generales en Innosight, la firma de consultoría de la que soy cofundador, una ejecutiva hizo una observación que me recordó la importancia de usar las lentes adecuadas para comenzar a resolver un problema: "En el grupo de investigación y desarrollo de nuestra compañía catalogamos todo como 'innovación'", dijo. "Pero, basándome en tu presentación, puedo ver que existen distintos tipos de innovación. Y parecen apuntar a metas distintas. Debemos reestructurar el departamento de Investigación y Desarrollo en mi organización para reflejar lo que realmente tratamos de lograr. Si en verdad queremos crecer alguna vez mediante la innovación, no podemos pensar en ella como una sola cosa uniforme."

La ejecutiva tenía razón. No todas las innovaciones son iguales. Con los años, nuestra investigación reveló que hay tres tipos de innovación que afectan el crecimiento económico: la innovación de sustentación, la innovación de eficiencia y la innovación creadora de mercados. Ninguno de ellos es inherentemente bueno o malo, sino que cada uno desempeña un papel único para las organizaciones que tratan de mantener su crecimiento.[3]

Cuando pensaba en la observación de la ejecutiva acerca de elegir el tipo correcto de innovación para asegurar el futuro de su compañía, me di cuenta de que esa percepción tenía una aplicación mucho más amplia. Tendemos a hacer lo mismo al hablar de todas las actividades innovadoras que tienen lugar en una economía. A menudo categorizamos todas esas actividades de igual forma. Para evaluar la capacidad de innovación de un país usamos definiciones aproximadas, como solicitud de patentes, inversión en investigación y desarrollo, calidad de las instituciones de investigación científica.[4] Pero si distintos tipos de innovación afectan a las organizaciones en formas diferentes, ¿no es válido pensar que distintos tipos de innovación también impactarán las economías en formas diferentes?[5]

Después de todo, las economías se definen en gran parte por las firmas (públicas y privadas) que operan en ellas.[6] Y la innovación —según la definimos en el último capítulo, como un cambio en los procesos mediante los cuales una organización transforma el trabajo, el capital, los materiales y la información en productos y servicios de mayor valor— es lo que hacen las compañías en su mayor parte. Nótese que *innovación* no es lo mismo que *invento*, esto es, el proceso de crear algo enteramente nuevo y que no existía antes. A menudo las innovaciones se toman prestadas de un país a otro y de una empresa a otra, y después son mejoradas. Así, tomamos la innovación como nuestra unidad de análisis y buscamos entender cómo su tipo, escala e impacto en una compañía influyen en la economía más amplia.[7]

¿Es esto sólo una distinción académica que carece de importancia en el mundo real? Para nada. En el salón de clases siempre hago hincapié en la importancia de entender qué es lo que hace que algo suceda y por qué.

Para explicar este punto a mis alumnos, cada semestre me coloco frente a la clase con un bolígrafo o un pedazo de tiza en la mano y después lo suelto y sólo miro cómo cae al piso. Mientras me inclino a recogerlo, me quejo: "¿Saben qué? Odio la gravedad. Pero a la gravedad eso no le importa. Siempre te jala hacia abajo". El punto es que, lo pensemos de forma consciente o no, la gravedad siempre está en acción. Pero, si somos conscientes de ella y aprendemos cómo funciona, podremos aprovecharla para nuestros fines. El mismo razonamiento es válido para la innovación. Si comprendemos qué tipo de innovación causa qué tipo de efecto, podremos aprovecharla para nuestros fines. Conocer esas diferencias constituye un primer paso crucial para entender lo que conduce a un desarrollo económico sustentable.[8]

INNOVACIONES DE SUSTENTACIÓN

Las innovaciones de sustentación son mejoras a soluciones que existen en el mercado y suelen dirigirse a clientes que exigen un mejor desempeño de un producto o servicio. Cuando crean nuevos sabores, colores o características para un producto existente con el fin de generar entusiasmo en los consumidores que ya lo compran, mis amigos que trabajan en la industria de bienes de consumo empacados hablan de "SKUs [códigos de artículo] para las noticias". Piensa en la marca de tés Lipton, de Unilever. Hoy en día hay casi tantos sabores como personas en el planeta —o al menos así lo parece—. Desde el té de matcha y el de menta hasta el té verde helado, la marca ha desarrollado nuevos y excitantes productos para capturar cada vez más un mercado —que ya existe— de bebedores de té, o al menos para conservar su participación en el mercado. Éstas son innovaciones de sustentación. No están diseñadas para atraer nuevos clientes; su naturaleza no es *sustitutiva*. Son importantes para la marca

Lipton y para que los clientes sepan que la compañía no está estancada; así, el nuevo sabor Berry Hibiscus no necesariamente creará un mercado de bebedores de té enteramente nuevos.[9]

Las innovaciones de sustentación suelen venderse por más dinero y tienen márgenes más altos. Los asientos con calefacción en nuestros vehículos constituyen buena idea, especialmente si los fabricantes pueden vendernos los autos más caros, y suelen estar dirigidos a quienes ya son clientes compradores de autos. No son lo que hizo que la gente dejara de usar caballos para transportarse.

Las innovaciones de sustentación están a nuestro alrededor y, en efecto, son un componente crítico de nuestras economías. Son importantes para que empresas y países sigan siendo competitivos. Pero su repercusión en la economía es muy diferente de la que tienen los otros dos tipos de innovaciones —creadoras de mercado y de eficiencia—. Las compañías rara vez necesitan construir nuevos motores de ventas, distribución, mercadotecnia y manufactura cuando desarrollan innovaciones de sustentación en un mercado maduro, puesto que le venden a un segmento de la población relativamente conocido en una forma establecida hace mucho tiempo. En consecuencia, cuando se les compara con las innovaciones creadoras de mercado, las innovaciones de sustentación tienen un efecto muy distinto en la creación de empleos, la generación de utilidades y los cambios en la cultura de una región.

FIGURA 2. *Las innovaciones de sustentación mejoran los productos existentes; se dirigen a la gente que puede costear el producto en un segmento particular de la economía. Cuando ese segmento se satura, las innovaciones de sustentación a menudo tienen un efecto de sustitución en el consumo*

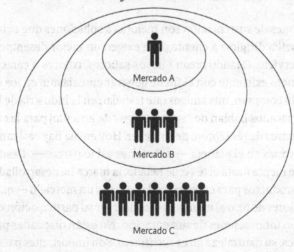

Considérense los tres círculos concéntricos, cada uno de los cuales simboliza un mercado distinto, conformado por diferentes miembros de una sociedad. Es una simple ilustración, pero confiamos en que facilitará la comprensión de nuestro razonamiento. El mercado A representa a los consumidores más escasos, más ricos y más expertos. El mercado B representa un grupo más grande pero menos acaudalado y especializado. Y, de forma similar, el mercado C representa el segmento más grande pero también el que menos recursos y experiencia posee. El objetivo de las innovaciones de sustentación en cualquiera de los círculos concéntricos —sin importar el tamaño del mercado— suele ser vender más productos a los mismos clientes en ese mercado en particular.

Es comprensible que muchas compañías se concentren en los segmentos más ricos de la economía, porque esperan que, al agregar características y beneficios a un producto (o servicio) existente, podrán seguir vendiendo más y con mayores ganancias. Las innovaciones de sustentación conducen a cierto crecimiento y permiten el desarrollo, pero, como puede verse, el impacto de ese crecimiento se limita al número de consumidores en el segmento objetivo. Asimismo, la competencia por ganar clientes en el segmento más acaudalado es considerablemente feroz, porque muchas otras compañías también pugnan por esos clientes. De vez en cuando, una innovación de sustentación puede atraer un nuevo cliente, pero eso suele ser algo incidental, ya que las compañías por lo general necesitan desarrollar nuevas estrategias para clientes de círculos o segmentos diferentes.[10]

Veamos una exposición más detallada de lo anterior.

ESTRATEGIA DE UNA INNOVACIÓN DE SUSTENTACIÓN DEL AUTO MÁS VENDIDO EN LOS ESTADOS UNIDOS

Pocos autos se venden mejor en los Estados Unidos que el Toyota Camry. Al momento de escribir estas líneas, éste era el vehículo mejor vendido en los Estados Unidos durante 19 de los últimos 20 años.[11] Pero aun con tan notable éxito, las ventas del Camry han permanecido relativamente iguales desde el año 2000. Si bien las innovaciones que Toyota ha realizado en este auto a lo largo de los últimos 20 años han mantenido a la compañía en una posición competitiva, relevante y rentable, no han tenido gran repercusión en el crecimiento de Camry. En 1997 Toyota vendió 394 397 de estos autos. Dos décadas más tarde, en 2017, vendió 387 081 (2007 fue el mejor año para el Camry, cuando Toyota vendió 473 108 unidades).[12]

Las innovaciones de sustentación del Camry son muy importantes para Toyota; ayudaron a que este vehículo fuera el más vendido en los Estados Unidos durante 19 años. Sin embargo, las ventas estables de Camry no representan un nuevo motor de crecimiento para Toyota ni un crecimiento mayor para la economía. Esas ventas se dirigen a la "economía de consumo"; los clientes de Toyota y otros fabricantes automotrices ya pueden ver, contar y llegar a los canales de distribución existentes. Las ventas de Camry generan ganancias estables año tras año, a menudo reteniendo a un cliente que simplemente cambia a un mejor modelo de un auto que ya posee.

Pero aun siendo el Camry un éxito de ventas confiable, Toyota no requiere construir una nueva planta manufacturera ni contratar personal enteramente nuevo cada vez que lanza otra versión de este auto. Tampoco necesita reclutar otra fuerza de ventas, construir un canal de distribución ni invertir en un equipo de diseño enteramente nuevo al trabajar en un modelo renovado. Como la mayoría de las empresas, Toyota se limita a reutilizar sus recursos. Como resultado, la compañía no requiere tanto capital ni tanta gente para desarrollar nuevos modelos. No se construyen fábricas y se emplea poca fuerza de ventas nueva.

CRECIMIENTO SOSTENIDO EN UN MERCADO MADURO Y ESTABLECIDO

La trayectoria de innovación del Camry no es una historia excepcional. Por su naturaleza, la mayoría de las innovaciones son de sustentación. Y eso es algo bueno para la compañía y para los clientes, que podrían querer un mejor producto o servicio. Los ejemplos de las innovaciones de sustentación van de procesadores más rápidos en nuestras computadoras a más memoria en nuestros teléfonos. El iPhone original fue una innovación creadora de mercado, que catalizó un nuevo mercado para los teléfonos inteligentes y sus aplicaciones correspondientes; en cambio, el iPhone X constituye una innovación de sustentación. La mayor parte de los clientes del iPhone X, gente capaz de pagar 1 000 dólares, sólo sustituyó su antiguo teléfono y ahora cuenta con reconocimiento facial, una pantalla Super Retina y OLED.

Considérese también el nuevo palo de golf P790 de TaylorMade, que, según promete la compañía, ayudará a los golfistas a experimentar "tacto, tolerancia y facilidad de uso como ningún otro hierro de ese calibre". Se vende al menudeo por 1 299.99 dólares. Seguramente esos palos de golf no atraerán grandes cantidades de consumidores al deporte, y por lo tanto no crearán muchos nuevos empleos. No obstante, al igual que el iPhone X, ciertamente están produciendo más dinero para TaylorMade, al hacer que la compañía sea más atractiva y al fortalecer su lugar como un competidor importante en su industria. Nunca se destacará lo suficiente la importancia de las innovaciones de sustentación.

Estas innovaciones no sólo se refieren a los productos; a menudo se aplican también a los servicios. Por ejemplo, cuando menos una vez al mes, mi banco me ofrece una nueva tarjeta de crédito, innovación que existe desde 1950. Ésta constituye un enorme mercado: la deuda actual de las tarjetas de crédito en los Estados Unidos rebasa el billón de dólares —una cantidad mayor que el PIB de México, Turquía y Suiza—. Mi banco no está tratando de crear un nuevo mercado para las tarjetas de crédito; más bien está intentando ganar más dinero al venderme servicios extra, como seguro de viajes, extensiones de garantía y devolución de efectivo en cualquier gasto que haga. Lo mismo ocurre cuando mi proveedor de telefonía móvil trata de venderme planes de datos cada vez más completos. Ésas son innovaciones de sustentación, diseñadas para vender más servicios y obtener más dinero de clientes como yo.

INNOVACIONES DE EFICIENCIA

Como su nombre lo indica, las innovaciones de este tipo permiten a las compañías hacer más con menos recursos. En otras palabras, mientras las empresas exprimen lo más posible los recursos existentes y recientemente adquiridos, su modelo de negocios y los clientes a los que se dirigen con sus productos siguen siendo los mismos. Las innovaciones de eficiencia son cruciales para la viabilidad de las compañías a medida que las industrias se saturan y se vuelven más competitivas. Por lo general consisten en innovaciones en los *procesos:* se enfocan en *cómo* se hace el producto. Con esta clase de innovaciones las compañías pueden volverse más rentables y, fundamentalmente, liberar flujo de efectivo.

Las innovaciones de eficiencia existen en todas las industrias y son esenciales para mejorar la rentabilidad y retener clientes en cualquier organización. Sin embargo, aunque son buenas para la productividad de la empresa, no siempre son benéficas para los empleados. Piénsese en las plantas que han cerrado o han sido reubicadas como resultado de la tercerización (*outsourcing*), uno de los componentes de las innovaciones de eficiencia. Por sí mismas, éstas no crean empleos. (Esto es, a menos que el capital que liberan se canalice hacia el desarrollo de innovaciones creadoras de mercado, de lo cual hablaremos más adelante.)

Consideremos la industria de extracción de recursos, sector que se desarrolla a partir de inversiones en innovaciones de eficiencia.[13] Debido a que el petróleo, el gas, el oro, los diamantes y muchos otros recursos que extraemos y procesamos son productos básicos, los gerentes de esta industria siempre están buscando formas de incrementar la eficiencia y disminuir los costos, proceso que libera el flujo de efectivo y mejora los márgenes de ganancia. Sólo hay que pensar en cualquier nación que posea un vasto sector de extracción de recursos y evaluar si esos sectores agregan empleos a la economía a medida que extraen más recursos. Tomemos como ejemplo a los Estados Unidos.

En 1980 había aproximadamente 220 000 empleados en la industria de extracción de gas y petróleo, la cual producía casi 8.6 millones de barriles de petróleo diarios.[14] En 2017 el número de empleados había descendido más de una tercera parte, con unos 146 000 empleados, pero la producción había aumentado a más de 9.3 millones de barriles.[15] Las cifras no son mucho mejores para Nigeria, uno de los productores de petróleo más grandes del mundo. Según datos del Buró Nacional de Estadísticas de ese país, la industria de gas y petróleo emplea sólo 0.01 por ciento de la fuerza de trabajo nigeriana, aun cuando el sector representa más de 90 por ciento de los ingresos por exportaciones y más de 70 por ciento de los ingresos del gobierno.[16] Las innovaciones de eficiencia liberan los flujos de efectivo, pero rara vez añaden empleos a una economía. En la mayoría de los casos, eliminan más de lo que crean. Como la propia naturaleza de la extracción de recursos está impulsada por la eficiencia, países como Nigeria, Venezuela, Arabia Saudita, Sudáfrica, Qatar y otros que en buena medida dependen de la extracción de recursos no pueden, sin embargo, contar con que ese sector creará empleos para sus ciudadanos.

Es necesario subrayar la importancia de este punto. Ni las innovaciones de eficiencia ni las de sustentación son inherentemente malas para un país. De hecho son buenas para nuestras economías, pero desempeñan papeles muy diferentes en la promoción del crecimiento económico sustentable y la creación de empleos. Aunque mantienen nuestras economías competitivas y vigorosas, al liberar efectivo muy necesario para futuras inversiones, ninguna de estas innovaciones introduce nuevos motores de crecimiento en los mercados maduros. Ése es el resultado de algo completamente distinto: las innovaciones creadoras de mercado.

INNOVACIONES CREADORAS DE MERCADO

Estas innovaciones hacen exactamente lo que su nombre indica: crean nuevos mercados. Pero no de cualquier tipo, sino dirigidos a las personas para las que no existían productos o para quienes los productos disponibles no eran costeables ni accesibles por distintas razones. Esas innovaciones transforman productos complicados y costosos en otros mucho más económicos y accesibles para que muchas más personas puedan adquirirlos y usarlos. En algunos casos incluso se crean categorías de productos enteramente nuevas. La Celtel de Mo Ibrahim hizo que una solución originalmente costosa, las telecomunicaciones móviles, se volviera más simple y asequible para millones y millones de nuevos clientes. En cierto sentido, las innovaciones creadoras de mercado democratizan productos y servicios que antes no estaban disponibles.

Aunque la magnitud del impacto de un nuevo mercado depende de las características de la innovación que está siendo democratizada —por ejemplo, no todas las innovaciones poseen la repercusión que tiene democratizar un auto—, el impacto de las innovaciones creadoras de mercado es significativo cuando se compara con el de otros tipos de innovaciones. En su conjunto, las innovaciones creadoras de mercado son la base de muchas economías ricas de nuestros días y han ayudado a levantar a millones de personas de la pobreza en el proceso.[17]

Además de mercados, las innovaciones de este tipo crean empleos debido a que, a medida que nacen nuevos mercados con nuevos consumidores, las compañías deben contratar gente para fabricar, comercializar, distribuir, vender y mantener el producto. Las innovaciones creadoras de mercado tienen el potencial de generar lo que llamamos empleos *locales* y *globales*.

EMPLEOS LOCALES Y GLOBALES

Los *empleos locales* son los que se crean para atender el mercado local. No son fácilmente transferibles o tercerizables a otros países. Por ejemplo, los empleos relacionados con diseño, publicidad, mercadotecnia, ventas y servicio posventa suelen entrar en esta categoría. Por lo general se trata de puestos con salarios elevados en comparación con los empleos globales. Aunque también son importantes, los *empleos globales* se pueden mover con mayor facilidad a otros países para aprovechar menores salarios. La fabricación y el suministro de materias primas son quizá los mayores responsables. Con los avances en la cadena global de suministro, los empleos globales corren el riesgo de trascender las fronteras nacionales y moverse hacia otro mercado laboral más "eficiente" o de menor costo. En contraste, los empleos locales son esenciales para mantener las innovaciones creadoras de mercado; resultan menos vulnerables al atractivo de menores salarios en cualquier otra parte.[18]

Figura 3. *Las innovaciones creadoras de mercado hacen que los productos estén disponibles para clientes de un nuevo círculo concéntrico*

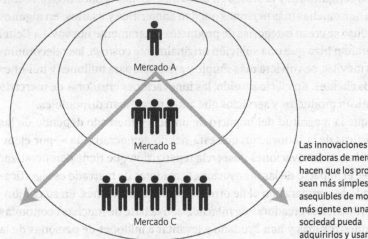

Las innovaciones creadoras de mercado hacen que los productos sean más simples y asequibles de modo que más gente en una sociedad pueda adquirirlos y usarlos.

Cuando los innovadores crean un nuevo mercado, dirigido a un gran sector de la población que históricamente ha sido incapaz de adquirir determinado producto o servicio —los no consumidores—, deben contratar muchas más personas no sólo para fabricar el producto o prestar el servicio, sino para llevar éstos a los nuevos clientes. Cuanto más grande sea el no consumo, mayor será el mercado potencial. Y cuanto mayor sea el mercado, mayor será el impacto. Esta dedicación a las innovaciones creadoras de mercado a menudo establece la infraestructura subyacente, incluyendo educación, transporte, comunicaciones, políticas y regulaciones gubernamentales, así como instituciones y otros componentes de las pujantes sociedades actuales. Esta actividad crea un círculo virtuoso en la economía que promueve el desarrollo de muchos más nuevos mercados.

Figura 4. *Las innovaciones creadoras de mercado generan empleos locales más sustentables*

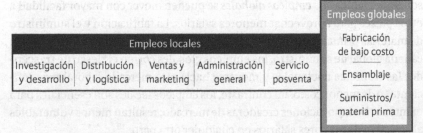

Otra ventaja de invertir en innovaciones creadoras de mercado es que, cuando los empresarios locales desarrollan innovaciones y cosechan las recompensas de su éxito, es más probable que los rendimientos sirvan para financiar futuras innovaciones locales. Considérese lo siguiente: de los más de 70 billones de dólares de activos globales bajo gestión, menos de dos billones se destinan a inversiones extranjeras directas (IED).[19] La mayor parte del dinero se queda en casa.

En el capítulo 1 asentamos que la inversión en innovaciones creadoras de mercado no es la causa del desarrollo de todos los países prósperos de la actualidad. Los países difieren demasiado en tamaño, capacidades y otros parámetros para poder afirmar que sólo existe una estrategia de desarrollo. Sin embargo, las innovaciones creadoras de mercado constituyen una de las estrategias más viables para crear prosperidad en los países actualmente pobres.

CINCO CLAVES PARA DEFINIR LAS INNOVACIONES CREADORAS DE MERCADO

Puesto que las innovaciones creadoras de mercado requieren la capacidad de percibir lo que otros no ven, siempre es más fácil identificarlas en retrospectiva que tener la visión para desarrollarlas. Antes de que los autos, las computadoras y las cuentas bancarias se volvieran algo normal para muchos de nosotros, los empresarios tuvieron que crear un mercado para esos productos y servicios. Lo que he encontrado es que la mayoría de los nuevos mercados no tiene sentido en un principio, especialmente para los expertos de la industria de que se trate. Por ejemplo, en 1939, un reportero del *New York Times* que cubría la Feria Mundial de Nueva York informó que "[la] televisión nunca será competidora seria para la radio, porque la gente tiene que sentarse y mantener los ojos pegados a la pantalla; la familia estadounidense promedio no tiene tiempo para eso".[20] Podemos esbozar una sonrisa (o suspirar con desesperación) al ver lo equivocada que estaba esa predicción, pero en aquel tiempo probablemente habríamos estado de acuerdo con ella, del mismo modo en que muchos predijeron hace 20 años que los teléfonos móviles en África eran exclusivos de los ricos y nunca se arraigarían.

Así que ¿cómo definir las innovaciones creadoras de mercado? Deben ser evaluadas usando la lente correcta, tanto por los empresarios que ven el potencial de construir algo de cero como por las organizaciones que desean impulsarlas en su portafolio de innovaciones. Aquí presentamos un útil marco de referencia de cinco atributos que emprendedores y administradores deben buscar al considerar la creación de nuevos mercados.

1. *Modelos de negocios dirigidos al no consumo.* En su mayoría, las innovaciones y los modelos de negocios que existen hoy en día se dirigen a los consumidores existentes, aquellos que pueden adquirir los productos del mercado. Cuando los análisis y los reportes del consumidor emplean términos como *clases medias emergentes, aumento del ingreso disponible* y *dividendo demográfico,* por lo general se refieren a patrones de consumo existentes. El no consumo es distinto. Consiste en la incapacidad de un consumidor potencial de comprar y usar (consumir) un producto o servicio. Desde sus inicios, la Celtel de Mo Ibrahim enfocó su modelo de negocios en el no consumo de los teléfonos móviles en África, en vez de dirigirse a una población más solvente.

2. *Tecnología habilitadora.* La tecnología habilitadora es aquella que proporciona mejores niveles de desempeño a un costo progresivamente más bajo. Una tecnología es cualquier proceso dentro de una organización que convierte las entradas de valor más bajo en salidas de mayor valor. Las tecnologías habilitadoras, como internet, los teléfonos inteligentes, el Sistema de Producción Toyota e incluso una eficiente operación de distribución y logística, pueden proporcionar una ventaja competitiva a las compañías cuando éstas construyen nuevos mercados. Celtel aprovechó la velozmente cambiante red tecnológica de la infraestructura inalámbrica celular para brindar un servicio a muchos que históricamente habían dependido de las conexiones alámbricas.

3. *Una nueva red de valor.* Una red de valor es lo que define la estructura de costos de una compañía. Por ejemplo, antes de que un producto vaya de una granja a una tienda de abarrotes primero debe ser cosechado, procesado, almacenado, transportado, empacado, comercializado, etcétera. Ese conjunto de actividades es lo que constituye la red de valor de un producto, y cada una añade cierto costo al precio final. Como la mayoría de los negocios se enfocan en los consumidores existentes, sus estructuras de costos les impiden dirigirse a los no consumidores. Crear una nueva red de valor permite a las compañías redefinir su estructura de costos con el fin de que sus soluciones sean asequibles para los no consumidores y rentables al mismo tiempo. Celtel pudo lograr esto al cambiar la forma en que la gente compraba minutos de telefonía celular. La empresa no sólo desarrolló "tarjetas rasca" (esto es, tarjetas de prepago que permitieron a la gente comprar minutos de tiempo aire); también aprovechó la red informal de minoristas en todo el continente. Esto ayudó a Celtel a redefinir su estructura de costos.

4. *Estrategia emergente.* Cuando se crea un nuevo mercado los innovadores suelen usar una estrategia emergente (o flexible) porque persiguen merca-

dos aún sin definir, de modo que tienen mucho que aprender de sus futuros clientes. Las estrategias deliberadas (o fijas) se utilizan cuando las compañías conocen las necesidades del mercado. Los administradores y emprendedores deben estar dispuestos a aprender y modificar sus estrategias con base en la retroalimentación que obtienen de los nuevos clientes a los que intentan servir, como hizo Celtel en distintos países.

5. *Soporte ejecutivo.* Los negocios que pretenden crear nuevos mercados a menudo son impopulares, no sólo porque se dirigen a un mercado que técnicamente todavía no existe, sino porque con frecuencia necesitan más recursos que las innovaciones de sustentación y de eficiencia. Por eso ningún banco le prestó a Mo Ibrahim al principio. En consecuencia, para sobrevivir en las organizaciones existentes, las innovaciones creadoras de mercado requieren el apoyo del director general o de alguien en la cúpula del equipo ejecutivo.

EL EFECTO DEL MODELO T

Tal vez el ejemplo más claro del poder potencial de las innovaciones creadoras de mercado sea la innovación del modelo T. Hace aproximadamente un siglo los autos en los Estados Unidos eran juguetes y símbolos de estatus para los ricos. Había menos de 10 000 automóviles registrados en el país en 1900, y eran vehículos personalizados que se adquirían tanto por estatus como por su utilidad práctica (algo no muy distinto de lo que ocurre con el mercado de *jets* privados en la actualidad). Había pocos caminos pavimentados donde conducir los autos, escasas estaciones de gasolina para cargarlos de combustible y pocos estadounidenses lo bastante ricos para hacerse de un automóvil. Henry Ford vendría a cambiar todo eso.

Fueron tantos los estadounidenses que compraron autos —la producción anual pasó de 20 000 en 1909 a más de dos millones en 1922— que el auge automotriz condujo a una revolución cultural mayor en el país. Los estadounidenses cambiaron el lugar y la forma en que vivían, trabajaban y jugaban; comenzaron a desarrollarse escuelas y suburbios. El transporte de productos agrícolas se volvió más eficiente y emergieron nuevos negocios e industrias: turismo, hoteles, comida rápida, talleres mecánicos, seguros de auto, estaciones de gasolina, entre otros. Se crearon numerosas industrias para proveer a los fabricantes de autos suministros como acero, petróleo, pintura, madera, cemento, vidrio y caucho. Las escuelas comenzaron a ofrecer programas en los que se enseñaba a la gente cómo dar servicio a los autos. Y las instituciones públicas empezaron a responder construyendo nuevos caminos y creando nuevas leyes que hicieran que conducir un vehículo fuera más seguro para los Estados Unidos. Sin embargo, tanto el auto como el mercado que Ford ayudó a crear surgieron primero.

Además de que el modelo T originó un nuevo mercado que generó empleos e ingresos por impuestos de forma significativa, la innovación tuvo grandes efectos posteriores en la economía estadounidense. Conforme más gente compraba autos modelo T surgieron los competidores, lo que provocó que la industria fuera aún más eficiente, dinámica y dominante. Los estadounidenses adoraban sus autos y el gobierno tuvo que seguir respondiendo con la construcción de más caminos. Todo esto mantuvo el círculo virtuoso iniciado por Ford —de 1909 a 1927 la compañía fabricó 15 millones de autos modelo T—: los autos condujeron a más caminos, lo que a su vez produjo más suburbios, lo que a su vez dio lugar a más empleos, lo que —según nos dice la investigación— propició a menos delitos.[21]

FIGURA 5. *Impacto del Ford modelo T*

Aprovechados	Habilitados	Empleos creados
• Acero	• Caminos	• Diseño
• Vidrio	• Escuelas	• Pruebas
• Madera	• Restaurantes	• Distribución
• Caucho	• Hoteles	• Ventas
• Pintura	• Construcción	• Publicidad
• Algodón	• Suburbios	• Reparaciones
• Rieles	• Turismo	• Financiamiento
• Barcos	• Estaciones de gasolina	• Recursos humanos
	• Refinamiento de petróleo	• Administración
	• Patrullaje estatal	
	• Regulación automotriz	
	• Autofinanciamiento	

Sin embargo, la innovación de Ford no se circunscribe a un auto. Se trata de un modelo de negocios completo nacido de su visión de crear un mercado enteramente nuevo para el automóvil. A semejanza de lo que ocurrió con el modelo T, las innovaciones creadoras de mercado tienen menos que ver con el hecho de que el producto se venda que con la red de valor y el modelo de negocios que desarrolla el innovador. Para poder vender su auto a millones de estadounidenses Ford no sólo tuvo que fabricar un producto que fuera fácil de conducir y accesible en términos económicos; también tuvo que invertir en muchas otras cosas, como estaciones de gasolina y de servicio, vías de ferrocarril para transportar su producto y una agresiva campaña de publicidad dirigida a los estadounidenses promedio que jamás habían tenido un auto.

Pero pese a lo exitosos que resultaron el modelo T y el nuevo mercado que creó, Ford actuó con lentitud al invertir en innovaciones de sustentación. Para ilustrar la importancia de éstas, considérese lo siguiente. En 1921 Ford Motor Company tenía un dominante 60 por ciento del mercado automotriz en los Estados Unidos. Sin embargo, al no invertir en innovaciones de sustentación la compañía perdió su posición y en 1936 era la número tres en el mercado. General Motors, que dio a sus clientes nuevos modelos cada año, la posibilidad de comprar unidades a crédito y diferentes colores, se convirtió en la número uno del mercado, con una participación de 43 por ciento, mientras Chrysler saltó al sitio número dos, con 25 por ciento de participación. Según explicamos antes, mientras las innovaciones de sustentación y eficiencia son importantes para mantener vivas y activas las compañías y las economías, las innovaciones creadoras de mercado proporcionan la plataforma para el crecimiento futuro.

LA FUERZA DE LAS INNOVACIONES CREADORAS DE MERCADO

Si bien cada tipo de innovación tiene una función en una economía, ya sea al crear o al mantener activos los mercados, las innovaciones creadoras de mercado son especialmente poderosas debido a que a menudo se dirigen a grandes sectores de la población con una solución que los ayuda a salir adelante. Y como cada mercado es una función tanto del valor del producto que se vende como de la cantidad de ese producto, un mercado enfocado en el no consumo tiene el potencial de generar ganancias significativas para los inversionistas, los innovadores y la sociedad. Mirémoslo de la siguiente manera: cada nuevo mercado exitoso que se crea, sin importar el producto o el servicio que ofrezca, tiene tres resultados distintos: *utilidades, empleos* y *cambio cultural,* el cual es más difícil de rastrear, pero tal vez es el más poderoso de los tres. Juntos, estos resultados crean una base sólida para el crecimiento futuro.

Para que un mercado pueda crearse y mantenerse debe generar *utilidades* o al menos tener la perspectiva de hacerlo en el futuro. Las utilidades son el combustible para lograr más crecimiento.

Los *empleos*, el segundo resultado de los mercados, se crean para que éstos puedan cumplir su promesa de fabricar, distribuir, vender, mejorar y proporcionar soluciones a sus nuevos clientes. Siempre he pensado que la creación de un empleo es mucho más importante para una sociedad que el simple cálculo del valor económico. Los empleos dan dignidad a la gente y construyen su autoestima. Permiten que las personas se sustenten a sí mismas y a sus familias. La investigación nos ha mostrado repetidamente que las personas que tienen un empleo cuenta con menos tiempo (o inclinación) para involucrarse en delitos.[22]

El tercer resultado, y quizás el más importante, es el *cambio cultural* que el nuevo mercado desencadena y refuerza. Además de democratizar los productos y servicios con el fin de que más personas tengan acceso a ellos, las innovaciones creadoras de mercado democratizan los beneficios de los nuevos mercados exitosos. Tales beneficios no se limitan a los empleos; también comprenden las oportunidades de propiedad que a menudo se ofrecen a inversionistas y empleados. Cuando muchas personas en una región entienden que pueden comenzar a resolver la mayoría de sus problemas (proveer para sí mismas y para sus familias y obtener estatus y dignidad en la sociedad) de una manera productiva —esto es, participando en el nuevo mercado como inversionistas, productores o consumidores—, son más propensas a cambiar su manera de pensar acerca de su sociedad. Ésta es una de las formas en que los nuevos mercados modifican la cultura de la sociedad, lo que puede marcar la diferencia para un país que busca prosperar.

EN DEFINITIVA

Milton Friedman, Premio Nobel, declaró alguna vez: "La gran virtud del libre mercado, del mercado privado, [es que] permite a las personas [...] cooperar juntas económicamente".[23] Hemos descubierto que los mercados son una fuerza poderosa que tiene la capacidad de llevar a las sociedades muchos de los componentes que las hacen más seguras y más prósperas. Por eso, entender el papel crucial que desempeñan los distintos tipos de innovación es vital para el desarrollo económico.

Al invertir en innovaciones creadoras de mercado, inversionistas y empresarios participan inadvertidamente en la construcción de la nación. Esas innovaciones crean mercados viables que atienden al no consumo —típicamente, la mayoría de la gente en una economía pobre—, con lo que generan empleos y utilidades que financian otros elementos importantes de una sociedad desarrollada, los cuales, en un armonioso círculo virtuoso, son atraídos por la innovación para poder tener éxito.

Aunque el propósito de las innovaciones creadoras de mercado es desarrollar productos más sencillos y asequibles con el fin de que muchas más personas puedan comprarlos, también comienzan a establecer los cimientos necesarios para construir una economía. Cuando estos nuevos mercados se crean, la economía se vuelve más resiliente porque se generan mayores ingresos para financiar escuelas, caminos, hospitales e incluso un mejor gobierno —un proceso que exploraremos más adelante en este libro—. Es obvio que no todas las innovaciones creadoras de mercado tendrán el mismo impacto que el modelo T de Ford, pero nuestra investigación muestra que incluso las pequeñas innovaciones pueden comenzar a transformar a los países económica y culturalmente.

Capítulo 3

En la lucha está la oportunidad

El verdadero viaje del descubrimiento no consiste en buscar
nuevos paisajes, sino en tener nuevos ojos.

Marcel Proust

LA IDEA EN BREVE

Se puede pensar que una cosa es decir que las innovaciones creadoras de mercado son importantes para crear prosperidad, pero algo muy distinto es *detectar* esas oportunidades (ya no digamos aprovecharlas). Si fuera tan fácil, ¿no estaría haciéndolo todo el mundo? El problema es que resulta muy difícil "ver" lo que no se está buscando. Muchos de nuestros pronósticos económicos no necesariamente ayudan. Suelen enfocarse en la llamada "economía de consumo", la parte de la economía que es más visible a partir de los parámetros convencionales; pero no reparan en lo que es menos obvio, y quizá la vena más rica para obtener conocimiento: la "economía del no consumo".[1] Para ver la oportunidad en el no consumo es necesario cambiar aquello que se busca.

En su primer trabajo en la industria de las aseguradoras en Londres, Richard Leftley estaba fascinado e intrigado por dos tablas del análisis estadístico anual publicado por Swiss Re, aseguradora global líder. La primera de esas tablas mostraba el número y la ubicación de la gente que había fallecido como consecuencia de desastres naturales. La segunda revelaba el costo total de los pagos de seguros en esas áreas. "Había una disparidad total entre ambas listas", recuerda Richard. "Los pérdidas humanas eran enormes en sitios como Bangladesh, Pakistán y la India. Pero esos países nunca estaban siquiera en las categorías de pagos totales." No tenía sentido, pensó Leftley, que la gente que más necesitaba los seguros en el mundo fuera la que menos probabilidades tuviera de contar con uno.

Unos años después, al usar sus dos semanas de vacaciones para hacer trabajo voluntario en Zambia, Leftley vio una oportunidad de cambiar esa situación. Como parte de su experiencia como voluntario, fue instalado en el hogar de una viuda y su hijo en una aldea pobre. Leftley no estaba preparado para presenciar lo dolorosa que era la vida diaria de su anfitriona: vivía al día, cuando le iba bien. Pero durante esa estadía Leftley también se enteró de que la vida de esa mujer no siempre había sido tan desoladora. Anteriormente vivía en Lusaka, la capital de Zambia, trabajando como maestra mientras su esposo se desempeñaba como guardia de seguridad. Ambos se habían elevado por encima de las difíciles circunstancias económicas de su infancia y llevaban una existencia relativamente confortable, con una casa decente y una motocicleta para transportarse. En lo que Leftley llama las "serpientes y escaleras" de la vida, el esposo contrajo VIH en el pico de una epidemia en Zambia, y así comenzó la espiral descendente de la familia. No sólo estaba él demasiado enfermo para trabajar, sino que ambos gastaron todos sus ahorros tanto en medicinas legítimas como en remedios que les ofrecían falsas esperanzas, y, eventualmente, en el funeral del esposo. Arruinados, ella y su hijo regresaron a la aldea para comenzar de nuevo.

Leftley se sintió profundamente conmovido por la historia de la viuda y volvió a Londres decidido a encontrar una forma de usar su conocimiento profesional para ayudar a la gente de economías pobres que más lo necesitaba. Cuando comenzó a hablarles a sus compañeros de la aseguradora de sus ideas para un nuevo tipo de negocio —a semejanza de lo que Mo Ibrahim había hecho una década antes—, sólo recibió burlas. "Se rieron de mí", recuerda. "Yo proponía volver a Zambia y vender seguros a las personas con VIH. La gente pensó que yo había perdido un tornillo."

Pero ahora ya no se ríen. Mientras escribo estas líneas, MicroEnsure, la compañía que Leftley fundó, ha registrado más de 56 millones de personas aseguradas en economías emergentes (18 millones sólo en 2017), y se han pagado 30 millones de dólares en reclamaciones; MicroEnsure encontró una enorme oportunidad en el no consumo e innovó radicalmente el modelo de negocios de los seguros para hacerlo posible. La compañía, que en años recientes ha ganado cuatro veces el Financial Times/IFC Transformational Business Award, ya es rentable en 80 por ciento de los mercados en los que ha entrado. Más de 85 por ciento de los clientes de MicroEnsure nunca había comprado un seguro hasta que esta empresa entró en escena.

Esto es lo que distingue a los innovadores creadores de mercados: la capacidad de identificar oportunidades donde *no parece haber clientes*. "Es difícil diseñar cosas que no puedes ver", dice Leftley. Pero él y su equipo tuvieron una revelación que cambió por completo su actitud ante su innovación. "Nos dimos cuenta de que no estábamos compitiendo contra las gigantescas aseguradoras, sino contra la apatía." Y, según resultaron las cosas, la apatía es un contrincante feroz. No obstante, una innovación bien pensada, que responde a la lucha que los consumidores potenciales libran, puede ganar tarde o temprano. Ahí reside parte del potencial de crear mercados que conducirán a la prosperidad, primero para el emprendedor y después, con el tiempo, para la región.

HISTORIA DE DOS ECONOMÍAS

A menudo me he preguntado cómo se pueden describir las economías de una forma que indique su potencial para el crecimiento y el desarrollo. Para muchos de nosotros, la "economía" no es sino una mezcolanza abstracta de dinero y negocios, productos y anuncios, leyes y regulaciones, así como compradores y vendedores que interactúan de alguna manera. Solemos categorizar a los países y sus economías como entidades monolíticas. Así, muchas proyecciones y análisis —como el crecimiento del PIB o del ingreso per cápita e incluso las estadísticas específicas de un sector— ofrecen un panorama global de lo que ocurre en la economía como un todo. Aunque este tipo de análisis es informativo y útil, no siempre cuenta la historia completa.

Desde el punto de vista de la innovación, vemos el mundo en forma un poco diferente: los países están integrados por consumidores (la "economía de consumo") y no consumidores (la "economía de no consumo"), distinción que nos ayuda a identificar el territorio fértil para las innovaciones creadoras de mercado. Contemplar así una economía ayuda a ir más allá del ruido del crecimiento del PIB y de una pléyade de parámetros que suelen aplicarse para determinar la salud y el potencial de una economía.

La economía de consumo se compone de clientes que tienen el ingreso, el tiempo y la experiencia para comprar y usar los productos y servicios existentes en el mercado. Es la parte de la economía que los economistas, los analistas y los gerentes de mercadotecnia suelen utilizar para predecir el crecimiento de un producto o una región.[2] El tipo más común de innovaciones, las innovaciones de sustentación, se dirige a la economía de consumo porque es relativamente fácil ver su potencial de crecimiento. Cuando sabes quiénes son tus clientes puedes encontrar formas de mejorar tus productos y servicios para que gasten más contigo.[3]

No es de sorprender que el capital, con su natural aversión al riesgo, tienda a perseguir las innovaciones de sustentación con la esperanza de obtener un retorno de inversión (ROI, por sus siglas en inglés) predecible, porque así puede ver y entender más fácilmente el potencial de aplicar las herramientas financieras y las teorías existentes. Para apreciar el grado en que el capital persigue a la economía de consumo, consideremos los flujos de la inversión extranjera directa (IED) global. En 2016, de 1.5 billones de dólares de IED global, aproximadamente 1.1 billones fluyeron a los países más ricos del mundo, es decir, a los 35 integrantes de la Organización para la Cooperación y el Desarrollo Económicos (OCDE).[4] En otras palabras, más de 73 por ciento de la IED global fue sólo para 35 de las 196 naciones del planeta. Pensemos también en los miles de millones de dólares en inversiones que fluyeron a la industria de las telecomunicaciones móviles en África después de que Mo Ibrahim creó un mercado y convirtió a millones de no consumidores en consumidores.

Como hemos visto, el potencial de las innovaciones creadoras de mercado es significativo, comparado incluso con el de las más sólidas innovaciones de eficiencia o de sustentación. Sin embargo, innovar para un mercado que todavía no existe puede parecer arriesgado. Piénsese en el arte convencional del desarrollo de un producto, el cual se enfoca en la segmentación: identificar grupos de clientes lo bastante similares para que el mismo producto o servicio les sea atractivo a todos. Como las inversiones son necesarias para el desarrollo y la comercialización de productos, las decisiones de inversión suelen tomarse con base en decisiones de segmentación semejantes. Preguntas como: "¿Cuánto ingreso disponible tiene la gente en el país A?" o "¿Cuál es el gasto promedio en entretenimiento en el país B, y esa cifra está creciendo o disminuyendo?" suelen impulsar esta clase de decisiones. A menudo, comercializadores, analistas de investigación e inversionistas segmentan los mercados por tipo de producto, por nivel de precios o por la demografía o la psicología de los individuos o de las compañías que son sus clientes. Se enfocan en la economía de consumo, esto es, la oportunidad que se puede ver y segmentar con mayor facilidad.

Este método deja a miles de millones de personas fuera de toda consideración por pensar que son demasiado pobres, muy poco educadas o escasamente interesantes para desarrollar productos para ellas; no obstante, la historia nos ha demostrado una y otra vez que esa forma de pensar es muy limitante.

Consideremos, por ejemplo, cómo AT&T perdió la oportunidad de liderar una revolución en la telefonía móvil. Hace sólo unas décadas esa compañía pidió a una prominente firma de consultoría que calculara cuántos teléfonos celulares habría en el mundo a la vuelta de este siglo. La estimación de la firma consultora fue de poco menos de un millón, así que AT&T no invirtió: el mercado no sería lo bastante grande para garantizar su inversión.[5] Todos los datos a los que AT&T tuvo acceso apuntaban hacia una "baja oportunidad". En aquel tiempo los teléfonos celulares eran pesados, aparatosos y caros.

La mayoría de la gente no podía adquirirlos. No invertir tenía sentido, cuando menos en el papel.

Avancemos al día de hoy, cuando es imposible imaginar un solo lugar del planeta donde estos aparatos no existan. En 2001 había casi 1 000 millones de celulares en el mundo. Hoy hay más de 7 500 millones de suscripciones de telefonía móvil en todo el orbe.[6] Es imposible hacer contacto visual con los pasajeros del metro de Nueva York o Nueva Delhi. Uno ve gente de todas las edades y grupos demográficos mirando hacia abajo, absorta con lo que contempla en su teléfono.

El no consumo ofrece una clave poderosa de que existe enorme potencial para la innovación. Pero para detectarlo es preciso colocarse lentes nuevas con el fin de ver lo que otros no pueden percibir.

IDENTIFICAR LAS BARRERAS

¿Cómo identificas bolsillos de no consumo de alto potencial? En su libro *The Innovator's Guide to Growth: Putting Disruptive Innovation to Work* [La guía del innovador para el crecimiento: poner en acción la innovación disruptiva], mi colega Scott Anthony y sus coautores dedican todo un capítulo a la identificación del no consumo. Hay cuatro barreras o restricciones principales que evitan que la gente consuma una solución que la ayudará a progresar: habilidad, riqueza, acceso y tiempo. A veces las soluciones en el mercado presentan restricciones similares que impiden a los probables consumidores adquirir esa solución en particular. Exploremos cada una brevemente.[7]

> **Habilidad**: a menudo, los no consumidores carecen de la habilidad necesaria para adquirir las soluciones que existen en el mercado, aun cuando se beneficiarían de ello. Por ejemplo, hace 50 años, las computadoras exigían una tremenda habilidad para operarlas, y quienes las usaban, en su mayoría técnicos en grandes universidades y corporaciones, debían ser capaces de poner en marcha una máquina muy grande y compleja. Esto creó una barrera extra al consumo, además del precio.

> **Riqueza**: ésta suele ser la restricción que se identifica con más facilidad. Es cuando los no consumidores no pueden pagar las soluciones que los ayudarían a progresar y que existen en el mercado. Por ejemplo, la mayoría de los estadounidenses no podía adquirir una computadora personal hasta que Apple, IBM, Microsoft e Intel, innovando en el tiempo, hicieron que la computación fuera más accesible para el no consumidor promedio. Hoy en día casi todos tenemos computadoras en el bolsillo.

Acceso: es cuando los no consumidores se beneficiarían de una solución en particular, pero las soluciones que existen no están disponibles en su locación o contexto. ¿Recuerdas los centros de fotocopiado en muchas grandes organizaciones? Esas grandes y complicadas máquinas se encontraban en ubicaciones centralizadas, y si no estabas conectado a ellas, no podías imprimir. Pero Cannon y Ricoh desarrollaron impresoras más pequeñas, simples y económicas que ahora tenemos en nuestras oficinas y hogares. Su innovación eliminó la barrera del acceso. Hoy podemos imprimir en casa miles de páginas desde nuestros teléfonos celulares conectados a impresoras inalámbricas.

Tiempo: las restricciones relacionadas con el tiempo tienen lugar cuando los no consumidores se benefician al usar una solución, pero el tiempo que ésta requiere resulta prohibitivo. En mis 65 años de vida no he conocido a nadie a quien le guste esperar o perder el tiempo. Las Clínicas del Azúcar, cadena de clínicas mexicanas que brindan tratamiento para la diabetes (las analizaremos con detalle en el capítulo 7), se desarrollaron teniendo esta barrera en mente. Muchas de las soluciones que existen para tratar la diabetes en México exigen a los pacientes asistir a diferentes hospitales o clínicas y visitar a diversos especialistas, lo cual supone invertir una cantidad significativa de tiempo sólo para el transporte. La solución de las Clínicas del Azúcar es diferente: los pacientes acuden a una sola clínica donde ven a diferentes especialistas de forma oportuna. Considerando que cuantos más pacientes atienda la clínica, más ingresos genera, hay un incentivo para que la empresa sea eficiente con su tratamiento.

LA LUCHA ES REAL

Identificar las barreras que llevan al no consumo es una *clave* fundamental, pero no es lo único que los innovadores deben buscar. Las personas son no consumidoras porque, en su lucha por lograr algo, ninguna de las soluciones disponibles es buena opción para ellas.

Creemos que la innovación a menudo es asunto de acertar o errar, porque depende de los datos que se tengan acerca de la economía de consumo; se usa la información sobre lo que los clientes han hecho en el pasado para predecir lo que harán en el futuro. No obstante, los datos carecen de algo fundamental: por sí solos no explican por qué la gente toma decisiones ni predicen lo que hará en el futuro. Y tampoco informan por qué alguien ha elegido no comprar un producto o servicio, y es ahí donde comienza la economía del no consumo.

Esto sí puede entenderse mediante la teoría de los trabajos por hacer, que a nuestro juicio da una explicación de por qué la gente toma decisiones de compra.[8] Muchos comercializadores se enfocan en identificar demografías o categorizar a los clientes potenciales en segmentos, pero creemos que esto no aborda las causas fundamentales de por qué cada uno de nosotros adquiere un producto o servicio. Algo más ocurre, y la demografía no puede explicarlo.

Todos los días de mi vida surgen tareas que necesito hacer. Algunas son pequeñas, otras grandes. Algunas aparecen de forma impredecible. Algunas son cotidianas. Cuando nos damos cuenta de que tenemos trabajo por hacer, buscamos y atraemos algo a nuestra vida para ayudarnos a completarlo. Cuando compramos un producto, esencialmente "contratamos" algo que nos ayude a realizar ese trabajo. Si el producto que contratamos hace bien una tarea, volveremos a adquirirlo cuando tengamos que hacer la misma tarea otra vez. Y si el producto hace un mal trabajo, lo "despedimos" y buscamos otro que podamos contratar para llevar a cabo el trabajo.

Permítanme ejemplificar lo que quiero decir. Una mañana puedo decidir comprar el *New York Times* de camino a la oficina. Tengo 65 años. Mido dos metros de altura y calzo del número 34. Mi esposa y yo ya enviamos a nuestros hijos a la universidad. Conduzco al trabajo en una suv. Tengo muchas características y atributos, pero ninguno de ellos *hizo* que yo comprara el *New York Times*. Mis razones para ello son mucho más específicas. Puedo comprarlo porque necesito algo para leer en un avión y no quiero verme obligado a charlar con el pasajero parlanchín que va a mi lado. Puedo comprarlo porque soy fanático del básquetbol y quiero ver la sección deportiva y molestar a uno de mis hijos con las oportunidades que tiene su equipo favorito de llegar a los *playoffs*. Los comercializadores que recaban información demográfica y psicológica sobre mí, y que buscan correlaciones con otros segmentos de compradores, no aprovecharán esas razones. No entenderán el trabajo para el que contraté el periódico ese día. Y si no compré el periódico un día porque no tenía tiempo de leerlo, tampoco habrá datos acerca de mi decisión.

Hasta que entiendas el trabajo para el que tus clientes contratan tu producto o servicio, en toda su rica complejidad y sus matices, no podrás estar seguro de que tus innovaciones tendrán éxito. Las innovaciones creadoras de mercado exitosas emergen de trabajos por hacer que no han sido realizados; resuelven los problemas para los que antes sólo había soluciones inadecuadas o ninguna solución en absoluto. La Celtel de Mo Ibrahim sabía que alguien que deseara hablar con su madre en una aldea lejana tendría que viajar durante días para contactarla. Para la mayoría de las personas ésa era una solución inadecuada. La MicroEnsure de Richard Leftley sabía que la gente que quería desesperadamente proteger a su familia de dificultades imprevistas tenía pocas opciones. Ninguna de esas oportunidades se hubiera percibido con el enfoque de la economía de consumo.

La gente prefiere quedarse sin producto —seguir siendo no consumidores— que "contratar" un producto o servicio que lleve a cabo su trabajo de forma insatisfactoria. Esto fue lo que ocurrió cuando Leftley se dio cuenta de que su producto no competía con otros productos similares en el mercado, sino con la apatía. De hecho, su producto no competía con *nada*. Cuando entiendes el verdadero trabajo que la gente busca realizar —y, en el caso del no consumo, la gente *decide quedarse sin el producto* en vez de acometer ese trabajo con las opciones existentes—, de pronto el mercado se ve lleno de potencial. El no consumo es simplemente una pista de que existe un potencial enorme para resolver una lucha con innovación.

"NADIE DESPIERTA POR LA MAÑANA QUERIENDO COMPRAR UN SEGURO"

Los innovadores necesitan ponerse en los zapatos de sus posibles clientes para crear un producto que sea mucho mejor que las alternativas existentes con el fin de que la gente lo contrate —aun cuando el competidor sea *nada*—. Una vez que entiendan bien el trabajo por hacer, podrán diseñar una solución que haga que los no consumidores "despidan" la apatía o cualquier método alternativo que hayan creado, y en vez de eso contraten su solución. A primera vista eso puede parecer fácil (¿no es *algo* mejor que nada?), pero el proceso de toma de decisiones de un cliente acerca de qué despedir y qué contratar para su trabajo es complicado. Siempre hay dos fuerzas opuestas que combaten por el dominio dentro de nosotros al momento de decidir y ambas desempeñan un papel significativo en nuestra determinación de "contratar" algo.

Las fuerzas a favor de buscar una nueva solución: primero que nada, el "empujón" de la situación, es decir, la frustración o el problema que el cliente trata de resolver, debe ser lo bastante sustancial para impulsarlo a la acción. Un problema que sólo causa molestia o irritación puede no ser suficiente para impeler a alguien a hacer algo de forma diferente. En segundo lugar, el "jalón" de un atractivo producto o servicio nuevo para resolver ese problema también ha de ser bastante fuerte. La nueva solución para el trabajo por hacer debe ayudar a los clientes a hacer un progreso que mejore su vida.

Las fuerzas que se oponen al cambio: hay dos fuerzas invisibles, y sin embargo increíblemente poderosas, que actúan de forma simultánea y que a menudo son ignoradas por muchos innovadores: se trata de las fuerzas que retienen a un cliente. En primer lugar, los "hábitos del presente" pesan mucho en los consumidores. Estoy *acostumbrado* a hacerlo de esta forma o a vivir con tal problema. No me encanta, pero al menos me siento cómodo con el modo como lidio con eso por ahora. Aquí es donde los no consumidores tienden a vivir, atorados en los hábitos del presente; para ellos, la idea de cambiar a una nueva solución resulta casi abrumadora. Apegarse al malo conocido (en este caso simplemente vivir con su lucha) es algo tolerable. Yo me negué a actualizar mi teléfono móvil durante años, a pesar de todas las maravillas que, según me aseguraba mi asistente, el nuevo teléfono podía hacer, pues me sentía *cómodo* con el que tenía. En gran parte esto se debe a que, como ha mostrado el Premio Nobel Daniel Kahneman, el principal atractivo de lo viejo es que no requiere mayor deliberación y ya posee cierta credibilidad intuitiva como solución. La aversión a la pérdida, la tendencia de la gente a querer evitar la pérdida, psicológicamente es dos veces más poderosa que el atractivo de las ganancias, lo que Kahneman y Amos Tversky fueron los primeros en demostrar.[9]

Para colmo, la ansiedad que entra en juego al contratar una nueva solución es poderosa: la ansiedad causada por el costo, por aprender algo nuevo y por lo desconocido puede ser abrumadora. Imagino que probablemente tienes al menos un viejo teléfono móvil acumulando polvo en un cajón, en el clóset o en alguna otra parte de tu casa. No eres el único. Numerosos consumidores se aferran a sus antiguos celulares, aun cuando podrían obtener algún valor de intercambio al adquirir uno nuevo. ¿Por qué? Por la ansiedad que les produce la nueva solución. ¿Qué tal si el nuevo falla? ¿Qué pasa si me *encuentro en alguna situación imprevista en la que necesite un teléfono de respaldo?* ¿Qué tal si...? Con demasiada frecuencia, los innovadores se enfocan exclusivamente en las fuerzas a favor del cambio y se aseguran de que la nueva solución sea lo bastante atractiva para hacer que el cliente cambie, pero a menudo ignoran las poderosas fuerzas que bloquean el cambio.

La MicroEnsure de Leftley descubrió esto de la manera difícil. Leftley y su equipo tuvieron que hacer varios intentos antes de diseñar el producto correcto. Al principio la empresa se concentró en atraer a la gente ofreciéndole seguros. MicroEnsure no financia los seguros que vende; opera como intermediaria entre la compañía de telefonía móvil y las principales aseguradoras. La compañía gana una pequeña comisión de los suscriptores antiguos y nuevos que mensualmente gastan determinada cantidad de dinero en minutos de celular. Además, cuando las compañías de seguros quieren conseguir nuevos clientes, a veces contratan a MicroEnsure para servicios de consultoría y desarrollo de producto. Esto significa que MicroEnsure se encarga de entender a los clientes potenciales y de encontrar una forma de atraerlos. Al principio, la empresa creó programas que permitían a las compañías de telefonía móvil ofrecer seguros gratis a los clientes que gastaban un poco más en minutos de prepago. Todo lo que el cliente debía hacer para registrarse en el seguro era proporcionar su nombre, su edad y el nombre de su pariente más cercano. Sólo había tres preguntas entre el cliente potencial y el seguro "gratuito" ("gratuito" como un bono por comprar más minutos de celular). Tendría que haber sido pan comido.

Pero no fue así. Aun después de invertir mucho dinero en publicidad para un producto *gratuito* (la compañía esperaba obtener ganancias al convencer a los clientes de gastar más una vez que estuvieran registrados), la empresa sólo había reclutado 10 000 clientes en más de un año, lo que representaba una pequeña muesca en el mercado. Pese a que MicroEnsure trató de facilitar el registro para el seguro, el producto en sí no tenía mucho sentido en las circunstancias de muchos clientes. No resolvía el trabajo que *ellos* tenían que hacer. En esencia era un seguro tradicional, pero con el precio ajustado para la economía de un mercado emergente. "Tuve que imprimir folletos que decían cosas como 'El paracaidismo y el polo acuático están excluidos'", recuerda Leftley en relación con el requerimiento de las aseguradoras de excluir a quienes participaran en deportes costosos que los no consumidores a los que se dirigían nunca contemplarían siquiera. "Era una locura."

Mirar a través de la lente del trabajo que esos no consumidores estaban tratando de hacer hizo que Leftley y su equipo repensaran no sólo lo que estaban vendiendo, sino la forma en que lo vendían. "Nadie despierta por la mañana queriendo comprar un seguro", concluyó Leftley. Pero la gente sí se levanta preocupada por lo que posiblemente podría salir mal ese día y que pudiera arruinar su vida. El riesgo de enfermarse y no poder trabajar. El riesgo de que su puesto en el mercado se queme. El riesgo de que los roben. El riesgo de que una inundación se lleve sus provisiones. El riesgo de que la crueldad del destino los saque por completo de la jugada. El trabajo por hacer no era "véndeme un seguro"; más bien era algo así como "ayúdame a seguir manteniendo a mi familia en mis circunstancias particulares, sin preocuparme de cosas que están fuera de mi control". En esta fase, la estrategia debía ser *emergente*, no *deliberada*. Tenían que aprender a crear el mercado antes de adaptar su solución.

En respuesta a este aprendizaje, MicroEnsure necesitaba cambiar virtualmente todo el modelo de seguros tradicional. Aun formular tres simples preguntas para que los clientes se registraran era demasiado. "Pudimos rastrear el punto en el que la gente abandonaba el proceso", recuerda Leftley. "Esas tres preguntas causaban que 80 por ciento de las personas no completara el procedimiento." En muchos países de bajos ingresos las preguntas acerca de la edad y el familiar más cercano no son sencillas; a menudo las personas no saben ni les preocupa su edad y les resulta difícil elegir al pariente más cercano en sus complicadas estructuras familiares. Así que MicroEnsure tuvo que innovar radicalmente su modelo de negocios para enfrentar las fuerzas que se oponían al cambio en la mente de los posibles clientes.

¿Qué pasaría si no preguntaban *nada* a los clientes? Nada en absoluto. MicroEnsure y sus aseguradoras asociadas sólo tendrían un dato del cliente: el número de su teléfono móvil. Y, con ese único dato, las compañías aceptarían proporcionar seguros y realizar pagos directamente a ese número telefónico sin papeleo, sin preguntas ni pruebas de *nada*. "Esto era muy atemorizante para las aseguradoras", recuerda Leftley. No conocer la edad del cliente, en una industria construida a partir de datos, pronósticos y tablas actuariales predecibles, era una idea verdaderamente radical. Pero gracias a esa innovación "comprar un seguro se volvió tan simple como registrarse para obtener un tono de llamada". A partir de entonces el seguro gratuito se convirtió en una poderosa herramienta de mercadotecnia; una vez que el cliente entendía el concepto del seguro era más fácil convencerlo de comprar y hacer promociones conjuntas con otros productos de las aseguradoras.

"Habíamos descifrado el código", dice Leftley. Tanto así que MicroEnsure registró un millón de clientes *el primer día* que ofreció un nuevo seguro de vida en la India, el cual no tenía límite de edad ni restricciones y sólo requería un número de teléfono móvil. La compañía no estaba preparada para semejante éxito. En los siguientes tres meses obtuvieron 19 millones de clientes. "¡No habíamos construido sistemas capaces de manejar tal volumen!", confiesa Leftley. "Estábamos conectando discos duros y *thumb drives* [dispositivos portátiles de memoria del tamaño de un dedo pulgar] y nos encontrábamos al borde de lo físicamente imposible."

Eso no significa que el éxito de MicroEnsure llegó fácilmente. Es difícil crear mercados en economías emergentes. De hecho, MicroEnsure comenzó como una organización no lucrativa antes de que Leftley y su equipo se dieran cuenta de que no había forma de seguir el paso al crecimiento y depender de donaciones y subvenciones, con el largo proceso mediante el cual a menudo eran concedidas. MicroEnsure estuvo a punto de fracasar varias veces mientras esperaba que las subvenciones se aprobaran. Para cuando la empresa registró millones de clientes por semana quedó claro que depender de financiadores no era una estrategia para el crecimiento y la sustentabilidad a largo plazo. "Habíamos pensado acercarnos a una gran fundación, por ejemplo, y completar todo el proceso. Si teníamos suerte, obtendríamos un cheque seis meses después. Pero en seis meses podíamos estar fuera del negocio. No podíamos esperar tanto tiempo."

Con un mercado claro y una incalculable oportunidad potencial, Leftley y su equipo pudieron atraer a un consorcio de respaldo, que incluía las aseguradoras AXA, Sanlam, Omidyar, IFC y Telenor, y lo convirtieron en una alianza lucrativa. Ahora la empresa podía permitirse experimentar y crear nuevos productos y servicios en mercados que otras aseguradoras simplemente no podían ver. En cada lugar MicroEnsure contrataría y establecería un equipo local para operar en el territorio, con lo que se creaba un conjunto de empleos locales.

Para decirlo claramente, no es que las compañías existentes no busquen oportunidades de crecimiento. Sí lo hacen, pero por desgracia a menudo las ciegan sus modelos de negocios y las herramientas de investigación de mercados que utilizan. En consecuencia, no ven la oportunidad en la lucha de millones de personas. La vastedad de la economía del no consumo en muchas regiones del mundo indica que, mientras cientos de millones de personas libren duras batallas, el emprendedor debe construir modelos de negocios viables para esas batallas. Lo interesante de desarrollar un modelo de negocios dirigido a esa lucha es que, una vez que tiene éxito, de pronto la oportunidad parece obvia.

Consideremos el caso de Galanz, fabricante de productos electrodomésticos.

QUE NO PUEDAS VERLO NO SIGNIFICA QUE NO ESTÉ AHÍ

Liang Zhaoxian, fundador de Galanz, construyó lo que se convirtió en una de las compañías de electrodomésticos más grandes del mundo. De ser apenas un puntito en el radar hace 25 años, Galanz fabrica casi la mitad de los hornos de microondas que se venden en todo el mundo en la actualidad. Eso es una enorme cantidad de hornos de microondas. Pero Zhaoxian no erigió su imperio enfocándose en aprovechar los bajos salarios de la mano de obra en China para poder exportar al mundo. En vez de eso se concentró en la lucha que vio *en* China.

Había una oportunidad que al principio sus competidores no percibieron. Por ejemplo, en 1992 sólo se vendieron 200 000 hornos de microondas en China, la mayoría de los cuales se adquirieron en las ciudades. El precio promedio de un horno era de alrededor de 3 000 yuanes (aproximadamente 500 dólares de ese tiempo), muy por encima del alcance del ciudadano chino promedio. Muchos chinos veían el horno de microondas como un lujo que no necesitaban, y lo mismo hacían los fabricantes de microondas, que consideraban al no consumidor chino promedio como "demasiado pobre" para pensar siquiera en adquirir uno de estos productos. Los fabricantes más grandes de hornos para el mercado chino local tenían ventas anuales de alrededor de 120 000 unidades.

No obstante, el fundador de Galanz vio algo más. Vio gente que vivía en pequeños departamentos que carecían de estufas o que tenían unas muy voluminosas. Muchos usaban platos calientes, a menudo calentados en sus pequeñas y abarrotadas viviendas. Vio un número creciente de chinos que, más que nunca, tenían presiones de tiempo. También vio que lo último que quería hacer una persona que vivía en un departamento, sin aire acondicionado y con falta de tiempo, era cocinar y generar más calor. Zhaoxian percibió esta lucha como una enorme oportunidad para crear un mercado.

Galanz decidió enfocarse en el mercado de hornos de microondas en China precisamente por las mismas razones por las que muchas marcas globales reconocidas eligieron ignorarlo. Para éstas, *la demanda era pequeña, los hornos de microondas eran costosos y el consumidor chino promedio no podía pagarlos.*

Así que Galanz desarrolló un modelo de negocios que se abocó a *crear un mercado* en China. Aun cuando la empresa aprovechó los bajos costos de la mano de obra del país, como hacían muchas otras marcas y fabricantes, sería incorrecto sugerir que Galanz sólo fabricaba hornos de microondas a bajo costo. La compañía comenzó de cero, teniendo en mente al consumidor chino promedio.

Para llegar con éxito a éste, los ejecutivos de la compañía debían pensar de forma distinta respecto de los otros fabricantes de microondas del país. Por ejemplo, a mediados de la década de 1990, la tasa de utilización de la capacidad para la mayoría de los fabricantes de microondas en China era de alrededor de 40 por ciento, pero Galanz operaba sus fábricas 24/7 para maximizar el empleo de sus activos.[10] Mientras otros fabricantes anunciaban sus productos en la televisión, Galanz optó por los periódicos, donde introdujo la "mercadotecnia del conocimiento", con la cual las compañías proporcionan información a los consumidores acerca de cómo usar sus productos e incluyen detalles sobre nuevos modelos. Esa estrategia redujo significativamente los costos de publicidad y mercadotecnia de Galanz, mientras otras compañías con volúmenes de ventas similares gastaban casi 10 veces más en ese concepto.

Un artículo publicado en el *China Daily,* popular periódico chino escrito en inglés, reconoce a Galanz el mérito de haber enseñado a los primeros consumidores del país a usar los hornos de microondas. El artículo afirmaba:

En 1995 la compañía [Galanz] popularizó el conocimiento para usar los hornos de microondas en toda la nación. Comenzó a publicar artículos especiales, como "Una guía para usar el horno de microondas", "La charla de un experto sobre los hornos de microondas" y "Recetas para preparar platillos en el horno de microondas" en más de 150 periódicos. Gastó cerca de un millón de yuanes (130 481 dólares) en la publicación de libros del tipo *Cómo elegir un buen horno de microondas*.[11]

Estos esfuerzos no sólo educaron a la población china en relación con el microondas; también crearon una conciencia de marca para Galanz.

La empresa también desarrolló nuevas capacidades que otros fabricantes, cuyo foco principal eran las exportaciones basadas en los bajos salarios, no requerían. Cuando Galanz necesitaba ingenieros, vendedores y expertos en mercadotecnia, los reclutaba; donde hacían falta canales de distribución, los desarrollaba; donde se precisaban oficinas, fábricas o salas de exhibición, las construía. Para atender al mercado chino, Galanz tuvo que crear gran cantidad de *empleos locales*. Tan sólo dos años después de haber comenzado su producción, la compañía tenía una red de ventas nacional de casi cinco millares de tiendas.[12]

Hoy en día Galanz es el centro de investigación y desarrollo de microondas más grande del orbe. Además, busca activamente asociarse con instituciones y centros de investigación y desarrollo en varios países, entre ellos los Estados Unidos, Japón y Corea del Sur. La empresa cuenta con centros de distribución en cerca de 200 países y regiones alrededor del mundo. Si se hubiera enfocado exclusivamente en exportar hornos de microondas de bajo costo no habría tenido que hacer muchas de esas inversiones.[13]

Con Galanz podemos comenzar a ver el impacto en el desarrollo de dirigirse al no consumo. Por ejemplo, en 1993 la compañía tenía 20 empleados; en 2003 éstos habían aumentado a más de 10 000. Por lo que toca a la producción, Galanz estaba fabricando aproximadamente 400 unidades diarias en una sola línea en 1993; para 2003 operaba 24 líneas y producía 50 000 unidades al día. Una década después la empresa hacía aproximadamente 100 000 hornos de microondas diarios.

Galanz ha tenido tanto éxito que en 2013 reportó más de 4 500 millones de dólares en ganancias y empleaba a más de 40 000 personas. Actualmente tiene una participación de más de 40 por ciento en el mercado global de microondas, y su fundador, Liang Zhaoxian, ocupa cómodamente su lugar en la lista de *Forbes* de las personas más ricas del mundo, con un triunfante valor de 1 010 millones de dólares. Sin embargo, la riqueza de Zhaoxian y el éxito de Galanz se construyeron sobre la base de innovaciones creadoras de mercados, en China y para China. Después de dirigirse con buenos resultados al no consumo en su país, Galanz estaba bien posicionada para ir en pos de los mercados globales.

NO CONSUMO EN TODAS PARTES

Armados con la comprensión de que existe una vasta oportunidad de crear negocios dirigidos al no consumo es posible desarrollar innovaciones creadoras de mercado en la misma forma en que lo hicieron los emprendedores que veremos a continuación. Muchos de los innovadores que construyeron compañías que atendían la lucha de millones de personas en el mundo comenzarán a transformar esas economías locales en el proceso.

Organización/innovación	No consumo e impacto
Safaricom/M-Pesa: plataforma de dinero móvil que permite acumular, transferir y ahorrar recursos sin tener una cuenta bancaria.	No consumo: más de 85 por ciento de los kenianos no tenían acceso a servicios bancarios antes de M-Pesa. Al sistema bancario le tomó más de 100 años construir cerca de 1 200 sucursales en el país.
	Impacto: más de 22 millones de kenianos introdujeron M-Pesa en su vida desde 2007, cuando la empresa se estableció. Hoy el servicio lleva a cabo transacciones por 4 500 millones de dólares mensuales, y en Kenia hay más de 40 000 agentes de M-Pesa, la cual ha elevado sus ingresos como resultado. Millones de kenianos tienen acceso a otros servicios financieros, como préstamos y seguros. Históricamente esos productos no habían estado disponibles para ellos.
Fideos Tolaram/Indomie: comida sabrosa, económica y fácil de preparar en menos de tres minutos.	No consumo: con decenas de millones de nigerianos viviendo con menos de dos dólares diarios, la posibilidad de procurarse tres comidas al día era difícil para muchos.
	Impacto: Tolaram vende más de 4 500 millones de paquetes de fideos al año en Nigeria. La compañía tiene 13 plantas manufactureras, ha generado decenas de miles de empleos, ha invertido más de 350 millones de dólares en Nigeria y contribuye con decenas de millones de dólares anuales a la economía del país. Antes de que Tolaram comenzara a vender fideos en Nigeria, pocos nigerianos habían oído hablar de esa comida.

Organización/innovación	No consumo e impacto
Celtel/telefonía móvil: servicio de telefonía móvil con tarjetas de prepago que permite a los clientes comprar minutos de tiempo aire por apenas 25 centavos de dólar.	No consumo: en el año 2000, de los 800 millones de personas que vivían en África, aproximadamente 2.5 por ciento, esto es, menos de 20 millones, tenía teléfonos móviles. Por ejemplo, en la República Democrática del Congo, con una población de más de 55 millones de personas, sólo había 3 000 teléfonos. Había menos de un millón de líneas telefónicas para los 126 millones de habitantes de Nigeria. Impacto: hoy, el mercado de las telecomunicaciones en África aporta más de 150 000 millones de dólares anuales a la economía del continente. Para 2020 se pronostica que la industria proporcionará 4.5 millones de empleos, aportará 20 500 millones de dólares en impuestos y agregará más de 214 000 millones de dólares de valor a las economías africanas.[14] La proliferación de la telefonía móvil también ha permitido el surgimiento de otras tecnologías, como la plataforma de dinero móvil M-Pesa y los servicios de seguros MicroEnsure. También se le está aprovechando como plataforma educativa y para proveer servicios de salud móvil.
Galanz/hornos de microondas: horno de microondas económico (~45 dólares) para el ciudadano chino promedio.	No consumo: a principios de la década de 1990 había menos de un millón de hornos de microondas en China, cuya población era de más de 1 100 millones de personas. Impacto: de menos de un millón a principios de la década de 1990, las ventas de hornos de microondas en el mercado interno de China ascienden a más de 13 millones en la actualidad. Galanz posee 43 por ciento de participación en el mercado de este producto. La empresa emplea a más de 40 000 personas y se ha asociado para incursionar en la fabricación de aires acondicionados, refrigeradores, lavadoras, lavavajillas y otros electrodomésticos. Como resultado de la proliferación de los hornos de microondas en China, la industria de los alimentos congelados ha florecido también; algunas estimaciones sugieren que ha llegado a más de 10 000 millones de dólares. Piénsese en todos los empleos, la productividad, los ingresos, las regulaciones y el desarrollo que esto supone.

Organización/innovación	No consumo e impacto
Fyodor Biotech/prueba de orina para malaria (UMT, por sus siglas en inglés): prueba no sanguínea para la malaria que cuesta menos de dos dólares y arroja resultados en menos de 20 minutos.	No consumo: más de 200 millones de personas contraen malaria cada año en el mundo. En las regiones que aún se ven afectadas por esta enfermedad, cuando la gente tiene fiebre, de inmediato dan por hecho que es malaria y toman medicamentos para ello. Para recibir un diagnóstico adecuado, los enfermos deben acudir con un doctor para que les haga una prueba de sangre, algo que muchos no pueden pagar. Anualmente se realizan más de 500 millones de pruebas de laboratorio en el mundo. Impacto: la UMT de Fyodor resuelve este problema al ofrecer una forma no invasiva y simple de diagnóstico para que la gente no se automedique equivocadamente cuando presenta fiebres que terminan no siendo malaria. Pese a que Fyodor es nueva y recientemente lanzó la UMT, ya ha aumentado la producción y distribución de la prueba para llegar a millones de personas para quienes no es posible practicarse un examen de sangre.
Ford Motor Company/modelo T de Ford: auto asequible para el estadounidense promedio.	No consumo: en 1900 sólo había 8 000 autos registrados en los Estados Unidos. Los carros típicos de entonces eran muy difíciles de conducir y sólo los estadounidenses ricos podían adquirirlos. Impacto: de 1909 a 1924 Henry Ford vendió más de 10 millones de vehículos, con lo que cambió radicalmente el paisaje de los Estados Unidos. También creó decenas de miles de empleos, pagó mejores salarios que la competencia e inició algunos programas sociales para los empleados. El modelo T impulsó otras industrias, como la de seguros, distribución y construcción de casas y caminos, a medida que la gente pudo mudarse a los suburbios. Realmente cambió el juego.
Earth Enable/pisos de barro: pisos sólidos y asequibles que cuestan una quinta parte del precio del cemento.	No consumo: en más de 80 por ciento de los hogares de Ruanda hay piso de tierra. Éstos son caldos de cultivo para mosquitos y otros parásitos. Los pisos de concreto serían una solución, pero resultan demasiado caros para la mayoría de los ruandeses, en un país donde el PIB per cápita es de sólo 703 dólares. Impacto: aunque sólo tiene algunos años, Earth Enable ya ha instalado más de 150 millones de metros cuadrados de pisos en más de 3 000 aldeas de Ruanda.

Organización/innovación	No consumo e impacto
Clínicas del Azúcar/tratamiento para la diabetes: tratamiento para la diabetes económico y práctico en México.	No consumo: hoy en día la diabetes es la causa número uno de muerte y amputaciones en México; cobra la vida de más de 80 000 personas anualmente. Desde 1990, el número de mexicanos que padecen diabetes ha aumentado más del triple, al pasar de 5.6 millones a más de 16 millones. Pero el tratamiento de 1 000 dólares anuales es demasiado caro para la mayoría de los mexicanos, y el sistema de salud es inadecuado.
	Impacto: las Clínicas del Azúcar han reducido el costo del tratamiento de la diabetes de 1 000 a unos 250 dólares al año. Su solución integral también ha dado como resultado una reducción de 60 por ciento en complicaciones asociadas con la diabetes, como ceguera, amputaciones y falla renal. De los más de 55 000 pacientes que han tratado, 95 por ciento nunca había recibido cuidado especializado para su padecimiento. La empresa abre dos nuevas clínicas cada tres meses.
Grupo Bimbo/pan: pan de calidad, económico.	No consumo: un pan económico y de alta calidad era difícil de encontrar en México antes de que Grupo Bimbo, la panificadora más grande del mundo, decidiera crear un nuevo mercado para distintos tipos de pan dirigidos al mexicano promedio.
	Impacto: hoy Grupo Bimbo tiene ingresos brutos por más de 14 000 millones de dólares anuales, opera 165 plantas en 22 países y emplea a más de 128 000 personas a escala global. Con una capitalización de mercado de más de 11 000 millones de dólares, la empresa también es propietaria de más 100 marcas y vende sus productos en Ecuador, Colombia y Perú, así como en los Estados Unidos, el Reino Unido y China. El salario más bajo que paga Bimbo es más del doble del salario mínimo en México.

Organización/innovación	No consumo e impacto
Ópticas Ver de Verdad/lentes graduados: lentes graduados y servicios oftalmológicos asequibles para el mexicano promedio.	No consumo: aproximadamente 43 por ciento de los mexicanos tiene una deficiencia visual para la cual necesita anteojos correctivos. Las soluciones existentes, con un costo promedio de 75 dólares, son demasiado caras. Así que muchos mexicanos se quedan sin lentes y viven sin ver bien.

Impacto: desde que abrió su primera tienda en diciembre de 2011, Ver de Verdad ha realizado más de 240 000 exámenes de la vista y vendido más de 150 000 pares de anteojos. Con un precio de venta promedio de aproximadamente 17 dólares por armazón la compañía está haciendo que una visión deficiente sea cosa del pasado en México. La empresa planea operar más de 330 tiendas en todo el país para 2020. |
| MicroEnsure/seguros: seguros asequibles para millones de personas que viven con menos de tres dólares diarios. | No consumo: la adquisición de seguros es muy escasa en muchos países de bajos ingresos. Norteamérica, Europa occidental, Japón y China (menos de 34 por ciento de la población global) cubren más de 81 por ciento de las pólizas. Al Medio Oriente y África, por ejemplo, les corresponde sólo 1.6 por ciento, mientras que Asia (con excepción de China y Japón) cuenta con 11 por ciento. Prácticamente no había seguros en su forma actual diseñados para esos países de bajos ingresos.

Impacto: MicroEnsure tiene un nombre poco apropiado; resulta engañoso para una empresa cuya innovación, en poco más de una década de operaciones, ha asegurado a más de 50 millones de no consumidores de seguros en Bangladesh, Ghana, Kenia, India, Nigeria y otros países. Más de 85 por ciento de sus clientes nunca había contratado un seguro hasta que MicroEnsure entró en escena. |

"VER" LO QUE NO PUEDE SER VISTO

La sabiduría popular sugiere que busquemos el crecimiento y la prosperidad en la economía de consumo. Ciertamente, es aquí donde la mayoría del capital gasta su tiempo, persiguiendo nuevas y excitantes oportunidades de crecimiento. Resulta comprensible que esas oportunidades sean más fáciles de evaluar con las herramientas de investigación de mercados de las que dependen las empresas. Sin embargo, enfocarse en el no consumo proporciona lo que consideramos la mejor coyuntura para encender nuevos motores de crecimiento para las compañías. A su vez, esos nuevos motores de crecimiento ayudan a las comunidades a generar empleos e ingresos, que en última instancia ayudarán a la gente a progresar.

Tan contradictorio como pueda parecer, es posible desarrollar innovaciones creadoras de mercado entre el no consumo que existe en muchos países pobres. A menudo es mediante el arduo trabajo con el que los innovadores pueden ver las oportunidades en el no consumo, detectan una lucha y conciben un futuro distinto del pasado, como se siembran las semillas de la prosperidad.

Eso es exactamente lo que Leftley y su equipo siguen haciendo en MicroEnsure. Después de pasar un tiempo en algunos barrios pobres de Dhaka, la capital de Bangladesh, Leftley vio la oportunidad de otro producto que puede parecer inconcebible para otros: seguros muy básicos de hospitalización. Cualquier cliente que se registra —gratis— para ese seguro obtiene 50 dólares si pasa dos o más noches en un hospital. Sin importar su edad ni su estado de salud, se hará un pago de 50 dólares a un número de teléfono celular tan pronto como se presente la reclamación. Sin hacer preguntas.

La idea del producto nació tras una dolorosa conversación que Leftley entabló con una mujer que había perdido a su hijo por una enfermedad. La mujer había llevado a su pequeño enfermo al hospital local; sin dinero para pagar atención médica privada, el hijo esperó durante dos días sin que lo viera un solo profesional de la salud. Cuando la mujer se dio cuenta de que su hijo no sería atendido en ese hospital, acudió a una clínica privada ubicada a unas cuadras para ver si lo trataban. Sí, lo harían, si podía pagar cinco dólares, la mitad por adelantado. Desesperada, la mujer corrió a su casa, dejando a su pequeño solo en el hospital, para vender todo lo que tenía y juntar el dinero. Cuando regresó, al día siguiente, el niño había muerto.

"Ella estaba inconsolable. Rota. Y yo me sentí así también", recuerda Leftley. "Salí de ahí con mi equipo diciendo que teníamos que arreglar eso. Teníamos que concebir un producto que atendiera esa falla del mercado." Esa lucha escapaba a toda descripción, pero no a toda reparación.

Según Leftley, 24 por ciento de la gente que ingresa a un hospital en la India, por cualquier motivo, sale de ahí situada por debajo de la línea de la pobreza, debido a los salarios perdidos y a las facturas del hospital. Al término de un proceso de prueba y error (el producto inicial era demasiado burdo y dependía de que los hospitales presentaran el papeleo y las reclamaciones), MicroEnsure llegó al producto simple que tiene ahora. No requería involucrar efectivo como anticipo de la hospitalización; MicroEnsure sabía que aun cuando los pacientes necesitaban dar dinero en efectivo por adelantado, como había ocurrido con aquella mujer, podían pedir prestado y reunir la cantidad suficiente, a sabiendas de que pagarían los préstamos en un par de días. "No tienes idea de lo que es contar con un producto que realmente funciona", dice Leftley ahora. Él ha deseado muchas, muchas veces, poder decirle a aquella mujer cómo el hecho de haberla conocido ha cambiado la suerte de muchas otras personas en su misma dolorosa situación. "He pasado años tratando de volver a encontrar a la familia y comunicarle a esa madre que gracias a su experiencia pudimos crear un producto que millones de personas tienen y que ha salvado tantas vidas. Me encantaría tener la oportunidad de hacerlo."

No tenemos todas las respuestas a las luchas que tienen lugar en nuestro mundo. Pero sí sabemos que uno rara vez encuentra lo que no está buscando. Esperamos que con la óptica de buscar oportunidades en el no consumo a través de la lucha que la gente libra a diario, y al crear mejores soluciones para el trabajo por hacer, podamos comenzar a eliminarlas. Y, al hacerlo, empezar a crear los mercados que ayudarán a las comunidades que luchan a marchar hacia la prosperidad.

Capítulo 4

Jalar contra empujar:
historia de dos estrategias

> Yo dirijo una compañía de alimentos, pero sé más de la generación de energía eléctrica que de comida.
>
> DEEPAK SINGHAL,
> director general de Tolaram África

LA IDEA EN BREVE

Cada año gastamos miles de millones de dólares tratando de ayudar a los países de bajos y medianos ingresos a desarrollarse. Esos fondos se usan principalmente para *empujar* recursos hacia los países pobres con el fin de auxiliarlos para que comiencen su marcha hacia la prosperidad. Pero aun después de empujar billones de dólares durante los últimos 20 años demasiados países siguen siendo pobres, y algunos lo son aún más hoy. ¿Por qué es tan difícil lograr y mantener el desarrollo?

Creemos que buena parte de esos intentos pasan por alto un componente crítico del desarrollo: *la innovación.* El crecimiento y la prosperidad se afianzan al generar innovaciones que *jalan* los recursos que una sociedad requiere. Cuando se introduce una innovación que resulta rentable para los grupos de interés de la economía (conformados por inversionistas, emprendedores, clientes y gobierno), esos grupos a menudo son incentivados para ayudar a mantener los recursos que la innovación ha *jalado* al interior de la economía, como infraestructura, educación e incluso políticas. Las estrategias para atraer recursos aseguran que un mercado está listo y a la espera. Esto, creemos, es esencial para una prosperidad sustentable y de largo plazo.

Una de las películas más populares en la India en 2017 no fue un éxito de taquilla y de alto presupuesto de Hollywood, ni una resplandeciente *extravaganza* de Bollywood. Fue un filme llamado *Toilet: A Love Story* [El baño: una historia de amor], el cual relata las peripecias de una joven novia devastada al saber que la familia de su prometido no tiene baño. La aldea se divide entre quienes entienden el punto de vista de la chica y los que no, y de ahí se derivan caos y risas. Eventualmente, el esposo construye un baño para su amada y viven felices por siempre.

Toilet: A Love Story puede parecer un éxito inesperado e improbable, pero la trama claramente toca una fibra sensible en su audiencia objetivo en la India, donde más de la mitad de los hogares no cuenta con un sanitario. En la realidad, la falta de baños no es cosa de risa. Una de cada diez muertes en la India puede atribuirse a los escasos servicios sanitarios, según el Banco Mundial. Los niños contraen infecciones crónicas en el agua contaminada, y la diarrea es la asesina líder de los pequeños, al causar más de 300 000 muertes anuales. Asimismo, millones de personas están incapacitadas debido a un crecimiento atrofiado causado por el agua contaminada. Mucha gente espera a que oscurezca para usar los espacios públicos con el fin de defecar, circunstancia que ha creado otros problemas, como violaciones y violencia contra las mujeres. La búsqueda de un mejor saneamiento es profundamente importante para el país, a tal grado que Mahatma Gandhi declaró alguna vez que era algo sagrado y "más importante que la libertad política".

Por supuesto, la solución parece obvia: construir más sanitarios. Muy obvia, concuerda el actual primer ministro indio, Narendra Modi, quien la ha declarado prioridad, por encima de edificar templos, como parte de su misión "India limpia". Para ese fin, el gobierno construyó más de 10 millones de sanitarios en 2014 y 2015, y planea añadir *60 millones* para 2019. ¿Cómo puede esto no ser algo bueno en el contexto del grave problema indio?[1]

Bien, resulta que *construir* sanitarios no es suficiente. A mediados de 2015 el gobierno descubrió que la mayoría de éstos no se usaba. "Aun cuando hemos acelerado la construcción de sanitarios, debemos hacer mucho más para persuadir a las personas de que los usen", observó Chaudhary Birender Singh, ministro de Desarrollo Rural, Saneamiento y Agua Potable de la India. Esa "persuasión" ha tomado varias formas. En algunas zonas rurales del país, empleados del gobierno y "motivadores" voluntarios recorren pueblos y aldeas avergonzando públicamente a la gente que prefiere aliviarse al aire libre en vez de usar un baño público o privado recién instalado. En ciertos lugares se ha enseñado a los niños pequeños a perseguir a la gente que parece dirigirse al campo para hacer sus necesidades, y suenan silbatos para dar aviso. El mismo gobierno ha recurrido a incentivos financieros para motivar a las aldeas a que apoyen el uso de los sanitarios. "Durante mucho tiempo dimos por hecho que, si construíamos sanitarios, la gente los usaría de modo automático", observó Singh. "Pero tenemos que monitorear diligentemente su uso por un periodo y recompensar a los consejos de las aldeas con incentivos en efectivo en cada etapa. Sólo entonces se convertirá en un hábito diario."[2]

¿"Motivadores" y niños con silbatos que persiguen, acosan y avergüenzan a la gente? ¿Un *incentivo en efectivo* por usar un baño gratuito? Algo está mal aquí. Con independencia de cuán bienintencionados sean los esfuerzos, "empujar" una solución así, sin entender las causas subyacentes por las que la gente toma decisiones particulares, puede conducir a dolorosas distorsiones. En algunas aldeas rurales donde la gente ha sido avergonzada con el fin de que obedezca, las condiciones de sequía hacen que mantener los baños limpios sea prácticamente imposible: la poca agua que hay es esencial para beber y bañarse, de modo que sería un lujo emplearla para asear un sanitario. En otros lugares los baños se instalaron con tanta prisa que en realidad no están conectados a nada, por lo que rápidamente se apestan, se llenan de moscas y nadie los usa.

Tras años de estudiar y trabajar con muchas comunidades que lidian con ese problema, Kamal Kar, consultor en desarrollo, puso en marcha una estrategia llamada Community-Led Total Sanitation ("Saneamiento total liderado por la comunidad", CLTS). En el sitio web de CLTS se lee: "El solo hecho de proporcionar sanitarios no garantiza su uso ni mejora la higiene. Las primeras propuestas de saneamiento incluyeron altos estándares iniciales y ofrecieron subsidios como incentivo. Pero esto produjo una adopción despareja, problemas de sustentabilidad a largo plazo y uso parcial. También creó una cultura de dependencia hacia los subsidios". Para CLTS la solución al problema sanitario no sólo consiste en proporcionar equipamiento.[3] Para nosotros tampoco. Pero esto es más fácil de decir que de hacer. He aquí la razón.

La pobreza es dolorosa y casi siempre se traduce en falta de recursos, como comida, saneamiento, agua potable, educación, atención médica y servicios públicos en las comunidades. En consecuencia, es razonable pensar que la pobreza constituye esencialmente un problema de recursos. Con base en ese supuesto, durante las últimas décadas hemos puesto en marcha una costosa estrategia que consiste en *empujar* para el desarrollo y que descansa casi exclusivamente en los recursos. Con la mejor de las intenciones, *empujamos* los recursos que poseen las comunidades acaudaladas, y de los que carecen las comunidades pobres, para tratar de arreglar los problemas —por ejemplo, el acceso a los sanitarios—. Sin embargo, como muestran los esfuerzos de este tipo en el caso de los sanitarios en la India, esas estrategias no siempre se afianzan; cuando mucho, suelen tener éxito temporal. Una escuela, un hospital, un camino, un aeropuerto e incluso un sanitario son buenas inversiones; empero, cuando se hacen en la secuencia equivocada inadvertidamente pueden causar más daño que bien. En su libro *Kicking away the Ladder* [Pateando la escalera], Ha-Joon Chang, economista de la Universidad de Cambridge, explora este fenómeno en relación con la construcción, en naciones pobres, de instituciones al estilo de los países ricos.[4]

Para decirlo con claridad, puede haber un valor real en el otorgamiento de recursos a quienes carecen de ellos. No obstante, en muchas circunstancias los gastos superan el valor que se obtiene cuando esos recursos sólo son empujados a una región. Otra forma de verlo es la siguiente: las estrategias que consisten en empujar consideran la pobreza como una enfermedad crónica que debe ser controlada y para la cual no parece haber cura. Pero ése es un abordaje muy caro; sólo en los Estados Unidos más de 80 por ciento de los 2.7 billones de dólares que la nación invierte en salud se destina al tratamiento de enfermedades crónicas,[5] las cuales se tratan, pero no se curan. Y, para algunos, eso puede significar una vida de sufrimiento. Resulta difícil creer que no haya un camino mejor. Hacemos lo mismo con la pobreza: tratamos el dolor y empujamos muchos recursos, pero no curamos la enfermedad porque atender el dolor parece ser el método más obvio para que el paciente mejore. Sin embargo, nuestra estrategia actual puede estar impidiéndonos ver lo que es posible.

EMPUJAR CONTRA JALAR

Las estrategias que consisten en empujar suelen ser impulsadas por las prioridades de quienes las originan —por lo común, expertos en un campo particular del desarrollo— y por la generación de soluciones recomendadas para los países de bajos ingresos. Es importante señalar que muchos de los recursos que están siendo empujados son buenos y a menudo son bien recibidos por la gente de los países pobres; sin embargo —y desafortunadamente—, a menudo se dirigen a contextos que no están totalmente preparados para absorberlos. Y eso puede hacer que algo que comenzó siendo bueno se vuelva profundamente decepcionante, y con gran rapidez.

Consideremos, por ejemplo, la feroz competencia que ocurre cada pocos años al elegir la ciudad anfitriona de la Copa Mundial de la FIFA, uno de los eventos deportivos más prestigiosos del mundo. Alcaldes y juntas directivas de las ciudades y los países de todo el orbe lanzan ambiciosas campañas para convencer a sus ciudadanos de que gastar millones, e incluso miles de millones, en preparar a la región para ser sede de la Copa Mundial tendrá beneficios enormes. Siempre hay un espectacular acto mediático en el que se anuncia al anfitrión ganador ante los jubilosos vítores de las multitudes locales. Inundar su región con recursos e infraestructura, mientras se alistan para tan codiciado evento internacional, seguramente atraerá un gran flujo de visitantes extranjeros y dinero, creará abundantes empleos y, en última instancia, favorecerá el desarrollo económico de la ciudad, o eso se piensa. No obstante, esas promesas casi nunca se cumplen.

Sudáfrica, por ejemplo, hizo un magnífico trabajo al organizar la Copa Mundial de 2010, con lo que desafió las expectativas de los críticos de que no podría concluir la infraestructura necesaria y las mejoras a su seguridad. Aun así, ese país terminó recuperando sólo 10 por ciento de los 3 120 millones de dólares que invirtió en transporte, telecomunicaciones y estadios.[6] En los años que siguieron a la Copa Mundial, los remanentes visibles de esas erogaciones —la más notable de las cuales fue quizás un estadio erigido ex profeso cerca de Ciudad del Cabo— han llegado a simbolizar "lo peor del legado de la FIFA en Sudáfrica", según el *New York Times*:

> Es una megaestructura innecesaria que sus vecinos ricos, casi todos blancos, no quieren, y que está lejos de las zonas donde viven los fanáticos del futbol, que en su mayoría son negros o no blancos. El estadio también se ha convertido en una carga para las arcas públicas, ya que cuesta a la ciudad al menos 32 millones de dólares desde 2010. Habría sido mejor invertir esos fondos en las prioridades más urgentes de la ciudad, como proveer saneamiento y viviendas para los pobres. La falta de esos servicios sigue siendo la chispa que periódicamente enciende las protestas.

El gasto en la Copa Mundial no cambió las cosas en Sudáfrica, o al menos no lo suficiente. Casi una década más tarde, el país sigue encabezando la lista del Banco Mundial de las naciones con mayor desigualdad de ingresos, con más de la mitad de la población viviendo por debajo de la línea nacional de pobreza.

En contraste, las *estrategias que consisten en jalar* son diferentes en casi todos los aspectos. Pensemos en la educación, por ejemplo, y de forma más específica en nuestra inversión en capital humano, que suele ser mucho más exitosa cuando es jalada hacia una sociedad en respuesta a una demanda. Tal demanda proviene de una economía que puede absorber el conocimiento y las habilidades que se transmiten a los estudiantes.

Yo me hice profundamente consciente de esto cuando me incorporé al consejo directivo de Tata Consultancy Services (TCS), una de las empresas de tecnología de la información (IT, por sus siglas en inglés) más grandes del mundo. Con sus casi 400 000 trabajadores, TCS es uno de los empleadores del sector privado más grandes de la India. Durante los últimos años, para satisfacer la demanda de muchos de sus clientes, que pedían más servicios digitales —como análisis de datos, movilidad, computación en la nube e internet de las cosas—, TCS ha incorporado la "educación digital" en su modelo de negocios. La compañía ha capacitado a 200 000 empleados en más de 600 000 competencias relacionadas con tecnologías digitales, y no parece estar desacelerando su paso. Cuando TCS capacita a sus trabajadores —nuevos o antiguos— suele basarse en la demanda del mercado o en las especificaciones de cada proyecto. De esta forma, la educación cobra relevancia casi de inmediato. El empleado comprende por qué está aprendiendo, y la compañía, por qué está invirtiendo.[7]

Nuestra investigación sugiere que, con el tiempo, las estrategias que consisten en jalar son mucho más efectivas cuando se trata de alcanzar una prosperidad sustentable.

En primer lugar, estas estrategias a menudo provienen de innovadores que responden a las luchas de los consumidores o a demandas específicas del mercado. En segundo lugar, tienen un enfoque más investigativo o inquisitivo respecto de la solución de problemas, opuesto a un enfoque más bien defensivo o asertivo. Los innovadores están ahí para aprender y después resolver los problemas de manera sustentable, en vez de aplicar —aun con buenas intenciones— las que consideran respuestas correctas a dificultades de desarrollo particulares. Por ejemplo, cada trimestre TCS reúne las habilidades que necesita llevar a la organización e invierte en función de ello.

En tercer lugar, las estrategias de este tipo se concentran en crear mercado o en responder a las necesidades de éste. Por tanto, la función del mercado consiste en atraer los recursos que precisa para sobrevivir. En esencia, las estrategias que consisten en jalar surgen de la apremiante necesidad de hacer que algo funcione; prácticamente hacen que la solución exista *a voluntad*, sin importar que sea imperfecta al principio, porque es parte crucial de crear o sustentar un mercado. Las demandas creadoras de mercado infunden aliento vital a una solución que consiste en jalar, lo que les permite enraizarse. Pensemos, por ejemplo, en la extraordinaria influencia de una compañía de fideos orientales en la economía de Nigeria.

4 500 MILLONES DE PAQUETES DE FIDEOS Y CONTANDO

Tal vez el producto más amado de Nigeria es también uno de los más humildes: los fideos instantáneos Indomie. Con porciones individuales que se venden en el equivalente de 20 centavos de dólar, la marca es reconocida prácticamente en todo el país; cuenta con un club de fans de 150 000 miembros con ramas en más de 3 000 escuelas primarias, y patrocina los Premios Día de la Independencia para los Héroes de Nigeria, con los que se celebran los logros de niños nigerianos ejemplares.

Aunque el lector tal vez no haya oído hablar de ella, Indomie es una marca nacional en Nigeria.

En 2016 tuve el honor de hablar en la convención anual de Harvard Business School's Africa Business Club. Con cerca de 1 500 asistentes ésta es la mayor convención de negocios organizada por estudiantes de África en el mundo. Cuando en mi plática me referí a Tolaram, la fascinante compañía que habíamos estado estudiando, recibí miradas inexpresivas del auditorio.[8] Pero cuando dije: "Ellos son los que hacen los fideos Indomie", el público enloqueció. ¿Por qué unos fideos harían que una multitud estallara en estruendosos vítores? Y, más importante, ¿qué tiene eso que ver con el desarrollo y la prosperidad?

Lo que Tolaram ha hecho en Nigeria con los fideos Indomie es sorprendente. Desde su entrada en el país en 1988, cuando Nigeria estaba todavía bajo un régimen militar, Tolaram ha invertido más de 350 millones de dólares para crear decenas de miles de empleos, desarrolló una compañía de logística y construyó infraestructura, incluyendo instalaciones de electricidad y tratamiento de agua potable y residual. Además, ha creado instituciones educativas, fundado programas de organización comunitaria y aportado millones de dólares en impuestos. Quizá la evidencia más visible de esa estrategia es que la compañía ha desempeñado un papel fundamental en el desarrollo de una asociación público-privada de 1 500 millones de dólares para construir el nuevo puerto de aguas profundas Lekki, en el estado de Lagos, capital comercial de Nigeria. Sin exagerar, los fideos Indomie *son* desarrollo.

Tolaram ha demostrado que un mercado puede crearse con muy poco, y que su creación trae aparejados beneficios capaces de conducir al desarrollo.

Los fideos Indomie están tan vinculados con la sociedad nigeriana que los mismos nigerianos podrían sorprenderse al recordar que no forman parte de sus platillos tradicionales. Tolaram sólo ha vendido el producto en el país durante unos 30 años. La trayectoria de crecimiento de la compañía supone un giro de 180 grados para las ideas convencionales sobre el desarrollo.

En 1988, año en que Tolaram comenzó a vender sus fideos en Nigeria, el país estaba muy lejos de ser un imán para inversiones: se hallaba bajo régimen militar; la expectativa de vida para sus 91 millones de habitantes era de 46 años; el ingreso anual per cápita era apenas de 257 dólares (aproximadamente 535 dólares actuales); menos de uno por ciento de la población tenía teléfono; sólo poco menos de la mitad tenía acceso a agua potable y 37 por ciento contaba con saneamiento adecuado, y un apabullante 78 por ciento vivía con menos de dos dólares diarios. Pero aun en esas desalentadoras circunstancias los hermanos Haresh y Sajen Aswani vieron una enorme oportunidad para alimentar a una nación con un producto asequible y conveniente. Para ellos, esto representó una gigantesca ocasión para crear un mercado.

Los fideos Indomie se preparan en menos de tres minutos; si se les combina con huevo, pueden ser una comida nutritiva y de bajo costo. Sin embargo, en 1988 la mayoría de los nigerianos nunca había comido o siquiera visto los fideos. "Al principio muchas personas pensaron que les estábamos vendiendo gusanos", recuerda Deepak Singhal, actual director general de Tolaram África. Los hermanos Aswani, no obstante, estaban convencidos de que podían crear un mercado en Nigeria gracias al crecimiento poblacional y a su urbanización, así como a la conveniencia del producto que ofrecían. En vez de enfocarse en la demografía desfavorable de Nigeria, se concentraron en desarrollar un modelo de negocios que les permitiera *crear* un mercado para los fideos.

La decisión de atender las necesidades del nigeriano promedio, que era muy pobre, impulsó a Tolaram a realizar inversiones de largo plazo en el país. En 1995 la compañía tomó la determinación de trasladar la producción de fideos a Nigeria, con miras a tener mejor control de los costos. Para hacerlo, Tolaram tuvo que jalar infraestructura, como electricidad, manejo de desperdicios y tratamiento de agua en sus operaciones. "Yo dirijo una compañía de alimentos, pero sé más de la generación de energía eléctrica que de comida", dice Singhal ahora.

Al igual que TCS, Tolaram entró en el negocio de la "educación", a través de la capacitación, patrocinada por la compañía, en ingeniería eléctrica y mecánica, finanzas y disciplinas relevantes para la industria. Tolaram tuvo que hacer esas inversiones específicas porque la infraestructura subyacente en Nigeria era defectuosa o inexistente, así que decidió "jalarla".

Y eso, a su vez, creó más oportunidades para que comenzara a florecer la prosperidad. Consideremos, por ejemplo, lo que ocurre cuando Tolaram atrae a un recién graduado de una universidad local a sus operaciones y le proporciona empleo y capacitación. Primero, la empresa aumenta la productividad de sus nuevas operaciones y, por extensión, la de la región. Segundo, reduce el desempleo y, como resultado, disminuye indirectamente la delincuencia, pues la gente con empleo tiene menos probabilidades de involucrarse en actividades criminales para tratar de satisfacer sus necesidades básicas.[9] Tercero, aporta impuestos adicionales al ingreso y el gasto del consumidor. Todos esos elementos podrían ser el núcleo de los objetivos de desarrollo regional, pero para los ejecutivos de Tolaram sólo fueron el resultado natural de operar su creciente negocio.

UN CRECIMIENTO DE 36 POR CIENTO, 17 AÑOS CONSECUTIVOS

Como muchos otros mercados emergentes y fronterizos, Nigeria carece de un próspero sector "formal" de supermercados, y la ruta de la fábrica al consumidor ofrece muchos puntos de fracaso potencial o "derrames" (proceso en el que los productos son robados o desaparecen antes de llegar al punto de venta). Así que los gerentes de Tolaram invirtieron en una cadena de suministro de supermercados. Esto no era algo trivial: la inversión requirió que la empresa creara todo un negocio de distribución y logística, lo que implicó construir almacenes y escaparates de distribución, comprar cientos de camiones para la flotilla de la compañía y contratar a cientos de conductores para que recorrieran los vecindarios vendiendo cajas de fideos Indomie tanto a detallistas independientes como a las tiendas propiedad de Tolaram.

La inversión de Tolaram en la distribución puede parecer exagerada, pero los ejecutivos de la compañía sabían que nunca podrían tener éxito si no eran capaces de poner el producto en las manos de los clientes. En muchos países pobres las empresas pasan una exorbitante cantidad de tiempo pensando en el modo de hacer que sus productos sean económicos, pero quizá no se dediquen tanto a pensar cómo hacer que estén disponibles. En parte esto se debe a que las compañías no ven la distribución como una parte central de su modelo de negocios. No obstante, en esta etapa del desarrollo de los países pobres debe serlo; de hecho, invertir en que los productos sean asequibles y estén disponibles es fundamental para el éxito de un negocio creador de mercado.

Al hacer que su producto esté disponible, sea económico y por lo tanto accesible, los innovadores crean las soluciones correctas para los nuevos mercados. Así pues, una innovación creadora de mercado no sólo es un producto o servicio, sino una solución completa: el producto o servicio acoplado con un modelo de negocios rentable para la firma. Para crear esta solución, las organizaciones hacen lo que sea necesario, como generar infraestructura, fábricas, distribución, logística, ventas y otros componentes de su modelo de negocios. Esto, a su vez, comienza a cimentar la base de la infraestructura de una región. Esto es lo que Tolaram hizo y sigue haciendo en Nigeria.

La compañía controla ahora 92 por ciento de los insumos esenciales para fabricar los fideos Indomie y opera 13 plantas manufactureras en Nigeria. Esto no es distinto de lo que hicieron Ford Motor Company, Celtel o Galanz cuando las circunstancias lo demandaron.

Ha sido un viaje muy rudo, pero eso era de esperarse: por su propia naturaleza, el desarrollo es difícil. Sin embargo, las inversiones de Tolaram están dando estupendos frutos desde cualquier punto de vista, y Nigeria está cosechando ganancias significativas en términos de desarrollo. Hoy en día la empresa vende más de 4 500 millones de paquetes de fideos en ese país, lo que convierte a los nigerianos en los decimoprimeros consumidores de fideos instantáneos en el mundo, aunque hace 30 años prácticamente ignoraban que existía ese producto. Tolaram proporciona empleo directo a más de 8 500 personas, ha creado una cadena de valor de 1 000 distribuidores exclusivos y 600 000 detallistas, y obtiene ganancias de casi 1 000 millones de dólares al año, mientras contribuye con decenas de millones de dólares en impuestos al gobierno nigeriano. Tolaram creó también una compañía de logística que es la dueña y operadora de más de 1 000 vehículos; esa compañía ahora da servicio a Tolaram y a otras empresas nigerianas, y 65 por ciento de sus ganancias proviene de clientes externos. Hoy por hoy es uno de los transportistas corporativos más grandes del país.[10]

Si Tolaram hubiera elegido un enfoque diferente y más común, para invertir sólo cuando las circunstancias fueran las correctas o cuando la situación del país mejorara, probablemente no habría logrado un increíble crecimiento de 36 por ciento durante 17 años consecutivos, en un mercado creado por la propia empresa y que ha atraído inversiones de otras 16 compañías productoras de fideos y de muchos proveedores de insumos y materia prima, los cuales se encargan de suministrar empaques, harina, aceite de palma, sal, azúcar y chile, así como de la distribución, la publicidad, las ventas y el menudeo. Todas esas compañías han generado decenas de miles de empleos directos en Nigeria.

Para crear un mercado en ese país africano y en otros entornos parecidos Tolaram tuvo que absorber los riesgos que otros perciben, y aún debe hacerlo continuamente. Ésta es una de las razones detrás de la asociación público-privada de 1 500 millones de dólares para construir y operar el nuevo puerto de aguas profundas Lekki, en el estado de Lagos, capital comercial de Nigeria. Cuando Tolaram erija el puerto con éxito reducirá aún más sus costos y proporcionará servicios portuarios a otras empresas.

Si Tolaram hubiera decidido esperar a que el gobierno nigeriano enfrentara los retos de "infraestructura" e "instituciones" para invertir, aún seguiría esperando y probablemente no estaría operando en Nigeria hoy.

Ankur Sharma, antiguo líder de la estrategia corporativa para Tolaram África, resumió la decisión de la compañía de depender de sí misma en febrero de 2016:

Cuando creamos un mercado hacemos lo que sea necesario para asegurar el éxito. Hemos construido plantas de energía en algunos países; en otros hemos invertido millones de dólares en infraestructura de transporte sólo para mover nuestros productos de la fábrica a las tiendas detallistas, alineados con nuestro tema de controlar nuestro destino reduciendo los costos. Nos comprometemos con cualquier mercado al que entremos, y haremos lo que sea necesario para tener éxito ahí.

Un paquete de fideos Indomie es simplemente un paquete de 20 centavos de fideos instantáneos. ¿Cómo puede tener tanta importancia? La tiene porque este producto representa el *proceso* mediante el cual la pobreza puede convertirse en prosperidad a través de la innovación.

Las inversiones de Tolaram en Nigeria ilustran un principio fundamental que, cuando se aplica en el contexto del no consumo y la pobreza, tiene un poderoso impacto en el desarrollo y la prosperidad. Esto ejemplifica el inmenso potencial de las innovaciones creadoras de mercado para atraer muchos recursos a una economía; también muestra que, en ciertas circunstancias, localizar una innovación es requisito para el éxito. Aunque los hermanos Aswani no son nativos de Nigeria, son nigerianos por función. De hecho, Haresh Aswani ha sido honrado con un título de jefatura en el estado de Ogun, Nigeria. Merced a su compromiso con el desarrollo económico de Nigeria, fue nombrado jefe, uno de los honores más altos que una comunidad puede conceder a una persona.

En virtud de sus inversiones y su éxito, Tolaram ha comenzado a atraer a Nigeria cientos de millones de dólares de inversión extranjera directa de grandes compañías internacionales. En 2015, Kellogg's, la multinacional productora de alimentos estadounidense, compró la mitad de las operaciones de distribución de Tolaram en Nigeria por 450 millones de dólares, y ambas empresas comisionaron una planta manufacturera de cereal de 6 000 millones de nairas (unos 17 millones de dólares) en diciembre de 2017.

IMPACTO DE TOLARAM EN LA ECONOMÍA NIGERIANA (VALORES DE LA DIVISA EN NAIRAS NIGERIANOS)[11]

- Valor total agregado a la economía: N 241 000 millones anuales.
- Ingresos de personal: N 7 600 millones anuales.
- Ingresos para el gobierno: N 4 500 millones anuales.
- Inversión en el sector manufacturero: N 70 000 millones.
- Empleos directos creados: 8 570.
- Empleos creados en toda la economía: 42 850.
- Número de plantas manufactureras: 13.
- Número de almacenes: 13.
- Número de distribuidores: 2 500.

- Número de subdistribuidores: 30 000.
- Número de tiendas de red y de conveniencia: 290.
- Número de camiones y otros vehículos: más de 1 000.
- Número de *otras* compañías de fideos: 16.

Y, ESPECÍFICAMENTE, MIRA LO QUE TOLARAM ESTÁ ATRAYENDO A LA ECONOMÍA NIGERIANA

- Generación de electricidad.
- Planta de tratamiento de agua potable y residual.
- Puerto de aguas profundas de 1 500 millones de dólares.
- Educación: capacitación técnica especializada en finanzas, ingeniería y mercadotecnia para los empleados.
- Logística: Tolaram opera una de las compañías de logística más grandes de Nigeria.
- Inversión extranjera directa: la compra de Kellogg's de la mitad de las operaciones de distribución de Tolaram por 450 millones de dólares.
- Proyectos de desarrollo social sustentable: la Fundación Tolaram posee 25 por ciento del Grupo Tolaram e invierte en un amplio rango de programas sociales que benefician a los nigerianos; por ejemplo, entrega de prótesis a quienes han perdido extremidades, cuidado de huérfanos y otorgamiento de becas para que los estudiantes vayan a la escuela, por mencionar sólo algunos.

EL PODER Y LA NECESIDAD DE *JALAR*

Tolaram pudo atraer a la economía nigeriana muchos elementos que habría sido imposible, o al menos increíblemente difícil, sustentar sin la creación de un mercado de fideos. En cierta forma, este mercado actúa como una fuerza magnética que asegura que los estudiantes obtengan empleos, que se generen ganancias gubernamentales para financiar otros proyectos, y que se desarrollen nuevas tecnologías para usarlas de manera productiva. Todas estas cosas han sido atraídas a la economía para hacer crecer el mercado de fideos de Tolaram. Si generamos un mercado que atiende con éxito a una creciente población de no consumidores es probable que ese mercado atraiga muchos otros recursos indispensables para la economía. Éste es el simple pero poderoso mecanismo de *jalar*.

Sin embargo, persiste la pregunta: ¿por qué Tolaram debe invertir en electricidad, agua, educación, logística, etcétera, para entregar un paquete de fideos al nigeriano promedio? Seguramente no tendría que hacerlo si estuviera operando, digamos, en los Estados Unidos. La respuesta a esa pregunta —si una compañía debe absorber e integrar ciertos costos aunque no parezcan ser el núcleo de su negocio, y cuándo debe hacerlo— puede formularse con base en una de las teorías de administración que enseño a mis alumnos.

La decisión de una compañía de integrar ciertos aspectos de su modelo de negocios (atrayéndolos para hacerlos por sí misma) o contratarlos de terceros se explica a partir de una teoría llamada interdependencia y modularidad. Una empresa debe desarrollar un modelo de negocios interdependiente (integrado) cuando no puede depender de los proveedores para el suministro de insumos especificables, verificables y predecibles (en algunos casos esto puede ser acceso a electricidad constante, materias primas de calidad o incluso empleados bien educados; los suministros, o entradas, son cualquier cosa que una organización necesita para realizar en forma adecuada el trabajo por hacer para el cual los clientes contratan su producto).

En otras palabras, si la compañía no puede depender del insumo de un proveedor para realizar el trabajo del cliente, entonces debe integrar esas operaciones, esto es, crear por sí misma todas esas "entradas". Por ejemplo, cuando Tolaram comenzó a operar en Nigeria se asoció con otras compañías para cubrir sus necesidades de empaquetado y logística. Tolaram también dependía de proveedores para conseguir la harina, el trigo y el aceite. Pero como los suministros de esas compañías no eran confiables, la empresa tuvo que integrar esos componentes a su modelo de negocios.[12] Se vio obligada a realizar esas actividades por sí misma.

Si otras compañías hubieran provisto esos suministros en forma confiable, para Tolaram habría sido más sencillo subcontratarlas; en ese caso, la empresa no habría tenido que integrar tantos aspectos a su modelo de negocios y habría desarrollado algo más modular. También se habría asociado con proveedores confiables de la misma forma como muchas empresas de los Estados Unidos se asocian con UPS o con FedEx para cubrir sus necesidades de logística y envío, o con otros proveedores de insumos como electricidad, agua, materia prima, etcétera.

Pero fue precisamente porque Tolaram no pudo encontrar compañías confiables por lo que decidió integrar muchos aspectos en su modelo de negocios. Algo interesante sucedió cuando la compañía incorporó con éxito servicios como logística, empaquetado, electricidad y otros. Cuando otras compañías, muchas de las cuales también necesitaban esos servicios, vieron que Tolaram podía ofrecérselos en forma *confiable,* comenzaron a preguntar si la empresa podía abastecerlas. Y así fue como un centro de costos se convirtió en un centro de utilidades para Tolaram.

Ése es el poder de jalar.

LA INFRAESTRUCTURA DE TOLARAM ES LA INFRAESTRUCTURA DE NIGERIA

Los innovadores que crean mercados hacen lo qué sea necesario, sea su principal competencia o no, para desarrollar un mercado que atienda a quienes históricamente no han podido comprar un producto. Las inversiones de esas compañías no sólo son su propia infraestructura; se convierten en la infraestructura del país también. Sin embargo, tal vez lo más importante es que las innovaciones creadoras de mercado infunden en los ciudadanos la cultura de que la *innovación* es posible, incluso en las peores circunstancias. Esto resulta crucial porque a menudo es en el *proceso* de desarrollar innovaciones creadoras de mercado, que son más simples, más costeables y por lo tanto más accesibles para el grueso de la población, cuando una compañía necesariamente atrae las diversas cosas que actualmente empujamos a los países pobres con la esperanza de impulsar la innovación, el desarrollo y el crecimiento.

Desafortunadamente, cuando esas cosas son empujadas antes de que haya un mercado que las demande o que esté dispuesto a absorberlas, los países rara vez están preparados para conservarlas. El resultado de las iniciativas que consisten en empujar son escuelas nuevas y relucientes que pierden su valor y proporcionan educación deficiente; nuevos caminos que se vuelven difíciles de mantener, e "instituciones" copiadas y pegadas de naciones prósperas que terminan pulsando el botón de "deshacer". En consecuencia, nada es permanente, excepto tal vez la interminable corriente de proyectos bienintencionados pero no sustentables diseñados para ayudar a los países pobres. En cambio, cuando un mercado atrae esos recursos, éstos tienden a permanecer.

¿UNA ECONOMÍA DE FIDEOS?

No nos hacemos ilusiones; por sí solo, un paquete de fideos de 20 centavos de dólar, sin importar cuántos se vendan, no es capaz de hacer que Nigeria se desarrolle. Pero los principios que subyacen bajo el éxito de Tolaram sí que pueden hacerlo.

Pensemos, por ejemplo, en el problema de saneamiento de la India considerándolo como una enorme oportunidad de crear un mercado. Ésta es la perspectiva de la Coalición del Consejo de los Sanitarios (Toilet Board Coalition, TBC), consorcio global de compañías, inversionistas sociales y expertos en sanidad que están intentando impulsar soluciones creadoras de mercado. En lo que TBC denomina "economía del saneamiento" han detectado lo que para ellos es una oportunidad de 62 000 millones de dólares solamente en la India. Aquí están los tres subsectores de la economía del saneamiento identificados por la TBC:

Economía del saneamiento	Descripción	Tipo de trabajo
Economía del sanitario	Innovación de producto y servicio que provee sanitarios apropiados para todos los entornos e ingresos	Muebles para sanitarios domésticos y públicos, mantenimiento, reparación, productos de higiene
Economía circular del saneamiento	Los recursos del sanitario (desecho humano) van a un sistema que reemplaza el manejo tradicional de desperdicios	Recolección, transporte, procesamiento de desecho humano para convertirlo en productos como fertilizantes orgánicos, aceites de proteína, etcétera
Economía de saneamiento inteligente	Sistemas digitalizados que aseguran la operación eficiente y el mantenimiento, además de proporcionar Información sobre el uso del consumidor y la salud	Recolección, análisis y distribución de datos sanitarios y sobre el consumidor; sensores y transmisión de datos

FUENTE: Coalición del Consejo de los Sanitarios 2018.

"Ésta es la oportunidad más grande del siglo para transformar los sistemas de saneamiento en una economía inteligente, sustentable y generadora de ingresos", asegura Cheryl Hicks, directora ejecutiva de la TBC. Hicks señala que cada año se generan más de 3.8 billones de litros de desechos humanos que las compañías pueden usar para producir agua tratada, energía renovable, fertilizantes orgánicos, productos de proteína, etcétera. "La innovación realmente puede efectuar un cambio transformador", opina Hicks. "Sólo vean todas las formas en que la gente está explorando para crear 'productos' fuera del sistema, aprovechando recursos biológicos, energía, fertilizantes, plásticos, proteína, incluso datos para ayudarnos a entender, digitalmente, la salud de una comunidad." Por ejemplo, para Hicks la innovación consiste en ayudar a crear rastreadores de datos que pueden servir para identificar claramente brotes de enfermedades en una comunidad, mucho antes de que los hospitales y las clínicas estén repletos de gente gravemente enferma. De forma similar, las tecnologías inteligentes tienen la capacidad de configurar las decisiones de negocios y sanitarias, así como influir en la generación de políticas. Aún más, otras industrias también podrían participar en la economía emergente del saneamiento. Hicks predice que puede crearse un mercado que, a su vez, generará otros mercados afines. Identificar la oportunidad y después innovar en torno de una solución creadora de mercado podría ayudar a la India a atraer la infraestructura de saneamiento que tan desesperadamente necesita.

BANCA SIN BANCOS, PELÍCULAS SIN TELEVISORES

Hemos observado el poder que tienen las estrategias que consisten en jalar para actuar como catalizadores de cambios a largo plazo. Pensemos en lo que ocurrió en Kenia cuando 20 millones de personas, en un tiempo muy breve, adoptaron M-Pesa, plataforma de dinero móvil. Antes de M-Pesa, el sistema bancario tradicional keniano atendía a menos de 15 por ciento de la población. En 2007, año en que se fundó M-Pesa, Kenia sólo tenía poco más de 1 000 sucursales bancarias para sus 38 millones de habitantes. Pero M-Pesa, innovación diseñada con base en el teléfono móvil, fue adoptada por millones de hogares kenianos, y hoy se realizan transacciones por más de 4 500 millones de dólares al mes.[13] Aplicar un enfoque tradicional basado en empujar habría significado establecer muchas más sucursales bancarias en Kenia con la esperanza de que motivaran a la gente a unirse a la economía bancaria. Pero eso probablemente habría sido significativamente más costoso, hubiera llegado a menos personas que M-Pesa y le habría tomado más tiempo producir cualquier tipo de impacto.

¿Y qué hay de la industria nigeriana de Nollywood? Quizá el lector no sepa que Nigeria tiene una vigorosa industria fílmica, pero eso es probablemente porque las películas nigerianas se crean para llegar a los no consumidores, los africanos que habitan en su continente y los de la diáspora. En términos de número de cintas producidas anualmente, los 1 500 filmes de Nollywood ocupan el segundo lugar, sólo después del Bollywood de la India, lo cual es una estadística sorprendente en un país donde menos de 60 por ciento de la gente tiene acceso a la electricidad y sólo 40 por ciento de los hogares cuenta con televisión.[14] Nollywood ha podido progresar precisamente porque se dirige al no consumo. Antes del advenimiento y la proliferación de las películas nigerianas, la mayoría de los africanos consumía cintas producidas en Hollywood y Bollywood. Había muy pocas películas que hablaran a los africanos promedio, tomando en consideración su cultura y sus experiencias. Así, aunque las películas occidentales e indias eran interesantes, no resultaban cercanas. Nollywood llegó a cambiar eso.

Aunque las ganancias anuales de Nollywood de casi 1 000 millones de dólares palidecen en comparación con los 35 000 millones de dólares que Hollywood proyecta obtener para 2019, eso no significa que Nollywood no esté teniendo un impacto significativo en la economía de Nigeria. En la actualidad, la industria emplea a más de un millón de personas, sólo detrás de la industria agrícola.[15] Además, Nollywood ha podido atraer mejores regulaciones respecto a la legislación sobre piratería y *copyright*. Apreciando la importancia de la industria como fuente principal de empleo e ingreso potencial por la venta y exportación de películas nigerianas, el Consejo de Promoción de la Exportación Nacional, la Comisión Nigeriana del Copyright y el Consejo de Censura de Videos y Películas Nacionales colaboran en programas para reducir la piratería en la industria.

A NADIE LO DESPIDEN POR CONSTRUIR UN POZO

Si *jalar* parece ser una estrategia más efectiva que *empujar*, ¿por qué no dedicamos más de nuestros recursos a ello? Hay varias razones; una de ellas es que a nadie lo despiden por *empujar*. Veámoslo así: nadie pierde su trabajo por construir un pozo en una comunidad pobre. En los países pobres hay pocas imágenes más satisfactorias que el agua fresca manando de un pozo, alumnos con uniformes escolares nuevos sentados en un rutilante y también nuevo salón de clases, o ceremonias de inauguración de fabulosos caminos y hospitales. En contraste, también hay pocas imágenes más deprimentes que pozos averiados, niños en edad escolar en las calles o proyectos de infraestructura abandonados.

¿Qué pasaría si desplazáramos el énfasis de empujar a jalar? ¿Qué tal si mucho más de los 143 000 millones de dólares invertidos en ayuda oficial para el desarrollo en 2016 se canalizaran a apoyar esfuerzos directos de creación de mercados en los países pobres, aun cuando las circunstancias parezcan difíciles? Imaginemos cuántos mercados podrían desarrollarse; cuántos Tolaram, Nollywood, M-Pesa y otros creadores de nuevos mercados podrían surgir; cuántos empleos se generarían.

Cuando pienso en este problema no puedo evitar preguntarme cuántos padres y madres tendrían la dignidad de trabajar y ganar recursos para proporcionar a sus familias cosas tan básicas como comida, atención médica y educación de calidad. Imagina cuánta gente tendría un renovado sentido de la esperanza y un propósito al comenzar a ver que su sufrimiento puede convertirse en cosa del pasado.

"Somos la primera generación en la historia de la humanidad que puede erradicar la pobreza extrema", dice con frecuencia Jim Kim, presidente del Banco Mundial. Tal vez tenga razón, pero eso no sucederá si seguimos enfocando nuestros esfuerzos en erradicar la pobreza.[16] Ésa es la paradoja que está en juego.

Cómo la innovación creó prosperidad para muchos

Capítulo 5

La historia de la innovación
en los Estados Unidos

El siglo de la revolución en los Estados Unidos después de la Guerra Civil fue económico, no político, y liberó a los hogares de una interminable monotonía diaria de difíciles labores manuales, pesado trabajo doméstico, oscuridad, aislamiento y muerte prematura. Sólo 100 años más tarde, la vida cotidiana había cambiado radicalmente.[1]

ROBERT GORDON,
Auge y caída del crecimiento estadounidense:
el nivel de vida en los Estados Unidos desde la Guerra Civil

LA IDEA EN BREVE

Imaginemos un país donde la expectativa de vida promedio es de sólo 45 años, la mortalidad infantil es del orden de 200 muertes por cada 1000 nacimientos, y menos de cinco por ciento de la gente tiene acceso a electricidad, aire acondicionado, calefacción o agua corriente en casa. En ese país, una persona gasta aproximadamente 52 por ciento de sus ingresos duramente ganados en comida. Hay muy poca ayuda del gobierno, y la corrupción campea en todos los niveles, desde el local hasta el federal; el favoritismo, en vez del mérito, determina la mayor parte de los empleos del servicio civil. ¿De qué país empobrecido estamos hablando?

Los Estados Unidos de América en el siglo XIX. Aunque no solemos pensar así de esa nación, los Estados Unidos fueron desesperadamente pobres alguna vez, más pobres que algunas de las economías actuales más subdesarrolladas. Considerando lo anterior, su transformación en potencia económica es extraordinaria. Pero, como veremos, en el corazón de la historia de la transformación estadounidense palpita la misma fuerza que ha impulsado a muchas economías del mundo de la pobreza a la prosperidad: las innovaciones creadoras de mercado.

A pesar de estar empobrecida, carecer de regulaciones y contar con pésima infraestructura, los Estados Unidos se convirtieron en territorio fértil para varios innovadores y emprendedores que detectaron oportunidades donde otros no veían nada. En este capítulo conoceremos a los personajes que están detrás de las innovaciones creadoras de mercado más espectaculares de la historia de los Estados Unidos: Isaac Merritt Singer, George Eastman, Henry Ford y Amadeo Giannini. Por supuesto, estos innovadores por sí solos no hicieron que los Estados Unidos se desarrollaran (el país se ha beneficiado de la innovación de una gran cantidad de emprendedores cuyo trabajo ha mejorado nuestra vida); pero sí demostraron colectivamente el poder transformador de una cultura de la innovación que permite que la prosperidad eche raíces y florezca.

Tenemos una antigua máquina de coser Singer en el sótano. Uno de mis vecinos la tiró a la basura y no pude evitar rescatarla. Está oxidada y usada, pero sigue siendo un hermoso aparato. Sólo los pedales son obras de arte. Para mí, remozarla y devolverle su antiguo esplendor se convirtió en un apasionante proyecto personal.

Cuando miro esa máquina de coser veo más que sólo artesanía de calidad. Me recuerda lo que representa. Tal vez Isaac Merritt Singer no es el innovador estadounidense más famoso —ni siquiera tiene el mérito de haber inventado la máquina de coser—, pero su impacto en la cultura estadounidense no puede ser subestimado.

Quizá hayamos olvidado que, en la época de Singer, los Estados Unidos no eran un país próspero. No sólo la mayoría de los estadounidenses eran pobres, sino que muchos, especialmente en los centros urbanos, vivían en la miseria.[2] En los edificios de muchas grandes ciudades las aguas negras se desbordaban en los pasillos, la basura se acumulaba fuera de los departamentos hasta que se pudría, y el estiércol de los caballos llenaba las calles. La típica mujer de Carolina del Norte caminaba 238 kilómetros y acarreaba más de 36 toneladas de agua en un año, sólo para abastecer a su familia.[3] Quizá lamentemos el temor que sentimos en la actualidad frente al alza de la tasa de criminalidad en algunas ciudades de los Estados Unidos; sin embargo, en el caso de muchos de nosotros, los abuelos no sólo eran mucho más pobres de lo que lo somos hoy, sino que también llevaban vidas más inseguras. El índice de homicidios en 1900 era mucho peor de lo que es ahora, y el doble de lo que era en 2016.[4]

Los gobiernos de los Estados Unidos en el siglo XIX compartían muchas características de los gobiernos de los actuales países pobres. Los funcionarios gubernamentales locales, estatales y federales participaban en una corrupción rampante, aceptando sobornos de hombres de negocios legítimos y de actores ilícitos por igual. Los "jefes" encabezaban las organizaciones políticas en las grandes ciudades y controlaban indirectamente servicios públicos como el agua, la protección policial y la seguridad, la recolección de basura y el transporte. Algunos daban limosnas a los pobres a cambio de votos.[5]

Para la mayor parte, las condiciones laborales eran deplorables y los accidentes industriales muy comunes. En diciembre de 1907 cerca de 700 mineros perdieron la vida.[6] Muchos niños, algunos de sólo 11 años de edad, comenzaban sus "carreras" en fábricas y minas, donde les pagaban una miseria. De hecho, en 1904 había un Comité Nacional del Trabajo Infantil, que velaba por los derechos de los niños. Cerca de 14 000 pequeños trabajaban (legalmente) en las minas de carbón. Aunque las mujeres ganaban un poco más que ellos, los salarios de aquel tiempo, incluso para los varones mejor pagados, a menudo no bastaban para salir de la pobreza.[7] Era frecuente que los trabajadores se declararan en huelga. Unas veces se enviaba a los militares para sofocar las protestas, y otras veces los acaudalados propietarios de negocios usaban sus propias fuerzas para tal efecto. A veces había muertes. No era la relativa paz y estabilidad de los Estados Unidos de hoy en día. El país era caótico, al grado de que llegó a tener más de 80 husos horarios: cuando era el mediodía en Chicago, eran las 11:27 horas en Omaha y las 12:31 en Pittsburgh.[8]

Sin embargo, una generación de innovadores y emprendedores estadounidenses comenzó a modificar las circunstancias del país (incluyendo la forma de controlar el tiempo, cambio provocado por la proliferación de los ferrocarriles); contra todos los pronósticos, tuvieron éxito como pioneros en innovaciones creadoras de mercado, con nuevos modelos de negocios que permitieron que sus productos fueran simples y asequibles. En su día, los personajes que mencionamos en este capítulo —Isaac Singer, George Eastman, Henry Ford y Amadeo Giannini— fueron emprendedores que sólo querían afianzar sus innovaciones creadoras de mercado. No obstante, su impacto en la prosperidad del país fue mucho más profundo. Es casi imposible calcular el impacto exacto que estos pioneros de la innovación tuvieron en la prosperidad de los Estados Unidos, pero fue enorme desde cualquier perspectiva. Cuando vemos no sólo lo que construyeron, sino la cultura de la innovación que *inspiraron*, queda muy claro que la verdadera revolución de los Estados Unidos después de la Guerra Civil no fue política, sino económica. En sus historias de supervivencia vemos la historia de la notable transformación estadounidense.

Con Isaac Singer ilustraremos el inmenso poder de las innovaciones creadoras de mercado. Con George Eastman, el pobre desertor de secundaria que fundó Kodak, nos concentraremos en la oportunidad que hay al dirigirse al no consumo. Volveremos a revisar la historia de Ford para demostrar en qué medida el modelo T fue capaz de jalar en la sociedad estadounidense. De las estaciones de gasolina y los caminos a la forma en que ganamos y gastamos el dinero, Ford cambió nuestro modo de vivir, trabajar y jugar. Finalmente, veremos cómo Amadeo Giannini cambió de raíz el modelo de negocios dominante de las operaciones bancarias en su época, y con él nuestra vida en las décadas que siguieron. Un banco que concedía préstamos a inmigrantes pobres se convirtió en lo que hoy conocemos como el Bank of America, que originó algunas prácticas bancarias esenciales de las que todos dependemos hoy. El éxito de esos cuatro innovadores (y de muchos más) tuvo enormes efectos de onda expansiva en la economía tanto estadounidense como global. A medida que la cultura de la innovación comenzó a emerger en el país —en la cual los emprendedores buscaban llegar a más y más no consumidores— se puso en movimiento un círculo virtuoso de creación de prosperidad.

NACE UNA INDUSTRIA

El impacto de Isaac Singer en el mundo pudo haber sido difícil de predecir cuando era un hombre joven. Nacido en Nueva York en 1811 en una familia de inmigrantes alemanes pobres, lo único que ese muchacho sin educación quería era convertirse en actor.[9] Un breve periodo como aprendiz en el taller de un maquinista cuando tenía 19 años le dio un plan alternativo de carrera, pero no tenía intenciones de ganarse la vida de esa manera. Trató de hacer fortuna en el escenario, sin mucho éxito, hasta que un día se puso a juguetear con un diseño de máquina de coser ya existente, pero imperfecto. En teoría, la idea de una máquina de coser tenía sentido —en aquel tiempo, una costurera hábil sólo podía dar 40 puntadas por minuto—, pero nadie había podido producir una máquina confiable que superara el trabajo manual.

Singer vio la oportunidad de perfeccionar la máquina de coser. Con mejoras mecánicas que hicieron que este aparato fuera más simple, menos costoso y más confiable, la máquina de Singer permitió que una persona *no entrenada* produjera 900 puntadas por minuto. Eso quería decir que el tiempo promedio necesario para coser una camisa se redujo de unas 14 horas a sólo una.[10]

Los expertos que sabían mucho más de sastrería y confección de prendas de vestir predijeron su fracaso.[11] ¿Quién la compraría? Parecía inconcebible que los hogares estadounidenses, que apenas lograban reunir dinero para la tela de una camisa, pudieran pagar una elegante máquina de coser. "¿Podrán las mujeres ser capaces de *operar* una máquina así?", preguntaban los escépticos.

Pero Singer no se amilanó. Su éxito llegó con el tiempo, después de formar equipo con el abogado Edward Clark para crear I. M. Singer Company. No sólo innovaron su producto, sino también su modelo de negocios para asegurarse de sobrevivir en un desafiante entorno legal y empresarial.[12] Las innovaciones incluyeron crear sucursales, enviar vendedores de casa en casa y contratar personal de servicio, enseñar a los consumidores a usar el producto y dar créditos a los clientes faltos de liquidez. Una máquina de coser Singer típica costaba 100 dólares al menudeo (unos 1 400 dólares de 2017), pero con un enganche de cinco dólares y un pago mensual de tres, una familia que ganaba sólo 500 dólares al año podía tener una.

Aunque resultan familiares para los estadounidenses modernos, estas innovaciones en el modelo de negocios no tenían precedentes en la época de Singer y condujeron a un extraordinario crecimiento. En 1858 la compañía tuvo ventas anuales de 3 000 unidades. Para 1863, cuando un sastre llamado Ebenezer Butterick comenzó a vender patrones de vestidos en tallas estándares lo que permitía a cualquiera copiar el diseño de un vestido para hacerlo en casa, la Singer se había convertido en la máquina de coser más popular de los Estados Unidos e iba en camino de ser un monopolio mundial. Para 1873 la demanda era tan alta que Singer tuvo que construir la fábrica de máquinas de coser más grande del país, con capacidad de fabricación de 7 000 unidades *por semana*. Una década después, la compañía edificó la fábrica de máquinas de coser más grande de Europa, donde producía 10 000 unidades por semana.[13] Con el tiempo, Singer construyó una organización internacional[14] que fabricaba más de medio millón de máquinas al año en Europa y casi 400 000 en los Estados Unidos.[15] Esto conllevó la generación de un gran número de empleos en ventas, distribución, mantenimiento, fabricación, publicidad, capacitación, contabilidad, etcétera.

Aunque el impacto económico directo de Singer fue impresionante, su impacto indirecto fue aún mayor: catalizó otras innovaciones e industrias, y también impulsó la construcción de infraestructura. Por ejemplo, comenzaron a abrirse pequeñas tiendas en los distritos más pobres de Nueva York y Chicago para que fungieran como subcontratistas de los grandes fabricantes que habían desarrollado un sistema de producción estandarizado y orientado a la tarea, un predecesor de la moderna cadena de suministro. Todo lo que el fabricante tenía que hacer era cortar y marcar la tela con un diseño particular, y después empacarlo y enviarlo a las tiendas con instrucciones sobre cómo coser las piezas. Familias enteras tomaban parte en este proceso, lo que propició mayores ingresos y mejores perspectivas de vida.[16] La máquina de coser de Singer también produjo un auge inesperado de la industria del clóset.

¿Dónde pondría la gente sus nuevas prendas? Primero necesitaron armarios, y después armarios más grandes. Otra industria había nacido.

Quizá lo más notable fue que la máquina Singer revolucionó la industria del vestido, que duplicó su tamaño de 1860 a 1870, hasta alcanzar los *1000 millones de dólares* en 1890 (26 000 millones de dólares de 2018), lo que hizo posible que un cliente, sabiendo su talla, comprara en las recientemente creadas tiendas departamentales de finales del siglo xix.[17] La creciente demanda de máquinas de coser también provocó el auge de industrias como la del acero, la madera y el algodón, y la creación de otras. Asimismo, influyó en la industria del calzado, que también podía vender sus productos en las tiendas departamentales.

Conforme estas nuevas industrias y mercados se creaban, comenzaron a atraer la infraestructura y las instituciones que necesitaban para sobrevivir. La I. M. Singer Company de hecho construyó vías ferroviarias para transportar con mayor eficiencia sus máquinas de coser. La empresa edificó también una estación para generar electricidad por turbinas para su fábrica en Podolsk, Rusia, lo que eventualmente suministró energía a toda la ciudad; en Moscú, su fundidora proveía hierro en bruto a los molinos de algodón cercanos, y en Escocia estableció una estación de ferrocarril que sigue funcionando hasta nuestros días.[18] Todo esto sucedió sin la ayuda directa de los gobiernos. En realidad, la I. M. Singer Company ayudó a los gobiernos al generar impuestos que financiaron numerosos servicios públicos.

Por ejemplo, en 1890, los estadounidenses no esperaban mucho de su gobierno federal, que manejaba el ejército, la política exterior, la tierra, el tesoro y los aranceles. No hacía mucho más.

No hubo agencias federales del Trabajo (se creó en 1913), Asuntos de los Veteranos (1930), Servicios Humanos y de Salud (1953), Vivienda y Desarrollo Urbano (1965), Transporte (1967), Energía (1977) y Educación (1979) hasta muy avanzada la vida de los Estados Unidos como nación independiente. Esas instituciones se formaron y evolucionaron con el tiempo, en respuesta a protestas por parte de la gente o para manejar los asuntos de un nuevo y pujante mercado. El Departamento de Transporte, por ejemplo, se creó casi 60 años después del modelo T de Henry Ford. En muchos casos había precursores de los departamentos federales, pero eran mucho más pequeños, no tenían gran prioridad y, por tanto, su influencia era mucho menor. Pero eso no les importó a los innovadores como Singer.

Lo mismo es válido para George Eastman, cuya innovación nos ha permitido a millones de personas preservar preciosos recuerdos y comunicarnos y conectarnos por medio de las imágenes.

LA KODAK DE GEORGE EASTMAN: IMAGINAR EL FUTURO

Hoy damos por sentado lo fácil que resulta tomar fotografías y preservar nuestros recuerdos. Desde las fotos de las inolvidables vacaciones familiares hasta las que nos muestran lugares remotos que quizá nunca visitaremos, a diario se nos bombardea con imágenes. Según algunos cálculos, subimos más de 657 000 millones de fotos cada año. Un escritor lo expresó así: "Cada dos minutos los humanos toman más fotos de las que alguna vez existieron hace 150 años".[19]

Pero las imágenes no siempre fueron tan accesibles. Aunque la fotografía se inventó en la década de 1830, unos 50 años después seguía siendo una práctica limitada a profesionales altamente calificados y a quienes podían cubrir su elevado costo. Esto se debía a que la fotografía requería conocimientos de química y experiencia trabajando en laboratorios húmedos.[20] Además de la cámara, los fotógrafos necesitaban gran cantidad de equipo adicional, como químicos, tanques de vidrio, soportes de placas de uso rudo y trípodes. La fotografía era muy cara e impráctica hasta que George Eastman fundó la Eastman Kodak Company, dirigida al vasto no consumo de la fotografía que ahora podemos ver en retrospectiva.

Nacido el 12 de julio de 1854, Eastman abandonó la secundaria y, según los estándares académicos que juzgaban la inteligencia en esa época, no era particularmente brillante. Para empeorar las cosas, Eastman nació en una familia pobre y tuvo que mantener a su madre viuda y a dos hermanas, una de las cuales padecía polio. George Eastman comenzó su vida laboral como cajero en un banco, empleo que tomó para ayudar a pagar las cuentas de su familia. Gracias al trabajo y el ingenio de este ex cajero, millones de no consumidores de recuerdos, retratos y fotografías se convirtieron en consumidores. La innovación de Eastman, así como el vasto mercado que creó, condujeron a una inmensa prosperidad económica, creación de empleos, amén del desarrollo y la expansión de muchas industrias de miles de millones de dólares, como la publicidad y la cinematografía.

Cuando Eastman tenía 23 años, un compañero le sugirió llevar una cámara a sus próximas vacaciones, idea que lo entusiasmó. Sin embargo, Eastman pronto descubrió que las cámaras eran pesadas, imprácticas y costosas, y que el equipo para revelar las fotografías también era muy caro. Así que comenzó a trabajar para encontrar una mejor forma de tomar fotos y desarrollar la fotografía, y pasó tres años experimentando en la mesa de la cocina de su madre hasta que supo cómo hacerlo. Eastman creía que uno de nuestros recursos más preciosos, nuestras experiencias, debían poder preservarse más fácilmente, y que el estadounidense promedio —el no consumidor— debía poder tomar fotografías cuando quisiera, y hacerlo de manera económica.

Esto lo llevó a fundar la Eastman Kodak Company. "La idea se me ocurrió poco a poco: lo que hacíamos no sólo era fabricar placas secas; estábamos comenzando a convertir la fotografía en algo cotidiano [...] Hacer que la cámara fuera tan práctica como el lápiz", escribió Eastman.[21] Su decisión de dirigirse al no consumo hizo que diseñara un modelo de negocios enteramente nuevo. Entendía intuitivamente el trabajo por hacer, esto es, que la gente deseaba capturar los momentos preciosos de su vida. Aunque quizá no pasaran mucho tiempo mirando las fotos que habían tomado, la idea de captar y tener la posibilidad de regresar a las imágenes era suficiente para que quisieran consumir fotografía.

La cámara de Kodak de 1888 creó el escenario para transformar la industria fotográfica. Este sencillo aparato de 25 dólares contaba con película suficiente para un centenar de fotografías. Una vez que terminaban de tomar sus fotos, los clientes mandaban la cámara a la Eastman Kodak Company, donde las imágenes eran reveladas y enviadas de regreso al cliente con un nuevo rollo de película para que tomaran más fotografías. El servicio de revelar las fotografías y enviar un rollo nuevo tenía un costo adicional de 10 dólares. Eastman popularizó el eslogan: "Usted aprieta el botón y nosotros hacemos el resto". Su negocio floreció.

De hecho, la idea de tomar fotos funcionó tan bien que 12 años después Kodak desarrolló la Brownie, una cámara que costaba sólo un dólar (27 dólares actuales); la película valía 15 centavos de dólar. A continuación hubo una campaña de publicidad. Y, en poco tiempo, la frase "un momento Kodak" se volvió de uso común.[22]

Siguieron un éxito y una prosperidad sin precedentes para un hombre que alguna vez había vivido con menos de un dólar al día. Durante las siguientes décadas Eastman Kodak vendió cientos de millones de cámaras y película, con lo que transformó para siempre una industria que antes era privilegio de ricos.

Para lograrlo, Eastman desarrolló un modelo de negocios basado en los siguientes principios centrales: *el cliente, producción masiva a bajo costo, distribución mundial y extensa publicidad*. Esto ocurría en la década de 1890, cuando menos de 10 por ciento de los estadounidenses estaba en la escuela secundaria, se había construido menos de 10 por ciento de los caminos del país (eso sucedió después del modelo T de Henry Ford) y los contenedores para envío no se usaban mucho todavía. Pero eso no evitó que Eastman transformara la Kodak en un imperio multibillonario y en una de las compañías estadounidenses más exitosas de su época.

Para 1966 Kodak empleaba a más de 100 000 personas y las ventas combinadas de todos sus productos en el mundo sobrepasaban los 4 000 millones de dólares (más de 30 000 millones de dólares actuales). El impacto de Eastman en el desarrollo de los Estados Unidos fue inmenso. De los insumos y las tecnologías necesarios para desarrollar la cámara a las industrias multibillonarias que emergieron como resultado, pocos podrían haber predicho semejante efecto.[23] Pero eso casi siempre sucede cuando el no consumo es el objetivo.

Tomar una foto hoy, e incluso grabar un video, puede parecer trivial y ordinario, pero no era así hace 150 años. La innovación de Eastman y su decisión de dirigirse al no consumo crearon mercados que muchos otros innovadores han mejorado y seguido desarrollando. Al hacer eso, Eastman no sólo produjo una enorme riqueza para él; también generó un mercado que atrajo empleos y oportunidades de negocios para mucha gente en todo el orbe.

EL MODELO T DE HENRY FORD

Al momento de escribir estas líneas la Ford Motor Company tiene más de 115 años, genera más de 150 000 millones de dólares de ganancias anuales, emplea a más de 200 000 personas en todo el mundo y sus activos rebasan los 200 000 millones de dólares. Sin embargo, cuando Henry Ford tuvo la audacia de construir un auto para el estadounidense promedio, fue recibido con un intenso escepticismo. Los críticos predijeron que estaría fuera del negocio en seis meses.[24] Pero eso no detuvo a Ford, quien declaró:

> Construiré un auto para las multitudes. Será lo bastante grande para la familia, pero lo suficientemente pequeño para que un individuo pueda operarlo y cuidarlo. Estará construido con los mejores materiales, por los mejores hombres que se pueda contratar, con el diseño más simple que la moderna ingeniería pueda concebir. Pero también tendrá un precio tan bajo que cualquier hombre que gane un buen salario podrá cubrirlo y disfrutar con su familia la bendición de horas de placer en los grandes espacios abiertos de Dios.

Para que se verifique un desarrollo transformador, los innovadores deben idear primero un mundo diferente, lleno de posibilidades que muchos son incapaces siquiera de imaginar. No es difícil entender por qué los críticos creyeron que la predicción de Ford era una locura. Pensemos en los Estados Unidos cuando Ford introdujo sus autos.[25] A principios de la década de 1900 el PIB per cápita había alcanzado unos 7 800 dólares de 2018, casi el nivel de los 8 800 dólares del Reino Unido, pero la vida seguía siendo difícil para el estadounidense promedio. La mayoría de la gente aún no tenía acceso a la electricidad; relativamente pocos niños llegaban a la escuela secundaria; la expectativa de vida rondaba los 47 años, y la infraestructura de caminos del país todavía no había sido desarrollada, cuando menos no para el automóvil. En aquella época, el estadounidense promedio ni siquiera podía concebir la necesidad de tener un auto o el impacto que esa innovación tendría en los Estados Unidos. Gran parte de las personas vivía cerca de donde trabajaba y se desempeñaba. A semejanza de lo que sucede con los mercados emergentes en la actualidad, sólo los estadounidenses ricos podían permitirse tener autos. Pero Henry Ford estaba decidido a cambiar eso.

Nacido en 1863, Ford tenía una inclinación por la innovación. Su padre era dueño de una granja en Dearborn, Michigan, donde Henry fabricó pequeños artilugios que facilitaron algunas de las tareas más laboriosas. Como otros innovadores sobre los que hemos escrito, Ford no tenía educación formal.[26] Después de convertirse en aprendiz de mecánico se fascinó cada vez más con la idea de construir un carruaje sin caballos. Trabajó en ello en su tiempo libre durante más de 12 años, hasta que renunció a su empleo de tiempo completo en la Edison Illuminating Company para unirse a una empresa incipiente, la Detroit Automobile Company. Ésta no tuvo éxito, de modo que Ford fue despedido; sin embargo, su determinación de erigir una compañía automotriz exitosa siguió siendo fuerte.

En 1903, después de ganar una carrera contra un prominente fabricante automotriz de Ohio, Alexander Winton, con un auto que el mismo Ford había diseñado, él y un pequeño grupo de inversionistas fundaron la Ford Motor Company. Ahí se sembraron las semillas de la "democratización del automóvil" en los Estados Unidos.[27]

Para construir un modelo de negocios exitoso dirigido al no consumo Ford hizo muchas cosas que hoy se antojan no "fundamentales" para fabricar un auto. En otras palabras, su compañía tuvo que atraer muchos recursos y elementos que parecerían gastos poco razonables en tiempos actuales. No obstante, en determinadas circunstancias —especialmente en aquellas en las que se está creando un nuevo mercado— es necesario atraer lo que podrían parecer "recursos no principales" para realizar correctamente un trabajo por hacer. Hoy en día llamamos a esto integración vertical, pero para los innovadores de entonces simplemente se trataba de hacer lo necesario para tener éxito en la creación de un nuevo mercado. Efectivamente, eso fue lo que hizo Ford. Puesto que, en su mayoría, los fabricantes de autos de la época se concentraban en la economía de consumo y sólo se dirigían a individuos acaudalados, seguían siendo pequeños y no precisaban atraer importantes recursos para producir sus vehículos personalizados.

En contraste, Ford tuvo que descubrir la manera de hacer que una gran cantidad de cosas funcionara. Para la década de 1920 la planta de ensamblaje de autos era sólo un elemento de una larga lista de inversiones significativas que Ford realizó para hacer llegar su auto a los no consumidores estadounidenses. Su compañía también necesitaba hornos para acero, madera, minas de carbón, plantaciones de caucho, un ferrocarril, buques cargueros, estaciones de gasolina, aserraderos y fábricas de vidrio.[28] Eso era imprescindible en la industria automotriz. Nunca se había visto nada parecido. Esas inversiones no fueron sólo la infraestructura de Ford; también se convirtieron en la infraestructura de los Estados Unidos.

El modelo T de Ford cambió el paisaje de los Estados Unidos, literalmente. En 1900 el número de autos registrados en ese país ascendía a 8 000; para 1910, tan sólo 10 años después, llegó a los 458 000; en 1920 era de ocho millones, y para 1929 rebasaba los 23 millones.[29] El modelo T fue una razón importante para la adopción del automóvil en los Estados Unidos y en otras partes del mundo. Por ejemplo, en 1922, de los cerca de 2.5 millones de autos nuevos registrados, casi dos millones eran del modelo T de Ford.

A medida que los autos se hicieron más asequibles, se requirieron menos caballos tanto para transportarse en las ciudades como para el trabajo en las granjas. Muchos agricultores adquirieron el Ford modelo T para sus labores agrícolas, con lo que se redujo aún más la necesidad de usar mulas y caballos. A principios del siglo XX los Estados Unidos invertían más de 2 000 millones de dólares anuales en mantener caballos, aproximadamente el mismo costo de mantener las vías férreas. En la ciudad de Nueva York, por ejemplo, los funcionarios tenían que lidiar con más de 45 000 toneladas de estiércol de caballo cada mes. El problema era tan omnipresente —y vil— que un defensor de los automóviles sostuvo que "todas las guerras juntas no han causado la mitad de las muertes que pueden atribuirse al caballo". Esto puede resultar un poco exagerado, pero realmente refleja los temores de la época. Un crítico llegó a sugerir que, para 1930, el estiércol de caballo llegaría "al nivel de las ventanas del piso 30 de los edificios de Manhattan". Por fortuna, el auto de Henry Ford tomó el control antes de que eso pudiera suceder.[30]

La decisión de Ford de enfocarse en el no consumo y crear un mercado para el automóvil en los Estados Unidos, así como la necesidad del mercado de desarrollar y atraer muchos nuevos recursos, fueron cruciales para el desarrollo y la prosperidad de ese país, lo que incluye sus carreteras. En su libro *Big Roads: The Untold Story of the Engineers, Visionaries, and Trailblazers Who*

Created the American Superhighways [Grandes caminos: la historia no contada de los ingenieros, visionarios y pioneros que crearon las supercarreteras de los Estados Unidos], Earl Swift explica que en 1909 sólo ocho por ciento de los tres millones y medio de kilómetros de carreteras fue "mejorado en alguna forma". Y la mitad del ocho por ciento de los "caminos mejorados" era de terracería. En ese tiempo en los Estados Unidos sólo había 15 kilómetros de caminos de concreto. Pero a medida que el automóvil comenzó a estar en todas partes se mejoraron las vías y los estadounidenses se beneficiaron inmensamente.

El impacto social y económico de la construcción de carreteras en los Estados Unidos fue enorme. Escribe Swift:

> Cada 1 000 millones de dólares gastados en la construcción proporcionaron el equivalente a 48 000 empleos de tiempo completo por un año y consumieron una vasta y casi inconcebible cantidad de recursos: 16 millones de barriles de cemento, más de medio millón de toneladas de acero, ocho millones de kilogramos de explosivos, 123 millones de galones de productos de petróleo, y tierra suficiente para enterrar a Nueva Jersey hasta las rodillas. También devoraron 76 millones de toneladas de agregados.[31]

Pero más importante aún que los caminos fue lo que éstos permitieron. La asistencia a las escuelas rurales estadounidenses era de alrededor de 57 por ciento antes de que hubiera buenas vialidades. Cuando éstas se construyeron, la asistencia diaria subió a 77 por ciento. El costo de mover una tonelada de carga era de alrededor de 22 centavos de dólar por kilómetro y medio en un camino deficiente, pero esto se redujo significativamente a 12 centavos cuando hubo mejores vías. La disminución del costo del transporte hizo posibles más viajes y el comercio dentro de las ciudades y entre éstas.[32]

Sin embargo, los caminos y los beneficios que trajeron aparejados no fueron lo único que la innovación de Ford atrajo a los Estados Unidos. Consideremos el impacto de la compañía en salarios e ingresos, uno de los principales determinantes del desarrollo, la prosperidad y la eficacia de una democracia.[33] Cuando Ford instaló la línea de ensamblaje en sus fábricas el trabajo se volvió monótono. Hombres poco calificados hacían lo mismo una y otra vez durante nueve horas al día, seis días a la semana, por aproximadamente 2.34 dólares por jornada (60 dólares actuales). Como resultado de la monotonía del trabajo, la rotación de personal en la planta manufacturera de Ford se disparó a un escandaloso 370 por ciento anual. Eso quería decir que, por cada puesto de trabajo, Ford tenía que contratar a cuatro personas para que su fábrica siguiera operando con fluidez. Era insostenible. Para combatir este problema, en 1914

Ford estableció un salario mínimo de cinco dólares diarios, lo que duplicaba esencialmente la paga de los trabajadores de su fábrica. Los críticos y otros fabricantes automotrices pensaron que Ford estaba loco. En ese tiempo el editorial del *Wall Street Journal* sugirió que, al aumentar los salarios, Ford no sólo traicionaba a sus compañeros dueños de negocios, sino que ponía en riesgo a todas las empresas estadounidenses. "Duplicar el salario mínimo sin considerar la extensión del servicio es aplicar principios bíblicos o espirituales donde éstos no corresponden", escribió el *Journal,* y agregaba que Ford, "en su empresa social, cometió estupideces, si no es que delitos. Pueden regresar a acosarlo a él y a la industria que representa, así como a la sociedad organizada".[34]

Por fortuna, Ford no estuvo de acuerdo con muchos de los sentimientos prevalecientes en ese momento. A menudo su decisión se analiza como parte de sus esfuerzos de convertir en clientes a sus propios trabajadores: con salarios más altos, podrían adquirir autos, sería el razonamiento. Pero, en realidad, Ford estaba enfocado en mantener abierta su fábrica. Más tarde comentó que el aumento salarial fue la "medida más inteligente para reducir costos [que la compañía] haya tomado nunca". Otros fabricantes vieron los frutos de esa maniobra y la imitaron, optando por salarios más altos en sus operaciones.[35]

Ford también fue en gran parte responsable de reducir la semana laboral de seis a cinco días, lo que según los críticos podría minar toda la economía. De alguna manera, Ford veía las cosas de forma distinta: él consideró que una semana laboral reducida era esencial para mantener (e incluso mejorar) la productividad de sus trabajadores, y entendió los efectos potenciales en la economía como un todo. "Es hora de deshacernos de la noción de que el ocio para los trabajadores es 'tiempo perdido' o privilegio de clase [...] La gente que trabaja sólo cinco días a la semana consumirá más bienes que la que trabaja seis días", dijo en aquel entonces. "La gente que tiene más tiempo libre debe adquirir más ropa. Consume mayor variedad de comida. Requiere más transporte. El aumento en el consumo requerirá mayor producción de la que tenemos ahora [...] Esto llevará a más trabajo. Y eso a más salarios."[36]

Con esas medidas encaminadas a mejorar la eficiencia de su planta, la Ford Motor Company pudo disminuir el precio del modelo T de 950 dólares en 1909 (aproximadamente 25 000 dólares de 2018) a 260 en 1927 (3 700 dólares de 2018), con lo que lo hizo aún más accesible para el estadounidense promedio, incluyendo a los empleados de la fábrica de Ford. Como resultado, las ventas del modelo T se dispararon.[37]

Hacia 1923 había poco más de 15 millones de autos registrados en el país, aproximadamente 135 por cada 1 000 personas. Los economistas predijeron que el crecimiento de la industria simplemente no podría continuar. No podían ver cómo los estadounidenses seguirían comprando autos. La mayoría de las personas que podía permitírselo, pensaban, ya había comprado al menos uno. Algunos hogares incluso poseían dos. Pero las proyecciones fallaron por mucho. En 2014 había 816 vehículos por cada 1 000 estadounidenses.[38] Más de 260 millones de autos circulaban por calles, caminos y autopistas de los Estados Unidos.

Cuando pienso en Ford, o en el modelo T, no puedo evitar considerar cómo esa *sola* innovación cambió tantas vidas estadounidenses. Pienso en la cultura de la innovación que Ford promovió y en las posibilidades que creó para que muchos de nosotros tuviéramos una vida mejor. Ese tipo de impacto, muy parecido al que vemos en la historia del Bank of America, a menudo es difícil de predecir con las herramientas económicas de que disponemos en la actualidad.

DEL BANK OF ITALY AL BANK OF AMERICA

Como muchos productos de finales del siglo xix y principios del xx, los servicios financieros como préstamos y cuentas bancarias existían en su mayor parte para los ricos. Cuando Amadeo Giannini sugirió que su banco otorgaría préstamos a estadounidenses de la clase trabajadora que calificaran para un crédito, fue rechazado sin miramientos.[39] Decidido a cambiar las cosas, en 1904 fundó el Bank of Italy en San Francisco. Se enfocaría en los "pequeños individuos" a quienes los otros bancos no atendían.[40] Así fue como nació el Bank of America, otrora uno de los bancos comerciales más grandes del mundo.

Algunos historiadores han calificado a Giannini como el "más grande innovador de la banca moderna", pues "probablemente hizo más para democratizar y popularizar la banca que cualquier otro individuo".[41] A juzgar no sólo por el éxito que obtuvo el Bank of America sino por los nuevos modelos de negocios que el banco de Giannini instrumentó, es difícil no estar de acuerdo con esa afirmación. Amadeo Giannini convirtió a millones de estadounidenses no consumidores de servicios financieros en consumidores. Sin embargo, para lograrlo tuvo que transformar el modelo de negocios dominante en la banca de su tiempo.

Las innovaciones creadoras de mercado no son sólo productos o servicios. Comprenden modelos de negocios que democratizan de forma rentable una innovación para que muchas más personas, esto es, no consumidores que pueden beneficiarse al usar tal innovación, tengan acceso a ella. Ahí es donde el poder transformador entra en juego.

La decisión de Giannini —quien había abandonado la secundaria y se había unido a la compañía de productos agrícolas de su padrastro a la edad de 15 años— de dedicarse a la banca se originó a partir de su desdén hacia las prácticas bancarias convencionales, dirigidas sobre todo a los ricos, grupo del que él había sido decididamente excluido. ¿Pero cómo culpar a los banqueros? En esa época los estadounidenses no eran tan ricos como hoy, y no había modelos de negocios establecidos para llegar a quienes carecían de fortuna. Para los banqueros tenía sentido prestar dinero a las grandes corporaciones para proyectos de vías férreas y rascacielos, pero no a los pobres, sin importar qué tan duro trabajaran. A semejanza de lo que ocurre en muchos países pobres hoy en día, para el estadounidense promedio era increíblemente difícil obtener un crédito bancario. Se consideraban de alto riesgo: ¿cómo podrían pagarlos? De hecho, la banca hacía lo posible por desalentar a los estadounidenses pobres de siquiera pedir prestado. Y, en caso de que obtuvieran un crédito, con frecuencia las tasas de interés eran *elevadas, de dos dígitos*.

Pero fue en ese segmento "indeseable" de la población donde Giannini vio la oportunidad. "'El pequeño individuo' es el mejor cliente que un banco puede tener", razonaba. "Comienza contigo y se queda contigo hasta el final."[42] Giannini creía ser capaz de desarrollar un negocio bancario rentable que ofreciera tasas de interés más bajas al californiano promedio, dando a los clientes en Central Valley préstamos a sólo siete por ciento, una fracción de lo que podrían obtener en cualquier otro banco (y una fracción aún más pequeña de lo que tendrían que pagar si recurrían al "mercado negro"). Al otorgar préstamos de 10 a 300 dólares a cualquiera que tuviera un empleo, Giannini convenció a los no consumidores de que podían dejar de guardar su dinero duramente ganado debajo del colchón o en latas y depositarlo en un banco, donde estaría protegido y generaría intereses.

Pero Giannini no podría conseguir lo anterior sin romper las reglas convencionales de la banca, así que "comenzó a sacudir la banca probada, verdadera y conservadora", según un comentario del *San Francisco Chronicle*.

Literalmente, Giannini detenía a la gente en la calle y solicitaba a sus futuros clientes que abrieran cuentas en su banco. Ésta era una práctica menospreciada por otros bancos y banqueros, quienes recurrían a reuniones privadas en augustos edificios para impresionar a los clientes acaudalados. Giannini no sólo ofrecía los servicios de su banco; también trataba de educar a su público sobre los beneficios de la banca en general. Estableció comités consultores locales en sus sucursales, aconsejó a sus clientes que compraran acciones bancarias y creó un sistema nacional de sucursales que atendían a la clase pobre y trabajadora. Aunque hoy en día las sucursales bancarias parecen algo obvio, no era así hace 100 años. Giannini introdujo el modelo de banca que la mayoría de nosotros conocemos en la actualidad.

Asimismo, Giannini no veía al Bank of America sólo como un banco. Integró servicios bancarios para satisfacer las necesidades de sus clientes. Por ejemplo, en medio de la devastación ocasionada por el gran terremoto de San Francisco en 1906 —sólo dos años después de fundar su empresa—, Giannini logró retirar 80 000 dólares en oro de las bóvedas del Bank of Italy con ayuda de dos empleados de mente ágil; sacaron el oro en una carreta jalada por caballos, ocultándolo bajo un cargamento de vegetales, antes de que el fuego devorara el edificio. Otros bancos que no tomaron esa precaución descubrieron que sus bóvedas estaban demasiado calientes y no pudieron abrirlas durante semanas. Un día después de que el terremoto asolara la ciudad, los colegas de Giannini propusieron una moratoria de seis meses hasta que sus bancos se recuperaran. Pero Giannini rompió filas. "En noviembre no habrá ciudad ni gente que atender", argumentó.[43] Abrió al día siguiente una oficina improvisada en North Beach y ofreció otorgar créditos "con una cara y una firma" a pequeños negocios e individuos que necesitaban dinero para reconstruir su vida. Sus acciones impulsaron el desarrollo de la ciudad.

El gesto refleja la filosofía de Giannini: el dinero de las bóvedas no estaba al servicio de los bancos, sino de los clientes. Para mediados de la década de 1920, Bank of Italy ya era un nombre inapropiado, porque Giannini había comenzado a conceder préstamos a los "pequeños individuos" de comunidades de inmigrantes yugoslavos, rusos, mexicanos, portugueses, chinos, griegos, etcétera. En 1930 el Bank of Italy se convirtió en Bank of America, y para 1945 era el banco comercial más grande del mundo.

Giannini también otorgó préstamos a otros sectores poco desarrollados y nacientes de la época, como las industrias del vino de California, la de la alta tecnología y la de Hollywood. Cuando Walt Disney rebasó su presupuesto en la producción del primer largometraje totalmente animado, *Blanca Nieves y los siete enanos,* Giannini le ofreció un crédito de dos millones de dólares. También proporcionó el capital inicial a William Hewlett y David Packard, fundadores de Hewlett-Packard Inc. Aunque hoy en día éstas son industrias multibillonarias, que atraen miles de millones de dólares en inversiones anuales, pocos habrían podido predecir su éxito hace un siglo. Incluso Charlie Chaplin, uno de los actores, directores y productores más prominentes del mundo, declaró: "El cine es poco más que una moda. Es teatro enlatado. Lo que el público realmente quiere ver es carne y hueso en el escenario".[44]

Si bien es importante el mercado que Giannini creó para que el estadounidense promedio tuviera acceso al capital, resultan aún más importantes las instituciones y la infraestructura que ese mercado permitió establecer. Cuando concedían préstamos a unas pocas personas ricas, los bancos no necesitaban invertir en mucha infraestructura para asegurarse de que les pagaran. Cuando los préstamos se otorgaban a cientos de miles de personas, esos sistemas no sólo eran relevantes, sino esenciales. Giannini y su personal investigaban las prácticas empresariales de la gente a la que prestaban dinero, para cerciorarse de que operaban sus compañías de la mejor manera. Por ejemplo, los ejecutivos bancarios descubrieron que, para que muchos de sus clientes en el negocio agrícola tuvieran éxito al comercializar sus productos en mercados lejanos, necesitaban establecer cooperativas.[45] El Bank of America los apoyó y en 1919 los agricultores de California obtuvieron 127 millones de dólares en ventas brutas mediante cooperativas de comercialización. (En aquella época el segundo lugar correspondía a los agricultores de Minnesota, con 82 millones.)

La dedicación de Giannini a los "pequeños individuos" nos dio el Bank of America. Pero también nos cambió la vida. Nuestros padres y abuelos pudieron entender el valor del ahorro, del interés compuesto, de tomar decisiones para invertir. Generaciones enteras de estadounidenses cosecharon los beneficios de ese conocimiento. Es difícil imaginar que ese cambio sustancial no sea posible también para los "pequeños individuos" de las economías pobres. Gracias a Giannini, y a otros que siguieron su ejemplo, sabemos que es posible.

LA INNOVACIÓN SE CONVIERTE LA NUEVA NORMALIDAD EN LOS ESTADOS UNIDOS

Identificar sólo algunos innovadores estadounidenses creadores de mercados fue difícil para nosotros, no porque no pudiéramos encontrarlos, sino porque había muchas grandes historias para elegir. La historia de los Estados Unidos está repleta de relatos de innovadores cuyo trabajo tuvo un papel en la marcha del país hacia la prosperidad. No todos los innovadores tuvieron éxito en crear mercados; no todo emprendedor eligió bien su modelo de negocios. La historia también está llena de dolorosos relatos de fracaso. Thomas Edison fracasó muchas más veces de las que tuvo éxito —¿un bolígrafo eléctrico?, ¿en serio?—. "No he fallado diez mil veces; he tenido éxito al encontrar 10 000 formas que no funcionarían", declaró alguna vez. Pero también creó varias innovaciones espectaculares, como la bombilla incandescente, el fonógrafo y la cámara cinematográfica, lo que años después nos dio a la General Electric. Existen docenas y docenas de otros que lo hicieron igualmente bien; he aquí algunos ejemplos.

Samuel Insull, colega de Thomas Edison, se dirigió al no consumo de la electricidad al desarrollar una forma de proporcionar electricidad económica a todo Estados Unidos. Su compañía, Commonwealth Edison Corporation, combinó las innovaciones tecnológicas con innovaciones en el modelo de negocios: les cobraba a los clientes con base en la hora del día y en el uso, cableó los hogares en forma económica y regaló aparatos eléctricos para aumentar la demanda. Insull comenzó en 1892 con sólo 5 000 clientes en Chicago. Para la década de 1920 daba servicio a más de cuatro millones de clientes en 32 estados de la Unión Americana.

Sara Breedlove Walker, popularmente conocida como Madam C. J., encarnó el mismo espíritu al fundar un negocio dirigido al no consumo de cosméticos en las comunidades afroamericanas. A principios de la década de 1900, cuando pocos pensaban que un negocio enfocado en la comunidad afroamericana podía ser viable, Madam C. J. vio una oportunidad, no sólo para sí misma, sino para los demás. Como explicó en 1914: "No estoy satisfecha con sólo hacer dinero para mí misma. Mi ideal es dar empleo a cientos de mujeres de mi raza".[46] A la postre hizo dinero para sí misma y fue la primera mujer afroamericana en volverse millonaria, pero —lo que es más importante— también logró su ambición de crear empleos para miles de mujeres. No tuvo educación formal y alguna vez ganó apenas 1.50 dólares al día.

Charles Goodyear, después de soportar años de pobreza viviendo a base de los peces que pescaba en el puerto de Staten Island, Nueva York, y tras pasar tiempo en prisión por no pagar sus deudas, nos dio el caucho vulcanizado. En una época en que muchos le advirtieron que "el caucho estaba muerto" en los Estados Unidos, pues muchos estadounidenses lo veían derretirse en los calurosos meses de verano y endurecerse como piedra en invierno, Goodyear experimentó continuamente con él, tratando de hacerlo más durable y confiable. Al cabo de muchos años de fracasos tuvo éxito. En 2018 la demanda global de productos industriales de caucho ascendió a 150 000 millones de dólares.

Georges Doriot institucionalizó la cultura estadounidense de la innovación al fundar la American Research and Development Corporation (ARDC), primera firma pública de capital de riesgo. Una de las empresas emergentes que su compañía respaldó fue Digital Equipment Corporation, compañía de computación otrora famosa, con más de 140 000 empleados y 14 000 millones de dólares en ventas. También aconsejó a Fred Smith, el fundador de FedEx.

Ningún innovador cambió el destino de los Estados Unidos por sí solo, pero los efectos expansivos de su trabajo sí lo hicieron.

EN HONOR A LAS CASAS EN MAL ESTADO

Cuando compramos nuestra primera casa, yo la vi con optimismo como un lugar que podría mejorar con ciertas reparaciones. Probablemente eso es demasiado diplomático. Mi esposa, Cristina, dirá que era una ruina. En ese entonces yo trabajaba en mi primer empleo y estiré todo lo que teníamos con el fin de adquirir una casa para nuestra familia, que iba en aumento. Pero era un cascarón. No podíamos permitirnos llamar a un contratista para que la arreglara. Así que teníamos que ocuparnos de todo lo que necesitara reparación. Y no había un solo cuarto en esa casa que no necesitara *algo*. A veces se trataba de algo sencillo, como pintura. Pero otras veces era algo realmente fundamental, como asegurarnos de que la lluvia no se metiera por las ventanas o que las tuberías no presentaran fugas. Aunque no pude predecirlo el día que nos dieron las llaves, poco a poco esa ruina se convirtió en nuestro hogar. Llegar a nuestra casa actual a partir de un inmueble en mal estado fue un proceso que requirió tiempo, recursos financieros, paciencia y resiliencia. Pero con el tiempo nuestro hogar vino a reflejar quiénes somos como familia: nuestros valores, nuestras habilidades (o falta de ellas) y nuestra voluntad para arremangarnos la camisa y encontrar formas de solucionar los problemas.

Los Estados Unidos también fueron una casa en mal estado alguna vez, pero mediante prueba y error, y gracias a la inversión en innovaciones creadoras de mercado, construimos una cultura de la innovación. Singer, Eastman, Ford, Giannini y los otros innovadores que hemos mencionado, son sólo la punta del *iceberg*. Representan el *espíritu* de innovación estadounidense que se ha convertido en la base de la cultura nacional. Muchos innovadores siguieron, y ellos, a su vez, ayudaron a hacer girar la rueda de la prosperidad un poco más. Como Henry Ford dijo alguna vez: "Cada éxito es la madre de muchos otros". Colectivamente, ellos cambiaron el destino de los Estados Unidos.

Capítulo 6

De cómo Oriente conoció a Occidente

> La misión de Sony es diseñar productos para mercados que
> todavía no existen.
>
> AKIO MORITA,
> cofundador de Sony

LA IDEA EN BREVE

Después de la Segunda Guerra Mundial y la subsecuente guerra de Corea, Japón, Corea del Sur y Asia oriental eran desesperadamente pobres. Las industrias de estas naciones se vieron diezmadas por los conflictos bélicos, y las perspectivas de desarrollo económico eran desoladoras. Sin embargo, si avanzamos al día de hoy veremos que Japón y Corea del Sur han logrado un notable nivel de prosperidad. Conforme esos países emergían de la pobreza, no sólo los esfuerzos de algunos emprendedores fueron apoyados por el gobierno, sino que varias compañías aprovecharon su ventaja de bajo costo y en última instancia se dirigieron a los mercados de exportación.

Aunque cada uno de esos factores fue crucial, cuando evaluamos el surgimiento de esas naciones desde nuestra perspectiva también vemos una espectacular historia de innovación. Muchas de las firmas más exitosas, algunas de las cuales son nombres conocidos hoy en día, invirtieron en innovaciones que crearon mercados o se conectaron con mercados más grandes y en crecimiento. La trayectoria de esas empresas habría sido imposible de predecir considerando sus humildes comienzos. Uno de los productos iniciales de Sony fue un cobertor eléctrico que a menudo se incendiaba. Kia empezó siendo una compañía de bicicletas. Y Samsung alguna vez vendió pescado seco.

En este capítulo arrojaremos luz sobre el triunfo de la innovación al ayudar a Japón y a Corea del Sur a sustentar su ascenso hacia la prosperidad. Lo que aprendemos de esas naciones es que la prosperidad es un proceso, no un suceso, y requiere un compromiso continuo con la innovación.

En los años que siguieron al final de la Segunda Guerra Mundial Japón enfrentó urgentes apuros económicos. En 1950 el ingreso per cápita del país era menor que el de México y Colombia, y equivalía a sólo 20 por ciento del de los Estados Unidos. La mayor parte de la industria japonesa había sido destruida durante la contienda y el país padeció una severa escasez de alimentos que duró varios años. La comida se racionaba y millones de personas pasaban hambre. Las materias primas como el caucho, los imanes, los motores eléctricos y ciertos metales eran prácticamente imposibles de encontrar. De hecho, muchos hogares carecían de utensilios para cocinar y de perillas en sus puertas porque se habían usado como materias primas en los esfuerzos bélicos. Cuatro años después de la guerra las calles de Japón estaban repletas de seis veces más vehículos jalados por caballos que motorizados. Tras el conflicto bélico, las motocicletas eran un lujo para los civiles, por no hablar de los autos, muchos de los cuales habían sido adaptados para funcionar con madera, único combustible que Japón había podido asegurar durante la guerra. En 1949 el país tenía apenas 9 306 kilómetros de caminos, de los cuales sólo 1 824 estaban pavimentados. Para poner esto en perspectiva, actualmente Japón tiene aproximadamente 1.2 millones de kilómetros de caminos, la mayoría de ellos pavimentados.

A semejanza de lo que ocurrió con los estadounidenses en el siglo xix y con miles de millones de ciudadanos en los países de bajos ingresos en la actualidad, los japoneses eran extremadamente pobres.

Como si esto no fuera suficientemente malo, las Fuerzas Aliadas ocuparon Japón de 1945 a 1952 y dictaron políticas manufactureras e industriales apropiadas para tiempos de paz. Por ejemplo, al principio de la ocupación, Government Headquarters (GHQ) limitó la producción mensual de camiones y vehículos de pasajeros a sólo 1 500 y 350, respectivamente. Japón enfrentaba una enorme cuesta ascendente para reconstruirse.

La posibilidad de que la economía japonesa se recuperara rápidamente del choque provocado por la guerra parecía lejana, a tal grado que el secretario de Estado estadounidense John Foster Dulles declaró que el país "no debería esperar encontrar un gran mercado en los Estados Unidos porque los japoneses no fabrican las cosas que nosotros queremos".[1] En otras palabras, se pedía no esperar que los mercados de exportación resolvieran los problemas de Japón. Lo que fuera que ese país estuviera vendiendo, los Estados Unidos no estaban comprándolo. Dulles tenía razón en cierta forma. Muchos de nosotros somos lo suficiente mayores para recordar que la etiqueta "Hecho en Japón" alguna vez fue sinónimo de dudosa calidad.[2]

Las nacientes innovaciones que Akio Morita y Masaru Ibuka, cofundadores de Tokyo Tshushin Kogyo (ттк), estaban desarrollando —a partir de lo que en un inicio fuera un taller de reparación de aparatos de radio establecido en una tienda departamental bombardeada— eran parte de la generación de productos japoneses de baja calidad. La empresa de 20 personas no tenía apoyo del gobierno ni una demanda obvia para las innovaciones que habían empezado a crear, pero ellos permanecieron firmes. Aunque entonces no existía el lenguaje que usamos en la actualidad, es claro que Morita era un maestro para identificar instintivamente la oportunidad en la lucha y en el no consumo. Morita y sus colegas comenzaron a erigir una potencia de las innovaciones creadoras de mercado, la compañía que ahora conocemos con el nombre de Sony Corporation. Hoy, Sony tiene un valor estimado de 49 000 millones de dólares, emplea a más de 128 000 personas en todo el mundo y es sinónimo de tecnología e innovación en Japón y en todo el planeta.

Sony forma parte de una plétora de compañías japonesas que se enfocó en desarrollar innovaciones para mercados entonces inexistentes. En esa época el mundo había comenzado a escuchar acerca de Toyota, Nissan y una muy joven Honda. Sin embargo, se ignoraba que ésta sólo era la punta de un *iceberg* de innovación que influiría tanto en los ciudadanos de Japón como en el planeta entero. Con esas compañías y las innovaciones creadoras de mercados que desarrollaron, la economía del país creció tan rápido que el Japón devastado por la guerra estuvo en condiciones de recibir al mundo en Tokio en los Juegos Olímpicos de 1964, menos de dos décadas después del fin de la segunda guerra. Cincuenta años después del conflicto bélico, el PIB de 42 500 dólares de Japón eclipsaba al de los Estados Unidos y al del Reino Unido. Hoy en día, Japón es la tercera economía más grande del orbe, responsable de aproximadamente seis por ciento de la actividad económica global.

El vecino de Japón, Corea del Sur, tiene una historia similar de transformación económica mediante la innovación. Y, como en el caso de Japón, hace unas décadas nadie habría predicho que se desarrollaría, y mucho menos a la velocidad con que lo hizo. La transformación de Corea del Sur con frecuencia ha sido considerada un "milagro", pues parece desafiar toda lógica. Pero es exactamente por eso por lo que la elevación de Japón y su país vecino por encima de la pobreza y a la prosperidad ofrece varias lecciones importantes. Aquí nos enfocaremos en tres de ellas.

La primera lección es que invertir en innovación es posible, sin importar las circunstancias en que se encuentre un país. Los mercados que las innovaciones crean y sustentan atraen recursos muy necesarios para la sociedad.

Y como esos elementos son atraídos para apoyar a un mercado su viabilidad es muy alta.

La segunda lección consiste en que los emprendedores que tienen ojo para las necesidades locales son esenciales para impulsar innovaciones creadoras de mercado. Puesto que los locales están inmersos en las luchas de los ciudadanos promedio, pueden traducir esas luchas en innovaciones viables y en oportunidades económicas. Y los emprendedores locales pueden infundir un sentido de orgullo en los ciudadanos: la creencia de que "nosotros también" podemos innovar, crear y prosperar. A nuestro parecer, ésta es una de las cosas más valiosas que puede sucederle a una nación: impulsar el hecho de que los locales pueden resolver sus propios problemas.

Y, por último, como mostraremos en el último capítulo, la tercera lección es que la integración resulta necesaria cuando los países se encuentran en una etapa temprana de desarrollo. Por definición, las naciones pobres no tienen las necesidades de educación, transporte e infraestructura de negocios y gobierno que se presentan en las economías ricas. Los innovadores que buscan participar en negocios en estos países a menudo deben integrar sus operaciones para tener éxito. Al jalar los recursos y el apoyo que requieren para que sus negocios prosperen, sea infraestructura, educación u otros elementos, se involucran inadvertidamente en la construcción de la nación.

Pocos ejemplos ilustran estas lecciones mejor que Sony.

SONY: LA MÁQUINA CREADORA DE MERCADOS

Antes de que Sony se convirtiera en Sony, cuando todavía era Tokyo Tsushin Kogyo, la compañía podría haber merecido las duras palabras de Dulles. No comenzó creando innovaciones de clase mundial que sorprenderían al mundo. De hecho, habría sido imposible predecir la trayectoria de Sony considerando sus humildes inicios. En los primeros años, TTK fabricaba y vendía cojines térmicos eléctricos que a menudo se incendiaban, "cobertores y futones abrasadores".[3] Los pisos de las plantas manufactureras de la compañía estaban llenos de agujeros, y como la empresa sólo podía costear edificios que habían sido dañados durante la guerra, los exteriores también tenían grietas. Esto creaba condiciones laborales muy peculiares: cada vez que llovía el piso de la fábrica se llenaba de charcos.

Como ocurrió con tantos pioneros de la innovación en los Estados Unidos durante el siglo XIX, la historia de los humildes años iniciales de Sony está llena de penosas estrategias de conservación, soluciones alternativas y puro ingenio de cara a probabilidades de supervivencia al parecer nulas. Sony tenía tan pocos recursos que no podía adquirir maquinaria ni equipo, así que los ingenieros crearon los suyos. Hicieron soldadores, bobinas eléctricas e incluso destornilladores; con frecuencia trabajaban hasta las primeras horas de la mañana y a veces la policía local los confundía con ladrones cuando entraban y salían del edificio en horarios poco comunes. Muchas veces casi no se podía cubrir la nómina. En una ocasión en particular la compañía tuvo que pagar los salarios en dos partes, en vez de una, como era habitual.

Sin embargo, nada de esto detuvo a los fundadores Akio Morita y Masaru Ibuka, quienes instintivamente hicieron lo que a las grandes corporaciones —muchas de las cuales recibían apoyo del gobierno— se les dificultaba hacer: dirigirse al no consumo y crear nuevos mercados.

Mucha gente pensaría que el mayor triunfo de la innovación de Sony fue el Walkman, que vendió más de 400 millones de unidades y creó una cultura mundial de dispositivos musicales personales. Pero de hecho fue un producto mucho más humilde el que marcó el inicio de la marcha de la compañía hacia el centro de innovaciones que es hoy: la grabadora tipo G, dispositivo portátil de bobina abierta magnética al que Morita llamó *tape corder* (contracción de *tape recorder*, "grabadora" en inglés). "Antes de que las *tape corders* se inventaran, 'grabar' era algo muy lejano a nuestras vidas cotidianas", escribió Morita en un libro que publicó en 1950 tratando de explicar el valor de la grabación personal. "Antes se necesitaba una tecnología especial y compleja, y era algo muy caro. Sin embargo ahora, con la nueva *tape corder* de Sony, cualquiera puede hacer grabaciones en forma rápida, económica y precisa, en cualquier lugar y momento."

Morita vio el gran potencial de ayudar a los clientes a grabar momentos y crear recuerdos de su vida, algo parecido a lo que habían hecho las fotografías de Eastman unas décadas antes. "Es un producto revolucionario, el primero en su tipo en Japón. Y es muy práctico. ¿Cómo resistirse a comprarlo?" Así es como Akio Morita lo veía. Pero la gente sí se resistió. Cuando menos al principio. Aunque las personas estaban fascinadas con las grabadoras portátiles, éstas no se vendían como pan caliente, de suerte que los ejecutivos de Sony supieron que debían hacer algo distinto. Luego de tener escasas ventas por un tiempo, Ibuka y Morita hicieron que prácticamente todos los ingenieros de la compañía cumplieran una función de ventas. Al cabo de este proceso Sony aprendió que los mercados no sólo aparecen o suceden; "tienen que ser creados", como observó el Premio Nobel Ron Coase.

Para crear este nuevo mercado la compañía tuvo que construir sus propios canales de ventas y distribución; así, en 1951 estableció la subsidiaria

Tokyo Recording Company para ese propósito, con lo que disparó la creación de un conjunto de *empleos locales* (ventas, distribución, publicidad, capacitación, servicio y soporte, etcétera). En una ocasión Ibuka pidió al líder de la Tokyo Recording Company que se fuera de gira por todo el país para mostrar el producto en las escuelas. Tantas escuelas hicieron pedidos como resultado de esa medida, que Sony no pudo producir las grabadoras con suficiente rapidez para satisfacer la demanda. Además, Ibuka redireccionó algunos esfuerzos de ingeniería de la empresa al servicio del soporte posventa para mejorar la experiencia del cliente. Las ventas florecieron y Sony aprendió a no subestimar nunca el esfuerzo requerido para crear un mercado ni la recompensa, potencialmente enorme, que aquél trae aparejada.

Por fortuna, Sony siguió innovando y enfocándose en la creación de nuevos mercados, primero en Japón y después para exportación. En 1955 introdujo el primer radio de transistores de bolsillo que funcionaba con baterías, producto dirigido a los cientos de millones de personas para quienes los radios de bulbos eran demasiado grandes y costosos. Aunque el radio de transistores de Sony no era tan bueno en términos de calidad de sonido, en comparación con los radios de bulbos que había en el mercado, era pequeño, económico y "suficientemente bueno". Los clientes a los que Sony se dirigió —adolescentes típicos, pocos de los cuales podían adquirir los grandes radios de bulbos— estaban muy felices de poder escuchar música con sus amigos en nuevos lugares fuera del alcance del oído de sus padres.

Recuerdo haber estado encantado al comprar y escuchar mi propio radio de transistores. Para mí representaba progreso y, francamente, mi opción era no tener radio. Antes del final de la década de 1950 el mercado del radio de transistores que funcionaba con baterías valía cientos de millones de dólares, y muchas compañías estaban desarrollando el producto. Este aparato creó empleos, generó utilidades para Sony y dio a esta compañía, y a los ciudadanos japoneses, más pruebas de que podían innovar para labrar su camino a la prosperidad. Sony repetiría esta fórmula una y otra vez, con innovaciones creadoras de mercado que primero se enraizaron en los mercados locales antes de viajar por todo el mundo.

Entre 1950 y 1982 Sony creó con éxito 12 nuevos mercados diferentes, entre ellos los del radio de transistores, el primer televisor en blanco y negro de estado sólido (en 1959 tantas familias japonesas tenían televisor, que la boda real del príncipe se convirtió en espectáculo mediático, con un récord de 15 millones de personas viéndola en vivo), reproductoras de videocasetes, videograbadoras portátiles, dispositivos de discos blandos de 3.5 pulgadas y, por supuesto, el ahora famoso Walkman.

Morita, el cofundador de Sony, construyó un imperio gracias a su comprensión instintiva de la oportunidad que se encuentra en la lucha. El Walkman fue suspendido un tiempo cuando la investigación de mercado indicó que los consumidores nunca comprarían un reproductor que no fuera capaz de grabar y que sus oídos se irritarían con el uso de audífonos. Pero Morita ignoró la advertencia del departamento de mercadotecnia y se dejó llevar por su instinto. En vez de confiar en la investigación de mercado urgió a su equipo a "observar cuidadosamente cómo vive la gente, obtener un sentido intuitivo de lo que podrían querer, y después apostar a eso". Las intuiciones de Morita eran acertadas: otros compartieron su lucha para hacer que la música fuera portátil. El Walkman encontró un mercado listo en Japón, donde los ejecutivos de Sony inicialmente pensaron que venderían cuando mucho 5 000 unidades al mes. En vez de eso, colocaron más de 50 000 unidades durante los primeros dos meses. De pronto era posible caminar, correr, leer y escribir escuchando música. En 40 años Sony vendió más de 400 millones de unidades. El Walkman se convirtió en uno de los productos de consumo portátiles más exitosos que se hayan lanzado nunca.

Un mercado había nacido, y otros se apresuraron a subir a bordo. Con cada nuevo mercado que Sony creaba, muchas compañías, entre ellas Toshiba, Panasonic y otras, seguían su ejemplo y capitalizaban la oportunidad. El Walkman ayudó a otras empresas a ver que la "música móvil" era posible. Para decirlo con claridad, un mercado no gira en torno de una compañía individual; gira en torno de la generación de nuevos consumidores, así como de innovar y refinar continuamente la comprensión de la lucha y el trabajo por hacer. Más tarde, Sony perdió una oportunidad con el MP3 y el iPod, pero ya había sembrado las semillas para que la industria creciera y floreciera. Lo que resulta realmente sorprendente es cuántas veces Sony identificó y creó mercados que otras compañías abordaron después.

En parte lo anterior se debe a que, con cada producto que lanzaba —de los cojines eléctricos al Walkman— y con cada mercado que creaba, Sony encontró la forma de desarrollar un modelo de negocios rentable dirigido a las luchas de la gente japonesa promedio. Para tener éxito, Sony tuvo que generar empleos locales. Con cada empleo que generaba ayudaba inadvertidamente a reconstruir Japón, atrayendo los recursos necesarios para desarrollarla y convertirla en una nación próspera. Ahora, cuando me encuentro con un producto Sony, no sólo veo una increíble innovación, sino algo mucho más poderoso y permanente: una pieza significativa del proceso mediante el cual se desarrolló una de las naciones más prósperas del mundo.

Aunque hoy en día existen otras destacadas empresas de aparatos electrónicos, Sony sigue siendo sinónimo de innovación japonesa. Desde el Japón devastado por la guerra dos amigos con recursos limitados y sin apoyo gubernamental pudieron erigir una de las compañías más reconocidas del mundo al crear mercados dirigidos al no consumo. Y ésa, por supuesto, es sólo una de muchas historias de éxito e innovación que propulsaron el ascenso económico de Japón.

TOYOTA: DEL NO CONSUMO JAPONÉS A LA POTENCIA GLOBAL

Pensemos en el fabricante automotriz japonés Toyota, cuyo económico auto compacto Toyota Corolla es el más vendido de todos los tiempos. Eso no ocurrió principalmente porque Toyota pudo emplear mano de obra barata o recibió apoyo del gobierno. Esos factores ayudaron, por supuesto, pero la empresa se valió de algo mucho más significativo y duradero en los años posteriores a la Segunda Guerra Mundial.

Cuando Toyota Motor Corporation se fundó, en 1937, se enfocó en el no consumo local en Japón y en la región de Asia oriental. Pocos habrían podido pensar que un día se convertiría en la quinta compañía más grande del mundo en ganancias. Entonces había cerca de 310 000 vehículos jalados por caballos y otros 111 000 jalados por bueyes circulando por las calles de Japón.[4] La mayoría de los caminos del país no estaban pavimentados, lo que convertía la conducción en una aventura tan costosa como arriesgada. Los malos caminos averiaban los autos, y con sólo 20 por ciento de los caminos pavimentados los autos estropeados eran imagen común en el Japón de la posguerra. Por tanto, los vehículos Toyota fueron diseñados teniendo en mente el contexto local: el entonces presidente de Toyota, Kiichiro Toyoda, declaró que los autos Toyota debían ser "vehículos económicos que puedan resistir los malos caminos y que sean más prácticos para la gente de Asia oriental".[5]

Los autos Toyota fabricados en Japón en aquel tiempo no habrían sido suficientemente buenos para un consumidor estadounidense. Pero eso no importaba. Su intención era capturar el vasto no consumo en Japón y en los países asiáticos vecinos antes de enfocarse en exportar a países más avanzados. No fue sino hasta 1980 cuando Toyota exportó tantos autos a Norteamérica como se vendían en Japón.[6] Pero aun cuando Toyota comenzó a exportar a Norteamérica, siguió aplicando su estrategia de dirigirse al extremo más bajo del mercado estadounidense, a gente que no podía costear los vehículos devoradores de gasolina hechos en Detroit.

La importancia de que Toyota se dirigiera en un inicio al no consumo, en vez de competir con poderosas compañías automotrices de países más ricos, como Ford, General Motors y Chrysler, debe destacarse, especialmente en el contexto del desarrollo japonés. En primer lugar, Toyota pudo crear un mercado local en Japón que atrajo mercadotecnia, ventas, distribución, capacitación, servicio y productos de soporte relacionados con la industria automotriz. Por ejemplo, la empresa hizo una gran inversión en la Chubu Nippon Drivers' School en Nagoya; gastó 40 por ciento de su capital en esa escuela de manejo que se convirtió en un modelo para otras escuelas del país, promovió la motorización en Japón y ayudó a Toyota a vender más vehículos. Esto es muy diferente de una mera estrategia basada en salarios bajos, con la cual los productos son manufacturados en una fábrica y exportados a otro país. De haber aplicado esa estrategia Toyota no habría elegido invertir en una escuela de manejo que en 1958 fue sede de su colegio de ventas para capacitar a los nuevos empleados en el método de ventas de la compañía (lo que ahora se conoce como el Nisshin Educational and Training Center). Para dirigirse al no consumo no sólo se requiere el conocimiento técnico para fabricar y enviar un producto con eficiencia; también es necesario conocer el contexto local.

En segundo lugar, dirigirse exitosamente al no consumo crea un mercado vigoroso que atrae significativamente empleos a largo plazo. A medida que Toyota construyó nuevas plantas y vendió más autos a los clientes japoneses, requirió más empleados. Por ejemplo, conforme más compañías establecieron la manufactura automotriz en Toyota City —ciudad que recibió su nombre a raíz de que Toyota instaló una planta y oficinas ahí—, la tasa de ofertas de empleo para los solicitantes se elevó de 2.7 en 1962 a 7.1 en 1970.[7] Asimismo, de tener 29 concesionarias en 1938 Toyota llegó a contar con más de 300 en todo Japón en 1980. Desde el punto de vista del empleo, el crecimiento de Toyota fue exponencial. En 1957 la compañía daba trabajo aproximadamente a 6 300 personas; una década después, el empleo en Toyota se había quintuplicado, alcanzando a más de 32 000 personas. Actualmente, la empresa emplea a más de 344 000 personas en todo el mundo, y a más de 70 000 en Japón. Eiji Toyoda resumió la actitud de Toyota acerca de la capacitación y de proporcionar educación relevante a su fuerza de trabajo: "Es la gente la que hace las cosas. Así que primero tenemos que formar a la gente antes de hacer cosas". Este razonamiento llevó a la compañía a construir un departamento de educación y capacitación, además de una escuela de comercio para entrenar a "los empleados de ventas medianamente calificados".[8]

En tercer lugar, dirigirse al no consumo puede ayudar a que una región cree un marco legal e institucional contextual más relevante. Como escribe

Jeffrey Alexander en su libro *Japan's Motorcycle Wars* [Las guerras de moto-cicletas en Japón], a medida que hubo más y más vehículos en los caminos japoneses surgió "una apremiante necesidad de políticas gubernamentales coherentes en cuanto a tráfico en los caminos, licencias para el vehículo y el conductor, y vigilancia de las calles urbanas".[9] En otras palabras, la prolife-ración de la innovación (vehículos) llevó a la creación de políticas que tuvie-ran sentido en las circunstancias específicas de Japón. Esas regulaciones de circunstancias específicas ayudaron todavía más a que el país desarrollara sus regulaciones en forma más sustentable. Como hemos visto, a menudo las innovaciones preceden a las regulaciones. Es difícil regular adecuadamente lo que no se tiene.

En cuarto lugar, dirigirse al no consumo, especialmente para la industria automotriz, construyó otras industrias en la economía japonesa. Por ejemplo, no sólo aumentaron los empleos en ventas y servicio de autos; también en los sectores de logística y transporte. Más japoneses comenzaron a viajar por su país porque el transporte se volvió menos caro. Además, el acceso a escuelas y hospitales, así como la expansión de las ciudades japonesas, fueron favore-cidos por el automóvil.

¿QUÉ HABRÍA PASADO SI TOYOTA SE HUBIERA ENFOCADO EN EL CONSUMO?

Imagina que todo esto hubiera ocurrido de forma diferente. ¿Qué habría suce-dido si la Toyota de la posguerra se hubiera concentrado sistemáticamente en competir con los tres gigantes automotrices estadounidenses de la época? ¿Le habría ido tan bien a la compañía?, ¿y al país? Bueno, resulta que Toyota sí lo hizo, aunque en forma muy breve.

En 1958, después de que la empresa triunfara en el mercado japonés, puso los ojos en el mercado estadounidense con su modelo líder, el Toyopet Crown. Al auto le había ido muy bien en Japón, y los ejecutivos sentían que el éxito se repetiría en los Estados Unidos. En vez de eso, el Crown fue un fracaso espec-tacular. Un observador comentó: "Aunque el Crown fue construido para la red de caminos de mala calidad de Japón, tuvo dificultades para mantener el ritmo en el asfalto estadounidense, uniforme y de flujo rápido. Cuando conseguía alcanzar los 90 kilómetros por hora, velocidad rara en Japón, el auto tembla-ba tanto que el conductor no podía ver por el espejo retrovisor". Para 1961 los derrotados ejecutivos de Toyota hicieron sus maletas y abandonaron el mer-cado estadounidense. Pero no para siempre.

Tras estudiar el mercado estadounidense y comprender mejor el trabajo por hacer de sus consumidores, Toyota creó el Corolla, que se convertiría en el auto más exitoso de la historia por su volumen de ventas. En vez de fabricar un producto que compitiera con los tres grandes (Ford, GM y Chrysler), Toyota puso en marcha una estrategia diferente. "Podemos evitar la competencia directa con los tres grandes; los autos pequeños son muy buenos para segundos o terceros carros", explicó más tarde uno de los altos ejecutivos de Toyota, Shotaro Kamira, acerca de la estrategia Corolla.[10]

El éxito de Toyota como fabricante automotriz japonés afectó también a otras compañías de esa nación. Aunque es el mayor fabricante de Japón, y está actualmente entre las tres compañías automotrices más grandes del mundo, la empresa no está sola. Nissan, Honda, Mitsubishi, Suzuki y Mazda son sólo algunos otros productores japoneses que también han tenido un papel significativo al configurar la economía de Japón.

PEQUEÑAS MOTOCICLETAS, GRAN DESARROLLO

Si bien la entrada de Japón en la industria automotriz mundial fue impresionante, lo fue aún más su incursión en el mercado de las motocicletas, en gran parte porque se verificó pese a la falta de apoyo gubernamental. Después de la guerra el gobierno japonés apoyó la inversión en industrias pesadas, como la construcción de barcos y la manufactura de vehículos más grandes, pues se creyó que el crecimiento provendría de esas industrias.[11] De modo que a muchos fabricantes de motocicletas se les negaban las materias primas que necesitaban para desarrollar sus productos, que eran considerados juguetes.

Como mencionamos antes, el apoyo del gobierno, cuando se canaliza adecuadamente, puede contribuir al crecimiento de una industria y una economía, pero no suele ser la principal razón de su éxito. Y todos podemos nombrar programas de desarrollo económico encabezados por el gobierno que han sido bienintencionados y bien diseñados, pero que en última instancia fracasaron. Cuantiosos gobiernos siguen este o aquel programa económico, pero sólo algunos de ellos llegan a buen término. Así que, cuando una compañía entra en un mercado y rápidamente se convierte en jugador dominante —como fue el caso de las empresas japonesas en la industria de la motocicleta, que no contaron con el apoyo del gobierno japonés—, proporciona una convincente prueba del poder de la innovación creadora de mercado.

Antes del surgimiento de la industria japonesa de la motocicleta este vehículo era muy costoso en Japón. "En ese tiempo no se hacían motocicletas en el país, así que todas las que teníamos eran importadas [...] Importamos 10 unidades del 'Rolls Royce de las motocicletas', pero se vendieron por unos 2 000 yenes, mientras que el modelo T de Ford costaba sólo 1 900 yenes, de suerte que las motocicletas eran más caras", recuerda Ozeki Hidekichi, uno de los pioneros de la industria. "Creo que en ese tiempo mi salario mensual era de tres o cinco yenes, y a partir de los 20 años de edad me pagaron siete o diez yenes; una motocicleta era absurdamente cara, y en consecuencia sólo vendimos una o dos en un año."[12] Comprensiblemente, el sector era demasiado pequeño e insignificante para atraer cualquier tipo de atención o ayuda del gobierno. De todas formas, varias compañías comenzaron a ver que los japoneses necesitaban moverse con mayor libertad y de manera más económica. Con el tiempo, a medida que surgieron más compañías de motocicletas en Japón, esas firmas crearon la Hamamatsu Motorcycle Manufacturer's Association.[13]

De un grupo de más de 200 fabricantes de motocicletas en la década de 1950 emergieron Honda, Kawasaki, Suzuki y Yamaha para capitanear el desarrollo del sector en casa y en el extranjero. Aunque era tentador, esas "cuatro grandes" firmas no buscaban crecer a costa de apoderarse de la participación en el mercado de los líderes de entonces del ramo. En vez de eso crearon nuevos mercados dirigiéndose al no consumo. En 1952, cuando la Dieta Nacional (el cuerpo legislativo de Japón, conocido como Kokki) aprobó una enmienda a la Ley de Control de Tránsito de los Caminos que permitía a los jóvenes conducir motocicletas, Susuki fue una de las primeras compañías en ver la oportunidad de crear un nuevo mercado; adaptó rápidamente su oferta para los consumidores más jóvenes, con su moto 6occ Diamond Free.

De forma similar, ese mismo año Honda lanzó su 5occ Cub F-Type para llegar al creciente número de pequeños negocios que necesitaban vehículos repartidores pero no podían costear los más grandes. Honda posicionó su motocicleta al módico precio de 25 000 yenes (unos 70 dólares de la época)[14] y ofreció un plan de financiamiento con enganche a 12 meses. La competencia nacional entre firmas que apuntaban al negocio de consumidores con poco ingreso disponible provocó que invirtieran no sólo en manufactura, sino también en distribución, mercadotecnia, ventas, soporte y, en algunos casos, capacitación. Esto creó empleos en Japón más allá de esas cuatro grandes empresas, y después de años de mejorar sus productos les dio a éstas la capacidad de exportar sus motocicletas a no consumidores en los Estados Unidos y Europa, con el fin de atender esos mercados también.

El mismo patrón de dirigirse al no consumo se apreció en Panasonic, Sharp y Nintendo en productos electrónicos, y en Canon, Kyocera y Ricoh en equipo para oficina. Esas empresas a menudo se dirigían primero al no consumo de Japón, y después del mundo.[15] Enfocarse en el no consumo tiene un potencial de desarrollo significativo para los países, porque obliga a las compañías a mejorar tanto su capacidad de manufactura, lo que crea *empleos globales,* como su capacidad de ventas y distribución, lo que crea *empleos locales* muy necesarios, factor crucial para producir y diseminar la prosperidad.

Con ideales y metas que crearon una cultura de la innovación y la oportunidad, Japón se levantó de las cenizas de la destrucción ocasionada por la guerra. "Los perdedores querían olvidar el pasado y trascenderlo", escribió John Dower en su análisis de Japón tras la Segunda Guerra Mundial, el cual le valió un Premio Pulitzer. "Los ideales de paz y democracia se enraizaron en Japón, no como una tecnología prestada o una visión impuesta, sino como una experiencia vivida y una oportunidad aprovechada."

El punto donde uno comienza no es el punto en el que uno termina, y Japón no es el único país asiático que ejemplifica esto. Corea del Sur lo hace también.

COREA DEL SUR: JALAR EL CAMINO HACIA LA PROSPERIDAD

En los años que siguieron a la guerra de Corea, Corea del Sur estaba hecha trizas. Según comenta Ezra Vogel, profesor emérito de Harvard, en 1953 "la capital de la nación, Seúl, había cambiado de manos en cuatro ocasiones y cada vez los partidos rivales libraban una amarga pelea. Había poca o ninguna electricidad y prácticamente la única industria del país eran los textiles".[16] De hecho, entonces Corea del Norte estaba más industrializada que su vecina del sur. Con un PIB per cápita de 155 dólares en 1960, Corea del Sur era desesperadamente pobre.

Sin embargo, cuando visito ese país ahora, es difícil identificarlo con la nación empobrecida que aprendí a amar hace algunas décadas. Hoy en día, con un PIB per cápita de más de 27500 dólares, *la Korea Aid* del país está activa, ayudando a otros países pobres a alcanzar las Metas del Desarrollo Sustentable de la ONU. ¿Cómo orquestó Corea del Sur tamaña y sorprendente voltereta?[17]

Muchos factores, como cultura, liderazgo visionario, industrias pesadas, comercio exterior, ayuda de los Estados Unidos y geografía, han desempeñado un papel importante en lo que se ha llamado "el milagro del río Han". Pero la historia de la innovación en Corea del Sur, que no se cuenta a menudo, también fue crucial para la transformación del país.

Compañías como Samsung, Hyundai, LG y Kia Motors, que han sido motores del crecimiento económico en Corea del Sur, en la actualidad se cuentan entre las más innovadoras del mundo. Samsung, por ejemplo, genera aproximadamente una quinta parte del PIB de 1.1 billones de dólares del país. No obstante, cuando esas firmas se fundaron, era algo impensable que algún día se convertirían en potencias globales. Pero la historia de Corea del Sur nos dice que sí es posible.

Pensemos en los modestos comienzos de Kia. La compañía se estableció en 1944 como Kyungsung Precision Industry; fabricaba tubería de acero y componentes de bicicletas. Kia vio la oportunidad de ayudar a los coreanos a moverse con mayor facilidad y se abocó por completo a la producción de bicicletas. En 1952 la firma desarrolló su primera bicicleta, llamada Samchully. Pocos años después comenzó a producir motocicletas con licencia de Honda. En 1962 diseñó la *pickup* K-360 de tres ruedas; ésa fue su primera incursión en la fabricación automotriz. Con la K-360 Kia hizo que la movilidad fuera más económica para los coreanos. Pronto siguió con la T-600, otra *pickup* de tres ruedas, pero con mayor espacio de almacenamiento y eficiencia de combustible. No fue sino hasta 1974 cuando lanzó el Kia Brisa, su primer vehículo de pasajeros, unos buenos 30 años después de la fundación de la empresa.[18]

La estrategia de Kia de dirigirse primero al no consumo le evitó tener que competir con fabricantes automotrices establecidos. Para 1944 la tecnología automotriz estaba en pleno progreso. Ford llevaba circulando más de cuatro décadas; General Motors había adquirido Oldsmobile, Cadillac y Pontiac; Mitsubishi fabricaba automóviles desde hacía casi 30 años, y Toyota había lanzado su primer vehículo de pasajeros en 1936. La gente sabía qué eran los autos y los había adoptado como parte de la sociedad moderna. Los países ricos tenían vigorosos mercados de autos donde muchos ciudadanos entendían el valor de poseer un vehículo. Muchos negocios giraban en torno de los autos. Kia pudo haber tomado fácilmente la decisión de aprovechar su mano de obra de bajo costo y dirigirse al consumo existente de autos compitiendo con otros fabricantes.

En vez de eso, la compañía comenzó con las bicicletas, siguió con los vehículos de tres ruedas, y luego, años más tarde, produjo vehículos de pasajeros, un producto dirigido al no consumo. El impacto que Kia ha tenido y sigue teniendo en la economía coreana es sorprendente. De ser fabricante de bicicletas y vehículos de tres ruedas ha crecido hasta convertirse en uno de los productores automotrices más grandes del mundo. Actualmente la compañía emplea a más de 30 000 personas directamente y cosecha ganancias brutas de unos 50 000 millones de dólares. En junio de 2015, unos 40 años después de las primeras exportaciones de 10 vehículos Kia Brisa a Qatar, Kia exportó su auto número 15 millones.

Samsung, que comenzó en 1938 vendiendo pescado seco, harina y verduras en una Corea del Sur deprimentemente pobre, tiene una historia similar. Después de la guerra, esta empresa se aventuró en otros sectores, como seguros, venta al menudeo, textiles y, en 1969, aparatos electrónicos. El primer producto de Samsung Electronics, un televisor en blanco y negro, era conocido por la borrosa calidad de su imagen y a menudo "se regalaba con suscripciones para revistas".[19] Poco después la compañía produjo sus primeros ventiladores eléctricos baratos, seguidos por aires acondicionados de bajo costo, y en 1983 lanzó su primera computadora personal.

A semejanza de los productos iniciales de Sony, muchos de los primeros productos de Samsung eran de mala calidad. Tan mala, de hecho, que el director general de Samsung, Lee Kun-hee, dijo a sus ejecutivos en 1933 que había que mejorar *todo*. "Cambien todo menos a su esposa y a sus hijos", declaró, y ordenó que más de 150 000 productos, incluyendo teléfonos y faxes, fueran quemados frente a los empleados que los habían hecho. Esto sirvió para advertir a los trabajadores de Samsung que el bajo costo no era sinónimo de mala calidad. Y funcionó.

En 1994 Samsung desarrolló el primer chip DRAM de 256 megabytes y en 1998 introdujo el primer televisor digital producido en serie. En 2006 se convirtió en la compañía más grande y rentable de productos electrónicos del mundo. Sólo su centro de investigación digital ocupaba una superficie equivalente a 30 campos de futbol. En 2017 la compañía gastó 12 700 millones de dólares en investigación y desarrollo, más que cualquier otra organización, con excepción de Amazon y Alphabet (empresa matriz de Google).

Hoy Samsung fabrica de todo, desde lavadoras y refrigeradores hasta teléfonos y televisiones inteligentes. Al lanzar una corriente continua de innovaciones es ampliamente reconocida como líder industrial en tecnología y figura entre las principales 10 marcas globales.

Las innovaciones no sólo han impulsado a Samsung al dominio global; también han tenido impacto significativo en la economía sudcoreana.

La mayoría de la gente fuera de Corea del Sur sólo conoce a Samsung por sus *laptop* o su línea de teléfonos inteligentes Galaxy. Pero esta empresa es mucho más que un mero fabricante de dispositivos electrónicos para el consumidor sudcoreano promedio. Hoy en día Samsung no sólo es el fabricante líder de productos electrónicos de Corea del Sur, sino que también tiene una significativa presencia en el mercado de numerosas industrias mediante sus subsidiarias y afiliadas —electrodomésticos, valores, seguros de vida, construcción, alimentos envasados y químicos, sólo por mencionar algunos—. Si uno vive en Corea del Sur hay buenas probabilidades de que a diario consuma productos y servicios directa o indirectamente generados por Samsung.

Si el lector sigue teniendo dificultad para imaginar qué tan omnipresente es la marca Samsung en Corea del Sur, aquí hay un buen ejemplo. Nate Kim, quien nos ha ayudado con la investigación para este libro, visita a su familia en Seúl cada año. Nate me cuenta que, cuando llega al Aeropuerto Internacional de Incheon, sus padres lo recogen en su sedán Renault Samsung SM5 (el cual, por cierto, está asegurado por Samsung Fire & Marine Insurance). Después lo llevan a su departamento, obra de Samsung Construction and Trading Corporation. La mayoría de los electrodomésticos en casa, como el refrigerador, la lavadora y la secadora, el aire acondicionado y el televisor, fueron hechos por Samsung. Uno de los primos de Nate es médico en el Samsung Medical Center y otro trabaja en Samsung Heavy Industries, uno de los constructores de barcos más grandes del planeta. Mientras millones de padres en los Estados Unidos llevan a sus hijos a Disneylandia en las vacaciones, los padres de Nate los llevaban a él y a su hermano a Everland, el parque temático propiedad de y operado por Samsung.

Desde sus humildes inicios en 1938, cuando sólo contaba con 40 empleados, Samsung ha crecido hasta generar más de 220 000 millones de dólares en ganancias y tener aproximadamente medio millón de empleados.

La innovación es contagiosa y a menudo alimenta otras innovaciones. Otras compañías sudcoreanas han seguido el ejemplo de Samsung, y firmas como Hyundai, LG, Posco y muchas más han sido fundamentales para impulsar la prosperidad en Corea del Sur.

Pensemos en Posco —antes Pohang Iron and Steel Company, proveedor fundamental de muchas compañías sudcoreanas y ahora exportador principal de acero— y en su impacto en el desarrollo de Corea del Sur. En 2016 esta compañía produjo aproximadamente 42 millones de toneladas de acero, y en la actualidad es uno de los productores de esa materia prima más grandes del mundo. Hace 45 años esto habría sido impensable.

Cuando el Banco Mundial evaluó la viabilidad económica de establecer una fundidora de acero integrada en Corea del Sur en la década de 1960, llegó a la conclusión de que el proyecto sería prematuro. ¿Quién podría culparlo? Entonces Corea del Sur no sólo era pobre; también carecía de mineral de hierro (material indispensable para la fabricación del acero) y no estaba siquiera cerca de un suministro de fácil acceso. Además, el país no tenía las capacidades técnicas necesarias para construir y mantener esa industria pesada. Y estaba también la cuestión de los mercados: en el caso poco probable de que Corea del Sur hubiera podido producir todo ese acero, ¿a quién se lo habría vendido?

Japón habría sido la opción lógica, pero ya tenía algunas de las compañías de acero más eficientes del orbe.[20]

Así que Posco miró hacia dentro. Su estrategia inicial de satisfacer la demanda nacional de acero ayudó a la compañía a ponerse en pie. A medida que creció la economía sudcoreana surgieron varias industrias locales que requerían acero para su producción. Por ejemplo, Posco apoyó las industrias automotriz y de la construcción en su crecimiento. Hoy, la industria automotriz sudcoreana representa casi 25 por ciento de la producción de acero, y la industria de la construcción, 28 por ciento. Partiendo de esos humildes comienzos —cuando los empleados dormían en refugios improvisados en las instalaciones de la empresa y comían arroz mezclado con arena para saciarse— Posco se ha convertido en una de las firmas más grandes de su país, con un ingreso bruto anual de más de 60 000 millones de dólares.

El impacto de Posco en Corea del Sur tuvo un efecto de onda expansiva en otros sectores, pues la compañía debió integrar muchas de sus operaciones. Observando que "es posible importar carbón y maquinaria, pero no talento", el fundador de Posco, Park Tae-joon, condujo a la empresa a establecer la Universidad Pohang de Ciencia y Tecnología (Postech, por sus siglas en inglés) y el Instituto de Investigación de Ciencia y Tecnología Industrial para impartir la educación necesaria en ciencias y tecnología. Las escuelas "se crearon para satisfacer las necesidades de tecnología autodesarrollada con miras a lograr la independencia tecnológica, con lo que se establece una firme conexión entre la academia y la industria", según lo expresa la directiva de Posco.

Si bien Postech comenzó siendo un campo de entrenamiento para futuros técnicos e ingenieros, con el fin de satisfacer las demandas técnicas de la creciente economía sudcoreana, se ha convertido en una universidad completa, con más de 20 departamentos distintos, que incluyen matemáticas, ciencias de la computación, ciencias de la vida, entre otros. Conforme la economía de Corea del Sur creció y evolucionó, también lo hizo Postech. La escuela se transformó a sí misma para responder a las demandas de la economía. Ahora Postech ocupa regularmente los escaños más altos de las universidades nacionales e internacionales y ha sido calificada como número uno por el "100 under 50" de Times Higher Education, con base en Londres, una lista de las 100 mejores universidades que tienen menos de 50 años.[21]

En virtud de que Posco tuvo que desarrollar una escuela para capacitar a sus trabajadores, Corea del Sur se vio favorecida al tener una institución de primera línea. Pero esa institución tuvo que ser *jalada* a Corea del Sur para completar una tarea muy específica. De haber sido *empujada* al país, probablemente no habría tenido el mismo impacto. A fin de conservar su sustentabilidad las instituciones educativas deben estar conectadas con las necesidades del mercado, local o global; Postech lo estaba.

La Corea del Sur actual no es el mismo país que era al terminar la guerra, y ni siquiera cuando estuve ahí, a principios de la década de 1970. Muchas cosas han contribuido al crecimiento de esa nación, pero el compromiso continuo con la innovación de las empresas sudcoreanas ha sido fundamental para ayudarla a crear y sustentar su prosperidad. Hoy en día Corea del Sur ha superado una pobreza debilitante en muchos aspectos de su economía, incluyendo el gobierno, que ha mejorado notoriamente desde la década de 1960. Las libertades económicas encendidas por ese aumento de la prosperidad están abriendo camino a libertades políticas que antes eran impensables en ese lugar.

El crecimiento y el desarrollo de Japón y Corea del Sur sorprendieron a tanta gente que, durante la crisis financiera asiática de 1997, el otrora celebrado "milagro de Asia oriental" pasó a ser "sólo un espejismo", y se sugería que sus efectos negativos se estaban haciendo presentes.[22] La recuperación no parecía segura, pues se creía que tal crecimiento se había construido sobre cimientos débiles, sin los sistemas y las estructuras apropiados para sustentar un desarrollo económico robusto.[23] No obstante, esos países se recuperaron y han progresado desde entonces. Su nivel de aprendizaje, innovación y desarrollo de mercados, así como su resiliencia de cara a los tropiezos económicos, apuntan a un crecimiento erigido sobre bases sólidas, lo cual resulta esperanzador. Aunque esas naciones cometieron algunos errores —lo que ocurre con todas las naciones—, entendieron correctamente el papel de la innovación.

Las innovaciones creadoras de mercado no son el único camino hacia el desarrollo de un país. Taiwán, por ejemplo, en un principio se enfocó en desarrollar productos simples, como textiles y alimentos procesados, para sus ocho millones de habitantes, pero muy poco después apuntó a otros mercados más allá de sus fronteras.[24] Y, a semejanza de lo que sucedió en Japón y Corea del Sur, la innovación desempeñó un papel fundamental en el desarrollo de Taiwán, que a la postre logró la prosperidad.

Por supuesto, hay más trabajo por hacer para entender mejor las circunstancias específicas en que se desarrollan diferentes economías. Sin embargo, hemos aprendido que priorizar la inversión en innovaciones creadoras de mercado, aun en circunstancias difíciles, proporciona a los países pobres una senda viable hacia la prosperidad.

Capítulo 7

El problema de la eficiencia en México

México ha sido uno de los perdedores del siglo xx. Intentamos varias alternativas diferentes de desarrollo, y desgraciadamente tenemos 40 por ciento de la población en estado de pobreza [ese número ahora se aproxima a 44 por ciento]; tenemos un ingreso per cápita extremadamente bajo. Es el mismo ingreso per cápita que teníamos hace 25 años, así que necesitamos cambiar las cosas.[1]

VICENTE FOX,
presidente de México, abril de 2001

LA IDEA EN BREVE

Hace poco más de una década en los encabezados de negocios de los Estados Unidos predominaban dolorosos relatos: los empleos estadounidenses de manufactura se mudaban a México; se perderían miles de empleos en el país. Sin embargo, al otro lado de la frontera las cosas se veían muy promisorias. Según el Centro de Investigación Automotriz, los Estados Unidos y las compañías automotrices internacionales invirtieron cerca de 24 000 millones de dólares en el mercado mexicano de la manufactura, lo que tenía el potencial de crear miles y miles de empleos y, a la vez, impulsar las economías locales dondequiera que se construyera una fábrica. La esperanza en México era palpable.

No obstante, el México de hoy no es próspero. Sólo en 2014 se sumaron dos millones de mexicanos a quienes viven por debajo de la línea nacional de pobreza. ¿Qué salió mal?

Cuando se ve la economía mexicana no a través de la inversión en dólares sino con las lentes de la innovación, surge un patrón muy claro. Muchas compañías —nacionales e internacionales— han hecho fuertes inversiones en innovaciones *de eficiencia*. Empero, en lo que debería ser una economía vigorosa, forrada de recursos, hay una decepcionante carencia de innovaciones creadoras de mercado. Y como México dolorosamente ejemplifica, depender demasiado de las innovaciones de eficiencia no lleva muy lejos una economía.

Reventando de entusiasmo por un proyecto en el que le habían dado la oportunidad de participar, Javier Lozano llamó a su madre a su casa en México para hablarle de un trabajo que había comenzado a realizar como parte de su maestría en administración de empresas en el Instituto Tecnológico de Massachusetts (MIT). Lozano estaba interesado en aprender cuanto pudiera acerca de la innovación en el área del cuidado de la salud y se había inscrito también en la Escuela de Salud Pública de Harvard. Comenzó apoyando a un profesor que buscaba la manera de usar la tecnología para ayudar a los diabéticos de Zanzíbar que sufrían complicaciones en los pies. Para Lozano, el descubrimiento de que el entonces recién introducido iPhone tenía el potencial de trabajar con un dispositivo para monitorear el azúcar en la sangre —dato crucial para la diabetes tipo 2— parecía cosa del futuro. Su propia madre luchaba contra la diabetes allá en México, así que él estaba ansioso por compartir lo que estaba aprendiendo en la escuela.

"Me sentía tan entusiasmado con las formas en que la tecnología podía ayudar a la gente con diabetes que quería compartirlo con mi mamá", recuerda. Durante años su madre había lidiado calladamente con su diagnóstico de diabetes tipo 2 sin mucho interés ni auxilio de su familia, admite Lozano. Pero ese trabajo le había hecho darse cuenta de que tenía una fuente primaria de información perfecta al alcance de la mano. "Comencé a bombardearla con preguntas", recuerda ahora. "¿Sabías *esto*? ¿Sabías *aquello*? ¿Sabías de todos estos dispositivos?" La respuesta a cada pregunta era un no. Su madre no sólo no conocía ninguno de los dispositivos que podrían ayudarla a monitorear y controlar mejor su padecimiento, sino que le dijo a Lozano cuán profundamente desalentada se sentía en su batalla por la salud. "Por primera vez ella comenzó a confesarme cómo se sentía, y se sentía muy sola", dice Lozano. "Como familia, no entendíamos lo que le estaba pasando y, peor, la culpábamos de su enfermedad. Pensábamos que ella estaba consumiendo demasiada azúcar y que en realidad no quería mejorar." Más preocupante, la madre de Lozano dijo estar exhausta de luchar por sentirse mejor. "Ya no quería buscar atención médica —recuerda Lozano con voz ahogada por la emoción— aun cuando eso significaba que podía morir de diabetes."

Lozano estaba atónito. ¿Cómo había llegado eso a ponerse tan mal? Su familia en México tenía acceso a atención médica privada, ventaja que no era compartida por la mayoría de los millones de mexicanos que a diario enfrentan la enfermedad. Si eso era difícil para su madre, debía ser mucho peor para los 10 millones o 14 millones de personas que, se estima, viven con diabetes en México. "Ése fue mi momento de '¡ajá!'", dice Lozano. "La diabetes es catastrófica en México." La mayor parte de la gente no tiene la posibilidad de pagar atención médica de calidad, lo cual deja a quienes no pueden manejar su diabetes con un sinfín de terribles problemas de salud. En México, la diabetes no controlada es la principal causa de amputaciones, ceguera y, en el estado donde vive Lozano, Nuevo León, suicidio.

Él no deseaba ignorar esos problemas, de suerte que comenzó a planear su asalto a la epidemia de diabetes en México. Empezó por imaginar una organización no lucrativa que ayudara a la gente pobre a tener acceso a atención médica para la diabetes, costo que calculó en unos 1 000 dólares por persona al año. Pedir a los pacientes que pagaran 200 dólares al año parecía factible, pero para reunir los 800 dólares restantes haría falta un flujo continuo de donaciones y patrocinadores confiables, que tendrían que apoyar el proyecto año tras año. Lozano había pasado su adolescencia trabajando en una organización no lucrativa que apoyaba a las comunidades indígenas para que tuvieran mayor acceso a herramientas y tecnología con el fin de crear granjas más sustentables, de modo que la idea de reunir ese dinero, en forma consistente, le resultaba abrumadora. Él sabía por experiencia que tales proyectos son muy difíciles de escalar y dependen de los caprichos y prioridades de los donantes. "Puedes esperar que el proyecto apasione a un par de personas, incluidos los donantes individuales o la gente que dirige las organizaciones, pero es casi imposible encontrar una fuente de financiamiento sustentable año tras año."

Así que Lozano comenzó a concebir el reto de forma enteramente distinta, a través de la lente del no consumo y de los trabajos por hacer, teoría que había aprendido en sus días en el MIT y que rápidamente puso en práctica en México. No había muchos pacientes diabéticos que usaran las opciones de cuidado de la salud existentes. Como su madre, a menudo no hacían casi nada por manejar la enfermedad, no porque no les preocupara su salud, sino porque sus opciones para mejorar su situación parecían abrumadoras. Lozano vio una inmensa oportunidad en ese no consumo.

En 2011, después de terminar su maestría, Lozano fundó las Clínicas del Azúcar. Advirtió que si los pacientes no podían pagar un seguro de gastos médicos ni 1 000 dólares anuales para el cuidado de la diabetes, habría que diseñar un modelo de negocios que funcionara con lo que la gente podía pagar. Así, decidió crear lo que él llama el McDonald's del cuidado de la diabetes, esto es, una ventanilla única para lidiar con todos los problemas relacionados con la enfermedad. Por una membresía anual de más o menos 250 dólares los pacientes diabéticos y sus cuidadores podían visitar cualquiera de las clínicas y pasar rápidamente por varias "estaciones" que evaluaban cada desafío con el objetivo de monitorear y manejar su diabetes. Según Lozano, el trabajo se realiza a partir de *cada estación individual* para elegir la mejor tecnología y los mejores recursos humanos para proporcionar el cuidado adecuado a los pacientes.

El servicio no incluye mimos, pero es efectivo en todas las formas posibles. Al escribir estas líneas, las Clínicas del Azúcar son el proveedor privado de atención para la diabetes más grande de México; cuenta con 12 clínicas y planea llegar a 200 en los próximos cinco años. Lozano asegura que su madre fue el paciente número cinco de su primera clínica; esa estadística la molesta aún, porque ella quería ser el paciente número uno, pero había demasiadas personas delante de ella en la fila el día que se abrió la clínica. Ella ha sido una paciente modelo en todos los sentidos.

Hace dos años, cuando Lozano y su equipo trataban de mejorar el apoyo que las clínicas daban a los pacientes fuera de sus visitas rutinarias, se dio cuenta de que las llamadas de médicos y enfermeras bienintencionados para averiguar cómo le iba a un paciente recibían a menudo la respuesta que los pacientes pensaban que el doctor quería escuchar, no la que era verdad. "A los mexicanos no les gusta lastimar los sentimientos de nadie", dice Lozano. Tomando prestada una página de una investigación que sugiere que las complicaciones en el parto se reducían significativamente cuando la madre tenía un compañero o compañera guiándola en el proceso, Lozano decidió establecer un centro de llamadas atendido no por profesionales médicos sino por otros pacientes diabéticos. Le preguntó a su mamá si le gustaría dirigirlo. Ahora la madre de Lozano trabaja a sólo tres puertas de la oficina de su hijo, y éste la ve a diario; ella está progresando. "Los domingos tenemos siempre una gran reunión familiar para comer. Esos días mi mamá no puede dejar de hablar acerca de lo que ha aprendido y de los pacientes con los que ha conversado cada semana", observa Lozano. Pero es un cambio bienvenido, diferente al tenor de la charla telefónica que sostuvo con su madre cuando todavía estaba en el MIT. "Adoro ese entusiasmo."

Lozano y sus Clínicas del Azúcar están todavía en las primeras etapas del viaje para crear un negocio escalable a partir de un trabajo por hacer no resuelto, y hay mucho por hacer para asegurar que sea una historia de éxito duradero. Al momento de escribir este libro, las clínicas han tratado a más de 30 000 pacientes, 95 por ciento de los cuales asegura que ésa fue la primera vez que recibió atención especializada. Asimismo, las clínicas han generado cientos de empleos, con lo que han permitido a la gente ayudar a otros y ganarse la vida. Lozano ha creado un mercado que atiende a la gente que era considerada demasiado pobre, un mercado que numerosos doctores y expertos descartaron inicialmente como imposible cuando Lozano se les acercó con su idea. Cuando se crea ese tipo de mercado, imitadores y competidores lo siguen, lo que desencadena más desarrollo. Además de la compañía de Lozano, a la fecha hay cerca de 10 más que han surgido en todo el país aplicando el modelo de Clínicas del Azúcar. Ésa puede ser la señal más obvia de que Lozano ha encontrado algo importante. Imagina lo que pasaría si él es capaz de escalar con éxito su negocio no sólo en México sino también en América Latina.

El éxito de Lozano debería inspirar a los emprendedores del país: muestra lo que es posible lograr al dirigirse al no consumo con un modelo de negocios innovador. Pero en México hay muy pocas historias de innovaciones creadoras de mercado como las Clínicas del Azúcar. En un país lleno de no consumo la pregunta es *¿por qué?*

EL MISTERIO DE LA INNOVACIÓN DE EFICIENCIA EN MÉXICO

México no es un país pobre. Comparado con algunos países africanos como Senegal y Lesoto, o con algunas naciones asiáticas como Nepal y Bangladesh, o incluso con países centroamericanos como Honduras y Guatemala, a México le va muy bien y tiene cuantiosos elementos para ser próspero.

Primero, desde el punto de vista geográfico, la cercanía de México con los Estados Unidos, el país más rico del mundo, lo pone en situación ventajosa. Las compañías mexicanas pueden comerciar con cierta facilidad con firmas estadounidenses y venderles a los consumidores ricos de ese país por su proximidad con la frontera.

Segundo, desde 1994 México tiene un tratado de libre comercio con los Estados Unidos y Canadá (al momento de escribir esta obra, el futuro del TLCAN era incierto bajo la actual administración estadounidense),[2] el cual esencialmente permite a los tres países comerciar bienes con relativa libertad entre sí. Además del TLCAN, México ha firmado 12 tratados de libre comercio con otros 44 Estados, muchos de los cuales pertenecen a la Unión Europea. Sigue siendo uno de los países más abiertos al comercio en el mundo.

Tercero, según reportes de la Organización Mundial del Comercio (OMC) y la Organización para la Cooperación y el Desarrollo Económicos (OCDE), México tiene niveles de productividad de mano de obra similares a muchas de las principales potencias económicas.[3] Asimismo, los mexicanos constantemente son considerados la gente más trabajadora, en función del número de horas que labora.[4] Los sudcoreanos están en segundo lugar.

Cuarto, el sector manufacturero e industrial mexicano está muy avanzado. Las principales industrias del país son la aeroespacial, de electrónicos, petroquímicos y bienes duraderos de consumo. En esencia, México no sólo produce y vende juguetes, playeras y materias primas básicas a sus vecinos ricos; también fabrica y exporta autos, computadoras y complejos componentes aeroespaciales.[5]

Por último, México ha conservado un entorno macroeconómico relativamente estable y ha mantenido las tasas de interés y de inflación bajas durante las pasadas dos décadas.[6] Esos factores son monitoreados de forma consciente y meticulosamente manejados por economistas, secretarios de finanzas e inversionistas.[7]

No obstante, pese a todos esos factores, la prosperidad generalizada sigue evadiendo a México.[8] Podría ser tentador atribuir a otras causas el subdesarrollo mexicano, como la corrupción o la dificultad para hacer negocios en el país. Empero, según las calificaciones del Banco Mundial respecto de la facilidad para hacer negocios, México también lo está haciendo relativamente bien en este sentido. Posee el puesto 49 de 190 naciones, más alto que Italia, Chile, Luxemburgo, Bélgica, Grecia, Turquía y China. Y aunque no tiene un lugar excelente en cada parámetro, le va muy bien en un par de subclasificaciones. Por ejemplo, en "Obtener crédito", el país ocupa el puesto número 6; en "Resolver la insolvencia", su sitio es el 36, y en "Hacer valer los contratos", el 41. Así, el misterio permanece.[9]

Pero si observamos a México con el enfoque de los tipos de innovaciones que prevalecen en el país, comenzamos a ver las cosas de forma distinta. México es un imán para las *innovaciones de eficiencia*. Cuantiosas compañías, tanto nacionales como internacionales, han puesto sus sueños y esperanzas en invertir principalmente en innovaciones de eficiencia. Por sí mismas, esas innovaciones —como describimos en el capítulo 2— no suelen conducir a un desarrollo económico vigoroso. Aunque son valiosas, pues liberan flujos de efectivo para los inversionistas, hacen que las organizaciones sean más eficientes en sus operaciones y generan impuestos a la economía local por un tiempo, no crean mercados lo suficientemente grandes para jalar y pagar por otros componentes importantes y necesarios para el desarrollo a largo plazo de una sociedad. Como resultado, en su mayor parte sólo apoyan la creación de lo que definimos como *empleos globales,* que fácilmente pueden moverse a cualquier parte.

Por ejemplo, en enero de 2018 Fiat Chrysler Automobiles anunció que había decidido trasladar la producción de los camiones *pickup* Ram para trabajo rudo de México a Michigan en 2020. La compañía aseguró que crearía 2 500 empleos en una fábrica en Warren, Michigan, cerca de Detroit, e invertiría 1 000 millones de dólares en sus instalaciones. Antes de esa medida Fiat Chrysler había sido el tercer fabricante de automóviles más grande de México. La planta mexicana será "readaptada para producir futuros vehículos comerciales" que se venderán en el mercado global; sin embargo, no está claro qué "futuros vehículos" serán fabricados ahí, si es que eso llega a ocurrir. Así nada más, Fiat Chrysler retiró miles de *empleos globales* de la economía mexicana.

EL RIESGO DE DEPENDER EN EXCESO DE LA EFICIENCIA

FIGURA 6. *Corea del Sur y México,* PIB *per cápita de 1960 a 2015 (dólares)*

FUENTE: Banco Mundial.

En 1960, desde el punto de vista macro y del PIB per cápita, México era dos veces más rico que Corea del Sur. Dos décadas después, seguía siendo 58 por ciento más rico que ese país.[10] Pero en la actualidad Corea del Sur es tres veces más rico que México.[11] Aún más grave es el hecho de que hoy en día hay más mexicanos que viven en la pobreza (aproximadamente 54 millones) que sudcoreanos (unos 51 millones).[12]

El ejemplo más obvio de la proliferación de las innovaciones de eficiencia en México es la popularidad de las *maquiladoras,* las cuales son operaciones de manufactura en las que las fábricas importan componentes de otros países, por lo general libres de aranceles, para manufacturar un producto y exportarlo a otros mercados. Las maquiladoras no son algo malo, pero desempeñan un papel muy específico en la economía.[13]

Por ejemplo, uno de los resultados visiblemente positivos del programa de maquiladoras que comenzó a mediados de la década de 1960 es que registró un auge después de que los Estados Unidos, Canadá y México firmaran el Tratado de Libre Comercio de América del Norte en 1994.[14] El empleo en las maquiladoras creció, las exportaciones florecieron y aumentó la inversión extranjera directa en México. La posibilidad de industrializar a México con manufactura de alto valor agregado era seductora para inversionistas y creadores de políticas. Audi, Ford, General Motors, Nissan y Honda son sólo algunos de los fabricantes automotrices con operaciones en la región.[15] Los fabricantes de productos electrónicos, como Sharp, LG, Philips y Sony, también hicieron fuertes inversiones. Atraer marcas globales como ésas es la esperanza de la mayoría de los países, y a primera vista es un buen indicador económico. Sin embargo, esas inversiones no han traído el tipo de prosperidad que muchos esperaban e imaginaban.[16] Hemos identificado algunas razones clave para esto.

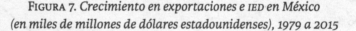

FIGURA 7. *Crecimiento en exportaciones e IED en México (en miles de millones de dólares estadounidenses), 1979 a 2015*

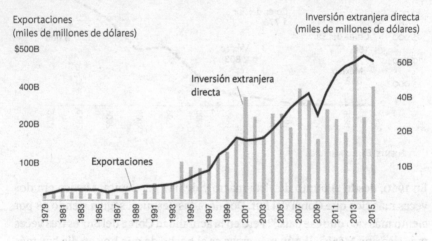

Una estrategia de eficiencia basada en la innovación —la cual permite a las compañías exprimir lo más posible los activos existentes y recién adquiridos— suele vender sus productos a la "economía de consumo", aquella capaz de adquirir los productos existentes en el mercado. Como esas innovaciones no se dirigen al no consumo, por lo general no crean mercados. Las compañías luchan con sus competidores por una participación en el mercado, pues el tamaño de éste sólo puede aumentar si crece la población de la economía de consumo. Puesto que el mercado potencial de quienes pueden adquirir productos es de lento crecimiento, los gerentes terminan enfocándose en aumentar sus márgenes de ganancia para cada producto que venden mediante la reducción de costos. La tercerización *(outsourcing)* es uno de los ejemplos más tangibles de las innovaciones de eficiencia.[17] Así, en 2008, cuando Ford tomó la decisión de establecer su planta de troquelado y ensamblaje en Cuautitlán, su objetivo principal era "recuperar rentabilidad" para el fabricante automotriz; el trabajador mexicano promedio ganaba aproximadamente una sexta parte de lo que percibía un trabajador estadounidense, lo que ayudó a Ford a reducir costos de mano de obra. En 2010 la planta mexicana producía Ford Fiesta y en su mayoría lo vendía a consumidores en los Estados Unidos.

Sin embargo, desde que Ford comenzó a fabricar el Fiesta en México, en 2010, los consumidores no se han beneficiado del ahorro en los costos. De hecho, el precio de ese modelo aumentó 19 por ciento. Las utilidades generadas por el incremento en los precios y la disminución en los costos de manufactura fueron principalmente para Ford y sus accionistas, porque la compañía no había cambiado de forma fundamental la estructura de costos de su modelo de negocios. Salvo por la integración de manufactura más barata, todo lo demás permanece igual. De hecho, con el fin de elevar las ventas, la inversión en otros componentes del modelo de negocios de la organización, como publicidad, mercadotecnia y ventas, puede aumentar. México verá poco o nada de esas inversiones; el país donde se vende el grueso de los productos es el que cosechará las recompensas; en este caso, los Estados Unidos.

FIGURA 8. *Precio de venta al menudeo sugerido por el fabricante (MSRP por sus siglas en inglés) del Ford Fiesta, de 2011 a 2017 (dólares)*

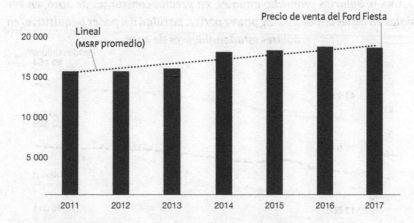

FUENTE: *U.S. News & World Report.*

Otra razón por la cual la dependencia excesiva de las innovaciones de eficiencia no ha traído a México una prosperidad sostenida y generalizada es el hecho de que las inversiones de ese tipo con frecuencia pueden moverse fácilmente a otros lugares, especialmente conforme hay salarios más bajos en otras regiones o prevalece la creciente presión política en ciertos países para frenar la tercerización. La naturaleza libre de las innovaciones de eficiencia no les permite crear mercados vigorosos capaces de atraer otros componentes de una economía próspera, como buenas escuelas, buenos caminos o un buen sistema de salud, los cuales pueden ser mantenidos por la economía local. En las raras circunstancias en que esas inversiones conducen a invertir en infraestructura de soporte, ésta suele estar vinculada con una industria en particular.

Considérese la decisión de Carrier de dejar de transferir cientos de empleos a México, o la determinación de Ford de no construir una planta en el país después de que esas compañías enfrentaron la presión del gobierno estadounidense. Esas medidas se toman con mayor facilidad cuando los ejecutivos no tienen que preocuparse por las afectaciones en los mercados locales y pueden enfocarse sólo en mejorar la cadena de suministro o la eficiencia del costo de mano de obra.

Cuando una economía depende de que los salarios de los ciudadanos permanezcan bajos no está siendo impulsada por mercados pujantes y vigorosos que puedan permitir el desarrollo de nuevos productos. Desde 1990 los salarios promedio anuales en México han aumentado sólo 13 por ciento. En ese mismo periodo los salarios en los Estados Unidos y Corea del Sur han aumentado aproximadamente 37 y 65 por ciento, respectivamente, pese a que partieron de una base mucho más alta.

FIGURA 9. *Salarios promedio anuales, en precios constantes de 2016, en* PPP *(siglas en inglés de* purchasing power parity, *paridad del poder adquisitivo) en dólares estadounidenses de 2016*

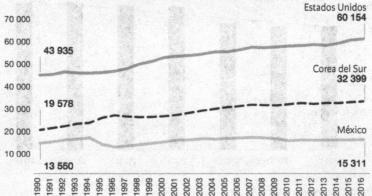

Por último, la proliferación de innovaciones de eficiencia en México no está creando prosperidad porque ese tipo de innovaciones suele apuntar a un crecimiento que tiene poco o nada que ver con los mercados de esa nación, y eso puede ser difícil de manejar. Por ejemplo, México es uno de los productores de petróleo más grandes del mundo e históricamente ha exportado decenas de miles de millones de dólares en crudo a los Estados Unidos. Sin embargo, la caída en los precios del petróleo ha reducido significativamente el valor de las exportaciones mexicanas de crudo, de aproximadamente 37 millones de dólares en 2012 a 7.6 millones en 2016.[18] Puesto que una parte significativa de la economía mexicana depende en última instancia de algo en lo que el país tiene poco control (la fluctuación de los precios del petróleo y la demanda de otras naciones), México lucha por controlar un componente crítico de su propio crecimiento económico.

Un fenómeno similar está ocurriendo en Rusia. Desde el punto de vista de las exportaciones, la economía rusa es muy diferente de la mexicana. De hecho, parecen polos opuestos. Por ejemplo, las exportaciones más grandes de México son vehículos y partes automotrices (aproximadamente 24 por ciento), así como maquinaria eléctrica (aproximadamente 21 por ciento); las de Rusia son petróleo crudo (26 por ciento), petróleo refinado (16 por ciento) y otros productos básicos. Las exportaciones mexicanas hablan de un país más industrializado y por lo tanto más avanzado económicamente, mientras que las de Rusia hacen pensar en una nación que depende sobremanera de sus recursos y no tiene mucha industria. Sin embargo, observándolos más de cerca, los fenómenos que impulsan ambas economías son idénticos: *innovaciones de eficiencia.*

Como describimos en el capítulo 2, las industrias de extracción de recursos se caracterizan por alimentar la inversión en innovaciones de eficiencia. Los gerentes del sector buscan exprimir lo más posible el costo de los recursos. Aunque esto puede ser algo bueno desde la perspectiva de la compañía, rara vez conduce a un vibrante desarrollo económico, salvo cuando la población del país es muy pequeña, como en el caso de Qatar. E incluso en esos casos tienen que crearse empleos en otros ramos de la economía, pues la industria no genera empleos suficientes para mantener a la gente significativamente empleada.

En el centro de la economía rusa, de forma muy parecida a lo que ocurre en México, hay una dependencia excesiva de las innovaciones de eficiencia. Consideremos, por ejemplo, cómo afecta a la economía rusa la variación en los precios del petróleo. De 1998 a 2008, aunque los precios del petróleo aumentaron al pasar de aproximadamente 18 a 103 dólares (dólares de 2017),[19] la economía de Rusia tuvo una tasa promedio de crecimiento de siete por ciento. Sin embargo, ese crecimiento, impulsado en gran parte por el incremento en el precio de los productos básicos, no necesariamente se traduce en un aumento del empleo o en un impacto notable en el desarrollo del país. Y puesto que el crecimiento a menudo es impredecible, puede crear ondas expansivas cuando los precios de los productos básicos caen, algo que vimos en Rusia hace algunos años. A medida que se enfriaron los precios del petróleo la economía rusa se contrajo 2.8 por ciento en 2015 y otro 0.2 por ciento en 2016.

Aparentemente, las innovaciones de eficiencia son muy promisorias para los países pobres porque suelen conllevar manufactura, industrialización y, a veces, industrias pesadas. Pero, en vez de cumplir la promesa de la prosperidad, el depender en exceso de las innovaciones de eficiencia con frecuencia promueve inversiones frágiles y a corto plazo que dejan a las sociedades en una posición precaria.

UN ENFOQUE DISTINTO

México tiene una población de aproximadamente 127 millones de habitantes y un PIB superior a 1.1 billones de dólares; América Latina es hogar de más de 600 millones de personas y tiene un PIB de más de 5.5 billones de dólares. Cuando se analiza el potencial de esas regiones mucha gente repara en los PIB, los ingresos per cápita, los niveles de educación, la infraestructura o el índice de pobreza, los cuales no dan gran esperanza. Pero nosotros vemos algo diferente. Vemos el no consumo y su enorme potencial. En esas regiones buscamos las luchas diarias que enfrentan cientos de millones de personas, y ahí es donde percibimos oportunidades.

Como muchas otras naciones que aún no son prósperas, México tiene la capacidad de convertirse en un país rico. Sin embargo, para que eso ocurra, especialmente en un territorio tan poblado como el de este país, tenemos que pensar cómo crear mercados que atiendan al vasto no consumo. Y podemos vislumbrar algunas señales esperanzadoras.

Michael Chu, director de IGNIA Fund y conferencista de la Escuela de Negocios de Harvard, ocupa una oficina a dos puertas de la mía.[20] Cuando le expuse algunas de nuestras ideas me habló de una compañía llamada Ópticas Ver de Verdad (Ópticas), enfocada en la economía del no consumo oftalmológico en México. Ópticas se fundó en 2011 con un modelo de negocios diseñado para ofrecer lentes graduados y atención oftalmológica asequibles para el mexicano promedio. Aproximadamente 43 por ciento de los mexicanos tiene una deficiencia visual para la cual necesita anteojos correctivos. Muchas de las soluciones que existen en el mercado, que en promedio cuestan 75 dólares, son demasiado caras para la mayoría de la gente. Así, gran cantidad de mexicanos simplemente se quedan sin anteojos y viven con una visión deficiente.

En vez de analizar el potencial de México con el enfoque de la pobreza, Ópticas lo examina con las lentes del no consumo y la *lucha*. ¿Cómo podría influir un nuevo par de anteojos en la vida de un electricista, un plomero o una enfermera? ¿Cómo podrían unos lentes económicos afectar la vida de una brillante niña de 12 años que no puede ver claramente lo que lee y a la que en consecuencia le va mal en la escuela?

En lugar de crear un negocio dirigido a los mexicanos más ricos, que pueden adquirir marcas caras como Ray-Ban, Ópticas se enfoca en el no consumo. La compañía ha desarrollado un modelo de negocios simple que le permite ofrecer lentes graduados por unos 17 dólares. Sus márgenes podrán ser bajos, pero sus volúmenes tienen el potencial de ser muy altos (en un momento de su historia Ford Motor Company ganaba sólo dos dólares por cada auto modelo T que vendía, pero vendió millones de ellos). Y el competidor más fuerte de Ópticas para ese mercado de no consumidores sería *nada:* personas que prefieren padecer una mala visión y no hacen nada por reunir el dinero (y el tiempo) para adquirir unos lentes graduados que no pueden pagar. Ópticas abre tiendas en lugares céntricos, ofrece a los mexicanos exámenes gratis de la vista y proporciona recetas económicas. Esto puede cambiar la vida de personas que se habían resignado a vivir con una visión deficiente. Ahora cualquiera puede entrar en una tienda, ser examinado rápidamente y comprar lentes graduados.

Desde que abrió su primera tienda, Ópticas ha realizado más de 250 000 exámenes de la vista y ha vendido más de 150 000 pares de anteojos, lo que significa que 150 000 personas que antes no compraban lentes graduados han entrado al mercado. Lentamente, la compañía está haciendo del no consumo de la vista una cosa del pasado en México. Y los mexicanos están respondiendo muy bien a la oportunidad. Al momento de escribir estas líneas, Ópticas planea operar más de 330 tiendas en todo el país para 2020.

PAN Y DESARROLLO

Los mercados emergentes rebosan de amplias oportunidades para crear nuevos mercados que pueden producir beneficios significativos si se sabe dónde buscarlos. Pero la generación de mercados suele requerir paciencia mientras los no consumidores son encontrados, comprendidos y atendidos. Sin embargo, una vez que un mercado se ha establecido es difícil destruirlo. Los mercados cambian la forma como la gente vive, y cuando alguien crea uno, las recompensas pueden ser abundantes. La familia Servitje, dueña de 37 por ciento de Grupo Bimbo, puede atestiguar esa afirmación; hoy esa empresa vale más de 4 000 millones de dólares.[21]

Dependiendo del país donde viva el lector, el nombre de Grupo Bimbo puede resultarle desconocido, pero es el fabricante de varios de los productos horneados más consentidos, como Thomas' English Muffins, Sara Lee, Entenmann's y Canada Bread, sólo por mencionar algunas marcas que esta enorme panificadora mexicana posee y administra. En la actualidad, Grupo Bimbo es la panificadora más grande del mundo. La compañía tiene ingresos brutos por más de 14 000 millones de dólares anuales, opera 165 plantas en 22 países y emplea a más de 128 000 personas a escala global.[22] Con una capitalización de mercado de más de 11 000 millones de dólares, Bimbo es dueña de 100 marcas y vende sus productos en Ecuador, Colombia y Perú, así como en los Estados Unidos, el Reino Unido y China, entre otros. Realmente es una compañía mundial. Pero en 1945, cuando los fundadores de Bimbo crearon la empresa, no consideraron exportar a sus ricos vecinos del norte los productos favoritos de los estadounidenses. Por el contrario, imaginaron formas de hacer pan y distribuirlo entre los mexicanos promedio de la Ciudad de México. En otras palabras, se enfocaron en crear un mercado para el pan fresco en México.

En nuestros días es fácil evaluar el éxito de Bimbo y no apreciar los humildes comienzos de la compañía. En 1945 México, al igual que otros países en esa época, era muy pobre, mucho más de lo que lo es hoy. La expectativa de vida era de alrededor de 45 años, y más de la mitad de la población vivía en áreas rurales y se dedicaba a la agricultura, signo característico de la pobreza. Pero en esas circunstancias los fundadores de Bimbo vieron una inmensa oportunidad de crear un mercado para el mexicano promedio, para quien el pan fresco era un lujo.

Aunque ahora comercializa más de 10 000 productos diferentes, Bimbo comenzó horneando y vendiendo pequeñas hogazas de pan blanco y de centeno. La empresa se enfocó en los mexicanos promedio que, en 1945, con trabajos tenían acceso a un pan mohoso envuelto en papel opaco. Capitalizando esta oportunidad para distinguirse, la primera innovación de producto de Bimbo fue envolver su pan en bolsas de celofán, para que los clientes pudieran ver que adquirían pan libre de hongos antes de llevarlo a casa. Como describimos antes, la innovación no sólo consiste en soluciones de alta tecnología; también se fundamenta en el cambio de los procesos por los cuales una organización transforma la mano de obra, el capital, los materiales y la información, en productos y servicios de mayor valor. Eso no necesariamente requiere tecnología de punta. En este caso, hacer pan fresco y empacarlo en bolsas transparentes fue la innovación relevante necesaria para ayudar a que Bimbo creara e hiciera crecer su propio mercado. Pero aún más importante que encontrar una forma de vender pan libre de hongos o empacar mejor fue la decisión de Bimbo de dirigirse al mexicano promedio, quien sólo quería tener la experiencia de llevar comida buena y fresca (en este caso pan) a su familia.

Si Bimbo hubiera decidido atender sólo a quienes podían adquirir pan caro, podría haber dejado de hacer algunas inversiones necesarias para crear y hacer crecer un mercado en México. Por ejemplo, con el fin de garantizar un suministro constante de harina de calidad para sus fábricas, Bimbo construyó y adquirió varios molinos. Con una capacidad de molienda de 2 000 toneladas al día, en 1997 Bimbo se había convertido en el segundo molendero de harina más grande del país. Integrar la molienda en sus operaciones no era algo opcional para Bimbo, tal como integrar la fabricación de acero y la minería a las operaciones de su compañía no fue opcional para Henry Ford. Esas cosas simplemente tenían que hacerse con el objetivo de desarrollar y atender los mercados a los que esas compañías se dirigían.

Aunque la inversión inicial fue alta, los molinos de Bimbo rápidamente pasaron de ser un centro de costos a un centro de utilidades, conforme la compañía comenzó a vender los excedentes a clientes externos. La empresa también necesitaba integrar la siembra y el cultivo del trigo. En la década de 1980 más de 60 por ciento del trigo que Bimbo usaba era importado. Para reducir su dependencia del trigo extranjero, Bimbo decidió invertir en los agricultores mexicanos; la compañía les proporcionó capital para que compraran semillas de calidad y después compraba sus cosechas.

A medida que la compañía creció, escalar el capital humano para manejar el crecimiento también se volvió un problema. Los ejecutivos de Bimbo se dieron cuenta de que necesitaban complementar la formación que sus nuevas contrataciones recibían del sistema educativo mexicano tradicional. Así que crearon un programa estructurado de administración de dos años, en el que los empleados aprendían tanto las habilidades técnicas como los intríngulis del negocio de Bimbo.

Con el fin de hacer crecer y mantener un mercado de pan exitoso que atienda al mexicano promedio, Grupo Bimbo ha creado y respaldado directamente muchos mercados e industrias, incluyendo agricultura, molienda, servicios financieros, educación, distribución y logística, empaquetado, etcétera. Indirectamente, ha permitido el florecimiento de mercados que sus miles de empleados apoyan, como vivienda, educación, atención médica, transporte y ocio. Y ésos no son mercados que se puedan desplazar de un país a otro cuando suben los salarios; son vigorosos y están profundamente arraigados en la economía local.

En gran parte, esos mercados son vigorosos porque integran muchos componentes en la cadena de valor de Grupo Bimbo, como ventas y distribución, mercadotecnia, publicidad, entre otros. Y son sustentables porque están vinculados directamente con la población local. Por si el impacto de Grupo Bimbo no fuera lo bastante impresionante, considérese esto: la compañía paga a su personal de más bajo rango más de tres veces el salario mínimo mexicano.[23] Y aun así ha podido mantener sus precios entre 15 y 25 por ciento más bajos que sus competidores. Grupo Bimbo se ha convertido en mucho más que un fabricante de pan.

Los inversionistas, los expertos en desarrollo y los creadores de políticas deberían ver a Grupo Bimbo como símbolo de lo que es posible. Pero la brecha en años y escala entre Bimbo y las esperanzadoras historias más pequeñas de éxito de compañías como Clínicas del Azúcar u Ópticas es todavía demasiado ancha. Reconocemos que, por sí mismas, esas compañías no pueden hacer prosperar a una nación tan grande como México. Empero, los principios que las guían —a saber, desarrollar productos y servicios para el mexicano promedio y atraer los recursos necesarios— sí pueden hacerlo.

Apostar el futuro a la posibilidad de realizar continuas exportaciones y comercio con los Estados Unidos y otras superpotencias —comercio basado principalmente en innovaciones de eficiencia— no es una estrategia a largo plazo para una prosperidad estable. En 2018 la revista *Bloomberg Businesweek* estimaba que un enorme golpe potencial para México sería que desapareciera esa papa caliente que es el TLCAN. "La mayor pérdida de empleos se produciría si las compañías estadounidenses cerraran sus fábricas mexicanas y las trasladaran a otro país, como hizo Ford el año pasado, cuando canceló sus planes de construir una planta automotriz en San Luis Potosí, ciudad mexicana, y la estableció en China. La inversión, de 1 600 millones de dólares, habría empleado directamente a casi 3 000 personas y hubiera proporcionado empleos indirectos a unas 10 000 más."[24] Oxford Economics, centro de estudios de análisis global predictivo y cuantitativo, estimó que si colapsara el TLCAN el PIB de México perdería cuatro puntos porcentuales en 2022 y caería en una recesión técnica a mediados de 2019, algo de lo que tomaría *décadas* recuperarse.

Durante años, estudiosos internacionales y analistas mediáticos han señalado a México como la próxima superpotencia en ciernes, pero este país siempre se ha quedado atorado ahí. En ciernes. Creemos que México realmente tiene el potencial de convertirse en una de las grandes historias de éxito mundiales en crear prosperidad, y los esfuerzos de Clínicas del Azúcar y Ópticas nos dan una esperanza de que el país podrá romper el ciclo de *casi*, pero nunca completamente, llegar ahí. No obstante, eso no sucederá hasta que México reconozca que distintos tipos de innovaciones influyen en las economías de manera diferente. La nación no tendrá éxito dependiendo sólo de las innovaciones de eficiencia.

Sección 3

Superar las barreras

Capítulo 8

Las buenas leyes no bastan

> Los Estados liberalizadores tendrán que crear activamente
> las estructuras institucionales dentro de las cuales operan las
> economías de mercado, y redefinir los derechos, privilegios y
> responsabilidades que subyacen en la actividad económica.
>
> WILLIAM ROY,
> *Socializing Capital:*
> *The Rise of the Large Industrial Corporation in America*

LA IDEA EN BREVE

La falta de "Estado de derecho" e "instituciones"[1] es una plaga que afecta a los países pobres. Éstos no podrán progresar si no corrigen sus instituciones, lo cual, según sugiere la creencia generalizada, por lo común significa adoptar sistemas estilo occidental. "Si tan sólo tuviéramos la institución X o Y, la gente finalmente podría construir y conservar sus negocios." Con ese objetivo, cada año muchas organizaciones invierten miles de millones de dólares para ayudar a los países pobres a mejorar sus instituciones. Como resultado, las instituciones son empujadas a esos países con la mejor de las intenciones. ¿Pero podría haber una razón por la cual muchas instituciones "empujadas" hacia las economías emergentes terminan siendo tan ineficaces o, peor aún, corruptas? No podemos resolver los problemas con la ley, los sistemas y las instituciones simplemente añadiendo otra ley, sistema o institución. Las instituciones efectivas no sólo son asunto de reglas y regulaciones; en última instancia, tienen que ver con la cultura, la forma como la gente de una región soluciona problemas y progresa. En su núcleo, las instituciones reflejan lo que la gente valora. Y resulta que eso debe cultivarse en casa. La innovación puede desempeñar un papel crucial en ese proceso.

En la primavera de 1990 dos docenas de estudiosos, abogados y jueces constitucionales, líderes del mundo occidental, se reunieron en Praga para lo que parecía ser una oportunidad única: brindar orientación para redactar el borrador de la nueva constitución de un país. En los meses posteriores a la caída de la antigua Unión Soviética, Checoslovaquia (al igual que prácticamente todos los otros integrantes del antiguo bloque soviético) comenzó el proceso de redefinir sus valores, en un mundo post-Unión Soviética, mediante la creación de una nueva constitución. Los estudiosos occidentales que fueron invitados para guiar y aconsejar en ese proceso se apresuraron a asistir. Como lo mencionó el *New York Times*, es difícil resistirse a una convención constitucional. "Reprogramé tres clases para venir", le dijo al *Times* el profesor de la Escuela de Leyes de Harvard, Laurence Tribe. "Jamás había postergado una clase, ni siquiera por un caso en la Suprema Corte."

Entre las personalidades del ámbito legal se hallaban Lloyd Cutler, antiguo consejero del presidente Jimmy Carter; el senador republicano retirado Charles Mathias Jr.; Charles Fried, procurador general durante la presidencia de Reagan; el ex primer ministro canadiense Pierre Trudeau, y Martin Garbus, a la sazón uno de los principales abogados de derechos humanos en los Estados Unidos. Los delegados invitados, provenientes de ocho países distintos, pasaron una semana debatiendo sobre los méritos de distintos enfoques para redactar una constitución que repartiría el poder entre las regiones checa y eslovaca del país. Era una empresa excitante, que durante días generó grandes y pequeñas discusiones en la reunión, en el autobús entre las distintas locaciones y en los pasillos. Como comentó el profesor de derecho Dick Howard, de la Universidad de Virginia: "Para alguien que no pudo estar ahí en 1787 [cuando se escribió la constitución de los Estados Unidos], esto es lo más cercano".

Dos años después, con el beneficio del consejo del *dream team* constitucional y tras meses y meses de trabajo de los principales políticos y estudiosos checoslovacos, finalmente se redactó la constitución, que fue adoptada como parte de la división pacífica del país en dos nuevas naciones: la República Checa y Eslovaquia.

Se verificaron rituales similares en todos los países del antiguo bloque comunista, incluyendo Rumania, Hungría, la antigua Yugoslavia y Bulgaria, por mencionar algunos. Los estudiosos constitucionales occidentales aprovecharon la oportunidad de asesorar a esas democracias recién formadas sobre cómo definir sus valores institucionales desde el principio. Las buenas instituciones económicas y políticas protegen los derechos de propiedad, el pluralismo democrático, los mercados abiertos, los consumidores, etcétera. Por el contrario, las malas instituciones políticas y económicas velan por las oligarquías, los sistemas unipartidistas, el capitalismo amiguista, el nepotismo, los sistemas judiciales disfuncionales, etcétera. En general, los países pobres están abrumados por malas instituciones, mientras los países prósperos están repletos de buenas o, cuando menos, mucho mejores instituciones. La opinión generalizada sugiere que los países que quieren atacar la pobreza —presumiblemente todos los países del mundo— primero deben establecer un Estado de derecho, reparar sus instituciones y adoptar sistemas al estilo occidental antes de poder avanzar hacia la prosperidad.

Sin embargo, con frecuencia no es así como la marcha hacia las instituciones saludables funciona en la realidad. A primera vista parece lógico que establecer las instituciones correctas —lo que Douglass North, ganador del Premio Nobel, describe como "las reglas del juego en una sociedad o, de una manera más formal, las limitaciones humanamente diseñadas que dan forma a la interacción humana"—[2] sea algo importante para alcanzar la prosperidad económica. Visto así, las instituciones lógicamente podrían ser *empujadas* hacia una sociedad, quizá por un gobierno o una organización no gubernamental muy influyente, para ayudar a pavimentar el camino con la finalidad de hacer las cosas bien.

Aunque la antigua Checoslovaquia ha dado pasos enormes desde aquella convención constitucional, la nueva legislación no creó un país ideal por arte de magia. Por ejemplo, la corrupción sigue prevaleciendo en varios niveles en toda la República Checa.[3] Más de dos tercios de los negocios consideran que la corrupción permea la contratación pública nacional y local, de acuerdo con un informe de 2014 de la Comisión Europea. Eso no significa que la República Checa sea un país enteramente malo o en bancarrota moral. Es un país *en evolución,* con instituciones que están evolucionando.

Uno de los rasgos distintivos de las economías con un vasto no consumo es la falta de competencias infraestructurales e institucionales. Tarun Khanna y Krishna Palepu, profesores de la Escuela de Negocios de Harvard, llaman a esto "vacíos institucionales". Por ello, en el mundo del desarrollo económico se hace hincapié en crear buenas instituciones en los países pobres, como condición necesaria para un crecimiento económico saludable. De 2006 a 2011 más de 50 000 millones de dólares destinados a proyectos patrocinados por el Banco Mundial tenían algún enfoque en reformas institucionales.[4] Ejemplos de instituciones que han sido "empujadas" van desde abogados occidentales que reescriben las leyes de Europa oriental como condición para desembolsar ayuda extranjera, hasta los británicos que impulsan los derechos de propiedad privada en algunas regiones de Kenia con la esperanza de aumentar la transparencia y la certidumbre. No obstante, al no entender las complejas estructuras sociales locales con las que esas sociedades han evolucionado en el tiempo, muchas de las instituciones "empujadas" no cumplen su promesa de llevar eficiencia y transparencia. En vez de eso, inadvertidamente crean confusión y corrupción.

El problema es que las instituciones de una sociedad *reflejan* sus valores, no los crean. Así que construir instituciones sólidas que moldearán y sostendrán los valores de un país durante generaciones no es tan simple como "exporta lo que funciona en cualquier otra parte, añade agua y remueve".[5]

Esto se debe al hecho de que existe una disparidad básica entre los esfuerzos destinados a "importar" fundamentos institucionales —como tribunales, formas de gobierno, sistemas financieros como mercados accionarios y prácticas bancarias, así como sistemas para la aplicación de la ley— a un país pobre y la manera como en realidad se forman las instituciones y los valores en ese país, dice Lant Pritchett, investigador superior de la Escuela Kennedy de Gobierno de Harvard y por mucho tiempo economista del Banco Mundial. Los expertos externos "tienden a enfocarse en las reglas porque ésa es su ventaja comparativa", explica Pritchett. "Tendemos a traer expertos para crear reglas que funcionan en cualquier otra parte, pero que no tienen sentido en un contexto diferente." Podría haber, digamos, dos centenares de páginas de legislación sobre el cuidado de la salud en Dinamarca, por ejemplo. Pero eso no explica qué es lo que motiva a un médico danés o por qué fundar un sistema nacional de salud es prioridad en ese país. Eso, dice Pritchett, "es historia normativa".

Pritchett tiene razón. Las instituciones no pueden ser "empujadas" en función de buenas intenciones, aun con todos los expertos del mundo. Las instituciones no son absolutos; cambian y evolucionan según el contexto. Las instituciones de una sociedad suelen ser el reflejo de la cultura y los valores de los miembros de esa sociedad; valores que dictan cómo se resuelven los problemas y cómo las personas eligen trabajar y vivir juntas. Y aun cuando la intención sea ayudar a impulsar el crecimiento de una economía, las instituciones efectivas no pueden simplemente ser empujadas hacia ella. Deben ser jaladas desde dentro.

Hay evidencia creciente de que empujar instituciones no está teniendo los efectos deseados en la creación y el mantenimiento de sistemas que funcionen en muchos países pobres. Según ciertos cálculos, 70 por ciento de las reformas ha tenido "resultados débiles".[6] En efecto, si la dinámica fundamental de una sociedad —es decir, lo que la gente valora y la forma como decide progresar— no cambia, las instituciones impuestas estarán condenadas al fracaso.

CÓMO NO ARREGLAR LOS PROBLEMAS

En un reciente artículo del Banco Mundial intitulado "How (Not) to Fix Problems that Matter" [Cómo (no) arreglar los problemas que importan], los especialistas en desarrollo Kate Bridges y Michael Woolcock analizan este fenómeno con detalle. Usando Malawi como caso de estudio ambos delinean varios aprendizajes derivados de ese país en las últimas décadas. Ha habido un fuerte énfasis en la reforma institucional en Malawi: el número de proyectos de alguna manera enfocados en una reforma institucional (171) supera con mucho al de los orientados hacia otras cuatro áreas de desarrollo —industria y comercio; agricultura, pesca y silvicultura; servicios sociales y de salud, y educación— en su conjunto (151). Por sí mismo, esto tal vez no sería problema. Sin embargo, el artículo continúa demostrando que no es sólo que muchos programas enfocados principalmente en reformas institucionales tarde o temprano hayan fracasado, sino que seguimos haciendo lo mismo una y otra vez. Y fracasando una y otra vez.[7]

Bridges y Woolcock sostienen que parte del problema es que con frecuencia no estudiamos ni entendemos toda la complejidad de la situación, y en consecuencia fracasamos al "desinstitucionalizar el *statu quo*". En Malawi, por ejemplo, el recién creado buró anticorrupción era en su mayor parte "una transferencia a gran escala de leyes y estructuras de otros países que tenían contextos muy diferentes (específicamente Hong Kong, China y Botsuana)".[8] Al enfocarnos en adoptar las mejores prácticas que parecen funcionar en otras partes del mundo a menudo no comprendemos la complejidad contextual específica de una región en particular. En consecuencia, medimos el éxito en función de cuánto se parece un sistema a otro sistema que funciona, en vez de averiguar si resuelve un problema concreto.

Por desgracia, es poco probable que esa forma de resolver problemas dé resultados positivos a largo plazo ni en la reforma institucional ni en la cuestión, más importante, del desarrollo económico.[9] Para eso debemos llegar a la raíz de los valores y la cultura de una sociedad. Y, para hacerlo, necesitamos entender cómo se forma la cultura.

RESOLVER LOS PROBLEMAS, JUNTOS

A semejanza de *innovación* o *instituciones*, *cultura* es una palabra que escuchamos a diario, y muchos de nosotros la asociamos con distintas cosas. En el caso de una compañía, es común definirla como los elementos visibles en un ambiente de trabajo: los viernes casuales, los refrescos gratis en la cafetería o la posibilidad de llevar mascotas a la oficina. No obstante, como explica Edgar Schein, del MIT, uno de los principales expertos del mundo en cultura organizacional, esas cosas no definen una cultura. Sólo son resultados de ésta.

Schein tiene una de las definiciones de cultura más útiles que hayamos visto: "Cultura es una forma de trabajar juntos en pos de metas comunes que ha sido utilizada con tanta frecuencia y tanto éxito que la gente ni siquiera piensa en intentar hacer las cosas de otra manera. Si la cultura se ha formado, la gente automáticamente hace lo que debe hacer para tener éxito".[10]

Esos instintos autónomos no se forman de un día para otro ni con la instrumentación de una nueva ley o sistema. Por el contrario, son resultado del aprendizaje compartido de personas que trabajan juntas para resolver los problemas y descubrir qué es lo que funciona.

Esto mismo es válido para la formación de la cultura en una sociedad. Cada vez que surge un problema o una tarea los responsables llegan juntos a una decisión sobre qué hacer y cómo hacerlo para tener éxito. Si la decisión y la acción que conlleva producen un resultado favorable —una decisión "lo bastante buena" para dirimir una disputa, por ejemplo—, la próxima vez que los miembros de esa sociedad se enfrenten a un desafío similar lo sortearán de esa forma. Si, por el contrario, la decisión fue un fracaso y la dificultad no se resolvió, la gente que trata de solucionar el problema dudará en volver a adoptar ese enfoque. Cada vez que se aborda un problema, no sólo se resuelve éste; también se aprende lo que es importante. Se crea o se desmantela la cultura.

Una *institución* realmente es el reflejo de la *cultura* o de un patrón de comportamiento que ha sido codificado. Cuando uno observa la cultura de un país y trata de empujar hacia éste una institución que no se alinea con esa cultura, dicha institución será muy difícil de sustentar.

Es necesario hacer hincapié en la importancia de la cultura y las normas que regulan y tal vez incluso predicen la fortaleza de las instituciones. Katrin Kuhlmann, quien fundó el centro de leyes y desarrollo del New Markets Lab y da clases en las escuelas de derecho de Harvard y Georgetown, experimentó esto en Kenia, cuando trabajaba en un proyecto para ayudar a los inversionistas y emprendedores a navegar por la complejidad de las leyes y regulaciones que ahí existen. Muy pronto Kuhlmann observó que los abordajes que podrían funcionar en un país podían enviar señales equivocadas a otras partes. En Nairobi, por ejemplo, varios emprendedores señalaron que "sobrecontratar" podría significar cierta desconfianza entre socios comerciales. "Este proyecto destacó que el sistema legal que rodea al mercado es mucho más intrincado que una simple transacción", dice Kuhlmann. "Siempre es el caso con nuestro trabajo; tenemos que entender cómo las leyes —en la teoría y en la práctica— afectan distintos aspectos del comportamiento humano." En efecto, lo que podría parecer simple y obvio —esto es, crear un marco legal y hacer cumplir los contratos— tiene varios matices. La experiencia de Kuhlmann no es inusual.

DEMOCRATIZAR EL RIESGO

Pese al fracaso de la mayoría de los proyectos de reforma institucional es comprensible por qué cambiar las instituciones de un país pobre parece tan urgente. En muchas naciones de escasos recursos el gobierno a menudo es el único jugador y tiene influencia significativa en la economía. Además, pensemos en las instituciones que funcionan bien en los Estados Unidos, el Reino Unido, Japón y en muchas otras naciones prósperas del mundo. La prosperidad y las buenas instituciones parecen ir de la mano. Considérense, por ejemplo, los sistemas legales de los Estados Unidos o del Reino Unido, donde los ciudadanos generalmente confían en que se harán cumplir los contratos y el Estado de derecho. Esto, a su vez, crea confianza no sólo entre los ciudadanos, sino también entre los ciudadanos y el Estado. En contraste, Angola, Ecuador y Bangladesh parecerían tener, en sentido amplio, instituciones que evitan que sus economías florezcan por no haber podido engendrar esa confianza. ¿Qué tan probable es, por ejemplo, que uno confíe en el sistema legal de Angola? ¿Quién elegiría invertir millones de dólares en un país donde no es posible fiarse del gobierno o de otros actores del sector privado como si operara en Japón, Singapur o Alemania?[11] Es muy importante reparar las instituciones.

No obstante, convencer a las economías de tener mejores instituciones y asegurarse de que realmente las tengan son dos cosas diferentes. Hemos descubierto que las instituciones más exitosas surgen de la cultura, y no al revés. La historia está llena de ejemplos en este sentido.

Hoy por hoy consideramos que las instituciones europeas se encuentran entre las más sofisticadas y valoradas del mundo; tan sólo veamos las complejas negociaciones que mientras escribo este libro tienen lugar para liberar al Reino Unido de las obligaciones vinculantes de la Unión Europea. Pese a lo difíciles que esas negociaciones puedan llegar a ser, lo que no está en duda es que ambas partes valoran el proceso y honrarán el acuerdo final. Europa, sin embargo, no llegó a ese punto de un día para otro; ha tomado cientos y cientos de años de prueba y error, y de éxito y fracaso, construir esa cultura.

El desarrollo de instituciones nacionales ayudó a Venecia a convertirse en una de las capitales mundiales del comercio hacia el año 800 de nuestra era. De acuerdo con los economistas Diego Puga y Daniel Trefler: "El comercio a larga distancia enriqueció a un nutrido grupo de comerciantes que usaron su recién encontrada fuerza para presionar a favor de establecer limitaciones al Ejecutivo, es decir, para terminar con un dogo hereditario (la cabeza del Estado veneciano) en 1032, y para crear un parlamento o Gran Consejo en 1172".[12]

Este periodo en Venecia, de los años 1000 a alrededor de 1297, vio el surgimiento de muchas instituciones modernas, una de las cuales fue la Colleganza.

Esencialmente ésta era una sociedad anónima creada para financiar expediciones de larga distancia. Considerando los riesgos significativos que conllevaban los viajes a tierras lejanas en esa época, la Colleganza fue una manera innovadora y sin precedentes de distribuir y democratizar el riesgo entre un gran número de gente. Sin embargo, aún más importante fue la democratización de las recompensas, lo que dio riqueza a muchos venecianos para quienes invertir en esas expediciones comerciales había sido históricamente imposible. "La Colleganza fue muy innovadora porque limitó la responsabilidad de cada sociedad y las acciones conjuntas de los asociados", escribe el periodista Max Nisen acerca de la institución. "Fue increíblemente importante para la historia de la ciudad [Venecia] porque posibilitó a los comerciantes más pobres el acceso al comercio internacional al asumir el riesgo como asociados de viaje."[13] De pronto, los comerciantes más pobres pudieron participar invirtiendo en el rentable comercio de larga distancia, actividad que tradicionalmente había estado reservada a los ricos.

Como mencionamos antes, las innovaciones creadoras de mercado ponen productos y servicios históricamente caros, complejos e inasequibles al alcance de una nueva clase de consumidores que antes no podían costearlos, con lo que se genera un nuevo mercado para las soluciones democratizadas. Como en la mayoría de las sociedades —y ciertamente en la Venecia de la época de la Colleganza— los pobres tienden a superar en número a los ricos, cuando una nueva solución logra atraer a los pobres al consumo de un producto o servicio en particular esa solución puede tener gran impacto en la sociedad. La Colleganza proveyó un mecanismo que incorporó a muchos de los comerciantes más pobres, quienes no tenían ni capital ni aval, a la clase inversionista. Como resultado, esa innovación aumentó la movilidad económica, el comercio internacional, la riqueza y, en última instancia, el poder político.

Tomemos como ejemplo el impacto que tuvo la Colleganza en la industria de la construcción de barcos. Mucha gente trabajó surtiendo partes para construir los barcos, diseñándolos, vendiéndolos o rentándolos, dotándolos de tripulaciones para las expediciones comerciales, entre muchos otros componentes que contribuyeron productivamente a la economía. Y ésa fue sólo una de las industrias afectadas. A medida que aumentó la demanda de bienes comerciables, granjeros y comerciantes se vieron forzados a innovar para satisfacerla. El impacto de la creación de nuevos empleos, especialmente para los habitantes de las ciudades empobrecidas, es inmenso. De la noche a la mañana, una persona desempleada se transforma en un contribuyente productivo de la sociedad. No sólo pagará los impuestos que le corresponden, sino que comenzará a redefinir lo que significa tener éxito en la sociedad. Como apunta Schein, los sistemas de recompensas y castigos en organizaciones y sociedades importan cuando buscamos mejorar las economías. Si no hay empleos para recompensar a las personas, éstas encontrarán otra forma de obtener esas recompensas, muchas de las cuales no serán productivas para la sociedad.

A medida que hubo más y más riqueza para muchos más venecianos, y la ciudad se volvió una de las más ricas de Europa, su estructura política también comenzó a cambiar. Históricamente, los dogos pertenecían a una de las tres familias de élite que tenían poder absoluto sobre la ciudad.[14] Cuando la riqueza empezó a democratizarse, el equilibrio del poder comenzó a cambiar y un número creciente de comerciantes acaudalados estuvo en posibilidad de desafiar al dogo. Y lo hicieron. Algunas reformas institucionales impulsadas por esta nueva y creciente clase de comerciantes consistieron en prohibir a los dogos que designaran a sus sucesores; promover y hacer cumplir un sistema de elecciones; asegurar que el dogo consultara a los jueces y se sometiera a las decisiones judiciales, y establecer un parlamento conocido como el Gran Consejo.[15] Esas instituciones dieron origen a otras, las cuales vinieron a reforzar el papel de los negocios, la innovación y la inversión en el desarrollo social.[16]

Hacia principios del siglo xiv las innovaciones financieras en Venecia incluían las precursoras de las sociedades por acciones de responsabilidad limitada; mercados para la deuda, el capital e instrumentos de hipoteca; leyes de bancarrota que distinguían entre la falta de liquidez y la insolvencia; métodos contables de doble entrada; educación comercial (incluyendo el uso del álgebra para la conversión de divisas); banca de depósitos, y un medio confiable de tipo de cambio (el ducado veneciano).[17] Aunque esas innovaciones se relacionan con las "demandas del comercio de larga distancia" creemos que reflejan con mayor precisión la "democratización" de ese tipo de comercio.

Ése es el tipo de impacto que las innovaciones creadoras de mercado pueden tener en la sociedad.

LA CARRETA FRENTE AL CABALLO

En contraste, consideremos el fracaso de numerosos programas bienintencionados de reforma institucional en el mundo moderno. En su libro sobre las reformas institucionales y el desarrollo, Matt Andrews, de la Universidad de Harvard, menciona varios casos notables. Por ejemplo, en 2003, un gran número de expertos internacionales esperaba que la reforma institucional transformaría a Afganistán en una nueva Corea del Sur en sólo siete años. La teoría condujo a verter varios miles y miles de millones de dólares en el país para cambiar las instituciones prevalecientes en el gobierno, lo que mucha gente esperaba que conduciría a un cambio en la nación. El tiempo ha pasado, y aunque se han gastado miles de millones de dólares y se han impulsado nuevas leyes, regulaciones e "instituciones", se sigue considerando a Afganistán entre los países más corruptos del mundo. Pero tal vez éste sea un caso demasiado extremo; Afganistán no sólo es muy pobre, sino que se encuentra en una guerra activa y tiene a los talibanes. Andrews cita otro ejemplo: Georgia. El autor explica que el gobierno de ese país se esforzó por optimizar los impuestos y recortar regulaciones para "impulsar la industria privada y crear empleos". La esperanza era que este pequeño Estado se convirtiera en un "Singapur caucásico". Las reformas parecieron funcionar y Georgia saltó a la lista del Banco Mundial de los países donde hay facilidad para hacer negocios. Por desgracia, esto no estimuló la innovación nacional de la forma como muchos esperaban. Andrews concluye: "Las regulaciones gubernamentales pueden haber dejado de ser una carga para los emprendedores, pero las reformas no han conducido a un gobierno que impulse efectivamente la producción generadora de empleo".[18]

Otro ejemplo es la India, donde se puso en marcha el proyecto Karnataka, emprendido por el ministerio indio de Desarrollo Rural y diseñado para inscribir y computarizar los registros de las tierras en unos 600 distritos del país. En forma muy parecida a los proyectos de reforma institucional de Georgia, hubo algunos éxitos (se redujo el tiempo que tomaba registrar la propiedad de 30 días a 30 minutos), pero hay pocas señales de avance en la reducción del conflicto subyacente sobre la propiedad de la tierra en la región. Además, la computarización de los registros, lo que se suponía que conduciría a una transferencia más fácil de la tierra entre las partes para incentivar la actividad económica, no se materializó bien.[19]

La mayor diferencia entre estos —y muchos otros— proyectos bienintencionados de reforma institucional y el ejemplo de Venecia es una percepción vital en este libro. Si una idea no está vinculada con innovaciones que creen o se conecten con mercados que sirvan a tanta gente en la región como sea posible, sin importar cuán bienintencionada sea, será difícil sustentarla. Cuando ponemos la carreta frente al caballo, ni la carreta ni el caballo se mueven.

¿QUÉ SERÍA MÁS EFECTIVO ENTONCES?

Al estudiar las instituciones y la innovación hemos aprendido tres importantes lecciones. La primera es que *las innovaciones, especialmente las que crean*

mercados, suelen preceder al desarrollo y el mantenimiento de buenas institu-
ciones; la segunda es que *las instituciones deben construirse teniendo en men-*
te el contexto local porque si no resuelven los problemas locales casi siempre
son consideradas inútiles por aquellos para quienes fueron diseñadas, y la tercera es que *la innovación actúa como una suerte de pegamento que mantiene*
unidas a las instituciones.

LOS MERCADOS VIGOROSOS SUELEN PRECEDER A LAS BUENAS INSTITUCIONES

Uno de los contraargumentos más comunes cuando exponemos nuestras ideas
frente a personas que trabajan en regiones que poseen instituciones menos
desarrolladas es que la innovación no sólo es difícil, sino imposible. Así, nos
encontramos ante el clásico dilema de la gallina y el huevo: ¿en qué debemos
enfocarnos primero para promover las innovaciones y crear prosperidad económica? Muchos aseguran tajantemente que las instituciones deben venir
primero.[20] Su estribillo más común es: "¿Cómo se puede innovar en un entorno que carece de buenas instituciones políticas y económicas?" Ciertamente
entendemos ese punto de vista.

Pero ese argumento tiene varios problemas; el principal es que las buenas
instituciones no sólo son muy costosas de crear y mantener, sino que a menudo no funcionan cuando se establecen en una sociedad que carece de los mercados relevantes para absorber lo que tienen para ofrecer. ¿De qué modo un
país pobre como Mali, con alrededor de 15 millones de habitantes y un PIB per
cápita de aproximadamente 900 dólares, podría pagar un sistema legal conformado según el modelo de Francia, un país con 66 millones de habitantes y un
PIB per cápita de alrededor de 44 000 dólares? Además, el sistema francés ha
tenido cientos de años para evolucionar, así que tiene sentido en el contexto
de la creciente prosperidad francesa. ¿Cómo puede Mali simplemente adoptar
un sistema que es caro y no resuelve muchos de los problemas que sus habitantes enfrentan en la actualidad? La teoría de la cultura de Schein predeciría
que eso será increíblemente difícil.

Esa teoría también prevé que hay una forma mejor. Puede parecer ilógico
e incluso incómodo, pero pensamos que si comenzamos a ayudar a la gente a
progresar en sus economías locales el cambio en su cultura y sus instituciones
vendrá después. La historia lo ha comprobado una y otra vez.[21]

LA INNOVACIÓN COMO PEGAMENTO

Así como una cosa es tener un hijo y otra muy distinta criar un miembro exitoso y productivo de la sociedad, una cosa es crear instituciones y otra muy distinta sustentarlas.

Como hemos comentado, la prosperidad es un proceso, no un hecho. Las instituciones son las mismas; no están marcadas por edificios o lugares, sino, principalmente, por procesos. Y no tenemos garantías de que esos nuevos procesos pasarán la prueba del tiempo. La lección de Venecia ayuda a ver el papel central de la innovación tanto en la creación de instituciones como en su mantenimiento.

Con la misma rapidez con que se construyeron muchas instituciones en las que descansó la prosperidad de Venecia, así fueron destruidas por un grupo de comerciantes muy ricos e influyentes que buscaban superar a la competencia. Varios negociantes acaudalados que deseaban crear una ciudad más orientada a los rendimientos comenzaron a ejercer su influencia para cambiar las leyes existentes. Por ejemplo, buscaron hacer "que la participación parlamentaria fuera hereditaria y erigir barreras a la participación en los aspectos más lucrativos del comercio de larga distancia".[22] Con el tiempo, cada vez menos comerciantes pudieron tomar parte en ese comercio. Esto aniquiló el mercado en Venecia y a la postre provocó que la ciudad fuera menos próspera. Mientras el resto de Europa creció en los siglos XVII y XVIII, Venecia continuó declinando en riqueza y población.

Si bien las instituciones venecianas se desarrollaron, no prevalecieron debido a que algunos comerciantes ricos revirtieron las leyes. ¿Y por qué los comerciantes revirtieron las leyes si eran buenas para la ciudad? Las leyes pudieron haber sido buenas para Venecia, pero no para los comerciantes, que estaban enfocados en su propio interés. Así que para mantener sus utilidades y su posición en la sociedad modificaron las leyes en su beneficio. Las instituciones reflejan la cultura, pero no la generan. Así que cuando se permitió que la cultura en Venecia cambiara —lo que posibilitó a los comerciantes resolver sus problemas—, también cambiaron las instituciones. Y, a la larga, Venecia pagó el precio al retrasarse en términos de desarrollo económico respecto de sus pares.

Por cierto, este comportamiento no es anómalo; es la norma en muchas sociedades. La historia muestra que quienes pueden usar la ley en su propio beneficio para obtener ventaja, casi siempre lo hacen. Pero cuando la ley es manipulada para servir a una parte en detrimento de los demás, el campo de juego deja de estar nivelado. Sólo pensemos en los Estados Unidos, cuyo gasto total en cabildeo superó 3 400 millones de dólares en 2017.[23] Pero esas acciones casi siempre tienen consecuencias a largo plazo.

¿Qué habría sucedido si los comerciantes ricos de Venecia hubieran tenido nuevas y excitantes oportunidades (nuevas innovaciones) para aumentar su riqueza y elevar su posición en la sociedad? Creemos que quizá no se habrían apresurado a cambiar las leyes en su beneficio. Por tanto, la innovación puede actuar como un gran ecualizador. Mientras más democraticen los innovadores las soluciones para las masas, creando así oportunidad y potencial para el crecimiento y la generación de riqueza, más instituciones podrán permanecer fuertes.[24]

DEL MERCADO GRIS A LA ECONOMÍA FORMAL

¿Por qué cientos de millones de personas en los países de bajos ingresos y en los mercados emergentes se mantienen en las "economías informales" —las economías del mercado gris o del mercado negro— aun cuando saben que eso es ilegal? Es porque, en su contexto particular, tiene poco sentido insertarse en la economía formal. Sus experiencias comunes han dictado las formas en que resuelven los problemas derivados de operar sus negocios. Algunas de las experiencias comunes tienen que ver con el costo, la dificultad o la falta de beneficios que se les presentaron cuando ellos —o las personas que conocen— trataron de registrar sus negocios en el pasado, y no cuando esa experiencia se volvió más fácil para las compañías. Cuando eso ocurre, el cambio puede ser profundo.

Cuando Matías Recchia regresó a su natal Argentina en 2013, después de años de estudiar y trabajar en el extranjero, estaba ansioso por instalarse en un nuevo departamento y hacer de él su hogar. Alumno de la Escuela de Negocios de Harvard y de McKinsey & Company, Recchia había pasado años enfrentando las complicaciones inherentes a la creación de la compañía de juegos en línea más grande de América Latina. Pero lo que en contraste debía haber sido un proceso simple —planear su mudanza al departamento— resultó ser una de las experiencias más desafiantes de su vida adulta. "La situación fue terrible para mí", recuerda. "Encontrar una compañía de mudanzas en Argentina es algo extremadamente difícil en sí mismo. Si le añadimos la experiencia de tener que encontrar un plomero, y un electricista, y un pintor... Fue simplemente horrible." No sólo no había transparencia en los precios —Recchia no tenía idea de que le cobrarían por adelantado—, sino que los proveedores de servicios no respetaban ningún acuerdo que hubieran hecho al principio y jamás llegaban a tiempo.

Recchia vivió horas de frustración tratando de rastrear a la gente, protestando por la factura injustificada que le habían presentado y lamentándose con sus amigos de lo unilateral que parecía el sistema. Casi cada trabajador que Recchia contrató operaba en el sector "informal" de la economía de Argentina; establecían sus negocios de una o dos personas principalmente por recomendación de boca en boca, le ponían precio a cada trabajo según lo que parecía ser un cálculo aleatorio, y no se agobiaban con formalidades como reportar sus ingresos, pagar impuestos, obedecer regulaciones de salud y seguridad, o permitir que los responsabilizaran por un trabajo deficiente. Aun cuando existían leyes en los libros que explicaban los requisitos para comenzar y operar un negocio, esos contratistas no veían la necesidad de obedecerlas. Éste no era solamente un problema argentino. En otros países de Latinoamérica, 70 por ciento de la mano de obra operaba en la economía informal. En el sur de Asia y en el África Subsahariana el porcentaje era de alrededor de 90 por ciento.[25]

Pero en esa lucha por resolver lo que debían haber sido simples reparaciones caseras, Recchia reconoció un trabajo por hacer, no sólo para sí mismo, sino también para muchas otras personas. Todo ese agobio provocaba que la mitad de los 120 millones de hogares en América Latina que necesitaban servicios de mejoramiento del hogar no los buscara.[26]

Resultó que los disgustados propietarios de casas no eran los únicos que buscaban progresar en su lucha. Cuando Recchia comenzó a compartir la idea de crear un mercado formal para compradores y vendedores de servicios de contratistas con los proveedores de servicios, se dio cuenta de que la molestia era profunda en ambos lados. "Había muy buenas razones para que esa gente no quisiera participar en la economía 'formal'", dice Recchia ahora. "Su vida era muy difícil. Era muy complicado conseguir nuevos clientes. Vivían al día y muy precariamente. Como no formaban parte de la economía formal, nunca podían tener acceso a un financiamiento para establecer o hacer crecer un negocio verdadero. Simplemente se les relegaba a hacer lo mejor que pudieran, cuando pudieran, y esperar lo mejor." ¿Cuál era la recompensa para los contratistas —reconocía Recchia— si obedecían las reglas de la economía formal y defendían su trabajo? "No había ningún beneficio por ser un chico honesto que llega a tiempo, hace su mejor trabajo y cobra un precio justo." En vez de eso, lo que era recompensado era enfocarse en hacer tanto como fuera posible en lo que funcionara mejor para el contratista individual. Si, un día cualquiera, uno de ellos terminaba un trabajo, digamos a las tres de la tarde, probablemente no podría conseguir otro el mismo día debido al tránsito notoriamente difícil de Argentina, en especial en la ciudad capital de Buenos Aires. Así que simplemente le cobraba a su primer cliente lo más posible para que el día valiera la pena. Eso no llevaba a una buena recomendación ni, comprensiblemente, más oportunidades de negocio. Era un círculo vicioso en el que el proveedor nunca podía esperar de manera realista crear una vida mejor para su familia. Ellos simplemente esperaban trabajar lo suficiente para sobrevivir. "Si naciste pobre en alguno de estos países —reconoce Recchia— sencillamente no hay manera de que asciendas en la escala social. La gente ni siquiera lo intenta. Se convierte en una profecía autocumplida." Y ninguna cantidad de leyes, reglas o regulaciones parecía capaz de cambiar eso.

Sin embargo, cuatro años después de su frustrante experiencia, Recchia confía en tener más éxito. Él y su socio, Andrés Bernasconi, fundaron IguanaFix, servicio en línea que conecta a los consumidores con contratistas confiables y transparentes. Sólo en sus tres primeros años IguanaFix generó 25 millones de dólares y empleó directamente a 140 personas. Pero tal vez algo más significativo es el hecho de que la compañía atrajo a más de 25 000 contratistas de cuatro países (Argentina, México, Brasil y Uruguay) a la economía formal, con miles más en lista de espera. Estos contratistas no sólo están reportando sus ingresos y pagando impuestos (ambas cosas parte del servicio que IguanaFix requiere y proporciona); algunos de ellos están comenzando a expandirse y construir sus propios negocios en formas que antes no podrían haber imaginado.

Este salto a la economía formal, pagando impuestos y obedeciendo reglas, no nació de un súbito sentido de la responsabilidad cívica ni de grandes penalidades por no obedecer la regulación empresarial establecida. Después de todo, ¿qué incentivo tiene un contratista en situación precaria para reportar sus ingresos? *¿Que el gobierno le quite parte de ellos en impuestos?* "La mayoría de nuestros proveedores de servicios no ve el beneficio directo de pagar impuestos, y el temor a las penalidades no es incentivo suficiente", dice Recchia. "Fue extremadamente difícil lograr que la gente rompiera los hábitos que había mantenido durante generaciones." Pero IguanaFix ha tenido éxito en algo que muchos gobiernos y grandes organizaciones de desarrollo han tratado de hacer en décadas: atraer a la gente a la economía formal. ¿Cómo? Con la comprensión de Recchia de la lucha tanto de los clientes como de los contratistas, y de la creación de un nuevo mercado que ahora hace más rentable ser honesto y transparente. "Al unirse al mercado formal, los proveedores de servicios pueden tener acceso a clientes corporativos, seguro médico y de trabajo, su primera cuenta bancaria y financiamiento. Hacemos hincapié en las consecuencias positivas de unirse a la economía formal. No los obligamos ni destacamos las consecuencias negativas de no hacerlo."

Los contratistas de IguanaFix han llegado a entender que, al unirse a la economía formal, podrán tener más control de sus horarios de trabajo, de su vida y de su cartera. Si más compañías innovadoras como IguanaFix comienzan a participar formalmente en la economía es de hecho bueno para todos y la economía formal se volverá más fuerte y exitosa. Como Peter Drucker, experto en administración, nos recordó alguna vez, "los procedimientos no son instrumentos de la moral; son exclusivamente instrumentos de la economía. Nunca deciden qué debe hacerse, sino cómo puede hacerse de manera más expedita".

IguanaFix está creando un nuevo mercado que permite a decenas de miles de proveedores de servicios de mejoras en el hogar —electricistas, plomeros, carpinteros, etcétera— *jalar* a sus vidas las instituciones legales, económicas y políticas que varios gobiernos latinoamericanos han tratado de *empujar* por mucho tiempo hacia sus ciudadanos.

No existe compañía ni innovación —ni siquiera una tan esperanzadora como IguanaFix o tan establecida como Bimbo de México— que pueda, por sí sola, cambiar la cultura de un país e infundir respeto por las instituciones. Es un proceso acumulativo. Pero entender lo que puede *crear* y *sustentar* instituciones saludables es cuestión clave en la senda hacia la prosperidad.

Capítulo 9

La corrupción no es el problema;
es una solución

Según nuestra teoría, cualquiera que sea la estrategia para
hacer cumplir la ley que escoja la sociedad, los individuos bus-
carán subvertir su funcionamiento para su propio beneficio.

EDUARD L. GLAESER y ANDREI SHLEIFER,
"The Rise Of The Regulatory State"[1]

LA IDEA EN BREVE

Corrupción. Al preguntar a los inversionistas por qué no eligen ciertas regiones, o a los ciudadanos de esas regiones, por qué sus países no se están desarrollando, la corrupción casi siempre encabeza la lista de respuestas. Un cálculo
reciente del Fondo Monetario Internacional estimó el costo anual del soborno
en 1.5 a 2 billones de dólares. En su conjunto, los costos económicos y sociales de la corrupción probablemente sean más altos, ya que los sobornos constituyen sólo una de sus formas posibles. El problema de la corrupción es tan
corrosivo y está tan ampliamente difundido que en el mundo se gastan cientos de millones de dólares al año para tratar de erradicarlo; aun así, la corrupción se obstina en prevalecer.

En este capítulo examinaremos el problema de la corrupción de forma
diferente. En vez de preguntar cómo podemos eliminarlo, preguntamos por
qué persiste. Creemos que la respuesta no sólo reside en algunas fallas morales
fundamentales, sino más bien en entender por qué la gente elige "contratar" la
corrupción. Al ver la corrupción con un nuevo enfoque podremos compren-
derla mejor y, esperamos, comenzar a encontrar nuevos modos de mitigar-
la. En los países más prósperos de hoy, el adecuado cumplimiento de las leyes
anticorrupción siguió a inversiones en innovaciones que crearon mercados
o que hicieron crecer los ya existentes y se conectaron con ellos. Si entendemos la secuencia correctamente podremos empezar a lograr progreso aun en
los países más corruptos.

Cuando fui misionero en Corea del Sur, cada mes nos visitaba un hombre que vendía "seguridad". Si se le pagaba (y no una pequeña cantidad de dinero, desde nuestra perspectiva), él garantizaba que uno no sufriría robos en casa. Si uno no compraba el seguro, alguien dejaría su casa vacía. Asegurarnos de que nuestras modestas posesiones no nos fueran arrebatadas era algo importante para nuestra supervivencia, así que pagábamos. Sólo en retrospectiva puedo ver que todos participábamos voluntariamente en una forma de corrupción de baja intensidad, la cual establece un equilibrio de poder en una comunidad, hace que la vida sea más fácil (o más difícil para los que no están dispuestos a colaborar) y mantiene engrasadas las ruedas económicas de la existencia cotidiana. La corrupción era cuestión de supervivencia. Para ambas partes.

Ver cuán fácilmente sucedía esto —no sólo a nosotros sino a otros a nuestro alrededor— me hace preguntarme si la corrupción es sólo un problema moral. Sé que los coreanos que conocí eran buenas personas. Pero si la corrupción es en su mayor parte un problema moral, ¿por qué esas buenas personas tomaban parte en ella con tanta facilidad?

Y esa gente está lejos de constituir una anomalía. Hoy en día más de dos tercios de los países evaluados en el Índice de Percepción de la Corrupción anual de Transparencia Internacional, ONG internacional comprometida con el combate a la corrupción, tuvieron una puntuación inferior a 50, en una escala del 0 al 100, donde 0 es muy corrupto y 100 es libre de corrupción. En todo el mundo, la puntuación promedio fue de 43. De acuerdo con la organización, 6 000 millones de los 7 600 millones de personas en el mundo viven en países con gobiernos "corruptos". Somos muchos. Aunque es difícil estimar el escalofriante efecto que la corrupción —o la amenaza de ésta— tiene en las naciones empobrecidas, especialmente cuando la mera *percepción* de la corrupción impide las inversiones que pueden ayudar a esas naciones a crear riqueza y prosperidad, sabemos que es enorme.

En la mayoría de los países actualmente más prósperos, el adecuado cumplimiento de las leyes anticorrupción siguió a inversiones en innovaciones que crearon nuevos mercados o que hicieron crecer los ya existentes y se conectaron con ellos. Si entendemos la secuencia correctamente, podremos comenzar a lograr progreso aun en los países más corruptos. La historia lo ha probado una y otra vez.

Con frecuencia, combatir la corrupción es algo parecido a jugar a "aplasta al topo", en el que un jugador usa un martillo para golpear topos de juguete que asoman de forma aleatoria por distintos agujeros en la superficie del juego. Golpeas uno, y otro sale por otro agujero. Gastas tanta energía que terminas rindiéndote, desesperado.

Esto nos ha llevado a preguntarnos si estamos enfocándonos más que nada en los *síntomas* de la corrupción, en vez de tratar de entender verdaderamente sus *causas*. Para llegar al fondo de este asunto debemos plantearnos dos preguntas importantes: primero, ¿por qué la corrupción manifiesta es mucho más frecuente en los países pobres que en los ricos? Y segundo, ¿cómo muchos de los países prósperos de la actualidad se volvieron menos manifiestamente corruptos? Como veremos, responder esas interrogantes proporcionará un marco de referencia que puede ayudar a reducir la prevalencia de la corrupción en muchas de las naciones más pobres del mundo.

ENTENDER LA CORRUPCIÓN

La corrupción no es un fenómeno reciente: muchos Estados prósperos fueron muy corruptos alguna vez. Pero tampoco es un fenómeno permanente, o al menos no tiene por qué serlo. Aunque sabemos que sigue habiendo casos particulares de corrupción incluso en los países más admirados del mundo (y los Estados Unidos no son la excepción), no es algo que predomine en esas culturas. ¿Qué fue lo que causó el cambio?

Quizá puedas mencionar rápidamente las que parecen ser respuestas obvias: buen liderazgo y gobierno en primer lugar, una transformación de los valores morales de la sociedad o la creación de las instituciones correctas. Pero no creemos que esas cosas hayan modificado de modo fundamental la tolerancia de una sociedad hacia la corrupción. Es importante reconocer esto porque un gran número de programas anticorrupción se dirige casi exclusivamente a la gobernanza y busca infundir un sentido del bien y del mal. Si ésa fuera la clave para combatir la corrupción, ¿por qué esos valiosos esfuerzos, en general, tuvieron relativamente poco impacto sostenido en ganar la guerra contra la corrupción?

Según el informe más reciente del Índice de Percepción de la Corrupción publicado por Transparencia Internacional, "la mayoría de los países está haciendo poco o ningún progreso en erradicar la corrupción".[2] Así que aun con ese intenso foco internacional, aunado a un torrente de recursos para combatir el problema, incluyendo iniciativas para inculcar en los niños un sentido fundamental de la integridad, el progreso ha sido muy lento.

No creemos que la gente que nació en sociedades pobres carezca de la fibra moral que tenemos aquellos de nosotros lo bastante afortunados al haber nacido en circunstancias más prósperas. Y tampoco es que ignoren que hay un camino mejor. La corrupción *es* la mejor manera, un *método alternativo*, una herramienta en un lugar donde hay pocas opciones mejores. La corrupción es contratada para un trabajo por hacer, o más específicamente, para ayudar a la gente a *progresar* en una circunstancia particular. Ésa es una percepción importante. Cuando entendemos por qué las personas recurren a la corrupción podemos comenzar a ver diferentes enfoques para resolver el problema.

¿POR QUÉ LA GENTE *CONTRATA* LA CORRUPCIÓN?

Así que, para comenzar el proceso de construir confianza y transparencia, en primer lugar es preciso comprender por qué la gente contrata la corrupción para resolver sus problemas. Nosotros hemos descubierto tres poderosas razones.

Primero, la mayoría de los individuos de la sociedad quiere progresar. Desde la persona pobre que busca empleo hasta el rico que desea obtener más estatus, la mayor parte de nosotros quiere aumentar su bienestar financiero, social y emocional. Por eso vamos a la escuela, nos vamos de vacaciones y asistimos a sitios de devoción. Por eso también ahorramos dinero, compramos casas, emprendemos negocios y nos postulamos para un puesto público. De alguna u otra forma, cada una de esas cosas nos ayuda a sentir que estamos progresando. Cuando la sociedad nos ofrece pocas opciones para progresar, la corrupción reviste mayor atractivo.

Segundo, todo individuo, así como cada compañía, tiene una estructura de costos. En los negocios, la estructura de costos de una empresa es la combinación de gastos fijos y variables en que incurre para operar; define cuánto debe gastar la compañía para diseñar, hacer, vender y mantener un producto. Por ejemplo, cuando una empresa gasta 100 dólares en crear y entregar un producto a un cliente, debe venderlo por más de 100 dólares con el fin de obtener ganancias.

De manera similar, los individuos tienen, como decíamos, una estructura de costos, esto es, el dinero que requieren para mantener un estilo de vida en particular, lo que incluye cosas como alquileres o pagos de hipoteca, colegiaturas, facturas de hospital, comida, etcétera. Y, al igual que las compañías, los individuos han de obtener ganancias —ingresos por su trabajo o sus inversiones— que sobrepasen sus costos. Entender esta simple relación ganancia-costo puede ayudar a predecir tanto las circunstancias donde la posibilidad de corrupción es alta como la eficacia de las intervenciones anticorrupción. En esencia, si los programas anticorrupción no afectan fundamentalmente la ecuación ganancia-costo, probablemente no serán sustentables.

Para ilustrar esto consideremos un ejemplo sencillo. Si un oficial de policía en la India gana 20 000 rupias al mes (aproximadamente 295 dólares), pero su estructura de costos le exige gastar 400 dólares mensuales, será proclive a la corrupción, sin importar lo que dicten las leyes.[3] Como resultado se puede esperar que el policía promedio exija sobornos, especialmente en una sociedad donde el cumplimiento de la ley y la persecución del delito de corrupción no prevalecen. No es que el oficial sea mala persona por naturaleza —de hecho, en lo personal creo que la gente está programada para ser buena—, pero las circunstancias de su vida lo llevan a tomar decisiones difíciles para sobrevivir.

La tercera razón por la cual la gente contrata la corrupción es que la mayoría de los individuos, sin importar su nivel de ingresos, buscará subvertir las estrategias prevalecientes para hacer cumplir la ley con el fin de progresar u obtener beneficios propios, según los académicos de Harvard Edward Glaeser y Andrei Shleifer, quienes estudiaron el surgimiento de las regulaciones en los Estados Unidos a la vuelta del siglo xx. Los seres humanos estamos programados para tomar la mejor decisión para nosotros mismos según las *circunstancias*. Cuando somos confrontados por una ley que limita nuestra capacidad para hacer algo que queremos hacer, la mayoría de nosotros instintivamente realiza un cálculo mental: ¿tengo que obedecer esta ley o puedo salirme con la mía si la infrinjo? y ¿de qué forma estaré mejor?

El razonamiento que subyace bajo esta percepción es bastante simple: vivir conforme a las leyes instituidas por el Estado requiere esfuerzo, así que la persona racional promedio comparará los beneficios de obedecer la ley con las consecuencias de la desobediencia. Si la escala apunta hacia la desobediencia, de hecho será *irracional* que el individuo acate la ley, sin importar cuán "bueno para la sociedad" pueda parecer. Considérese el hecho de que muchos de nosotros, en todo el mundo, sobrepasamos el límite de velocidad cuando no hay policías de tránsito a la vista. Hace 20 años, tener un detector portátil de radares de la policía (llamado *fuzz buster* en inglés) era casi símbolo de estatus en los Estados Unidos. Actualmente Waze, aplicación para teléfonos inteligentes con GPS, basada en la comunidad, nos avisa cuando hay una patrulla acechando detrás de los arbustos a una cuadra de distancia. Hemos desarrollado una red social, esto es, un producto que depende de que muchos de nosotros estemos de acuerdo con que debemos ayudarnos unos a otros para evitar caer en controles de velocidad. Queremos progresar —llegar rápidamente a donde vamos— y voluntariamente ignoramos la ley que nos informa del límite de velocidad permitido porque creemos que, en última instancia, estaremos mejor si tomamos esa decisión. Aunque las circunstancias puedan diferir, el proceso de cálculo rara vez cambia.

Pero las sociedades evolucionan. Sin embargo, la senda que va de una sociedad impregnada de corrupción a una donde progresan la confianza y la transparencia suele seguir un patrón definido y a menudo predecible, que consta de tres fases: "corrupción manifiesta e impredecible", seguida de "corrupción encubierta y predecible", que a la postre se transforma en lo que llamamos una sociedad "transparente".

Sólo porque a un país se le ubique en la primera fase no significa que no tenga algunos componentes de la segunda. En vez de pensar en estas fases como absolutos distintos veámoslas como tres puntos de un espectro. Nuestro supuesto es que todos queremos terminar lo más cerca posible de la tercera fase, esto es, en una sociedad donde se valoren la confianza y la transparencia. La historia nos dice que, en muchos de los países más admirados del orbe, el camino de la corrupción a la transparencia ha seguido una ruta relativamente predecible a lo largo de esas fases. Entender la forma en que éstas evolucionan es algo esencial en nuestra búsqueda para crear la transparencia que requieren las economías saludables.

FASE 1: MANIFIESTA E IMPREDECIBLE

La primera fase es la que llamamos de "Corrupción manifiesta e impredecible", y es donde se encuentran muchos países pobres. En esas naciones es difícil hacer cumplir los contratos, no es sencillo confiar en las instituciones gubernamentales y los escándalos de corrupción son comunes. Cuando uno viaja a cualquiera de esos países y lee el periódico probablemente verá un encabezado en la primera plana acerca de una importante malversación de fondos por parte de los negocios o de las élites políticas. Muchos de los países que están en esta fase obtienen una puntuación baja en el Índice de Percepción de la Corrupción de Transparencia Internacional.

Es muy complicado liberar capital en entornos de este tipo; comprensiblemente, los inversionistas se alejan de esta imprevisibilidad y opacidad. Imaginemos, por ejemplo, hacer negocios en Venezuela, donde el gobierno ya no puede financiar las necesidades básicas de buena parte de sus ciudadanos.[4]

Si bien la situación en Venezuela puede parecer irremediable, es importante señalar que numerosas naciones prósperas y avanzadas provienen de circunstancias similares. Por ejemplo, a finales de la década de 1940, Taiwán era bastante corrupto e impredecible. Alcaldes y funcionarios públicos locales otorgaban favores a sus compinches y se forraban los bolsillos, y muchas otras formas de corrupción, como sobornos, desfalcos, nepotismo e incluso el crimen organizado, carecían de control.[5] Sin embargo, desde entonces Taiwán se ha convertido en una economía muy exitosa y productiva, y ocupa el puesto 29 de 180 en el Índice de Percepción de la Corrupción.

En esta primera fase de la evolución de una sociedad, especialmente cuando el país es pobre, una estrategia de combate a la corrupción orientada principalmente a instituir nuevas leyes resulta insuficiente para lograr su objetivo. De hecho, probablemente hará que las cosas empeoren porque pondrá el énfasis en encontrar formas de burlar las leyes que estorban el camino de la gente hacia el progreso. Además, muchos países pobres son incapaces de hacer cumplir la ley adecuadamente, y es que esto es algo costoso en términos financieros, sociales y políticos. Eso no significa que la corrupción pase inadvertida. Las protestas contra ella son masivas y frecuentes en todo el mundo. El fervor ha llevado a la proliferación de candidatos anticorrupción que compiten por obtener posiciones políticas clave. Y a veces ganan. Por ejemplo, Vladimir Putin, de Rusia, y Hugo Chávez, de Venezuela (ahora fallecido), llegaron al poder prometiendo erradicar la corrupción. Sólo digamos que esas campañas no resultaron como los votantes podrían haber esperado.

Aun en el raro caso de líderes genuinamente buenos, con una voluntad poderosa de transformar su país —tomemos como ejemplo la influencia de Nelson Mandela en Sudáfrica durante los años que ocupó el poder—, la corrupción no desaparece por arte de magia con las buenas intenciones de la cúpula. Cuando Mandela fue elegido presidente de la Sudáfrica posterior al *apartheid*, en 1994, era, sin duda, uno de los líderes más admirados de todo el mundo. Veintisiete años de prisión política no habían apagado su voluntad de hacer de Sudáfrica un lugar mejor; de hecho, la habían fortalecido. Hoy seguimos considerando a Mandela como la encarnación de un gran liderazgo. "Aunque decía ser un hombre común que se convirtió en líder sólo debido a circunstancias extraordinarias —dijo mi colega Nitin Nohria, decano de la Escuela de Negocios de Harvard al momento de la muerte del dirigente sudafricano— ejemplificó las características de liderazgo que más valoramos: integridad, moralidad, compasión y humildad."

Pero incluso durante los años más esperanzadores del mandato de Mandela Sudáfrica estaba —y todavía lo está— inmersa en la corrupción. De hecho, desde que Mandela terminó su gestión, la corrupción sólo ha empeorado. Jacob Zuma, quien asumió la presidencia después de que el sucesor inicial de Mandela fue expulsado del cargo, era considerado el "presidente Teflón" por su habilidad para sacudirse una cantidad extraordinaria de acusaciones y escándalos de corrupción en sus ocho años de administración.

¿Cómo pudo Sudáfrica, tan hambrienta de cambio durante el liderazgo de Mandela, deslizarse tanto y tan rápidamente lejos de la esperanza que él representaba? En términos generales, este país posee la mayoría de los rasgos institucionales necesarios para combatir la corrupción: una constitución muy admirada, un sistema judicial independiente y medios robustos. En la mayor parte de los índices de corrupción, incluyendo los de Transparencia Internacional, sigue posicionado más o menos en el medio, calificación que de hecho se ha deteriorado año tras año.

La lucha de Sudáfrica no es única. Cinco años después de que Ellen Johnson Sirleaf, de Liberia, se convirtiera en la primera presidenta democráticamente elegida en África, se le otorgó uno de los más altos honores internacionales, el Premio Nobel de la Paz, por su liderazgo en asegurar la paz en su país. Ella había pasado años enfocándose en construir —o reconstruir— las instituciones democráticas liberianas y en fortalecer la posición de las mujeres. Pero aun con semejante aclamación internacional, el liderazgo de Sirleaf no pudo transformar completamente a Liberia, donde, según Transparencia Internacional, 69 por ciento de la gente admitió haber pagado un soborno en 2016 para tener acceso a servicios básicos como atención médica y educación. A la postre, Sirleaf dejó el cargo con el país todavía enfrentando lo que ella calificó como "el enemigo público número uno" cuando comenzó su gestión hacía más de una década. "No hemos cumplido por completo la promesa anticorrupción que hicimos en 2006 —dijo Sirleaf a los legisladores en su último discurso como jefe de Estado—. No es por falta de voluntad política, sino por lo inextricable de la dependencia y la deshonestidad cultivadas por años de privaciones y mal gobierno."

La corrupción no se da sólo por la falta de un buen liderazgo. Aunque eso ciertamente es parte del problema, los factores que la causan son mucho más básicos. La corrupción tiene que ver con "contratar" la solución más rápida para lo que parece ser, en el momento, el bien mayor de las opciones que tenemos disponibles.

FASE 2: ENCUBIERTA Y PREDECIBLE

La segunda fase del espectro es la corrupción encubierta y predecible. En esta etapa, la corrupción es más o menos un secreto a voces. Recordemos la película *Casablanca*, donde Louis Renault, el capitán de la policía, dice estar "estupefacto, ¡estupefacto!" al descubrir que había juego de apuestas en el pujante e ilícito club nocturno de Rick, un establecimiento que rutinariamente engrasaba las palmas de Renault. La gente es consciente de que hay corrupción, pero ésta se halla inserta en el sistema. Como el desarrollo ocurre de forma paralela, la corrupción es vista como un costo necesario de hacer negocios.

La transición de la corrupción impredecible a la predecible puede ser muy costosa —económica y políticamente— y requiere principalmente la creación de nuevos mercados, no de leyes. En su mayoría, la gente que se involucra en la corrupción sabe que *no debería* hacerlo. Las nuevas leyes sólo ayudan a solucionar el problema cuando existe confusión acerca de qué hacer y cuando los gobiernos tienen la capacidad de hacer cumplir la ley.

Considérese el caso de China. Según algunos cálculos, la corrupción estaría costando al gobierno chino unos 86 000 millones de dólares anuales.[6] Eso es más que el PIB de 61 países. Desde el año 2000 se estima que entre uno y cuatro billones de dólares han salido del país, y algunos de esos fondos se han vinculado con funcionarios del gobierno, entre ellos el cuñado del presidente Xi Jinping. De acuerdo con un reporte, el valor neto de los 153 parlamentarios chinos superó 650 000 millones de dólares en 2017, aproximadamente un tercio más que el año anterior.[7] Eso es más que el PIB de Finlandia y el de Noruega juntos.

Pensemos que China y muchos otros países pobres han tratado de erradicar la corrupción sobre todo valiéndose de las leyes, pero han tenido poco éxito. Paradójicamente, mientras más leyes promulgan esos países para combatir la corrupción, ésta parece diseminarse más. China, por ejemplo, tiene "más de 1 200 leyes, reglamentos y directrices anticorrupción". ¿Pero qué tan buena es una ley, si el cuerpo que la emite no tiene la fuerza, el dinero ni la voluntad para hacerla cumplir?

Al mismo tiempo, resulta difícil cuestionar el reciente desarrollo de China y el flujo entrante de inversión extranjera directa (IED) en las últimas cuatro décadas. En 1970 el PIB per cápita del país era de aproximadamente 112 dólares; hoy es de casi 8 200 dólares. Entonces la expectativa de vida era de 59 años; hoy es de 76. China ha crecido a una tasa promedio anual de más de 10 por ciento y representa aproximadamente 40 por ciento del crecimiento global del mundo durante ese periodo.[8]

Sin embargo, llama la atención que, aun cuando China experimenta semejante crecimiento, en el Índice de Percepción de la Corrupción de Transparencia Internacional sigue ocupando el puesto 77 entre 180 naciones, por debajo de Senegal (66) y a la par de Trinidad y Tobago.[9] La corrupción no ha evitado que el desarrollo eche raíces. Quizá lo más revelador de todo sea el meteórico aumento de la IED en China en las pasadas cuatro décadas. En 1980 ésta era de alrededor de 400 millones de dólares; en 2016 sumó más de 170 000 millones, un aumento de 42 400 por ciento. De hecho, de 2006 a 2016 han fluido más de 2.3 billones de dólares en IED a China.[10] ¿Los inversionistas extranjeros que vertieron billones de dólares en ese país no sabían que la corrupción estaba ampliamente diseminada? ¿Por qué no esperaron a que China erradicara la corrupción antes de invertir? Esto se debe principalmente a que el tipo de corrupción china difiere de la de otros países cual están en la primera fase. Es encubierta, pero predecible, razón por la cual puede ser incluida en el cálculo del "costo de hacer negocios" en esa nación asiática.

Aun cuando se está verificando un desarrollo en China (como mencionamos antes, el país ha levantado a cerca de 1 000 millones de personas de la pobreza en las últimas décadas), podemos estar de acuerdo en que aún no es una sociedad transparente y que hay progresos por hacer. Para que la prosperidad sea sustentable en el largo plazo una nación debe transitar a la tercera fase.

FASE 3: TRANSPARENCIA

En 2017 el cabildeo en los Estados Unidos costó más de 3 300 millones de dólares.[11] Se emplean cabilderos para influir en los gobiernos con el fin de que promulguen leyes favorables a sus causas, industrias o intereses particulares. Pero aun con miles de millones de dólares influyendo en los funcionarios del gobierno de los Estados Unidos el país sigue ocupando el respetable puesto 16 entre los 180 países del Índice de Percepción de la Corrupción de Transparencia Internacional.[12]

La corrupción está muy mal vista en los Estados Unidos y rutinariamente se le desarraiga y se le persigue con todo el peso de la ley. La Ley de Prácticas Extranjeras Corruptas de 1977 (FCPA, por sus siglas en inglés) sirve como freno a las firmas estadounidenses potencialmente corruptibles que operan fuera del país, así como a empresas internacionales que funcionan en los Estados Unidos. Walmart, Siemens, Avon, Alstom (grupo industrial francés) y muchas otras compañías han entrado en conflicto con la FCPA y han pagado cientos de millones de dólares en multas como consecuencia.

Pero ¿cómo pueden ocurrir ambas cosas, es decir, gastar abiertamente miles de millones de dólares para influir en los gobiernos, pero también perseguir y procesar de forma decidida a quienes se involucran en la corrupción? Además de ser legal, el cabildeo es muy transparente. Los estadounidenses curiosos pueden obtener datos de la Oficina de Registros Públicos del Senado y ver quién está cabildeando para quién y para qué causa.

Además de transparente, la economía estadounidense también es relativamente predecible. Aunque los Estados Unidos no son inmunes al escándalo de la corrupción —y la gente sensata puede no estar de acuerdo en cuán corrupto es realmente el país—, lo diferente y esperanzador es que aquí la corrupción a menudo es expuesta, perseguida y castigada. No hay que buscar demasiado para encontrar encabezados sobre políticos corruptos en los Estados Unidos. Tres de los últimos cuatro presidentes de la Casa de Representantes de nuestro estado natal de Massachusetts han sido declarados culpables de cargos de corrupción. El ex gobernador de Illinois, Rob Blagojevich, fue juzgado, procesado y sentenciado a 14 años de prisión por cargos de corrupción cuanto trató de "vender" el puesto en el Senado que el ex presidente Barack Obama dejó vacante.

Pero los Estados Unidos no siempre persiguen, y mucho menos condenan o sentencian, a sus Blagojevich. Así pues, ¿cómo pasaron de ser un país donde la corrupción era una plaga a uno donde la transparencia se ha convertido en norma?

LOS ESTADOS UNIDOS DE "BOSS" TWEED

Así como es difícil imaginar unos Estados Unidos pobres, también lo es imaginarlos como una nación abiertamente corrupta, donde esos incidentes no se investiguen. Pero hubo una época en que la corrupción en los Estados Unidos rivalizó con la de algunos de los actuales países más pobres.

Quizá más que ninguno, William Magear "Boss" Tweed, político estadounidense decimonónico, ejemplificó lo que significaba ser abiertamente corrupto. Nacido en 1923, Tweed entró en la política siendo muy joven, y fue elegido edil de la ciudad a los 28 años. Después de pasar varios años en ese puesto abrió un despacho de abogados, aun cuando él no era abogado. A través de esa oficina recibía pagos de grandes corporaciones por sus "servicios legales", los cuales eran extorsiones en su mayoría. Con esos fondos Tweed compró muchas hectáreas de propiedades inmuebles en Manhattan y aumentó su influencia en la política de la ciudad de Nueva York. Y eso fue sólo el comienzo.

"En su mejor momento, el círculo de Tweed era una maravilla de ingeniería, fuerte y sólido, estratégicamente ubicado para controlar puntos clave del poder: las cortes, la legislatura, el tesoro y las urnas", escribió el biógrafo Kenneth Ackerman. "Sus fraudes tenían gran esplendor y elegancia de estructura: lavado de dinero, participación en los beneficios y organización."[13] Durante su gestión al frente de Tammany Hall, Tweed (quien también era miembro de la

Casa de Representantes de los Estados Unidos) robó una suma que se estima entre 1 000 y 4 000 millones de dólares actuales.[14]

En 1889 una caricatura titulada "Los jefes del Senado" que apareció en el semanario satírico *Puck* representaba perfectamente lo abierta que era la corrupción estadounidense de la época. La caricatura muestra a miembros del Senado trabajando febrilmente mientras representantes de intereses de ciertos negocios, como Steel Beam Trust, Cooper Trust, Sugar Trust, etcétera, los observan desde un balcón. El Senado tenía varias entradas; una de ellas decía: "¡Éste es el Senado de los monopolistas, por los monopolistas!" La puerta que simbolizaba la "Entrada del pueblo" estaba "CERRADA".[15] La corrupción era tan grave y se encontraba tan diseminada que el presidente Woodrow Wilson (1913-1921) tuvo que hacerle frente durante su presidencia.

En 1913 Wilson escribió en uno de sus libros:

> Ha habido tribunales en los Estados Unidos que eran controlados por intereses privados. Ha habido jueces corruptos; ha habido jueces que actuaban como servidores de otros hombres y no como servidores del público. Ah, hay algunos capítulos vergonzosos en la historia. El proceso judicial es la máxima salvaguardia de las cosas que debemos mantener estables en este país. Pero supongamos que esa salvaguardia ha sido corrompida; supongamos que ya no vela por mis intereses ni por los tuyos, sino exclusivamente por los de un grupo muy pequeño de individuos. ¿Dónde entonces quedó tu salvaguardia?[16]

La corrupción también era omnipresente en los grandes proyectos de infraestructura, como vías férreas y caminos. Aunque las primeras en el siglo XIX y los segundos en el XX eran buenos para el país, trajeron consigo un nivel de corrupción sin precedentes. Cuando el gobierno estadounidense entró en el negocio ferrocarrilero y otorgó subsidios a los contratistas, esos subsidios a menudo se concedían con base en el número de millas de vías construidas, no en su calidad o efectividad. Los contratistas hacían vías férreas largas y sinuosas, a menudo usando materiales deficientes, ya que en gran parte competían "por los favores federales y no para los clientes del ferrocarril".[17]

Considérese lo que ocurrió con la creación de caminos después del auge del automóvil en la primera mitad del siglo XX. Thomas MacDonald, a la sazón titular de la Administración Federal de Autopistas de los Estados Unidos, "visitó las obras de construcción de caminos, donde encontró despilfarro y trabajo de mala calidad en abundancia", apunta Earl Swift en su libro *The Big Roads* [Los grandes caminos]. "A menudo las localidades obtenían un valor de 10 centavos de camino por cada dólar que gastaban [...] Los contratistas se habían repartido el estado entre ellos para que cada uno tuviera asegurado el trabajo de puentes en un territorio en particular, arreglo que costó a los contribuyentes el doble en contratos con sobreprecios salvajes."[18]

Si en aquel tiempo hubieran existido las calificaciones anuales de Transparencia Internacional, los Estados Unidos no habrían figurado en la lista de países "menos corruptos". Pero con el tiempo la nación encontró sus salvaguardias y actualmente ocupa el escaño número 16. ¿Se debió eso principalmente a la promulgación de mejores leyes?, ¿a la elección de mejores políticos?, ¿a la creación de mejores instituciones? Ciertamente, todas esas cosas ayudaron a generar y mantener la cultura de la transparencia que tenemos ahora, pero no *causaron* que el país de repente dejara de ser corrupto.

A medida que más y más estadounidenses crearon más y más riqueza para sí mismos y encontraron mejores formas de ganarse la vida, sus voces de insatisfacción respecto de la corrupción se hicieron más fuertes. "Políticamente, la ira de las víctimas casi no contaba en 1840, no mucho en 1860; en 1890 era una fuerza devoradora";[19] así es como lo resume el profesor de derecho de Stanford, Lawrence Friedman. Claramente, la corrupción no se erradicó en 1890, pero para entonces vemos un proceso evolutivo en los Estados Unidos. La esperanza de algo mejor había nacido.

Y así, lo que aprendemos sobre el desarrollo estadounidense es que ocurrió *a pesar* de la corrupción sumamente diseminada y la imprevisibilidad.[20] La anticorrupción no se disparó principalmente debido a la legislación o a un aumento en la intensidad para hacer cumplir la ley. Ocurrió gracias a que comenzó a cambiar la ecuación fundamental acerca de cómo los estadounidenses ricos y promedio podían hacer dinero, progresar y ganarse la vida para ellos y sus familias. Glaeser y Shleifer concluyeron en su artículo: "El capitalismo estadounidense en la década de 1920 era menos corrupto y abusaba menos de trabajadores y consumidores que en la década de 1900".[21] Hoy, el capitalismo en los Estados Unidos, aunque no es perfecto, ciertamente es superior al que existía en la década de 1920.

Con frecuencia, el desarrollo *precede* a los programas anticorrupción exitosos; no al revés. Aunque con el tiempo algunas personas se vuelven más corruptas porque eso han practicado toda su vida, personalmente no creo que la mayoría de la gente se despierte cada mañana sólo para ser corrupta.

Cuando hay pocas alternativas para ayudar a la gente a progresar, con frecuencia la corrupción se destaca como la opción más viable. Pero cuando se presenta una mejor manera, comienza el proceso que conduce a la transparencia. Podemos ver que esto está ocurriendo en países de todo el mundo.

DE HOMBRES Y MONARCAS

Consideremos cómo evolucionó la corrupción en Europa, donde quizá sus formas más obvias eran comunes: monarquías absolutas que expropiaban tierras se apropiaban de bienes y mataban a los ciudadanos a voluntad. Se ha comparado a los monarcas con ladrones "siempre al acecho, siempre rastreando [...] siempre buscando [...] algo que robar".[22] La corrupción permeó la sociedad europea cuando bandas de hombres armados, con la aprobación secreta de algún sector de la nobleza, aterrorizaban distritos enteros mediante el chantaje u otros medios draconianos para conseguir dinero o recursos. No hubo excepción de edad, género o lugar.[23] Incluso los comuneros con suficientes recursos podían corromper a jueces y jurados en formas que hoy serían impensables.[24]

Aunque la transición de la corrupción abierta a la transparencia de Europa fue más lenta y tal vez más dolorosa que la de los Estados Unidos, en última instancia fue disparada por un motor similar: innovaciones que crearon mercados para muchos de los no consumidores del continente y que ofrecieron soluciones viables para que la persona promedio se ganara la vida. Los nuevos mercados también forzaron a los gobiernos a volverse más creativos en la forma como creaban impuestos y gobernaban a sus ciudadanos.

Conforme las sociedades se tornaron menos agrícolas, las riquezas como el oro, la plata y otros metales preciosos se hicieron más móviles, y los gobiernos debieron diseñar mejores impuestos para sus ciudadanos. "Los monarcas idearon nuevas formas de aprovechar la riqueza de sus ciudadanos. Una de las más significativas fue la creación de parlamentos, foros donde podían intercambiar concesiones en la política pública por el pago de ganancias públicas", concluye el profesor de Harvard Robert Bates en *Prosperity & Violence: The Political Economy of Development* [Prosperidad y violencia: la economía política del desarrollo]. Los gobiernos eligieron la seducción por encima de la fuerza porque, de repente, los ciudadanos podían mover sus valores con mayor facilidad.[25] Había surgido un nuevo tipo de economía, el cual *buscaba la creación* de riqueza en vez de saquearla.

Adicionalmente, conforme los monarcas seguían librando más guerras y conquistando más territorios, debían pedir prestadas sumas de dinero cada vez mayores. Hay numerosos registros, por ejemplo, de un monarca inglés del siglo XVII que siempre andaba falto de efectivo. Entonces como ahora existen pocos retos peores para un gobierno que carecer de efectivo cuando hay guerra. Y, a diferencia de hoy, cuando la deuda soberana suele verse como más segura que la deuda privada (aunque esto depende del país de que se trate), en aquella época era el tipo más riesgoso de deuda en el mercado. La deuda soberana era más grande que la privada y tomaba más tiempo liquidarla, y los monarcas podían incumplir en los pagos con poca o ninguna consecuencia. Así, los inversionistas que solían prestar dinero a los monarcas, y aquellos cuyo dinero era ahora más móvil porque ya no se hallaba ligado a la tierra sino a la innovación, provocaron que los monarcas crearan instituciones menos corruptas y más transparentes.[26]

En sus inicios, esas instituciones eran menos que ideales. Pero crearon un buen nivel de previsibilidad para los inversionistas europeos. Por ejemplo, las cortes se enfocaron más en terminar los juicios de forma expedita que en impartir justicia de manera precisa. Los inversionistas podían predecir cuánto tardarían los casos en las cortes y cómo eso podría afectar sus actividades comerciales. Esto es importante porque, según sugieren las investigaciones, la imprevisibilidad en un sistema, incluso en uno plagado de corrupción, de hecho podría hacer más daño que la misma corrupción.[27]

A medida que crecían los mercados europeos, los sistemas judiciales adquirieron mayor relevancia. Esto afectó la cultura del europeo promedio, que depositó un valor inmenso en las nuevas instituciones de transparencia. Éstas funcionaron, pero es crucial entender *por qué*: muchas de ellas promovían la transparencia y estaban ligadas a los nuevos mercados que las sustentaban y las hacían necesarias.

Es claro que las circunstancias actuales son distintas: no todo país pobre está inmerso en una guerra ni sus gobernantes necesitan efectivo de forma desesperada, como ocurría con muchos gobiernos europeos de hace 500 años. Sin embargo, la ecuación fundamental sigue siendo la misma. Debe haber una razón lo suficientemente buena para que los integrantes de una sociedad quieran obedecer las leyes. Pensemos cuán difícil ha sido para el gobierno de Argentina lograr que los pequeños contratistas declaren sus ingresos y paguen impuestos. Pero Iguana-Fix, al ofrecerles algo que iba más allá de la responsabilidad moral —a saber, la capacidad de progresar en la lucha de su vida—, pudo cambiar esa situación.

LA TRANSPARENCIA ECHA RAÍCES

Incluso en naciones que se ven muy distintas de los Estados Unidos y de los países europeos percibimos un patrón similar en la ruta hacia la transparencia. Si alguien le hubiera dicho al general Park Chung-hee, dictador de Corea del Sur de 1963 a 1979, que su hija Park Geun-hye se convertiría en presidenta del país, seguramente no se habría sorprendido. Pero si hubieran continuado diciéndole al general que su hija sería *destituida* por el Parlamento de Corea del Sur y acusada de corrupción, sí se habría asombrado.

Eso es exactamente lo que ha ocurrido en Corea del Sur. A finales de 2016 la presidenta Park Geun-hye, hija del general Park, fue retirada de su cargo por supuesto soborno, abuso de poder y otros delitos relacionados con la corrupción. En marzo de 2017 la Corte Constitucional de Corea apoyó en forma unánime la decisión del Parlamento, y en abril de 2018 la ex presidenta fue sentenciada a 24 años de cárcel.[28]

Para apreciar qué tan importante es esto, considérese el hecho de que Corea del Sur fue gobernada por el general Park hasta su asesinato, acaecido en 1979. Durante su dictadura, el nivel de crecimiento económico logrado por el gobierno coreano fue envidiable, pero el aumento de la corrupción era indudable. El gobierno otorgó favores a varias grandes corporaciones que a su vez sobornaban a funcionarios del gobierno. Esto apuntaló el sistema, y, mientras la economía crecía, la corrupción parecía relativamente minúscula. Pero no lo era en absoluto.

"Las mediciones de calidad institucional basadas en la burocracia, el Estado de derecho y el riesgo de expropiación e incumplimiento de contratos por parte del gobierno en los países exitosos del este de Asia a mediados de la década de 1980, fueron sólo ligeramente mejores que en muchos países de pobre desempeño", dice el economista Mushtaq Khan al describir la corrupción y el desarrollo institucional de la región. "Indonesia, país de rápido crecimiento, obtuvo la misma puntuación que Birmania o Ghana, y Corea del Sur, Malasia y Tailandia tuvieron la misma que Costa de Marfil. El Índice de Percepción de la Corrupción creado por Transparencia Internacional mostró que en la década de 1980 los países de rápido crecimiento de Asia del este tenían niveles de corrupción que no diferían mucho de los de otras naciones en vías de desarrollo."[29] Y, sin embargo, Corea del Sur está en camino de convertirse en una sociedad más transparente.

Conforme las sociedades inviertan más en innovación, lo que creará prosperidad para sus ciudadanos, sus sistemas de combate a la corrupción mejorarán lentamente, y destituir a un líder de Estado corrupto no sólo será posible, sino probable. En la actualidad, numerosos Estados corruptos poseen el potencial de volverse más transparentes, pero para llegar ahí será necesario entender bien la secuencia.

ENTONCES, ¿QUÉ DEBEMOS HACER?

¿Qué *podemos* hacer para reducir la corrupción? Con base en el entendimiento de que la gente trata de progresar en su vida cuando "contrata" la corrupción, tenemos dos sugerencias. Primero: ¿qué tal si dejamos de dirigir todos nuestros esfuerzos a *combatir* la corrupción? Sin ofrecer un *sustituto* que la gente pueda contratar, será increíblemente difícil minimizar la corrupción. Como en ese juego de "aplasta al topo", tan pronto como un esfuerzo por abatirla tiene éxito, salta otra modalidad de corrupción.

La *circunstancia* en que se encuentra un Estado en particular debería determinar la institución o el mecanismo que empleará para hacer cumplir la ley, según sugieren Glaeser y Shleifer, de Harvard. Su modelo propone que

> cuando la capacidad administrativa del gobierno está severamente limitada, y tanto sus jueces como sus legisladores son vulnerables a la intimidación y la corrupción, podría ser mejor aceptar las fallas y las externalidades del mercado existente que lidiar con ellas mediante un proceso administrativo o judicial. Porque si un país intenta corregir las fallas del mercado, la justicia será subvertida y los recursos se desperdiciarán en la subversión, sin poder controlar con éxito esas fallas.[30]

En otras palabras, si un Estado no tiene la capacidad para hacer cumplir la ley, muy poco importará cuántas nuevas legislaciones, instituciones o mandatos públicos se creen para combatir la corrupción o imponer la transparencia.

En vez de que los honestos gobiernos de los países pobres sigan combatiendo agresivamente la corrupción con los muy limitados recursos que poseen, ¿qué ocurriría si se enfocaran en permitir la creación de nuevos mercados que ayuden a los ciudadanos a resolver sus problemas cotidianos? Una vez que se establezcan suficientes mercados la gente tendrá interés en hacer que tengan éxito. Los gobiernos comenzarán a generar más ingresos para mejorar sus sistemas de tribunales, la aplicación de la ley y su legislación. Además, los mercados empezarán a proporcionar empleos que den a la gente una alternativa viable a la acumulación de riqueza por medios corruptos. Pedir a la gente que despida la corrupción sin darle otra cosa que contratar no es muy realista y, como muestran los datos, con frecuencia no funciona.

INTEGRAR E INTERIORIZAR LAS OPERACIONES DE UNA ORGANIZACIÓN

Segundo, debemos enfocarnos en lo que *podemos* controlar, integrando e interiorizando nuestras operaciones para reducir las oportunidades de que surja la corrupción. Las organizaciones entienden la importancia de la integración vertical u horizontal con el fin de controlar costos y construir previsibilidad en sus operaciones. Éste es uno de los motivos por los cuales muchas grandes compañías en los mercados emergentes integran vertical y horizontalmente operaciones que podrían parecer innecesarias en naciones más prósperas. Por ejemplo, como describimos antes, Tolaram, el fabricante de los fideos Indomie, genera su propia electricidad y construyó una red de distribución y venta al menudeo para garantizar un suministro estable y predecible.

Mientras más componentes del modelo de negocios traiga a casa una organización, mayor será la oportunidad que tendrá de reducir la corrupción. En cierto sentido, es como si la organización tuviera una pizarra limpia para escribir nuevas reglas que definan el sistema de recompensas y castigos en su interior. Esto es exactamente lo que hizo Roshan, proveedor líder de telecomunicaciones en Afganistán, para reducir la corrupción.

Con una puntuación de 15/100, Afganistán ocupa el lugar 177 de 180 en el Índice de Percepción de la Corrupción de Transparencia Internacional. Un informe reciente de esta organización sugiere que no es probable que el país cumpla sus compromisos de reducir la corrupción, a pesar de los esfuerzos que se hacen a este respecto en todo su territorio. Sin embargo, Roshan entendió que, para superar la cultura de la corrupción que por mucho tiempo se ha cultivado en Afganistán, tenía que hacer algo diferente.

Quizá mucha gente haya olvidado cómo era hacer llamadas telefónicas en Afganistán hace dos décadas, pero por fortuna Philip Auerswald nos lo recuerda en su libro *The Coming Prosperity* [La prosperidad que viene]. El autor cita a Karim Khoja, fundador de Roshan, quien comentó: "A menos que fueras muy rico, si querías hacer una llamada telefónica tenías que caminar 700 kilómetros hasta el país más cercano. Había una sola compañía de telefonía celular que cobraba 500 dólares por el equipo y 12 dólares por minuto, o tres dólares por llamada local. Tenías que sobornar a sus vendedores sólo para que te recibieran".[31] Hoy en día, Roshan atiende a aproximadamente seis millones de personas y ha ganado reputación por operar en forma ética, con una fuerza de trabajo de 1 200 personas, casi todas afganas. Pero no fue fácil lograr esto. En 2009 Roshan gastaba más de 1 500 dólares por empleado afgano con el fin de capacitarlo tanto en los tecnicismos del negocio como en ética.

Sin embargo, Roshan no se limitó a brindar capacitación ética, confiando en que la gente siempre apelará a su buena naturaleza. La compañía entendió que debía integrar más. De este modo, estableció un departamento de relaciones gubernamentales que maneja las acusaciones y los reportes de corrupción. Se instruyó a los empleados para que, cada vez que se les pidiera que pagaran sobornos, lo reportaran a su departamento, el cual, a su vez, informaría de esas incidencias a los ministros afganos, organizaciones de donantes y miembros de los medios. Hoy, la compañía es considerada un rayo de esperanza y un activo de la comunidad en Afganistán.

Afganistán sigue obteniendo bajas puntuaciones en muchas mediciones de corrupción, pero el caso de Roshan muestra que es posible evitar la corrupción aun en los entornos comerciales más difíciles. Si la transparencia puede comenzar a echar raíces en Afganistán, hay esperanza de que esto también funcione en otras naciones.

DE PIRATA A SUSCRIPTOR

Especialmente en los países pobres, para mucha gente la corrupción es sólo un medio para alcanzar un fin. Estamos seguros de que, si tuvieran alternativa, la mayoría de las personas no decidiría contratar la corrupción para progresar. Y, además de aplicar la moral —la cual a menudo es una estrategia costosa y compleja con resultados mixtos—, no podemos pensar en una estrategia mejor para disminuir la corrupción que la creación de nuevos mercados.

Consideremos lo que ocurrió en la industria musical estadounidense a principios de este siglo: en sucesión relativamente rápida, la cultura de la piratería y de la difusión ilegal de música cedió su lugar a otra cultura en la que los clientes pagan por la transmisión de música en *streaming*.

Si el lector tiene edad suficiente para recordar la era dorada de los "casetes grabados", se acordará de que, después de la innovación de la grabadora de casetes dual, era fácil copiar música. Tanto que cuando uno compraba un casete podía hacer copias para sí mismo y para los amigos. Y muchos grabaron cintas de mezclas para las fiestas, para compartirlas con el novio o la novia, para viajar en carretera. Con las cintas de mezclas hechas en casa podíamos crear el montaje musical correcto para reproducirlo cada vez que quisiéramos. Los ejecutivos de la industria musical pasaron años cabildeando en el Congreso con el fin de lograr una protección más estricta del derecho de autor y gastaron millones de dólares en campañas de concientización diseñadas para evitar que la gente se "robara" la música de esa manera. Pero nada de eso causó mella en la práctica de hacer copias. El ensayista Geoffrey O'Brien llamó a la cinta de mezclas personal "la forma de arte estadounidense más ampliamente practicada". Más exactamente, era el arte de robar a los artistas que adoramos. De pronto, los Estados Unidos se convirtieron en una nación de ladrones de música. Y parecía que eso importaba a muy poca gente fuera de la industria.

De hecho, las cosas empeoraron para el sector musical con el invento de Napster, tecnología pionera para compartir archivos entre amigos, la cual hizo de la práctica de grabar en casa algo pintoresco. De repente, gente de todo el mundo podía compartir toda su música, en cualquier momento, con cualquier persona. Y lo hicieron de manera indiscriminada. La situación creció tanto y resultó tan difícil de manejar que casi todos en la industria musical llevaron a Napster a los tribunales. Y la industria musical ganó. Napster tuvo que suspender sus operaciones y a la postre se declaró en quiebra. Pero aunque la industria musical pudo haber ganado esa batalla, perdió la guerra para evitar que los estadounidenses melómanos compartieran música de forma ilegal. Esa práctica sólo se arraigó mucho más.

En un extraordinario libro confesional titulado *How Music Got Free* [Cómo se liberó la música], el periodista Stephen Witt hace una crónica de su emocionante incursión en el mundo de la piratería musical y su posterior cambio de bando. No dejó de robar música porque hubiera tenido una revelación moral. Más bien, después de años de deleitarse con la furtiva industria de la piratería musical en línea, Witt finalmente decidió desistir en 2014 porque *simplemente no valía la pena la molestia*. Escribe Witt:

La piratería estaba volviéndose demasiado costosa y tomaba demasiado tiempo; después de cierto punto, era más fácil suscribirse a Spotify y a Netflix. La propiedad individual digital "privada" estaba desapareciendo; en el nuevo paradigma, los bienes digitales eran propiedad corporativa y los usuarios pagaban por tener acceso limitado. Al usar Spotify por primera vez entendí de inmediato que las corporaciones habían ganado: su alcance y conveniencia hacían que la creación de archivos musicales *torrent* pareciera algo antiguo. Por primera vez, un negocio legal ofrecía un producto superior a lo que estaba disponible clandestinamente en el *underground*.

La industria musical fue capaz de eliminar a los piratas musicales aquí y allá, pero no podría imponerse hasta que en verdad entendiera por qué la gente "contrataba" esas soluciones alternativas. Estaba jugando una partida de "aplasta al topo". Y lo mismo se aplica a toda la sociedad. Podemos ganar casos contra políticos y prácticas corruptos, pero si no entendemos claramente por qué la gente contrata la corrupción seguiremos gastando recursos duramente ganados combatiendo ese problema. No estamos sugiriendo que el mundo se haga de la vista gorda ante la corrupción, a la espera de que las innovaciones creadoras de mercado terminen por hacerla a un lado. Entendemos que ese proceso tomará tiempo. Pero debemos complementar agresivamente nuestros esfuerzos con las innovaciones creadoras de mercado para estar en posibilidades de ganar la pelea contra la corrupción.

¿Eran corruptos los agentes de Corea del Sur que me exigieron pagar por protección hace 40 años? Según nuestra definición, sí lo eran. ¿Y qué decir de los policías de los países empobrecidos que aceptan sobornos? Absolutamente. ¿Esa gente participa en la corrupción porque de alguna manera está en bancarrota moral? No creo. Para cada una de esas personas la corrupción es una solución para una lucha, y con frecuencia la forma más efectiva en términos de costos para progresar en sus sociedades y mantener a sus familias. Y, como vemos una y otra vez, promulgar nuevas leyes, o incluso castigos más duros, no hará que cambien su comportamiento. Sólo provocará que la corrupción se refugie en la clandestinidad.

No estamos diciendo que la corrupción pueda ser erradicada por completo de una sociedad; sin embargo, sí creemos que puede ser significativamente mitigada. Y esto influye en el potencial para el crecimiento de una sociedad, porque limitar la corrupción permite el surgimiento de la predictibilidad, lo que en último término mejora la confianza y la transparencia. Y, a semejanza de la prosperidad, alcanzar la transparencia es un proceso.

Cuando examinamos la creencia ampliamente extendida de que establecer instituciones sólidas y abolir la corrupción son condiciones para el desarrollo de una economía descubrimos que la innovación, en especial la que crea mercados, puede ser un catalizador crucial para el cambio. Las innovaciones creadoras de mercado tienen la capacidad de *jalar* lo que se necesita, independientemente del estado de la corrupción o de la existencia de instituciones sólidas. Éstas vendrán a continuación. Como lo hará, creemos, la pieza más visible del rompecabezas del desarrollo: la infraestructura.

Capítulo 10

Si lo construyes, ellos pueden no venir

Entre el océano y la montaña [en Ciudad del Cabo] hay una autopista inconclusa. Es una visión extraña en una ciudad hermosa: secciones de camino elevado suspendidas en el aire cuando la construcción se detuvo en la década de 1970. Cuatro décadas después, las descomunales losas de concreto siguen terminando en caídas escarpadas.

El Economista[1]

LA IDEA EN BREVE

Niños sentados en pisos sucios en escuelas de un solo salón, sin pupitres. Pacientes formados en los pasillos de clínicas y hospitales, desesperados por recibir ayuda. Mujeres que recorren largas distancias por caminos de terracería para recolectar agua. Falta de instalaciones de tratamiento de aguas residuales. Caminos intransitables. Vías férreas inoperantes. Puertos ineficientes. La escasez de infraestructura es uno de los signos de pobreza más visibles y una de las razones principales por las que los países pobres no pueden escapar de su ciclo de pobreza, de acuerdo con un reporte de la Conferencia de las Naciones Unidas sobre Comercio y Desarrollo (UNCTAD, por sus siglas en inglés).[2] Si los países pobres pudieran mejorar su infraestructura, dice el razonamiento, las inversiones fluirían hacia ellos y a eso seguiría la prosperidad.

Aunque es cierto que inversionistas y emprendedores, trabajadores del desarrollo y corporaciones multinacionales se frustran por igual debido a la falta de infraestructura confiable en muchas naciones de bajos ingresos todo el orbe, dar por hecho que la prosperidad seguirá a las inversiones en infraestructura no responde una pregunta crítica: ¿qué sustenta el desarrollo *exitoso* de infraestructura? ¿Es tan fácil como que un gobierno o una agencia de desarrollo bienintencionada destinen millones o miles de millones de dólares a la construcción? En este capítulo exploraremos la relación entre innovaciones creadoras de mercado e infraestructura. Descubrimos que, sin un compromiso serio para promover las innovaciones que crean nuevos mercados o mantienen los ya existentes, muchos proyectos de infraestructura están expuestos al fracaso.

Cuando Mo Ibrahim se propuso establecer una compañía de telefonía móvil en el continente africano, él y sus colegas tuvieron que encontrar formas creativas de lidiar con la escasa infraestructura que hallaban, país por país. Eran retos para los que la experiencia de toda una vida en la industria británica de telecomunicaciones no lo había preparado. "Erigir una compañía de telefonía móvil en Europa requiere hacer tratos con las compañías de telecomunicaciones existentes, llenar formatos y hacer llamadas telefónicas", recuerda Ibrahim respecto del proceso, que parecía un juego de niños comparado con lo que estaba a punto de enfrentar. "En África tuvimos que construir literalmente la red, torre por torre."

Al principio, Ibrahim y su equipo se enfocaron en un puñado de países que tenían disponibles licencias de red económicas o gratuitas, como Uganda, Malawi, la República Democrática del Congo, Congo-Brazzaville, Gabón y Sierra Leona. La demanda acumulada era casi abrumadora; no podían esperar para establecerse. Por ejemplo, cuando iniciaron operaciones en Gabón, los clientes derribaron la puerta de una de las oficinas de Celtel tratando de entrar. A tal grado quería la gente hacer llamadas telefónicas. Pero la demanda sólo sirvió para aumentar la necesidad de Ibrahim de instalar la infraestructura necesaria para echar a andar el negocio, lo que constituía una tarea hercúlea. Hacer negocios en un lugar como la República Democrática del Congo al principio fue una pesadilla, pues no había buenos caminos —y a veces ni siquiera malos—. El equipo de Ibrahim tuvo que usar helicópteros para mover sus estaciones y subir equipo pesado a la cima de una colina o llevarlo a la mitad de la nada. Debió imaginar cómo llevar energía eléctrica a esos puntos.

Los equipos de Celtel tuvieron que procurarse su propia agua y electricidad, así como poner combustible en sus generadores y llenarlos con frecuencia. Y había un reto para el cual la vasta experiencia de Ibrahim en la industria de las telecomunicaciones no lo había preparado: no hacer enemigos en ninguno de los grupos combatientes locales en cuyo territorio Celtel necesitaba instalar torres. Los críticos de Ibrahim le advirtieron que nunca podría trabajar en zonas dominadas por los caudillos regionales. Pero resultó que ése era un temor infundado. Los grupos no sólo dieron la bienvenida a las torres de Celtel, sino que las protegieron. Reconocieron rápidamente que hacían posible tener mejor comunicación en tiempos de conflicto. *Los ayudó* a resolver una lucha.

Y así, torre por torre, Ibrahim y su equipo pudieron construir la infraestructura que requerían para hacer despegar su compañía. Al principio fue imperfecta e irregular; sin embargo, a medida que aumentaron los clientes, creció la capacidad de la empresa para crear —o asociarse con los gobiernos locales para crear— la sofisticada infraestructura necesaria para sustentar plenamente la red. Hoy en día, la infraestructura de telecomunicaciones móviles de África mantiene aproximadamente a 1 000 millones de suscriptores. La compañía de Ibrahim no sólo tuvo un éxito salvaje, sino que sus inversiones en infraestructura propiciaron nuevas inversiones y alentaron a una oleada de emprendedores a considerar la industria de las telecomunicaciones africana. De ser inexistente y sin infraestructura hace 20 años, actualmente la industria atrae miles de millones de dólares en inversiones y agrega más de 200 000 millones de dólares en valor económico al continente.

Aunque muchos verían la falta de infraestructura básica en las economías en desarrollo como un obstáculo insuperable o algo que hay que reparar antes de que las compañías puedan establecerse y crecer en los mercados emergentes, otros reconocen que la infraestructura se jala hacia un mercado, poco a poco, a menudo mediante soluciones "lo bastante buenas" donde realmente se necesitan. Basta preguntar a muchos suscriptores de las telecomunicaciones africanas cuánto ha mejorado el servicio celular en las últimas dos décadas. Podrá no ser perfecto hoy, pero es muchísimo mejor de lo que era hace 20, 10, incluso cinco años. Es interesante observar que un fenómeno similar ocurrió en los Estados Unidos hace 150 años. Los proyectos exitosos de infraestructura crecen con las compañías y mejoran a medida que se desarrollan las economías. La buena infraestructura vendrá cuando haya mercados capaces de absorber el costo de construirla y mantenerla.

EMPUJAR INFRAESTRUCTURA
QUE NUNCA FUNCIONA DEL TODO

La idea de que la ruta a la prosperidad consiste en que los gobiernos de los países pobres empujen la infraestructura a sus sociedades antes de que pueda haber un desarrollo significativo no es muy antigua. De hecho, la noción de que las inversiones en infraestructura a gran escala son requisito para el desarrollo económico es una teoría relativamente nueva que comenzó a echar raíces en la década de 1950. Incluso la palabra *infraestructura* no era de uso común hasta que se escribieron varios artículos influyentes que la promovieron como precursora del desarrollo económico.[3] Después de eso se convirtió en sinónimo de una promesa de "progreso", pero a menudo ligada a las cambiantes vicisitudes de los vientos políticos.

Si el lector alguna vez visita Ciudad del Cabo, en Sudáfrica, lo impresionará la vista de una autopista elevada que corre justo por encima del centro de la ciudad, porque literalmente cae, en el aire, con sólo un barandal para evitar que los autos se precipiten por el borde. Ese camino que lleva a ninguna parte ha estado ahí, sin terminar, durante más de 40 años. Originalmente fue planeado, en parte, como un medio para ayudar a algunos de los residentes más pobres de la región a llegar con mayor rapidez a empleos mejor pagados fuera de sus vecindarios. Pero resultó que no había una plétora de empleos mejor pagados a la espera de que la gente encontrara una manera de llegar a ellos. Así que, cuando el financiamiento se agotó y las prioridades cambiaron —y todos esos empleos mejor pagados súbitamente disponibles para los residentes más pobres y faltos de educación no se materializaron—, el puente se convirtió en un deslumbrante símbolo de buenas intenciones que salieron mal. En las últimas cuatro décadas se ha usado como telón de fondo para tomas comerciales y de modelaje, en alguna película o programa de televisión, pero no para mucho más.

Empujar la infraestructura hacia una economía de bajos o medianos ingresos antes de que haya mercados suficientes para usarla puede dar como resultado grandes y hermosos —y en última instancia fallidos— proyectos de infraestructura que cuestan miles y miles de millones de dólares y que se convierten en dolorosos recordatorios de lo que alguna vez pareció posible.

En contraste, como describimos al hablar de Isaac Singer, todavía hay una estación ferroviaria Singer en Escocia, la cual se creó en 1907 para que las máquinas de coser Singer llegaran de forma más eficiente desde la fábrica en Escocia hasta el mercado. El primer gran ferrocarril de los Estados Unidos, la Baltimore and Ohio Company, fue construido por un consorcio de inversionistas y emprendedores de Baltimore y Ohio con el objetivo principal de mejorar el acceso a los mercados. T. Coleman du Pont, ingeniero, hombre de negocios y político estadounidense, miembro de la influyente familia Du Pont, construyó en Delaware la Autopista DuPont, de 160 kilómetros, y después la donó al estado. Hoy la conocemos como Ruta 113 y Ruta 13. Durante la manía por el automóvil en los Estados Unidos, el presidente de Goodyear, Frank Seiberling, prometió donar 300 000 dólares para la construcción de caminos en el país. No lo consultó con su consejo directivo y más tarde dijo que había sido "una medida con la cual [Goodyear] esperaba obtener dividendos".[4] La gente que quería vender neumáticos estaba muy feliz de crear caminos.

Entonces y ahora la realización de proyectos exitosos de infraestructura con frecuencia comienza cuando los emprendedores tratan de resolver un problema con mayor eficiencia. La proliferación de motocicletas y vehículos motorizados en Japón obligó a pavimentar los caminos, o al menos hizo que esa labor fuera más sustentable. En 1949 había menos de 2 000 kilómetros de autopistas pavimentadas y apenas unos 370 000 vehículos motorizados registrados en el país. Una década después el número de vehículos registrados superó los cinco millones, mientras la extensión de autopistas pavimentadas se había más que cuadruplicado. Pero el transporte no es el único sector donde apreciamos ese fenómeno. Está presente en otros sectores, como electricidad, educación, salud, comunicaciones, etcétera. Incluso ahora, compañías de todo el mundo a menudo encabezan esfuerzos de infraestructura esenciales para escalar sus negocios. Como explicamos antes, Tolaram, la compañía de fideos de 1000 millones de dólares, genera su propia electricidad y tratamiento de aguas residuales, y desarrolla activamente lo que se convertirá en uno de los puertos más grandes de África. Posco, empresa acerera de Corea, una de las más grandes del mundo, creó Postech, escuela donde capacita a gerentes y técnicos. Cuando Ford decidió democratizar el automóvil también tuvo que construir y operar algunas vías férreas.

Pese a lo caros que puedan parecer estos proyectos, cuando encontramos cómo comunicar la oportunidad de forma apropiada, el capital viene a continuación. Cuando están conectados con innovaciones creadoras de mercado los proyectos de infraestructura se vuelven más viables y pueden atraer el capital necesario para su construcción y mantenimiento. Pero si esos mismos proyectos se contemplan de forma aislada, difícilmente parecen rentables y, como resultado, se dificulta que atraigan capital.

Mi colega y compañero Joseph Bower, profesor de la Escuela de Negocios de Harvard, describió un fenómeno similar en su libro *Managing the Resource Allocation Process: A Study of Corporate Planning and Investment* [Administración del proceso de asignación de recursos: un estudio de la planeación e inversión corporativas]. En esa obra, Bower explica cuántas buenas ideas languidecen dentro de las corporaciones porque los gerentes de nivel medio no son capaces de comunicar su valor en relación con la forma en que la organización gana dinero. Así, los ejecutivos de alto nivel no tienen siquiera oportunidad de considerar muchos proyectos potencialmente rentables porque los gerentes de nivel medio los califican de no rentables y nunca los someten a su consideración. Con los proyectos de infraestructura, especialmente en los países pobres, ocurre algo similar. Muchos inversionistas pueden abstenerse de considerar financiar un nuevo camino, una universidad técnica, un puerto o un hospital porque con frecuencia esos proyectos sólo se contemplan como inversiones necesarias y no rentables. En cambio, si se ven con el enfoque del mercado que están ayudando a crear o a hacer crecer, muchos de esos proyectos resultarían más interesantes para gobiernos y compañías por igual.

Puede ser tentador pensar que ése es un fenómeno propio de los "países pobres" o de los "mercados emergentes". No lo es. Es un fenómeno tipo "la innovación suele preceder a la infraestructura", tanto para los países pobres como para los ricos. Por ejemplo, a finales de 2017, Facebook y Microsoft crearon una infraestructura digital relevante llamada Marea. Se trata de un cable submarino trasatlántico de 6 500 kilómetros de longitud entre Virginia, Estados Unidos, y Bilbao, España. De acuerdo con Microsoft, éste es el cable de más alta capacidad que haya cruzado el océano Atlántico. Y así como las vías férreas ayudaron a desplazar bienes y servicios en el siglo XIX, la infraestructura de internet nos está ayudando a mover información digital. Sin embargo, Marea no fue financiada por Virginia o Bilbao, sino por Microsoft y Facebook.

En este momento, los países pobres están tratando de reproducir buena parte de la infraestructura que ha crecido y madurado durante cientos de años en los países ricos. Peor aún, esos países a menudo tratan de reproducir diferentes infraestructuras sin conectarlas con las necesidades de las organizaciones, y más específicamente, con las innovaciones creadoras de mercados. Por desgracia, como podemos ver con el frecuente fracaso de proyectos de infraestructura en numerosas naciones, ésa no es una estrategia sustentable.

Afganistán, donde el gobierno de los Estados Unidos ha gastado más de 1 000 millones de dólares en infraestructura educativa con escasos resultados, ofrece un ejemplo. En 2011, según el Ministerio de Educación, había 1 100 escuelas en operación; en 2015 la mayoría de éstas eran edificios vacíos, sin alumnos ni maestros.[5] En Tanzania, un proyecto de 200 millones de dólares para crear una fábrica de papel y pulpa, diseñado con el objetivo de apoyar el compromiso del país con la educación primaria universal (se necesitaba imprimir gran cantidad de libros para los estudiantes), se arruinó cuando los planificadores se dieron cuenta de que era algo demasiado grande y técnicamente complejo para que los tanzanos de aquel tiempo lo manejaran. Fue un proyecto desafortunado, un elefante blanco por cuya factura los tanzanos tuvieron que pagar durante los siguientes 20 años.[6] Algo similar ocurrió con la atención médica en Kabul, donde el Pentágono financió una clínica de atención primaria de alta tecnología. La clínica llegó a atender miles de pacientes al mes, pero fue cerrada en 2013 por carecer de los fondos necesarios para seguir siendo sustentable y solvente. La situación es parecida en el hospital Parirenyatwa, de Zimbabue, el cual atendió alguna vez a miles de zimbabuenses, pero ahora es un local abandonado, con una "inquietante sensación de anormalidad", de acuerdo con un reporte.[7]

¿Por qué esos proyectos que comenzaron con tanta esperanza y promesas fracasaron casi siempre?

CATEGORIZAR LA INFRAESTRUCTURA

Con frecuencia, la infraestructura se define como "las estructuras y las instalaciones físicas y organizacionales básicas *necesarias* para la operación de una sociedad o empresa".[8] Tal definición nos lleva a defender el hecho de que el desarrollo de infraestructura debe perseguirse a toda costa para que pueda verificarse el desarrollo.[9] Según esa definición, vemos toda la infraestructura con la misma lente, esto es, como esencial para las operaciones de una sociedad o empresa. Sin embargo, cuando se entiende el papel de la infraestructura con mayor precisión, puede verse que, si es empujada hacia una economía local antes de que ésta esté lista para ello, rara vez tendrá éxito.

Para comprender por qué muchos proyectos de infraestructura no cumplen sus promesas, primero debemos definir y categorizar adecuadamente la infraestructura. Las categorizaciones importan; son parte fundamental de la forma como nuestros cerebros encuentran sentido a la información. Cuando aprendemos algo nuevo lo ponemos en la categoría mental de "parecido" o "no parecido" a algo más. Es así como entendemos su significado relativo. En el ámbito académico, categorizar apropiadamente problemas, soluciones e ideas es clave para mejorar nuestro conocimiento acerca de cómo funciona el mundo. Si no categorizamos bien, nunca podremos encontrar el sentido de los problemas que tratamos de solucionar. Nunca podremos diagnosticar adecuadamente las fallas de nuestros análisis, lo que significa que nunca seremos capaces de resolver el problema subyacente. No es diferente en el caso de la infraestructura.

Es importante, entonces, entender que la infraestructura se divide en dos categorías: dura y blanda. La primera está integrada por obras como caminos, puentes, sistemas de energía y comunicaciones de una región. La segunda se refiere a los sistemas financieros, el cuidado de la salud y la educación.

Teniendo en mente esta categorización podemos definir la infraestructura de forma diferente, tal vez más útil, como *el mecanismo más eficiente por medio del cual una sociedad almacena o distribuye valor*. Por ejemplo, los caminos son el medio más eficiente que hemos desarrollado para distribuir o transportar autos, camiones y motocicletas; las escuelas son el medio más eficiente para distribuir conocimiento (hasta ahora); los hospitales y las clínicas son el medio más eficiente para distribuir atención médica (a diferencia de la época en que la mayoría de los médicos hacía visitas a domicilio); internet es el medio más eficiente para distribuir información; los puertos son el medio más eficiente para almacenar temporalmente los bienes transportados. Esta definición simplifica por completo el concepto de infraestructura.

FIGURA 10. *Algunos ejemplos de infraestructura y del valor que almacenan, distribuyen, o ambos*

Infraestructura	Categoría	Valor	Almacena o distribuye
Escuelas	Blanda	Conocimiento	Distribuye
Sistema financiero	Blanda	Crédito	Ambos
Puertos	Dura	Bienes	Almacena
Electricidad	Dura	Energía	Ambos
Sistema de tratamiento de aguas negras	Dura	Tratamiento de aguas negras	Distribuye
Caminos y puentes	Dura	Autos, camiones, motocicletas, bicicletas, etcétera	Ambos
Obras hidráulicas	Dura	Agua	Ambos

Entender el propósito funcional de la infraestructura con este grado de detalle nos ayuda a descubrir dos de sus atributos principales:

1. En última instancia, el valor de la infraestructura está indisolublemente ligado al valor que almacena o distribuye.
2. El valor almacenado o distribuido debe justificar —y en último término contribuir a cubrir— el costo de la construcción o el mantenimiento de la infraestructura.

Expliquemos lo que queremos decir.

CUANDO LAS ESCUELAS NO SON SINÓNIMO DE EDUCACIÓN

¿Cómo se determina el valor de la infraestructura en educación, cuidado de la salud o transporte de un país? ¿Esa infraestructura no vale tanto —o tan poco— como el valor que proporciona a sus ciudadanos? Existe una tendencia a construir infraestructura sin tomarse el tiempo de entender la delicada conexión que hay entre aquélla y el valor que distribuye o almacena.

La infraestructura existe para servir a un propósito. No crea valor en sí misma, sino que lo distribuye o lo almacena.[10] Por ejemplo, desafortunadamente muchos países pobres están construyendo escuelas que no distribuyen un valor real entre los estudiantes. Y así, aunque celebremos el hecho de que la infraestructura educativa está "mejorando", el valor real —es decir, la calidad de la educación que se proporciona a los estudiantes— es bajo. "Actualmente hay más niños en la escuela que nunca antes. La atención internacional que se ha puesto en mejorar el número de inscripciones y en metas como los Objetivos de Desarrollo del Segundo Milenio [de la ONU] ha tenido mucho que ver en esa mejoría", observa Lant Pritchett, de la Escuela Kennedy de Harvard, quien ha escrito profusamente sobre el tema. "Pero mientras ha habido muchos objetivos relacionados con la escolarización, no ha habido un objetivo educativo internacional, y construir escuelas —para decirlo claramente— *no es lo mismo que dar educación*."[11] En esencia, la escuela no es sinónimo de educación.

Lo que Pritchett describe influye en el valor de la educación que reciben muchos estudiantes en las naciones pobres. Por ejemplo, aun cuando hoy por hoy la tasa de inscripciones para la escuela primaria en la mayoría de los países de bajos ingresos está casi al nivel de la de los países de altos ingresos, la calidad de la educación no podría ser más diferente.[12] Las evaluaciones internacionales de alfabetización y aritmética elemental muestran que el estudiante promedio de un país de escasos ingresos tiene peor desempeño que 95 por ciento de los estudiantes de los países de altos ingresos. Además, los estudiantes que en los países de bajos ingresos forman parte del 25 % más avanzado de sus clases pertenecerían al 25 % más atrasado en los países de altos ingresos.[13]

La situación no parece diferir de forma significativa para quienes completan el sistema educativo en buen número de países pobres. El valor que muchos obtienen incluso de la infraestructura educativa más alta también parece muy bajo. En Ghana, por ejemplo, numerosos graduados universitarios que no pueden encontrar empleo han creado la Asociación de Graduados Universitarios Desempleados (que a finales de 2017 cambió su nombre por el más optimista de Asociación de Graduados en Desarrollo de Habilidades). Túnez también cuenta con una organización similar, la Unión de Graduados Universitarios Desempleados. En Nigeria, Sudáfrica y Kenia el desempleo entre los graduados universitarios continúa disparándose, y ahora los estudiantes están considerando el autoempleo como su opción más viable para llegar a fin de mes.[14]

Aunque esas naciones pueden jactarse de estar elevando las tasas de inscripciones en educación primaria, secundaria y superior, el valor que sus escuelas distribuyen es bajo. Lo mismo puede decirse de otras formas de infraestructura, del cuidado de la salud y del transporte. El valor de esa infraestructura es igual al valor que puede distribuir entre los ciudadanos. Si no puede hacer esto último de forma eficiente, rentable y sustentable, es poco probable que perviva.

¿QUIÉN CORRE CON LOS GASTOS?

Las ceremonias de inauguración de espectaculares obras de infraestructura son frecuentes en muchos países ricos y pobres. Representan una oportunidad para que los políticos destaquen (o se lleven el crédito por) el trabajo que hacen para servir a la gente. Sin embargo, muchos proyectos de infraestructura que son empujados hacia las comunidades pobres no almacenan ni distribuyen el valor suficiente para justificar su construcción y mantenimiento. Las ceremonias se olvidan rápidamente cuando los alguna vez promisorios esfuerzos languidecen sin generar ganancias suficientes para mantenerse.

Si el valor de lo que está siendo almacenado o distribuido en una infraestructura particular no es capaz de financiar (a menudo mediante impuestos directos o indirectos o por medio de las tarifas que cobran los proveedores de las obras) su desarrollo y mantenimiento, es muy probable que el proyecto fracase. Por desgracia, si eso sigue sucediendo, los países pobres continuarán pidiendo préstamos para financiar obras de infraestructura a gran escala y quizá nunca salgan de su ciclo de deudas. En marzo de 2018 el Fondo Monetario Internacional (FMI) publicó un informe según el cual 40 por ciento de los países de bajos ingresos está ahora en una crisis de endeudamiento, o tiene una alta propensión a estarlo.

Consideremos el ejemplo del Ferrocarril Mombasa-Nairobi Standard Gauge Railway, recientemente comisionado, que comenzó a operar en mayo de 2017. Un reciente artículo publicado en *The Economist* señala que el ferrocarril de 3 200 millones de dólares "puede nunca hacer dinero". Se suponía que la nueva línea ferrocarrilera transportaría algo así como 40 por ciento de la carga del puerto de Mombasa, pero en su primer mes sólo trasladó dos por ciento. Desafortunadamente, la economía de la inversión no parecía estar acumulándose. Un estudio del Banco Mundial de 2013 calculó que "la nueva vía ferroviaria será viable sólo si puede mover cuando menos 20 millones de toneladas al año, casi todo lo que pasa por el puerto [de Mombasa]. Cuando mucho, transportará la mitad de eso".[15] Ya existen pruebas de que la vía férrea no será sustentable, y si no recibe mantenimiento adecuado quizá no dure mucho tiempo.

Sin embargo, la deuda de Kenia con los chinos que financiaron y construye-ron la obra sí durará, y crecerá debido a los intereses. Parece que el problema no es la ausencia de vías férreas (infraestructura) *per se,* sino la ausencia de valor (innovaciones) para mover en esa vía.

Hay muchos ejemplos de hospitales, escuelas y otras obras de infraestruc-tura que no desplazan o almacenan valor suficiente para seguir siendo econó-micamente viables. En Brasil hay tantos proyectos de infraestructura fallidos que resulta difícil contarlos. Por ejemplo, un teleférico de 32 millones de dóla-res diseñado para transportar a los residentes de la cima de una favela en Río de Janeiro no ha funcionado desde 2012: no había los suficientes pasajeros para justificar su mantenimiento. Existen otros proyectos dentro y alrededor del país, incluyendo una red de canales de concreto de 3 400 millones de dóla-res en la parte noreste, docenas de nuevos campos eólicos y varios estadios y ferrocarriles. Es como si los proyectos de infraestructura no pudieran sobre-vivir en el clima brasileño.[16]

Una vez que entendemos qué es la infraestructura y cómo se relaciona con el valor que almacena o distribuye, ¿cómo podemos invertir de forma más sus-tentable en proyectos viables?

DESARROLLO DE INFRAESTRUCTURA

El desarrollo de la infraestructura no sólo es costoso en términos económicos, políticos y sociales; a menudo no cumple su promesa de influir en la economía de países pobres y ricos. Por ejemplo, el economista danés Bent Flyvberg, quien ha realizado una amplia investigación sobre megaproyectos (aquellos que cues-tan más de 1 000 millones de dólares) y riesgo, señala que nueve de cada 10 megaproyectos son tardíos, rebasan su presupuesto y tienen bajo desempeño respecto de sus proyecciones económicas. Y la mayoría de los problemas y estu-dios que Flyvberg cita no están en los países más pobres del mundo, que care-cen de capacidad institucional, progreso tecnológico y visión gerencial para administrar esos grandes proyectos; se encuentran en las naciones más ricas.[17]

Esto hace que empujar la infraestructura sea todavía más difícil en los paí-ses pobres. Por definición, éstos no tienen fondos para invertir en infraestructu-ra, y sus gobiernos no pueden atraer las inversiones necesarias para construir y mantener su escasa infraestructura. A la luz de los altos costos de la infraestruc-tura y de la severa carencia de inversiones en los países pobres, ¿qué esperanza existe para el desarrollo de su infraestructura? Hay poca esperanza cuando se piensa en la infraestructura de la manera convencional, esencialmente como condición indispensable para el desarrollo, financiada casi de modo exclusivo por el gobierno o por agencias u ONG bienintencionadas. Sin embargo, cuando el desarrollo de infraestructura se jala a la sociedad mediante innovaciones que crean mercados, las inversiones se vuelven más viables. De pronto, el alto costo del desarrollo de infraestructura se vuelve más manejable y suele ser absorbido por los nuevos mercados que se han generado (impuestos, tarifas para usar la infraestructura recién construida, o bien compañías que realizan inversiones a largo plazo, incorporándolas a sus modelos de negocios).

En la India, el Sistema de Atención Oftalmológica Aravind, el hospital de cuidado de los ojos más grande y productivo del mundo, atrae la infraestructura que necesita para proporcionar atención médica a millones de personas. El hospital ha tratado a más de 32 millones de pacientes y ha realizado más de cuatro millones de cirugías oculares. Pero Aravind no recluta enfermeros entrenados; en vez de eso absorbe los costos de la capacitación del personal de enfermería y de otros profesionales de la salud. El hospital contrata gente inteligente, la capacita y luego le ofrece empleo en la prestigiada organización. "No vienen de la escuela de enfermería; nosotros les damos la capacitación", dijo R. D. Thulasiraj, uno de los líderes de Aravind. "Es como obtener un grado prestigiado y capacitación, todo en uno."[18]

Aravind puede absorber el costo de su infraestructura educativa en gran parte porque ha creado un vasto mercado para las cirugías oculares en la India y debe asegurar la calidad del cuidado que reciben sus pacientes. Y como hay pocas escuelas que entrenen a los trabajadores de la salud al nivel que Aravind necesita, la compañía debe absorber el costo de la educación en su modelo de negocios. La mayoría de los pacientes de Aravind tiene muy bajos ingresos, pero la organización ha desarrollado un modelo de negocios tan original y sustentable que se han escrito numerosos estudios de caso acerca de él. El modelo de Aravind no sólo comprende la capacitación intensiva del personal médico con el fin de optimizarlo para que trabaje en el hospital; también incluye la manufactura de lentes intraoculares (LIO) y otras actividades. Los LIO son parte integral de las cirugías que realiza el hospital. Antes de construir su planta manufacturera, Aravind importaba los LIO de los Estados Unidos a un costo aproximado de 30 dólares. Cuando la empresa terminó su planta, el precio de los lentes descendió a una cuarta parte del costo de los que provenían de los Estados Unidos.[19]

Si el doctor Govindappa Venkataswamy, fundador de Aravind, hubiera esperado a que el gobierno indio creara infraestructura de educación médica, el hospital de medicina ocular más productivo y grande del mundo no existiría hoy.

¿PERO NO ES ÉSE EL TRABAJO DEL GOBIERNO?

Pensar que de alguna manera estamos dejando que los gobiernos se desentiendan de desarrollar, financiar y administrar infraestructura puede resultar incómodo. ¿No es ésta una parte crucial de lo que se supone que el gobierno debe hacer por la sociedad?

De hecho, el desarrollo de infraestructura ciertamente ha evolucionado hasta convertirse en responsabilidad del gobierno, y no estamos absolviendo a éste de sus obligaciones. Pero, de nuevo, *la secuencia importa*. La historia está llena de ejemplos de emprendedores e innovadores creativos que encuentran una ruta más rápida para crear la infraestructura que sus negocios necesitan mucho antes de que el gobierno esté dispuesto a —o pueda— hacerse cargo.

Como vimos antes, en los Estados Unidos, emprendedores y compañías fueron quienes crearon la mayoría de los primeros caminos, vías férreas y canales. Entonces el gobierno no podía financiarlos, así que muchas de esas compañías emitieron acciones y bonos para pagar su construcción. En Nueva Inglaterra, por ejemplo, las compañías invirtieron más de seis millones de dólares, lo que ayudó a construir miles de kilómetros de autopistas. Nueva York y Pensilvania siguieron el ejemplo, concediendo cartas de autorización a cientos de corporaciones privadas que invirtieron decenas de millones de dólares para la construcción de miles de kilómetros de caminos.[20]

Con el tiempo, el gobierno se involucró más, no sólo en el desarrollo y el manejo de la infraestructura, sino también en el establecimiento de estándares. Por ejemplo, como distintas compañías construían y administraban las vías férreas en los Estados Unidos, usaban el ancho de vía —esto es, el espacio entre los rieles— que más les conviniera, desde la medida estándar hasta una estrecha o bien una amplia. Naturalmente, esto limitaba la eficiencia de una creciente red nacional de vías férreas, porque los trenes necesitaban ajustarse para maniobrar con esas diferentes medidas, y a lo largo de su viaje los pasajeros y la carga debían cambiar de trenes, dependiendo de la medida de las vías. En 1863 el gobierno aprobó la Pacific Railway Act, ley que ordenaba que cada nueva vía férrea federal se construyera con la "medida estándar". Aunque la disposición no afectó directamente a las vías privadas, sí tuvo un efecto indirecto. Después de la Guerra Civil el comercio entre el norte y el sur comenzó a crecer, y las diferentes medidas en el país (especialmente en el sur) fueron serio obstáculo para esa actividad. Puesto que la mayoría de las medidas en el país en ese tiempo eran estándares, los constructores de vías sureños decidieron adoptarlas en 1886.

Hoy en día, considerando el tamaño, la escala y la importancia de la mayoría de las obras de infraestructura —especialmente desde el punto de vista de la seguridad nacional—, los gobiernos tienen la tarea de administrarlas y financiarlas. Sin embargo, países diferentes deben tener distintas estrategias de infraestructura, en función de las necesidades de sus ciudadanos y sus industrias, así como de los mercados que esperan crear.

Generar y mantener infraestructura suele ser demasiado costoso para que los gobiernos de los países pobres la financien y administren, especialmente cuando hay poca o ninguna base de innovaciones creadoras de mercado. De acuerdo con la Sociedad Estadounidense de Ingenieros Civiles, los Estados Unidos, el país más rico del mundo, obtuvo una calificación D+ por el estado de su infraestructura, y necesita más de 4.5 billones de dólares para alcanzar la calificación B; siendo así, ¿cómo pueden los gobiernos de Honduras, Togo o Liberia comenzar siquiera a considerar desarrollar su infraestructura?[21]

En su mayor parte, los primeros emprendedores que invirtieron millones de dólares para generar infraestructura lo hicieron no porque eso fuera rentable en sí mismo, sino porque construir caminos, vías férreas, canales y obras de comunicación ayudó a mejorar otros de sus intereses comerciales.[22] Lo mismo vemos hoy en día con muchas organizaciones que trabajan en los países pobres, las cuales entienden la necesidad de crear mercados y el proceso de establecer negocios exitosos en naciones de ingresos bajos y medianos, de modo que invierten en su propia infraestructura porque es esencial para su empresa. Las compañías del sector manufacturero financian sus propios programas educativos porque son fundamentales para su negocio. No confían en el conocimiento que los estudiantes obtienen en las universidades locales. Esto no es atípico.

"Si lo construyes, él vendrá." Ésta es una de las frases más famosas del cine de Hollywood de las últimas décadas. En la película *Campo de sueños* (1989), el esforzado granjero de Iowa, Ray Kinsella, interpretado por el actor Kevin Costner, recibe instrucciones de una voz misteriosa para construir un campo de béisbol en medio de su sembradío de maíz. Y resulta que eso resuelve todos sus problemas. Pero creemos que, para los gobiernos de los países pobres, el consejo inverso sería mucho más poderoso: si vienen, lo construyes.

SI VIENEN, LO CONSTRUIREMOS...

Cuando los agentes del desarrollo económico, como emprendedores, especialistas en desarrollo y creadores de políticas, trabajan para establecer mercados que requieren infraestructura, ésta tiene mayor oportunidad no sólo de sobrevivir, sino también de crecer. Así como las innovaciones iniciales suelen ser de mala calidad, las que han identificado una oportunidad de mercado tienden a mejorar cada vez más. Lo mismo se aplica a la infraestructura: la que es jalada por la presión de una innovación creadora de mercado a menudo sólo es "lo bastante buena" para sobrevivir. Puede comenzar de esta manera, pero casi siempre mejorará si hay una buena razón para ello (por lo general, un mercado vigoroso). Cuando los gobiernos otorgan su apoyo, haciendo que esa infraestructura sirva a una población mucho más amplia, el progreso es más rápido.

Puede resultar tentador comparar la inversión en infraestructura que hacen las compañías en los países pobres con el fin de obtener una solución "lo bastante buena" con la que hacen las compañías de los países ricos que dirigen el mismo tipo de negocios, y concluir que la inversión es enorme en ambos casos. Pero el contexto importa. En muchas naciones de bajos ingresos, si las compañías no pueden confiar en sus proveedores, deben integrarse verticalmente, adquiriendo o administrando partes de su negocio que normalmente encargarían a agentes externos, como la distribución, la electricidad, la educación, etcétera. En última instancia, el proceso de integración vertical, cuando los proveedores no son confiables, ayuda a las compañías a reducir costos. Casi siempre es un paso indispensable en la fase de creación de mercado de una compañía. Los costos iniciales pueden ser altos, pero con el tiempo los beneficios serán claros. Con frecuencia, una inversión necesaria en infraestructura que comienza siendo un centro de costos para las empresas termina convirtiéndose en un centro de utilidades. Muchas de las compañías que hemos mencionado son ejemplos claros de esto cuando comienzan a "vender" la infraestructura que desarrollaron a otras empresas que la requieren.

No hay duda de que es difícil generar y después conservar la infraestructura. Sería *más fácil* depender de que los gobiernos tomaran la estafeta y aliviar de esa preocupación y responsabilidad a la empresa privada. Pero la historia nos dice que eso simplemente no sucede.

Cuando se crea un mercado las utilidades que se obtienen ayudan a pagar la infraestructura que ha sido jalada a la economía. Así es como se desarrollaron muchos grandes proyectos de infraestructura en los Estados Unidos. Por sí mismas, numerosas obras de infraestructura —caminos, vías férreas, canales, etcétera— no eran rentables. Sin embargo, una vez que fueron jaladas a una economía estadounidense, que creaba gran cantidad de valor que debía ser almacenado o transportado, se volvieron viables. La ecuación infraestructura-innovación no ha cambiado. Jalar la infraestructura a la economía es algo mucho más poderoso a largo plazo.

EL VALOR IMPORTA

En definitiva, primero necesitamos realizar el arduo trabajo de crear el *valor* que pretendemos almacenar o distribuir en una infraestructura en particular; de lo contrario seremos víctimas de la doctrina de "primero la infraestructura" y correremos el riesgo de caer en una situación muy difícil, en la cual, si tenemos éxito, habremos edificado una casa en la que nadie puede darse el lujo de vivir.

Sin embargo, construir esa casa tiene su atractivo, y eso lo entendemos muy bien. La organización de Efosa, Poverty Stops Here, recaudó decenas de miles de dólares y creó cinco pozos antes de que Efosa entendiera que la ecuación no estaba funcionando. Los pozos terminados —esto es, la infraestructura acuífera— produjeron la sensación de logro. ¿Cómo podía no ser algo bueno? Pero los pozos no estaban conectados a una organización capaz de crear valor duradero a partir de ellos. En consecuencia, todos menos uno terminaron averiándose y fueron abandonados.

Las economías de todo el mundo tienen más en común de lo que podríamos pensar en un inicio; sólo se encuentran en distintas etapas del desarrollo. Por ejemplo, cuando leo acerca de Tolaram, esta empresa me recuerda a la Ford Motor Company durante sus primeros días. Cuando viajo a la India y me entero de la existencia de compañías como Zoho, que financia programas de capacitación para su personal de tecnología de la información, pienso en Posco y en cómo esta firma creó Postech. El desarrollo sustentable de infraestructura es posible y puede suceder de forma más predecible. Pero primero debemos entender bien la ecuación.

Sección 4

¿Y ahora qué?

Capítulo 11

De la paradoja de la prosperidad al proceso de la prosperidad

> Casi todas las cosas que vale la pena hacer en el mundo fueron
> declaradas imposibles antes de ser realizadas.
>
> Louis D. Brandeis

LA IDEA EN BREVE

¿Prosperidad para todos? Parece algo imposible. Pero pensemos que me tocó ver cómo Corea del Sur fue considerada "caso perdido", un país tan pobre que muchos economistas lo descartaron. Hoy, sin embargo, ha emergido de la pobreza a la prosperidad, y lo hizo "más rápido que los Estados Unidos, Gran Bretaña e incluso Japón", según informa el *New York Times*. Aunque la ruta a la prosperidad puede diferir de país en país, y en última instancia dependerá de las circunstancias económicas actuales de cada nación, creemos que la paradoja de la prosperidad puede convertirse en el proceso de la prosperidad, sustentado por un compromiso continuo con la innovación.

No conocemos las respuestas a todos los problemas del desarrollo. Pero esperamos que nuestro libro ofrezca un conjunto de nuevas lentes para ver el mundo. Confiamos en que, mediante algunos de los principios que hemos descrito, las historias que hemos expuesto y las teorías que hemos explorado, el lector pueda comenzar a plantearse a sí mismo y a aquellos que lo rodean las preguntas que finalmente nos ayudarán a resolver el aparentemente invencible problema de la pobreza global.

Mi cuñado Reed Quinn ha desarrollado buena parte de su carrera como cirujano cardiotorácico pediátrico en el estado de Maine. Por lo que me cuenta, creo que podría estar operando cada minuto que pasa despierto y nunca lograría satisfacer la demanda de sus servicios. Los problemas cardiacos congénitos son la forma más común de defectos de nacimiento; cada año se presentan en alrededor de 40 000 bebés en los Estados Unidos. Miles de niños nacen con problemas cardiacos tan graves que casi siempre requieren complejas operaciones de alto riesgo para tener una oportunidad de sobrevivir. Sólo puedo imaginar el dolor que experimenta una familia al descubrir esto. Sin embargo, una cirugía cardiaca exitosa puede cambiar por completo la trayectoria vital de un niño.

La oportunidad de causar un impacto en el mayor número posible de vidas es lo que motiva a Reed, quien ha pasado toda su carrera tratando de encontrar formas de hacer más. "Jamás hemos dejado de operar a nadie en el estado que lo haya necesitado", dijo al *Portland Press Herald* hace algunos años. "No sé quién me paga y quién no, y realmente no me importa." Ése es Reed. Pero, además de ocuparse de la población local, también atiende a niños de países empobrecidos en todo el mundo a través de la Fundación para la Cirugía Cardiaca Pediátrica de Maine, organización fundada por él. Durante sus muchos viajes a distintos países, incluyendo China y Kenia, Reed ha realizado montones de cirugías y capacitado a varios médicos.

Yo no tenía idea de lo que suponía el trabajo de Reed hasta que hablé con él, y estoy sorprendido y admirado por su generosa devoción. Hoy en día, muchos niños de todo el mundo le deben la vida a Reed Quinn y a otros médicos y enfermeras como él. Pero no puedo evitar pensar en todos los pequeños que nunca tendrán la oportunidad de conocer a su Reed Quinn. El problema parece abrumador.

Podemos sentirnos tentados a arrojar la toalla y concluir que la situación es demasiado complicada y cara su solución en los países pobres, alejados de los recursos de un hospital bien financiado. Por fortuna, esto sólo es verdad en parte. Puede no haber suficientes médicos dedicados que pasen cada hora que están despiertos ayudando a los niños a recibir la atención médica que salvará su vida, pero eso no significa que no podamos encontrar una forma mejor de apoyar a la gente. Esto requiere que nos pongamos unas lentes distintas, que nos permitan desarrollar un conjunto de *procesos* que escalen radicalmente lo que los médicos como Reed pueden hacer.

Ahí es donde se revela la importancia de la innovación. En el capítulo 1 la definimos como "un cambio en los procesos por los cuales una organización transforma el trabajo, el capital, los materiales y la información en productos y servicios de mayor valor". Por lo general, cuando las organizaciones se forman, mucho de lo que realizan es atribuible a sus *recursos,* en particular a su gente. La adición o partida de unas pocas personas clave puede tener profunda influencia en su éxito. Esas personas, muchas de las cuales son valientes y altamente calificadas —es el caso de un brillante emprendedor o un médico apasionado—, son difíciles de remplazar.

Pero ahí es cuando las innovaciones creadoras de mercado desempeñan un papel crucial. Nos ayudan a desarrollar los procesos necesarios para convertir los complicados y costosos servicios que un solo visionario ofrece en otros más simples y asequibles para que más gente pueda tener acceso a ellos. Al principio, una organización sobrevive con sus propios recursos, pero prospera en el largo plazo gracias a sus *procesos*.

Consideremos el caso de Narayana Health.

EL PODER DE LOS PROCESOS

Narayana Health (NH) es una cadena india de hospitales de multiespecialidad; cuenta con más de 7 000 camas de hospital, siete centros cardiacos de clase mundial y 19 instalaciones de atención sanitaria básica. El doctor Devi Prasad Shetty, que alguna vez fue médico personal de la madre Teresa, fundó y construyó NH en la India, uno de los países más pobres del mundo, perpetuamente aquejado por la corrupción y la malversación. El sueño del doctor Shetty de "curar a los pobres del mundo por menos de un dólar al día" recuerda la declaración de Henry Ford de que construiría "un auto para las multitudes", con "un precio tan bajo que cualquier hombre que gane un buen salario podrá cubrirlo". Y de la misma forma en que la declaración de Ford se convirtió en realidad, hoy el sueño del doctor Shetty está mucho más cerca de materializarse que en julio de 2000, cuando NH comenzó a operar. Muy a la manera de Ford, el doctor Shetty se concentró en mejorar el *proceso* mediante el cual NH presta atención médica; al hacerlo ha democratizado el acceso a algunos de los procedimientos quirúrgicos más caros y complicados, como cirugías de corazón, cerebro y columna vertebral.

El enfoque de NH y su compromiso con el desarrollo de los procesos necesarios para crear un nuevo mercado que proporcione atención médica asequible y de calidad para muchas personas en la India está en el núcleo de lo que impulsa a la compañía. La atención médica económica, aun en los países ricos, está volviéndose un término inexacto. Por ejemplo, en los Estados Unidos cada año gastamos algo así como 3.3 billones de dólares —10 348 dólares por persona— en atención médica, lo que hace que el cuidado de la salud sea efectivamente incosteable para muchos.[1] En Gran Bretaña se dice que el Servicio Nacional de Salud está "amenazado" o "en crisis" y que necesita un nuevo modelo si quiere sobrevivir.[2] La atención médica económica en los países pobres es un asunto totalmente diferente, porque la mayoría no puede proporcionar servicios sanitarios básicos a sus ciudadanos, y mucho menos cuidados avanzados, como atención cardiaca, neurocirugía y otras complejas intervenciones médicas y quirúrgicas. Consideremos, por ejemplo, las cirugías cardiacas, área en la que NH se especializa; en el Reino Unido y en los Estados Unidos una cirugía a corazón abierto puede llegar a costar 70 000 y 150 000 dólares, respectivamente. La mayoría de los indios no gana esa cantidad en toda su vida. Como resultado, cuando NH comenzó operaciones, de los 2.4 millones de personas que necesitaban cirugía cardiaca cada año menos de cinco por ciento podía someterse a ella. El doctor Shetty vio en esta lucha la oportunidad de crear un nuevo mercado para la atención cardiológica. Y así lo hizo.

Hoy en día, NH realiza cirugías a corazón abierto por 1 000 o 2 000 dólares, mientras logra tasas de mortalidad e infección similares a las de numerosos hospitales de los Estados Unidos.[3] Pero no sólo eso: hoy por hoy, el hospital ofrece cada año atención médica de calidad en más de 30 especialidades —entre ellas oncología, neurología, ortopedia y gastroenterología— a decenas de miles de indios. Como resultado, el valor actual de NH es de aproximadamente 1 000 millones de dólares; asimismo, la compañía emplea directamente a más de 14 000 personas y ha capacitado a miles de trabajadores de la salud que ahora se desempeñan en otros hospitales de la India y del extranjero.

A primera vista, lo que ha creado el doctor Shetty puede parecer imposible. Pero nosotros lo vemos de forma diferente. Su cadena de hospitales constituye un ejemplo de que el progreso es posible cuando se piensa en problemas aparentemente sin solución, sea en el ámbito de los servicios sanitarios o en otros campos. Shetty tuvo éxito no sólo porque logró ver una forma mejor de solucionar los problemas cardiacos en la India; también porque dentro de su organización creó los procesos que podían escalar lo que él era capaz de hacer personalmente.

Con el tiempo, las capacidades de una organización se desplazan principalmente de los recursos a los procesos, y el modelo de negocios determina lo que se debe priorizar. A medida que las personas trabajan juntas para abordar con éxito las tareas recurrentes, los procesos se refinan y definen. Y conforme el modelo de negocios toma forma y se aclara qué tipo de actividades deben revestir la importancia más alta, las prioridades se fusionan. Pensemos cómo el doctor Shetty se concentró en crear procesos en su organización.

En primer lugar, Shetty sabía que NH debía proporcionar atención de excelente calidad, así que desarrolló un modelo de negocios con procesos que aseguraran la máxima utilización de los costosos recursos de la organización —médicos, enfermeras, edificios, equipo médico, etcétera—. Si NH podía aumentar la utilización, pensaba Shetty, se reduciría el costo por unidad de cada transacción con un paciente. Por ejemplo, el hospital utiliza sus máquinas para realizar pruebas de sangre más de 500 veces al día, mientras otros hospitales usan las suyas sólo unas cuantas veces por jornada. Al principio, cada día el hospital realizaba 19 cirugías a corazón abierto y 25 procedimientos de cateterización, más de 700 por ciento que el hospital indio promedio. A cuatro años de su fundación, NH llevaba a cabo casi 200 cirugías anuales por cirujano, un volumen y un ritmo mayores que el de muchas instituciones de salud de clase mundial.[4] Esto permitió a NH no sólo reducir costos, sino también ofrecer la mejor calidad: los cirujanos se vuelven mejores mientras más cirugías realicen.

NH desarrolló también un modelo de negocios tan innovador que sus eficientes procesos le permitieron atender de manera rentable a indios pobres y ricos. Además de aumentar la utilización de sus recursos, desde equipos hasta médicos, la empresa ofreció servicios escalonados a sus pacientes. La organización reconoció que los pacientes más ricos probablemente pagarían por servicios extras como cuartos privados y otras comodidades. NH también cobra los procedimientos a los pacientes dependiendo de su nivel de ingresos, hasta una cantidad máxima. De esta forma, las cirugías cardiacas cuestan a los pacientes de bajos ingresos 60 por ciento menos que a los pacientes más acaudalados, quienes pueden pagar las cirugías. E incluso con esa tasa los pacientes más ricos pagan cerca de 2 000 dólares por una cirugía que les costaría unos 5 500 dólares en otros hospitales de la India. NH nunca ha rechazado a un paciente. En 2017 la organización generó más de 280 millones de dólares en ganancias y más de 12 millones en utilidades.[5]

NH entendió el valor de jalar al interior de la organización mucha infraestructura que no estaba disponible en la India, comenzando por la educación. El hospital tenía 19 programas de posgrado para los trabajadores de la salud, de cirugía cardiotorácica a tecnología de laboratorio médico. La capacitación era tan buena que las enfermeras del hospital eran conocidas en toda la región por su excelencia técnica y clínica. Sin embargo, esto conllevó una desventaja, ya que las enfermeras a menudo eran reclutadas por otras organizaciones. No obstante, Rohini Paul, directora de enfermería de NH, no lo veía así: "Aunque pagamos los salarios más altos, perdemos a muchas de nuestras enfermeras porque las habilidades que adquieren aquí las ayudan a ganar mejor en el extranjero. Pero esto no nos preocupa porque hay muchas más enfermeras esperando unirse [a nosotros]".[6] Y no podría tener más razón. Cuando otra organización jala a una enfermera fuera de NH hay un vacío que debe llenarse para seguir atendiendo a los no consumidores. Esto crea más oportunidades para otras personas del país.

La capacitación no es la única área que NH integró en su modelo de negocios. Como hemos descrito a lo largo de este libro, cuando están creando un mercado, las organizaciones deben incurrir en costos de "desarrollo de merca-do" que pueden no parecer "centrales" para su modelo de negocios, pero que de hecho resultan esenciales para crecer y progresar. Por ejemplo, NH desarro-lló un seguro llamado Yeshasvini. Por sólo 11 centavos de dólar al mes un inte-grante de un hogar de bajos ingresos, por lo común una cooperativa agrícola, puede obtener un seguro de gastos médicos que cubrirá hasta 2 200 dólares en gastos de salud. Pensémoslo así: una póliza que cuesta 11 centavos de dólar al mes puede cubrir una cirugía a corazón abierto. Desde su origen, este seguro ha sido adquirido por más de 7.5 millones de personas. El programa ha tenido tanto éxito que el doctor Shetty pudo captar el apoyo del gobierno. En 2016 las ganancias por las pólizas ascendieron a 14 millones de dólares, mientras que el gobierno del estado de Karnataka contribuyó con 26.5 millones. Pero fue NH quien jaló al gobierno, no al revés.

NH hizo varias otras cosas que un hospital común puede no hacer, como ofrecer laboratorios móviles de diagnóstico cardiaco (grandes autobuses equi-pados con equipo médico, cardiólogos y técnicos) que recorren las comuni-dades pobres. Como los ejecutivos de Tolaram que se preguntaron "¿de qué sirve que tu producto sea económico si no está disponible?", los médicos de NH entendieron que no servía de mucho crear atención médica asequible si los pacientes no tenían acceso a ella. Aunque muchas de esas inversiones pue-den parecer gastos innecesarios vistas desde fuera, se vuelven absolutamen-te necesarias una vez que las organizaciones comienzan a enfocarse en crear un mercado donde antes no existía ninguno.

Los resultados de NH son ejemplares. Pese a haber comenzado dando sólo atención cardiológica, el doctor Shetty incursionó gradualmente en otras espe-cialidades con el mismo rigor en el ahorro de costos, alta calidad e intensa efi-ciencia. NH redujo el costo de los trasplantes de médula de aproximadamente 27 000 dólares, el promedio nacional, a poco menos de un tercio, esto es 8 900 dólares. La cirugía cerebral costaría unos 1 000 dólares y la de columna 550. Esto desató un gran auge del turismo médico en la India. Únicamente en 2016 NH trató a más de 15 000 pacientes de 78 países distintos. Consideremos la actividad eco-nómica que esos pacientes generaron en la India, desde sus vuelos al país hasta la comida que consumieron. Ése es el proceso mediante el cual ocurre el desarrollo.

Cuando los funcionarios de Karnataka, el estado donde se fundó NH, se enteraron del trabajo del doctor Shetty, el gobierno, entusiasmado, decidió financiar 29 unidades de cuidados coronarios. NH se aseguró de que esos cen-tros operaran con el nivel necesario para proporcionar atención adecuada a los pacientes. Creemos que los gobiernos de países de bajos recursos quieren hacer las cosas bien, pero las severas limitaciones que enfrentan les impiden tomar buenas decisiones a largo plazo. Las organizaciones de desarrollo que sustentan a los innovadores creadores de mercados pueden actuar como catalizadores, acelerando el ritmo con el que sucede el desarrollo.

NH no es la única organización de cuidado de la salud que trabaja para crear un nuevo mercado con el fin de atender al abundante no consumo que existe en la India. En el capítulo 10 presentamos el Sistema de Atención Oftalmológica Aravind, uno de los hospitales de cuidado de los ojos más grandes y productivos del mundo. Aravind se fundó en 1976, con sólo 11 camas y cuatro funcionarios médicos. Hoy, el hospital recibe más de cuatro millones de pacientes y realiza más de 400 000 cirugías oculares al año. Aunque Aravind es distinta de NH por los servicios que ofrece a millones de indios de bajos ingresos, en esencia ambas organizaciones son similares. Aravind se ha concentrado en crear un nuevo mercado para gente que históricamente no tenía acceso a la atención oftalmológica, incluyendo cirugías oculares. La empresa está jalando a su modelo de negocios lo que necesita, como capacitación, telemedicina para llegar a las áreas rurales e incluso manufactura de anteojos. Como NH, Aravind ha desarrollado un modelo de negocios que atiende a clientes ricos y a clientes de bajos ingresos por igual, con el compromiso de proporcionar servicios oftalmológicos de calidad a todas las personas de la India. El hospital de 11 camas que fue fundado en 1976 es ahora un instituto de posgrado en oftalmología que cada año capacita a cientos de trabajadores de la salud y médicos en el país. Este proceso de desarrollar un modelo de negocios para crear un nuevo mercado que brinde servicios de salud puede aplicarse también en otros países.

En el capítulo 7 escribimos acerca de las Clínicas del Azúcar, de Javier Lozano, y de cómo están trabajando para ayudar a combatir la crisis de la diabetes en México. Dr. Consulta, una cadena de clínicas en Brasil que hoy emplea a más de 1 300 médicos y trata a más de 100 000 pacientes al mes es otro ejemplo. Desde su fundación, en 2011, la organización brasileña ha crecido 300 por ciento año tras año. Esta cadena es tan eficiente que puede cobrar de tres a 30 dólares por exámenes de diagnóstico, como resonancias magnéticas, pruebas de sangre y mastografías. La empresa ha atraído capital privado de LGT Impact Ventures para financiar su expansión y ahora opera 50 consultorios en São Paulo. Pero aun con ese rápido crecimiento, Dr. Consulta atiende a menos de cinco por ciento de la población brasileña.[7] Imaginemos lo que puede ocurrir al sistema de salud de Brasil cuando Dr. Consulta llegue a 500 clínicas o a 5 000. Esas soluciones suelen empezar siendo pequeñas; pero, como hemos visto con NH y Aravind, tienen un gran potencial para crecer. Aunque estas propuestas pueden parecer diferentes, en el fondo ilustran puntos similares: no sólo existe una inmensa oportunidad económica cuando el objetivo es el no consumo y se crea un nuevo mercado; también hay una significativa oportunidad de desarrollo.

Si podemos comenzar a solucionar los problemas relacionados con la atención médica —uno de los sectores más complejos—, imaginemos lo que podemos hacer por los alimentos, el transporte, las finanzas, la vivienda y una pléyade de industrias. Cuando estudiamos las naciones y las organizaciones con el enfoque de la innovación vemos claramente que los innovadores que han tenido mayor impacto lo hicieron creando los procesos que les permitieron democratizar productos y servicios para que mucha más gente tuviera acceso a ellos.

Mo Ibrahim ideó los procesos que permitieron a su compañía proporcionar servicios de telecomunicaciones asequibles a millones de personas en África. Henry Ford mejoró el proceso mediante el cual se fabricó y se vendió el Ford modelo T, con lo que generó un mercado enteramente nuevo para los autos en los Estados Unidos. Richard Leftley creó nuevos procesos y asociaciones para vender seguros a la gente de Bangladesh, India, Malawi y otros países, con el fin de llegar a quienes más los necesitaban. Liang Zhaoxian vio el no consumo de hornos de microondas en China como una oportunidad y desarrolló nuevos procesos para fabricar, comercializar y vender microondas en el país. Isaac Singer, George Eastman y Amadeo Giannini desarrollaron nuevos procesos para ofrecer máquinas de coser, fotografía y servicios bancarios económicos, respectivamente. Sus innovaciones cambiaron de forma radical esas industrias.

Así como podemos ver las cirugías cardiacas pediátricas en Maine y concluir que el problema es demasiado grande para resolverlo, también podemos mirar la pobreza global y llegar a la misma conclusión. Pero sí podemos resolverlo. Nuestra capacidad para desarrollar innovaciones que puedan transformar productos y servicios complicados y costosos en simples y costeables tiene un potencial significativo para transformar la vida de miles de millones de personas en el mundo.

En el consultorio del doctor Shetty hay una cita de Louis Brandeis, ministro de la Suprema Corte de Justicia de los Estados Unidos, la cual resume tanto el trabajo que está haciendo NH como el de muchos innovadores que hemos presentado en este libro: "Casi todas las cosas que vale la pena hacer en el mundo fueron declaradas imposibles antes de ser realizadas".

LOS PRINCIPIOS DE LA INNOVACIÓN CREADORA DE MERCADOS

Las innovaciones creadoras de mercado pueden comenzar a solucionar muchos de nuestros problemas más grandes y echar a andar, en el proceso, el motor económico de numerosos países que actualmente luchan por prosperar. Por su propia naturaleza, esas innovaciones crean empleos, atraen infraestructura e instituciones, además de ser bases sólidas y catalizadoras del futuro crecimiento. Como resultado, tienen el potencial de cambiar la dinámica de muchos países pobres de hoy.

Escribimos este libro para destacar el papel crucial que desempeña la innovación al ayudarnos a crear prosperidad en el mundo. Mediante nuestro trabajo para entender la paradoja de la prosperidad recordamos una y otra vez que la innovación no es algo que ocurre en los márgenes de la sociedad después de que ésta pasa por el proceso de repararse a sí misma; por el contrario, es *el* proceso mediante el cual la sociedad se repara a sí misma. Los principios que ofrecemos aquí tienen el poder de cambiar la forma como vemos y respondemos a la pobreza, al desarrollo y a la esperanza de prosperidad en todo el mundo.

Para recapitular:

1. *Cada nación tiene un potencial de extraordinario crecimiento en su interior.* Llamamos a esto "no consumo" y, para nosotros, es una señal de la oportunidad que ahí reside. Hace dos siglos vivíamos en un mundo lleno de no consumo de toda clase de productos y servicios que hoy damos por sentados. Desde los autos hasta los servicios financieros, había muchos productos que alguna vez estuvieron limitados a los ricos de nuestra sociedad. Pero hoy la situación es otra. Una vez estuvimos empobrecidos, y de la misma forma en que nuestras circunstancias cambiaron, las circunstancias de muchas de las actuales naciones empobrecidas del mundo pueden cambiar también.

En el apéndice ofrecemos varias oportunidades potenciales de innovaciones creadoras de mercado. Por ejemplo, consideremos que, para miles de millones de personas en el mundo, tener un piso sólido y saludable en sus hogares es un lujo. ¿Qué pasaría si un emprendedor desarrollara un modelo de negocios rentable y escalable que fabricara, vendiera, instalara y ofreciera pisos a precios económicos? Millones de personas en el mundo no están consumiendo atención médica. ¿Qué ocurriría si los emprendedores idearan un modelo rentable y escalable que hiciera que la atención médica fuera costeable y accesible? Hay numerosas oportunidades listas para ser aprovechadas. Pero, para verlas, tenemos que ponernos nuevas lentes.

2. *La mayoría de los productos que hoy están en el mercado tienen el potencial de crear nuevos mercados en crecimiento cuando los hacemos más costeables.* ¿Cirugía cardiaca por 1 000 o 2 000 dólares? ¿O cirugía ocular económica? ¿Qué tal vender seguros de vida y salud a millones de personas para quienes

los seguros convencionales no están a su alcance? Aunque a los emprendedores que deciden crear un nuevo mercado dirigido al no consumo a menudo se les ve con incredulidad, esperamos que estas historias ilustren el poder, el potencial y las posibilidades contenidos en sus determinaciones.

Considérese el mercado actual de los autos eléctricos. Cuantiosas compañías —de Tesla a Ford, Hyundai y Nissan— están desarrollando productos que compitan con los autos que funcionan con gasolina y que ya están en el mercado. Venden esos productos en la economía de consumo, donde la competencia es feroz y el mercado está saturado. ¿Pero qué tal si se enfocaran en el no consumo? ¿Qué tal si dirigieran el desarrollo, las ventas y la comercialización de su producto a la mayoría de la gente del mundo, para quien el transporte y la movilidad son una lucha diaria? Esto puede no ser tan fácil y tan directo como desarrollar un producto para la economía de consumo, pero en esta industria la oportunidad de crear un producto costeable dirigido al no consumo es vasta.

3. *Una innovación creadora de mercados es más que sólo un producto o servicio.* Se trata de un sistema completo que con frecuencia atrae nuevas obras de infraestructura y regulaciones y que tiene la capacidad de generar muchos nuevos empleos locales. Uno de los ejemplos más claros de este punto es la forma como la Celtel de Mo Ibrahim (ahora parte de Bharti Airtel) democratizó las telecomunicaciones en África, con lo que pavimentó el camino para la creación de una economía digital enteramente nueva, que hoy sostiene casi cuatro millones de empleos. Para 2020 se espera que el número de puestos de trabajo basados en esta industria llegará a 4.5 millones. Sin embargo, el producto no es simplemente un teléfono móvil económico: es todo un sistema. Son las torres celulares, que deben ser instaladas y mantenidas por ingenieros; son las tarjetas de prepago (minutos prepagados de llamadas), que se venden en tiendas informales al menudeo; es la publicidad, realizada por artistas creativos y diseñadores gráficos; son los contratos, redactados por abogados, y los nuevos proyectos financiados por banqueros; son las regulaciones, que ahora pueden ser instrumentadas y modificadas para ajustarse a las necesidades de gran cantidad de personas en el país. En efecto, es un sistema entero construido sobre la base de muchos nuevos empleos locales.

4. *Enfocarse en jalar y no en empujar.* Empujar instituciones, medidas anticorrupción e infraestructura puede resolver los problemas temporalmente, pero no suele llevar a un cambio a largo plazo. El desarrollo y la prosperidad se arraigan más fácilmente en muchos países cuando desarrollamos innovaciones creadoras de mercados, que a su vez *jalan* los recursos que la sociedad requiere. Una

vez que se crea un mercado rentable para los grupos de interés de la economía (incluyendo inversionistas, emprendedores, clientes y gobierno), éstos suelen sentirse incentivados para ayudar a mantener los recursos que el mercado ha *jalado,* como infraestructura, educación e incluso políticas. Las estrategias que consisten en jalar aseguran que el mercado está listo y esperando. Esto, creemos, tiene impacto significativo en la prosperidad a largo plazo y sustentable.

5.   *Con el no consumo el crecimiento se vuelve económico.* Una vez que se identifica una oportunidad en el no consumo y se concibe un modelo de negocios para hacer que un producto o servicio esté disponible para una gran población de no consumidores, lograr el crecimiento es algo relativamente económico. Sin embargo, el primer paso es reconocer un área de no consumo. Si uno va tras la economía de consumo y espera crecer, puede estar persiguiendo un espejismo. Pensemos en las distintas estrategias para proporcionar servicios financieros al keniano promedio. Cuando Safaricom se dio cuenta de que existía una vasta oportunidad de no consumo en los servicios financieros, desarrolló M-Pesa, el innovador producto de dinero móvil. Hacer crecer M-Pesa fue fácil: en poco menos de una década más de 20 millones de kenianos lo jalaron a su vida. Comparemos esto con cuánto podría haber costado a Safaricom reproducir el sistema bancario convencional, dirigido en gran parte a la economía de consumo.

Las innovaciones creadoras de mercado abarcan geografías, industrias y límites económicos, y pueden catalizar nuevas y excitantes oportunidades de crecimiento para muchas de las naciones pobres de hoy. En este libro hemos revisado una amplia variedad de industrias —de la atención médica a los automóviles, de los servicios financieros a la instalación de pisos, y de los seguros a los alimentos—, cada una de las cuales ofrece un territorio fértil para las innovaciones creadoras de mercado. La innovación realmente puede cambiar el mundo.

Sin embargo, para que eso suceda debemos tener la voluntad de desafiar nuestros supuestos y plantearnos nuevas preguntas. Así comenzaremos a abrirnos a un mundo de posibilidades cuya existencia ignorábamos.

REFORMULAR EL PROBLEMA

La mayoría de nosotros asocia a los hermanos Wright con el invento, la construcción y la operación del primer aeroplano del mundo. Pero lo que quizá no sepamos es que los hermanos Wright formaban parte de un nutrido grupo de competidores que en los Estados Unidos participaban en una carrera feroz para crear una "máquina voladora tripulada por el hombre". Desde cierta perspectiva, sus probabilidades de ganar no eran buenas: no eran los más conocidos o respetados, ni los mejor financiados. En esa época había otros más admirados y respaldados; principalmente el astrónomo, físico e inventor Samuel Pierpont Langley.

Langley era profesor de matemáticas y astronomía, y más tarde se convirtió en el secretario de la Institución Smithsoniana. Hoy en día, muchas instalaciones aeronáuticas, entre ellas el Centro de Investigación Langley de la NASA y la Base Aérea Langley, fueron bautizadas en su honor. En sus esfuerzos por crear la primera máquina voladora tripulada por el hombre, Langley gastó más de 50 000 dólares (aproximadamente 1.4 millones de dólares actuales) del dinero de los contribuyentes y tenía a su disposición los recursos del gobierno de los Estados Unidos. Tenía una idea muy clara de cómo ganaría la carrera: estaba convencido de que, si encontraba la manera de generar suficiente energía, podría disparar un avión en el aire, haciendo que volara como una flecha lanzada con un arco. Después de mucha ostentación Langley probó su razonamiento tratando de impulsar su nave por el río Potomac en dos ocasiones. Empero, su aeronave *Aerodrome* se estrelló en el agua igual número de veces. Humillado y escarnecido en el Congreso Langley terminó por abandonar su búsqueda.

En contraste, los hermanos Wright gastaron unos 1 000 dólares en sus experimentos. Orville y Wilbur eran humildes entusiastas de la bicicleta y ninguno tenía siquiera diploma de secundaria. Pero hicieron lo que Langley no hizo: se abocaron a reformular el problema, lo cual los llevó a plantearse distintas preguntas. Mientras Langley se concentró en la propulsión para hacer volar su aeronave, los hermanos Wright primero querían entender otra cosa. Su experiencia con las bicicletas les había enseñado la importancia del equilibrio. ¿Sería el equilibrio —en relación con la elevación y el arrastre— crucial para el vuelo también?

Resultó que ésa era precisamente la pregunta correcta. Sin importar con cuánta fuerza se lance una aeronave al aire no volará si no está equilibrada. Entender el papel del equilibrio marcó toda la diferencia. Sólo *nueve días* después de que el intento final de Langley lo llevara a aterrizar en las heladas aguas del Potomac en 1903, Wilbur y Orville Wright realizaron y documentaron el primer vuelo exitoso controlado y tripulado por el hombre en las Kill Devil Hills de Carolina del Norte. El vuelo de los hermanos Wright duró sólo 59 segundos y recorrió una distancia de 300 metros. Pero ese intento "lo bastante bueno" nos ayudó a entender por fin muchos elementos cruciales del vuelo. Ciertamente, Langley fue considerado un éxito en su época; hay varios edificios importantes que llevan su nombre. Pero los hermanos Wright crearon una industria que cambió el mundo.

En mis décadas de enseñanza y asesoría descubrí que hacer buenas preguntas es uno de los rasgos más importantes de los buenos estudiantes y de los grandes gerentes. ¿Por qué hacemos las cosas de esta forma? ¿Por qué creemos lo que creemos? ¿Qué tal si pensamos de manera diferente? ¿Cuál es nuestra misión y por qué? ¿Por qué estamos en este negocio? ¿Por qué *nos desarrollamos así*? Éstas son preguntas simples, pero creemos que pueden conducir a poderosas revelaciones. Hoy, la labor de quienes han estado trabajando en desarrollo y gobierno, así como la de aquellos que se han dedicado a alentar el emprendimiento en muchos países pobres del mundo, es más importante que nunca. Esperemos que algunos principios clave que ofrecemos aquí los ayuden a continuar haciendo de este mundo un lugar mejor.

Sabemos que éste no es un libro perfecto. Lo vemos como un comienzo, no como una culminación, de nuestro trabajo para entender plenamente el papel que puede desempeñar la innovación en la creación y la sustentación de la prosperidad para muchas personas en el mundo. Esperamos que el lector se una a nosotros en esta cruzada. Cada buena teoría, cada buena idea y cada buen libro se fortalecen cuando entendemos las cosas que *no pueden* explicar y las circunstancias en las que son más y menos relevantes. Invitamos a los lectores a desafiar y refinar nuestro razonamiento para ayudarnos a fortalecer las teorías aquí expresadas, para que juntos podamos obtener las respuestas que más importan.

Soñemos juntos por un segundo. Los corazones de cientos de millones de personas en el mundo se rompen al ver imágenes de niños pobres sin acceso a la comida, al agua, a la educación y a la atención médica básica. Esas imágenes hacen surgir la humanidad en todos nosotros. Nos conectan con gente que no conocemos y a la que probablemente nunca conoceremos. Pero, a menos que podamos convertir en acción inteligente las intensas emociones que esas imágenes desencadenan, nuestros esfuerzos serán como poner una curita en una herida que nunca cierra, y con el tiempo desarrollaremos una suerte de fatiga causada por la compasión. Las imágenes de los niños pobres y enfermos ya no nos moverán a la acción, sólo a la desesperación. O, peor, a la apatía.

Pero podemos resolver ese problema. Es posible hacerlo. Estamos convencidos de ello no porque seamos eternos optimistas, sino porque lo hemos hecho antes. Mientras más canalicemos nuestras pasiones colectivas hacia el progreso sustentable, más socavaremos el, al parecer, irresoluble problema de la pobreza extrema.

Creemos en el poder de la innovación. Y, más específicamente, creemos que invertir en innovaciones creadoras de mercado, aun cuando las circunstancias parezcan desafiantes, proporciona una de las mejores oportunidades para crear prosperidad en muchos de los países pobres de hoy. Ésa es la solución a la paradoja de la prosperidad y puede llevarnos a la meta del desarrollo en nuestro tiempo de vida. Las apuestas son demasiado altas como para que no lo entendamos correctamente.

El mundo a través de nuevas lentes

El emprendimiento es la forma más segura de desarrollo.
PAUL KAGAME,
presidente de Ruanda

Los innovadores —en los negocios, en el desarrollo y en el gobierno— que presentamos en este apéndice contemplan el mundo a través de nuevas lentes. Un mundo donde la lucha representa oportunidad, el desarrollo se enfoca en hacerse innecesario y el gobierno se une en torno de los emprendedores. El objetivo de este apéndice no es proporcionar una lista de recomendaciones de las mejores oportunidades de mercado (aunque algunas de ellas podrían ser justamente eso), sino más bien aclarar que, cuando se comienza a ver el mundo con el enfoque del no consumo y de las innovaciones creadoras de mercado, es posible empezar a evaluar el riesgo y la recompensa de forma diferente.

Es prematuro decir si alguna de las organizaciones y programas que presentamos tendrá éxito a largo plazo; empero, tomados como grupo, ofrecen buenas razones para ser optimistas en el sentido de que encontraremos la senda hacia un mundo más próspero.

EL PODER DE LOS FORASTEROS

Toda industria haría bien en tener forasteros, esto es, personas que aún no son expertas y que son capaces de plantear preguntas simples que muchos expertos, a menudo por una buena razón, podrían no pensar en hacer. Los forasteros aún no están inmersos en la experiencia y los supuestos que a veces conducen a una *captura cognitiva* o *visión de túnel*, fenómeno de *ceguera por falta de atención* en el que los observadores están demasiado enfocados en tareas específicas y no en el entorno.

Consideremos, por ejemplo, el caso de Malcolm McLean. Si bien muchos de nosotros nunca hemos escuchado hablar de él, debemos buena parte de nuestra habilidad para comerciar con mayor eficiencia a escala mundial a este antiguo camionero que se convirtió en millonario pese a no haber estudiado más allá de la secundaria. McLean conducía camiones en Carolina del Norte; la víspera del Día de Gracias de 1937 llevaba horas esperando en un muelle de carga cuando tuvo un golpe de inspiración. Mientras pensaba cómo podría llegar a casa a tiempo para la cena del Día de Gracias, una larga y honrada tradición estadounidense, se dio cuenta de que el método de embarque en esa época, la carga a granel, era sumamente ineficiente y peligroso.[1] McLean supuso que seguramente había una forma mejor.

Preguntó a un capataz: "¿Por qué no ponen mi camión directamente en el barco?" El capataz, un poco inseguro respecto de lo que eso supondría, se rió de McLean. En ese tiempo, todo transportista *sabía* que la forma más rápida de mover los productos de un lugar a otro era por medio de barcos más grandes y veloces. Pero McLean pensó que la clave para un sistema de transporte más eficiente no era construir barcos más rápidos, sino muelles más rápidos. Como McLean no era experto en transporte, no lo tomaron en serio. Pero precisamente porque McLean era un forastero pudo *ver* lo que otros no.

Hoy parece obvio, pero sólo 20 años más tarde, una vez que McLean adquirió su propia compañía de transporte y construyó una embarcación especial y equipo para cargar y descargar contenedores, muchos otros comenzaron a creer en su idea. La innovación de McLean —el transporte en contenedores— redujo los costos de transporte de aproximadamente seis dólares la tonelada a sólo 16 centavos de dólar, y disminuyó el tiempo de carga y descarga de un barco de una semana a ocho horas. La seguridad en los muelles también era una gran preocupación, pero la tecnología de McLean, que consistía en transportar contenedores enteros sin descargarlos, redujo significativamente las lesiones.[2]

Cuando McLean falleció no sólo había revolucionado el comercio global; también valía unos 330 millones de dólares. Nada mal para un graduado de secundaria de Carolina del Norte.

El transporte en contenedores, proceso que parece tan obvio a primera vista, fue motivo de burlas porque iba contra las normas. No era así como se hacían las cosas. Pero McLean y su transporte en contenedores no están solos cuando se trata de ir en contra de la sabiduría popular, especialmente si se tiene un potencial tan grande para cambiar fundamentalmente la forma como hacemos las cosas en la sociedad.

Considérese el *afortunado* descubrimiento que hicieron los doctores Barry Marshall y Robin Warren del *Helicobacter pylori (H. pylori),* bacteria que vive en el estómago de pacientes con gastritis y úlceras. Marshall y Warren ganaron el Premio Nobel de Fisiología o Medicina en 2005 por ese hallazgo, pero primero tuvieron que realizar un experimento científico muy interesante y peligroso.

Marshall, microbiólogo, y Warren, patólogo, no habían logrado cultivar la bacteria *H. pylori* en el laboratorio para demostrar que existía en el estómago. Obtuvieron muestras de 100 pacientes, pero sólo cuando probaron la muestra 33 sus pruebas tuvieron éxito. Como recordó después el doctor Marshall:

> Ese acontecimiento tuvo lugar gracias a un accidente *afortunado:* los cultivos se dejaron en la incubadora durante el largo fin de semana de Pascua, así que los platos no fueron examinados hasta el cuarto o quinto día después de la biopsia [...] El técnico se dio cuenta a primera vista de que, antes de ese día, las biopsias habían sido descartadas después de 48 horas, cuando se esperaba que los especímenes gastrointestinales o de garganta normales desarrollaran flora comensal, de modo que habrían sido inútiles para cualquier fin diagnóstico. Esa regla no se aplica a los cultivos de *H. pylori.*[3]

Después de que los doctores Marshall y Warren consiguieron hacer crecer los cultivos en el laboratorio, la comunidad científica seguía sin creer que el *H. pylori* estaba asociado con la gastritis o las úlceras. El doctor Marshall relató más tarde, en entrevista con el doctor Paul Adams: "Debatí con los escépticos durante dos años y no tenía un modelo animal capaz de probar que *H. pylori* era un patógeno. Si yo tenía razón, cualquier persona susceptible a la bacteria desarrollaría gastritis y tal vez úlcera años después". Así que el doctor Marshall, quien dio negativo para el *H.* pylori, bebió un brebaje que contenía "dos platos de cultivo del organismo". A continuación comenzó a experimentar síntomas como hinchazón, disminución del apetito y vómito. Una endoscopía mostró que tenía una grave gastritis activa con infiltrado polimorfonuclear y daño epitelial. Como señaló el doctor Marshall en la entrevista: "La gastritis quedó explicada".[4]

En retrospectiva, parece razonable concluir que los miembros de la comunidad científica estaban siendo irracionales. Pero es todo lo contrario: estaban siendo muy racionales. El doctor Marshall estaba a punto de poner de cabeza todas sus creencias acerca de la supervivencia de la bacteria en el estómago. Esas reglas habían sido desarrolladas por científicos brillantes durante décadas, y la idea de que uno de sus supuestos fundamentales estaba equivocado, o que tal vez no era tan acertado como pensaban, podía ser devastadora. Pero un forastero tuvo la habilidad de contemplar el asunto con ojos frescos.

Permítasenos ahora revisar las oportunidades que hay en el mundo, poniéndonos las lentes de creación de mercado y no consumo. El potencial de esos ejemplos para resolver muchos problemas globales, crear riqueza significativa y, en última instancia, desarrollar comunidades más prósperas es inspirador.

Electrodomésticos: lavadoras portátiles en la India

La industria global de las lavadoras de ropa es un mercado de entre 25 000 y 30 000 millones de dólares. La India representa menos de 10 por ciento de ese mercado, pese a tener 1 300 millones de habitantes, esto es, casi 20 por ciento de la población mundial.[5] Sólo nueve por ciento de los hogares indios tiene lavadora,[6] a diferencia del Reino Unido, donde en 97 por ciento de los hogares hay uno de estos productos. La India actual está incluso por debajo del Reino Unido de la década de 1970, cuando 65 por ciento de los hogares británicos tenía lavadora. Uno podría ver esto y concluir que la India es un país pobre que no puede adquirir las lavadoras existentes, y tendría razón. Sin embargo, cuando evaluamos la situación vemos una vasta oportunidad de no consumo en el país.

Aunque los expertos calculan que hacia 2025 el mercado global de las lavadoras alcanzará los 42 000 millones de dólares, pensamos que la cifra podría ser mayor.[7] Estas estimaciones se obtienen al observar el producto existente tal como es ahora, considerando su crecimiento en la "economía de consumo", que describimos antes, y en las ventas proyectadas. Por desgracia, la lavadora actual tiene muchas limitaciones.

Por ejemplo, son complicadas, devoran energía y resultan demasiado caras para la mayoría de la población mundial; además, en su mayor parte están disponibles para hogares equipados con tuberías de agua. Asimismo, comprar una lavadora e instalarla casi siempre requiere una llamada al plomero, costo que muchos hogares indios no pueden cubrir. Las lavadoras existentes también requieren electricidad, y millones de hogares en la India —al igual que en otros mercados emergentes— no tienen acceso a ella. Así que, por diseño, la mayoría de las lavadoras que hay en el mercado excluyen a la mayor parte de la población de la India y del mundo. ¿Pero qué tal si un innovador diseña, fabrica y vende una lavadora dirigida específicamente al mercado del no consumo indio y de muchos países similares?

Un producto dirigido a ese mercado tendría que ser más pequeño, menos estorboso, más fácil de instalar y operar, y mucho más económico que las máquinas existentes. Tendría que caber en un hogar pequeño con pocas comodidades —o ninguna— y trabajar sin electricidad. También tendría que distribuirse más fácilmente en las comunidades que pueden no estar en las rutas de distribución típicas de los grandes vendedores de electrodomésticos. Mientras más piense un innovador en las circunstancias en que se encuentran los no consumidores promedio, y las características que esa máquina debería tener para ayudarlos a hacer el trabajo de lavar adecuadamente su ropa, resulta más claro que no hablamos de una lavadora como las que existen, sino de un producto enteramente diferente.

Lo que decimos podría parecer disparatado, pero una compañía ya desarrolló una lavadora portátil que se conecta a una cubeta. Uno sólo tiene que poner un poco de agua, detergente y ropa en la cubeta; la máquina hace el resto. Actualmente ésta se vende al menudeo por unos 40 dólares.[8] Imagina comercializar este producto para todos los pequeños negocios que ofrecen servicios de lavandería en sus vecindarios. Mucha de esta gente lava a mano la ropa de sus clientes. Con este producto pueden lavar más, cobrar menos y hacer crecer su negocio. La compañía que lo fabrica puede dar financiamiento o asociarse con un banco para financiar a estos emprendedores, maniobra no muy distinta de la que aplican los fabricantes en los países prósperos. Es fácil ver cómo esto puede comenzar a ayudar a la gente no sólo a hacer crecer su negocio, sino a construir un historial crediticio.

Si una compañía creara un modelo de negocios que desarrollara y vendiera este producto a sólo 10 por ciento de los hogares en la India, generaría ganancias de aproximadamente 1 000 millones de dólares. Éste es el tipo de potencial que espera a los innovadores dispuestos a establecer nuevos negocios en los mercados emergentes.

Medicinas económicas en Nigeria

Un estudio de Perspectivas Económicas Mundiales reveló que actualmente hay menos de 25 farmacias por cada millón de nigerianos. Esto significa que en un país de aproximadamente 180 millones de personas hay menos de 5 000 farmacias certificadas. Para poner esto en perspectiva, hay más tiendas Walgreen's (más de 8 000) en los Estados Unidos que farmacias en Nigeria, cuya cadena farmacéutica más grande tiene menos de 100 establecimientos. Existen cerca de 67 000 farmacias en los Estados Unidos (con una población de 325 millones). Esta impactante estadística representa en sí misma una significativa oportunidad de creación de mercado. Si los Estados Unidos parecen un punto de comparación injusto para destacar el subdesarrollo del sector farmacéutico de Nigeria, consideremos a Ghana, otro país pobre de África occidental que tiene cuatro veces más farmacias per cápita que Nigeria.

Otra preocupación que enfrentan numerosos pacientes y farmacias en Nigeria es la prevalencia de medicinas falsas en el mercado, porque a menudo es difícil para las farmacias garantizar la calidad de sus cadenas de suministro.

Esos desafíos parecen insuperables. Uno podría decir que Nigeria debe mejorar las regulaciones en la industria si quiere tener la oportunidad de proporcionar medicinas económicas y genuinas a decenas de millones de personas que enferman cada año. Sin embargo, es precisamente desarrollando una solución capaz de brindar medicamentos económicos y de calidad como Nigeria podrá comenzar a afrontar los retos, incluyendo mejores regulaciones y óptimas cadenas de suministro. Un modelo de negocios de una farmacia de bajo costo es lo que se necesita para atraer la infraestructura indispensable que también serviría a Nigeria.

Uno de mis antiguos estudiantes, Bryan Mezue, está desarrollando una solución (Lifestores Pharmacy) para este vasto problema. Después de graduarse, Bryan pasó un año conmigo en el Foro para el Crecimiento y la Innovación, donde exploramos cómo las teorías de la innovación y la administración pueden afectar el desarrollo económico. Escribimos juntos un artículo para *Foreign Affairs* donde analizamos esto; se titula "The Power of Market Creation" [El poder de la creación de mercados] e identifica algunos de los temas que abordamos en este libro.

Lifestores está construyendo una cadena de farmacias de bajo costo en áreas urbanas de Nigeria densamente pobladas y de escasos ingresos. Además de lanzar tiendas nuevas, el equipo de Lifestores desarrolla una plataforma de propiedad compartida que permite a las tiendas familiares profesionalizarse bajo una marca maestra. Lifestores ha firmado convenios directos con fabricantes de medicamentos y distribuidores de primera línea para asegurar la calidad de sus productos, y trabaja estrechamente con los proveedores locales como la WAVE Academy (empresa social de capacitación vocacional también fundada por Bryan en la Escuela de Negocios de Harvard) para brindar capacitación en servicio al cliente. Imagina lo que ocurriría si Lifestores llega a ser la Walgreen's de Nigeria. Piensa en los empleos que podrían crearse o, mejor aún, las vidas que podrían cambiar. Esto es posible cuando invertimos en innovaciones creadoras de mercado.

Confort: dormir en Camboya

Con frecuencia digo a la gente que una de las mejores formas de identificar las oportunidades de no consumo es visitar un país, encontrar a los misioneros mormones y simplemente experimentar la vida con ellos. Suelen estar en las partes más pobres de los países donde sirven y en la mayoría de las circunstancias viven como la persona promedio de la sociedad. Como resultado, muchas de sus luchas pueden apuntar al no consumo de esa sociedad. Consideremos esta oportunidad en Camboya, en la que reparamos gracias a un mormón que realizó su misión en ese país.

Rara vez se usan colchones en algunas partes de Camboya, especialmente entre quienes pertenecen a la categoría de medianos a bajos ingresos. Y con un PIB per cápita de 1 270 dólares, la mayoría de los camboyanos cae en esa categoría. De hecho, según el Banco Mundial, casi 30 por ciento de los 15.7 millones de camboyanos "siguen siendo casi pobres, vulnerables a caer de nuevo en la pobreza cuando se ven expuestos a *shocks* económicos o externos de otro tipo".[9] La mayor parte de la gente que este misionero conoció dormía en esteras de bambú o en el duro piso. Aunque algunos usan esteras con colchonetas de espuma, éstas abultan mucho y son difíciles de almacenar, sobre todo en una pequeña vivienda de una sola habitación.

A primera vista podría pensarse que un colchón barato serviría. Sin embargo, considerando el hecho de que mucha gente en Camboya y en otros países pobres vive en pequeños hogares de una sola habitación, resulta claro que es improbable que eso funcione. ¿Qué tal si un innovador desarrollara un colchón económico, que fuera fácil de ensamblar, desensamblar y almacenar? Dirigirse a este no consumo crearía un nuevo mercado de compradores de colchones que experimentarían un mejor descanso nocturno. Podría haber un vasto consumo de "una noche de buen sueño" en el mundo.

Saneamiento y energía: energía obtenida de la basura en Ghana

El saneamiento es un gran problema para numerosos países pobres y sus gobiernos. Cuando en su mayoría éstos no pueden encontrar los recursos financieros para pagar maestros, médicos y otros servidores públicos, ¿cómo podrían financiar el saneamiento? El manejo de la basura suele ser un problema significativo en los países pobres, y con las recientes tendencias de urbanización al parecer no mejorará. No sólo es un riesgo sanitario letal para la población local; también es muy costoso para la economía. Ahí es donde Safi Sana entra en escena.

Safi Sana ha construido en Ghana una fábrica que genera energía a partir de la basura, la cual ha tenido gran impacto entre la gente y el gobierno locales. El modelo de negocios de esta compañía es simple: Safi Sana recolecta desperdicios fecales y orgánicos de los sanitarios y de los mercados de alimentos en los barrios pobres y los transforma en fertilizante orgánico, agua de riego y biogás en su fábrica. El biogás se utiliza para producir electricidad, mientras que el fertilizante orgánico y el agua se emplean en los cultivos. Así, Safi Sana puede ofrecer una solución viable al problema de los desechos fecales del país, ofreciendo a la vez un fertilizante muy necesario para los agricultores y una fuente de energía limpia para la gente.

Además, con el fin de asegurar el escalamiento y la sustentabilidad a largo plazo, Safi Sana aplica un modelo de propiedad local: 90 por ciento del personal de su fábrica son miembros de la comunidad que han completado un programa intensivo de capacitación antes de ser contratados. La compañía ya ha dado empleo y capacitación a más de 1 000 ghaneses que de otra manera habrían tenido perspectivas económicas limitadas.

Automóviles: carros eléctricos mexicanos... para los mexicanos

De los 374 000 millones de dólares en exportaciones que México envió en 2016 casi 88 000 millones (23.4 por ciento) eran autos, camiones o componentes de vehículos.[10] En su mayoría esos autos eran de marcas extranjeras, como Ford o BMW, y funcionaban con gasolina. Así que cuando Zacua, compañía mexicana, comenzó a diseñar y fabricar autos eléctricos, muchos mexicanos tuvieron una sensación de orgullo nacional. Por fin, un auto suyo. Un periodista lo resumió de esta forma: "Como mexicanos, queremos que Zacua siga creciendo y se convierta en una marca importante de autos eléctricos". Zacua planea vender su modelo básico por poco menos de 25 000 dólares. Éste no tendrá bolsas de aire ni cumplirá con los estándares internacionales. La compañía planea vender sólo 300 unidades para finales de 2019.[11]

¿Pero qué pasaría si, en vez de entrar en un mercado ya abarrotado y muy competitivo de autos eléctricos, Zacua decidiera aprovechar la experiencia de México en la fabricación automotriz y se dirigiera al no consumo? Si la compañía lo hiciera, no competiría con Nissan, Renault, BMW y Ford, empresas que probablemente la vencerían; competiría contra el no consumo.

Es claro que, aunque los mexicanos tienen autos, camiones y otros vehículos, el mexicano promedio no puede costear casi ninguno de los automóviles que están en el mercado. Hay cerca de 280 autos por cada 1 000 personas en México.[12] Compárese esta cifra con las siguientes: los Estados Unidos, aproximadamente 800; Australia, 740, y Canadá, 662.[13,14] Así las cosas, un mercado que sirva al no consumo mexicano, y después al no consumo en América Latina, está a la espera de ser creado. Quien aborde ese mercado probablemente cosechará rendimientos significativos. ¿A qué se parecería esto? Tal vez México, y más específicamente Zacua, podrían seguir el ejemplo de los autos eléctricos chinos.

Durante los últimos años he tenido la fortuna de viajar a China algunas veces y cada vez me sorprende ver autos eléctricos realmente pequeños en todas partes. Solamente en 2017 el mercado de estos autos creció en China más de 50 por ciento y no muestra signos de desaceleración. Aproximadamente uno de cada tres consumidores chinos dice inclinarse por comprar un auto eléctrico y el país ahora es responsable de 40 por ciento de la inversión en la industria.[15]

¿Qué tal si, en vez de tratar de competir con los más importantes, Zacua desarrollara automóviles eléctricos pequeños, económicos y suficientemente buenos, como sus contrapartes chinas? Considérese que la ocupación promedio por vehículo en muchos países es de menos de dos personas, así que un auto de dos asientos podría funcionar, para empezar.[16] Además, cuando muchos de los actuales países ricos eran más pobres, los kilómetros promedio conducidos por pasajero aumentaron una vez que esos países se volvieron más ricos. Por ejemplo, en los Estados Unidos, los kilómetros conducidos al año por pasajero han aumentado 39 por ciento desde 1950. La implicación aquí es que los autos de los mercados emergentes pueden no tener que viajar tanto como los autos de los países ricos. En esencia, en lugar de comenzar pensando qué es un carro, nos enfocamos en quién lo usará, con qué propósito y en qué circunstancias, y en lo que los no consumidores pueden pagar. Este ejercicio puede ayudar a los innovadores a pensar de forma diferente acerca de los autos y la movilidad. De hecho, Zacua podría terminar vendiendo kilómetros en vez de autos. Después de todo, el principal propósito funcional de un automóvil es permitir que la gente viaje de un lugar a otro.

Repensar el automóvil podría reducir significativamente el costo de los vehículos y hacer éstos accesibles para el consumidor mexicano promedio. Consideremos lo que ocurriría si México pudiera aumentar su tasa de posesión de autos de 280 a 350 vehículos por cada 1000 personas. Esto representa un aumento de 25 por ciento. Imaginemos todos los empleos relacionados con la producción, la distribución, las ventas, la mercadotecnia y el servicio. Es posible. Pero requeriría un tipo distinto de razonamiento.

Alimentos: puré de tomate nigeriano

Los nigerianos adoran los tomates. Desde el internacionalmente popular arroz jollof hasta las diversas sopas que utilizan el tomate como base, los nigerianos se han convertido en los principales importadores de puré de tomate del mundo. Esta nación de África occidental importa 100 por ciento del puré que consume, lo que representa aproximadamente 1 000 millones de dólares anuales de importaciones de este producto. Cuando escribimos esto no se producía una sola lata de puré en el país, que tiene una población de 180 millones de habitantes. Lo que resulta particularmente sorprendente acerca del actual mercado del tomate de Nigeria es que los agricultores de ese país cultivan más de dos millones de toneladas métricas de tomate cada año, pero más de la mitad de las cosechas se pudre antes de llegar al mercado. Esto nos regresa a lo que dijimos acerca del hecho de que un producto debe ser *costeable* y estar *disponible* para dirigirse adecuadamente al no consumo y crear un nuevo mercado.

Asimismo, el nigeriano promedio gasta más de la mitad de su ingreso en alimentos, lo que hace que el acceso a los tomates sea una especie de lujo, con más de la mitad del mercado nacional de los tomates desatendido.[17] Considerando los bajos ingresos per cápita de Nigeria, sus desafíos en materia de infraestructura y el hecho de que la clase media del país no está creciendo tan rápido como pensaron los expertos, el pensamiento convencional sugiere que ahí no existe ninguna oportunidad o que, si hay alguna, es demasiado arriesgada. Sin embargo, cuando usamos un enfoque diferente para contemplar el panorama, vemos una vasta oportunidad de creación de mercado que puede aprovecharse.

Una compañía nigeriana, Tomato Jos, ha comenzado a capitalizar esa oportunidad. Mira Mehta, directora general de Tomato Jos y graduada de la Escuela de Negocios de Harvard, entiende el significativo potencial de ese mercado. Primero, Nigeria no necesita importar puré de tomate. Por sí solo, esto representa una oportunidad de 1 000 millones de dólares. Segundo, mejorar la accesibilidad y la disponibilidad del tomate aumentará el tamaño real del mercado, porque habrá más personas, especialmente no consumidores, que tendrán acceso a tomates frescos y puré de tomate. En este momento la brecha entre lo que el país puede consumir y lo que se produce se ha valuado en más de 1 300 millones de dólares. Tercero, Nigeria es un microcosmos para otros países africanos y de bajos ingresos. Si la Tomato Jos de Mehta es capaz de capitalizar esta oportunidad, transformará la vida de muchas personas en Nigeria y también hará muy felices a sus inversionistas. En 2018 la compañía cerró una ronda de inversiones de dos millones de dólares.

Ocio/entretenimiento: Disney World en Detroit

¿Disneylandia en Detroit? Es difícil imaginar un lugar más improbable. En las últimas décadas Detroit ha llegado a los titulares de los diarios por su deterioro urbano, sus tristes batallas contra la delincuencia y las drogas, y su incierto futuro. La ciudad se declaró en bancarrota en 2013, después de acumular un estimado de 18 000 millones de dólares en deuda.

Éste es un impactante contraste con la Detroit de hace sólo unas décadas. En los años cincuenta la ciudad era fuente de innovación en los Estados Unidos. Contaba con aproximadamente 1.8 millones de habitantes y estaba llena de actividad con los motores y Motown. Hoy en día Detroit es sólo una fracción de esa dimensión, con sólo 700 000 residentes. Aunque trabaja arduamente para superar este tropiezo todavía está repleta de edificios abandonados, terrenos baldíos, arbotantes averiados en las calles y sueños rotos. Desde 2008 más de la mitad de los parques de la ciudad ha cerrado.[18] Pero ahí donde la gente podría ver un entorno en decadencia nosotros vemos un lugar que presenta nuevas oportunidades para el no consumo de ocio y entretenimiento.

Mucha gente podría considerar que la idea es ridícula. ¿No debería enfocarse Detroit en satisfacer sus necesidades básicas en primer lugar? Pero esto es algo similar a lo que uno pudo haber pensado de Nollywood, la industria cinematográfica de Nigeria, en sus comienzos. Hoy, por el volumen de películas que produce anualmente, Nollywood es la tercera industria cinematográfica más grande del mundo, sólo superada por Bollywood y Hollywood. Su valor rebasa los 3 000 millones de dólares y emplea a más de un millón de personas, según el Buró Nigeriano de Estadística.[19] Disney podría hacer lo mismo en Detroit.

Sin embargo, la compañía tendría que pensar de forma distinta. Probablemente sería demasiado caro construir y mantener una réplica del Disney World de Orlando. Para un viaje de una semana al parque de Florida, sin incluir los boletos de avión, el presupuesto para una familia promedio de cuatro miembros es de aproximadamente 3 500 dólares, considerando hotel, entradas para el parque y alimentos. Un pase de un solo día para un adulto puede costar unos 124 dólares.[20] Y quienes hemos estado ahí sabemos que es imposible limitarse a un solo día. Uno se rinde a la experiencia Disney. Empero, no es probable que el ciudadano promedio de Detroit sea capaz de pagar eso. Aquí es donde los creadores de mercados se distinguen, al ver la oportunidad desde un ángulo distinto.

No presumimos de ser expertos en entretenimiento, pero sí tenemos nuestras propias experiencias y recuerdos familiares para apoyarnos. Podemos comenzar a imaginar un nuevo tipo de entretenimiento que haga el mismo trabajo que la Disneylandia de Florida hace para muchos de sus clientes. Un escape de las presiones diarias para entrar en un mundo mágico donde todos son felices y los sueños pueden volverse realidad. Disneylandia es el lugar al que vamos cuando queremos pasar tiempo de calidad con la familia. Ese deseo está dentro de cada uno de nosotros, seamos ricos o pobres. Es un trabajo por hacer.

No se trata de que Disney replique el Disney World de Orlando en Detroit. Sin embargo, sí puede replicar la magia Disney con el fin de que los habitantes de Detroit y la gente de pueblos pequeños —para quienes unas vacaciones Disney están fuera de su alcance— puedan experimentarla. Porque para muchos habitantes de la ciudad la Disneylandia de Detroit no tendría competidor.

Vivienda: colocación de pisos en Ruanda y África Subsahariana

Más de la mitad de los 1.2 miles de millones de habitantes del continente africano reside en áreas rurales. Aunque en sí mismo eso no es un problema, debido a los beneficios de vivir lejos de ciudades a menudo altamente pobladas y contaminadas, el problema son las condiciones de vida de mucha gente. En casi cada uno de los parámetros del desarrollo, desde el acceso a la electricidad hasta el acceso a clínicas, los africanos que habitan las áreas rurales luchan en comparación con sus contrapartes urbanas. Uno de esos parámetros, que a menudo es pasado por alto pero que representa una oportunidad significativa, es la falta de pisos sólidos y sanitarios económicos en los hogares rurales. En Ruanda, donde aproximadamente 80 por ciento de los casi dos millones de hogares tiene pisos de tierra, la situación es particularmente problemática.[21] Esto significa que, cuando llueve, los charcos en las casas pueden convertirse fácilmente en caldos de cultivo para los mosquitos. Además, los pisos de tierra son simplemente incómodos para dormir y a menudo ensucian la ropa y las pertenencias, lo que puede tener aún más efectos adversos en la salud de la gente.

La solución de los pisos de concreto es demasiado costosa para muchas personas de Ruanda y África Subsahariana, donde el ingreso anual per cápita es de aproximadamente 705 y 1 461 dólares, respectivamente.[22] En Ruanda, por ejemplo, para convertir los pisos de tierra en pisos de concreto en el hogar promedio se requeriría más que el salario de dos meses. ¿Cómo puede haber una oportunidad en un país cuyo ingreso promedio anual per cápita es menor que el precio de un nuevo iPhone? Pero ahí donde el pensamiento convencional ve pobreza y riesgo, nosotros vemos lucha, no consumo y la oportunidad de crear un nuevo mercado considerable. Una compañía, EarthEnable, ya está abordando la oportunidad, y si consigue instrumentar un innovador modelo de negocios en Ruanda y después en otros países africanos, podría convertirse en una compañía multimillonaria, con decenas de miles de empleados.

Por cerca de cuatro dólares el metro cuadrado EarthEnable puede ofrecer pisos costeables hechos de grava, laterita, arena, barro y agua, todos materiales locales. El hogar promedio ruandés es de sólo 20 metros cuadrados. Si la compañía puede proporcionar pisos tan sólo a 20 por ciento de la población del país generará más de 25 millones de dólares en ganancias.[23] Ahora calculemos cómo crecerá esa cifra si la compañía escala a Uganda, Kenia, Burundi, Botsuana, Zimbabue, Nigeria y Camerún. EarthEnable no sólo generará ganancias superiores; también tendrá que contratar a decenas de miles de personas para fabricar, comercializar, distribuir, vender y mantener sus productos. Además, consideremos las implicaciones de salud de estos productos. En forma indirecta, la compañía podría hacer mucho para reducir la incidencia de tétanos, malaria y otras enfermedades propagadas por entornos insalubres.

Electricidad: energía eléctrica en Bangladesh

Bangladesh es un país pobre. Con un PIB per cápita de 1 359 dólares, casi 20 por ciento de sus 163 millones de habitantes vive en pobreza extrema, con menos de dos dólares diarios. Aproximadamente 75 por ciento de los hogares rurales, donde vive la mayoría de la gente en situación de pobreza, no tiene acceso a la electricidad. Esto significa que al anochecer tienen que comprar keroseno, que es muy caro y contaminante, para alumbrarse, o bien no hacen nada. En otras palabras, cuando el sol se pone, ellos también. Tienen que cerrar sus pequeños negocios, los niños deben dejar de jugar o estudiar, y se deben tomar medidas de seguridad con el fin de evitar los robos. La vida para estas decenas de millones de ciudadanos bangladesíes es más precaria debido a la falta de electricidad. Esto, creemos, representa una oportunidad para que un gran mercado eche raíces.

En las décadas pasadas hemos visto que el precio de la energía renovable se ha disparado. Lo que resulta particularmente interesante es que los emprendedores pueden aprovechar esa tecnología para desarrollar soluciones específicas para los no consumidores. En otras palabras, la gente no necesariamente quiere electricidad, sino lo que ésta puede proporcionarle. Quiere poder encender la luz, ver un programa en su televisión, su computadora o su teléfono, y mantener los alimentos fríos y frescos. Si los emprendedores desarrollan soluciones efectivas con costos que ayuden a estos no consumidores a superar sus luchas, tendrán mayores probabilidades de éxito.

Consideremos cómo la Infrastructure Development Company Limited (Idcol) está creando un mercado al capitalizar esta oportunidad en Bangladesh.[24] Durante la última década Idcol ha instalado con éxito más de 3.5 millones de sistemas solares domésticos (SHS por sus siglas en inglés) en las áreas rurales de Bangladesh. Estos sistemas no son complicados y vienen en tres presentaciones. Uno da energía sólo a una lámpara y un cargador de teléfono móvil. Otro da energía a una lámpara, un televisor y un cargador. El tercero da energía a todo lo que el segundo, más un ventilador. Según Idcol, llevar los SHS a millones de hogares ha creado más de 75 000 empleos e impactado a más de 16 millones de personas. Para 2018 el programa estaba por instalar seis millones de estos sistemas en todo el país. En vez de considerar a los bangladesíes como gente demasiado pobre para poder disfrutar los beneficios de la electricidad, los innovadores de Idcol desarrollaron una solución dirigida a este no consumo. Los resultados hablan por sí mismos. Las vidas transformadas también.

Al igual que Bangladesh, muchos países del África Subsahariana luchan por tener acceso a electricidad estable. Quienes cuentan con ella a menudo pagan una prima significativa al comprar y usar generadores que funcionan con diésel. Aunque es relativamente fácil ver el no consumo de electricidad en una aldea rural, es más difícil verlo en una pujante ciudad africana. Sin embargo, cada generador que abastece de electricidad a un hogar, a un edificio de oficinas o a un hospital representa una lucha. Y, en esencia, esto es clave para una gran oportunidad de creación de mercado. Por ejemplo, algunos nigerianos pagan cerca de 25 centavos de dólar por kilowatt de electricidad, más del doble de la tasa (12 centavos de dólar) que paga el estadounidense promedio.[25] Consideremos que el ingreso per cápita en los Estados Unidos representa aproximadamente 25 veces el de Nigeria. La electricidad no está disponible para la mayoría de la gente en África, y para aquellos para quienes sí lo está, es cara.

Aspire Power Solutions (APS) es una compañía africana orientada a quienes hoy por hoy pagan tasas exorbitantes por la electricidad producida mediante generadores impulsados por diésel. La compañía instala paneles solares para sus clientes y proporciona información sobre su uso para que los consumidores optimicen su consumo de energía. Al hacerlo, APS ofrece a sus clientes energía más confiable y económica. En el capítulo 3 mencionamos que el no consumo no se limita a los pobres o a quienes no pueden costear los productos existentes. Con frecuencia, el no consumo se caracteriza por la lucha y las soluciones alternativas, y APS está apostando a esa lucha y creando oportunidades.

Agricultura: moringa en Ghana

La moringa es un árbol rico y robusto que crece en regiones tropicales. Se le considera un "árbol milagroso" porque casi cada una de sus partes tiene valor: el follaje puede cocinarse y comerse como verdura; las raíces pueden usarse como sustituto de los rábanos; las hojas pueden deshidratarse y, una vez hechas polvo, añadirse como complemento alimenticio a las comidas; las semillas pueden tostarse para comerse como nueces, y también pueden procesarse para fabricar aceites cosméticos buenos para la piel. Empero, pese a lo milagroso que este árbol parezca, el dinero no crece en él. Sin embargo, su cultivo representa una significativa oportunidad económica en Ghana y África occidental.

Ghana es hogar de millones de agricultores, la mayoría de los cuales gana menos de 70 dólares al mes. El ingreso per cápita anual nacional es de alrededor de 1 513 dólares. Se sabe que la desnutrición es un asesino silencioso en Ghana. Más de uno de cada cinco niños presenta retraso y más de la mitad de los niños menores de cinco años son anémicos.[26] Pero el clima ghanés es muy apropiado para cultivar el árbol milagroso. De hecho, hace unas décadas una organización humanitaria sembró cientos de árboles de moringa en Ghana con la finalidad de impulsar el desarrollo. Por desgracia, aunque los árboles crecieron, el desarrollo no lo hizo porque la moringa era sólo uno de los componentes de la solución.

Considerando los beneficios nutricionales y económicos de la moringa es claro que existe oportunidad de crear un mercado para sus productos. Si un innovador capitaliza esto podría ser significativo. Primero, ayudaría a los agricultores ghaneses a cultivar y cosechar la moringa con más eficiencia al proporcionarles capital para semillas, fertilizante y equipo. Segundo, tendría que conectar a los agricultores con un mercado para vender sus productos. ¿Cómo puede un agricultor ghanés que vive en el campo conectarse con un mercado de moringa en la ciudad o en el pueblo contiguo? Ésta es una de las preguntas que la organización humanitaria no se planteó al sembrar cientos de árboles de moringa en el país. Pero estas duras preguntas deben plantearse cuando se está intentando crear un nuevo mercado. Éstas son las preguntas que Moringa Connect, joven compañía ghanesa, se está planteando.

Fundada en 2013 por un ingeniero egresado del MIT y un economista de Harvard especializado en desarrollo, MoringaConnect tiene los ojos puestos en crear y hacer crecer un mercado para el polvo y los aceites de moringa. Desde su fundación la empresa ha sembrado más de 300 000 árboles de moringa y ahora trabaja con más de 2 500 agricultores ghaneses. Al proporcionarles financiamiento y suministros, como fertilizante y semillas, y al conectarlos con el mercado que MoringaConnect está creando para su polvo y sus aceites, la compañía ha podido decuplicar el ingreso de los agricultores.[27]

PRACTICANTES DEL DESARROLLO

Una de las alegrías de escribir este libro ha sido conocer distintas organizaciones que están enfrentando desafíos de desarrollo específicos —desde proporcionar agua segura hasta mejorar el acceso a la educación— en formas muy interesantes. Hemos escrito este apéndice con el fin de destacar la labor de algunas de estas organizaciones, esperando no sólo que inspiren a quien quiera imitarlas, sino que también desafíen a otras organizaciones de la industria a modificar sus modelos de negocios con miras a resolver tales retos de modo más sustentable.

La Fundación IDP

Cuando Irene Pritzker creó la IDP Foundation, Inc., para transformar la educación en algunas de las regiones más pobres del mundo, evitó los métodos tradicionales de donaciones basadas en proyectos, y en vez de eso emprendió una travesía para ver cómo podía usar los dólares producto de la filantropía como capital catalizador para desarrollar una solución sustentable en países donde muchos niños no tienen acceso a educación de calidad. La primera parada de Pritzker hace una década fue Ghana, país de África occidental donde menos de 40 por ciento de los niños termina la escuela secundaria. Sin embargo, en vez de llegar con un proyecto en mente, Pritzker y su equipo pasaron tiempo tratando de entender el panorama educativo y las barreras que impedían la impartición de educación de calidad.

En el curso de su investigación descubrieron que si bien los pequeños comerciantes que venden camotes, tomates y piñas pueden acceder muy fácilmente a micropréstamos para hacer crecer sus negocios, los aplicados emprendedores que establecen escuelas privadas de bajas colegiaturas tienen poco o ningún acceso al financiamiento. Pareciera que los camotes y las papas son mejor negocio que las escuelas. Esto no tiene sentido para el equipo de la Fundación IDP, pues hay una demanda excesiva para esas escuelas privadas de bajo costo. Las escuelas públicas, que en teoría deben ser "gratuitas", son demasiado caras (los padres tienen que comprar uniformes y cubrir costos administrativos), quedan muy lejos u ofrecen una calidad tan deficiente que asistir a ellas de hecho puede ser perjudicial para la familia, al hacer que los niños pierdan horas preciosas sin aprender gran cosa. A menudo las clases están sobrepobladas, hasta con 100 alumnos por salón, y son impartidas por maestros a quienes protegen los sindicatos y no enfrentan grandes consecuencias si faltan al trabajo. Dada la oferta dispareja de las escuelas públicas, existe una enorme demanda de escuelas privadas, incluso entre las familias muy pobres.

Así que, tras una extensa investigación de mercado, en la que Pritzker entrevistó a propietarios de escuelas en áreas urbanas y rurales, la Fundación IDP vio una oportunidad para superar una brecha y hacer frente a la barrera de mercado para que esas escuelas mejoren el acceso al capital. La fundación se asoció con una institución microfinanciera ghanesa (IMF), Sinapi Aba, con el fin de crear el IDP Rising Schools Program.

En vez de crear de inmediato nuevos y relucientes salones de clases, el programa abordó el problema desde un ángulo diferente, consolidando las capacidades de los *propietarios* existentes —emprendedores sociales arraigados que ya tenían escuelas privadas en sus comunidades locales— a través de la educación financiera y la capacitación en administración de escuelas, acompañadas por el acceso a capital mediante pequeños préstamos empresariales. Los fondos y la capacitación ayudan a esas escuelas de bajo costo a mejorar su entorno de aprendizaje y les permiten atraer más estudiantes. Las escuelas que participan en el IDP Rising Schools Program tienen grupos promedio de 22 alumnos y hacen a los maestros responsables de ellos. Desde que el programa comenzó, en 2009, se ha expandido a casi 600 escuelas y ha ayudado a cerca de 140 000 estudiantes (hasta agosto de 2017).

El programa ya ha demostrado ser rentable y escalable y está ayudando a las escuelas a ser sustentables y autosuficientes. La Fundación IDP ha encargado gran cantidad de investigación sobre la eficacia y el impacto del programa. También ha estado muy activa involucrando al gobierno de Ghana para que impulse vigorosamente el subsidio a escuelas que atienden a familias muy pobres, a través de asociaciones con instituciones públicas y privadas. En palabras de Pritzker:

> La meta de la Fundación IDP es que el IDP Rising Schools Program se reproduzca en todo el mundo. El programa está dando a cientos y miles de niños ghaneses acceso a educación de calidad y la oportunidad de tener un futuro brillante. Cada organización para el desarrollo, incluyendo el IDP Rising Schools Program, debe preguntarse constantemente: ¿cómo podemos liberarnos, cuando hemos creado sustentabilidad y nuestros programas ya no son necesarios?

ÉSA ES LA PREGUNTA CORRECTA

¿Qué habría sucedido si la Fundación IDP hubiera ido a Ghana y hubiese invertido millones de dólares sólo en la construcción de escuelas para los ghaneses? Eso habría sido una estrategia basada en empujar, donde hay certeza respecto de los costos de establecimiento, pero no tanto sobre el impacto después de la ejecución. Por desgracia, tenemos idea de lo que podría haber sucedido. Si hoy en día el lector visita cualquier país pobre, al observar las escuelas públicas o las financiadas por organismos no gubernamentales verá que no hay signos de prosperidad. Si acaso, y tristemente, son símbolos de pobreza. Quienes hayan visitado países de bajos o medianos ingresos saben a lo que me refiero. ¿No se nos rompe el corazón al ver ríos de estudiantes abigarrados en las escuelas primarias y secundarias, donde es probable que la educación sea defectuosa? No he conocido a nadie que piense que eso es señal de prosperidad. De hecho, es un recordatorio visible de las prolongadas luchas de un país.

Harambe Entrepreneur Alliance

Poco después de que el equipo de la Fundación IDP comenzara a tener éxito con el Rising Schools Program, se dio cuenta de que no era suficiente educar a los niños en una economía donde había pocas oportunidades. ¿Qué harían los jóvenes *después* de terminar sus estudios? No es que hubiera miles y miles de buenos empleos esperando a que terminaran su educación. ¿No se disipa muy pronto el valor de la educación cuando no hay empleos para los educados?

Como Pritzker y su equipo descubrieron, el problema de la educación en Ghana no es en absoluto educativo. Es un problema de innovación, que puede resolverse con mejor financiamiento, administración y asociaciones con emprendedores que busquen crear negocios viables, capaces de *emplear* a quienes han recibido educación.

Para ello, la Fundación IDP se asoció con la Harambe Entrepreneur Alliance. Fundada por Okendo Lewis-Gayle, Harambe es una red en expansión conformada por más de 250 jóvenes emprendedores africanos con alto nivel educativo que establecen compañías en toda África. Los esfuerzos de la organización han sido reconocidos por *The Economist, Vanity Fair* y la reina de Inglaterra. Los emprendedores de Harambe han recaudado dinero de la Chan Zuckerberg Initiative de Mark y Priscilla Zuckerberg, la Omidyar Network de Pierre Omidyar y de YCombinator. Son de lo mejor que África tiene para ofrecer. En 2016, por ejemplo, la Chan Zuckerberg Initiative invirtió 24 millones de dólares en Andela, una de las empresas cofundadas por un harambeano (nombre que se da a los emprendedores de la alianza). Una de las metas de Harambe es ayudar a los emprendedores a crear más de 10 millones de empleos en África durante la siguiente década, de modo que la organización está desarrollando los sistemas necesarios para sustentar la innovación y el emprendimiento en ese continente. Con ese fin, la Fundación Cisco invirtió cinco millones de dólares en Harambe y trabaja con esta red con el objetivo de desarrollar un fondo de inversión para sus emprendedores. Tae Yoo, vicepresidente sénior para asuntos corporativos de Cisco, quien encabeza este esfuerzo, confía en que esta práctica se vuelva más frecuente en la industria.

La asociación entre Harambe y las fundaciones IDP y Cisco demuestra lo que es posible lograr cuando vemos los problemas con una lente diferente; en este caso, cuando vemos que la solución a un problema educativo no es simplemente "construir más escuelas". Esto no significa que no habrá días difíciles para la asociación y sus esfuerzos. Éstos son retos enormemente complejos que ellos tratan de superar, y no han elegido una respuesta fácil. Pero creemos que, con su perspectiva diferente, estas organizaciones crearán algo que pasará la prueba del tiempo.

One Acre Fund

One Acre Fund es una organización similar a la anterior, en el sentido de que aborda los problemas de forma holística. Esta organización ha desarrollado una solución basada en el mercado para los agricultores de varios países pobres gracias a que no reduce los problemas que enfrentan esos agricultores —y por extensión mucha gente de esas regiones— a la falta de comida. Por el contrario, los ve como falta de acceso a un mercado. Así que One Acre Fund ofrece a miles de agricultores de Kenia, Ruanda, Burundi, Tanzania, Malawi y Uganda financiamiento (para semillas y fertilizante), distribución (para los productos de la granja), capacitación (en técnicas agrícolas) y promoción comercial (para maximizar las ganancias de las cosechas). Desde su creación, en 2006, la organización ha hecho que medio millón de agricultores sean más productivos, y hoy en día emplea a más de 5 000 personas.

One Acre Fund ha visto crecer los ingresos de los agricultores en más de 50 por ciento y planea llegar a más de un millón de agricultores para 2020. Andrew Youn, cofundador y director ejecutivo de One Acre Fund, escribió en su reporte anual de 2016: "En 2006 pensé en One Acre Fund solamente como una organización agrícola. No tomé en cuenta todas las otras cosas que los agricultores necesitan para mejorar su vida". Al enfocarse en mejorar la vida del agricultor la organización pudo ver las dificultades que los agricultores pobres enfrentan no sólo como un problema agrícola. Al hacer esto One Acre Fund se ha alineado mejor con el progreso que los agricultores tratan de alcanzar.

Safe Water Network

Safe Water Network, empresa dedicada a resolver el problema del acceso al agua en las comunidades pobres, es ejemplo de una organización que trabaja para retirarse de sus proyectos con el tiempo. Safe Water Network se esfuerza por asegurar la sustentabilidad de sus proyectos en las comunidades donde opera. Entiende que la solución al problema del agua no es simplemente "construir un pozo" o "proporcionar agua". La organización ha descubierto que debe haber un sistema o mercado que sustente las inversiones que realiza.

En vez de ver a los integrantes de las comunidades donde opera como beneficiarios, Safe Water Network los ve como clientes. Christine Ternent, del Banco Interamericano de Desarrollo (el banco de desarrollo regional para América Latina y el Caribe) lo ha expresado de esta forma: "Debemos elegir no ver a los pobres en términos económicos exclusivamente a través de la lente de sus necesidades, sino también de su potencial". Safe Water Network vive acorde con esa declaración; así, identifica a los emprendedores de las comunidades donde trabaja, les proporciona el equipo necesario para bombear y purificar el agua, y los capacita para que vendan sus servicios. En esencia, Safe Water Network va a una comunidad y crea capacidades, al tiempo que hace posible la creación de mercados.

Aunque llevar a la práctica este modelo requiere más tiempo que construir un pozo, ha probado ser más rentable y sustentable. También tiene el beneficio agregado de generar empleos para los locales. Hasta ahora, Safe Water Network ha instrumentado su solución en 400 comunidades y ha provisto de agua a más de un millón de personas. Al igual que el IDP Rising Schools Program, Safe Water Network trabaja con socios locales y consolida su capacidad para más adelante poder retirarse de cada comunidad.

Uno de los beneficios de crear un nuevo mercado es que las necesidades de éste a menudo se emparejan con las capacidades de los habitantes del país. Cuando esas capacidades no existen, el mercado atrae lo que requiere. Esto es importante porque una de las cosas que observamos al estudiar algunos proyectos de desarrollo que hoy por hoy están instrumentándose en el planeta es que con frecuencia no hacen corresponder el nivel del proyecto con las capacidades locales. Por desgracia, esta práctica deja a demasiados países pobres con proyectos muy buenos, pero tan técnicos y avanzados que no funcionan en sus contextos. Se otorga a los hospitales equipo médico sumamente moderno que los locales no pueden usar ni reparar; se donan computadoras en regiones que no tienen electricidad; se construyen escuelas sin maestros capacitados ni planes de estudio contextualizados, y tal vez algo demasiado común: se construyen pozos sin entender verdaderamente cómo serán reparados cuando se averíen.

No estamos sugiriendo que deba cerrarse el grifo de la ayuda en el mundo mientras las economías locales luchan por enderezarse. Sin embargo, buena parte de esas actividades tienen que contemplarse en el contexto local, esto es, deben tener sentido para la región y enfocarse en la meta de ayudar a consolidar capacidades que contribuyan a que la economía local se desarrolle por sí misma con el tiempo. La ayuda puede contribuir en gran medida a alcanzar esa meta si se dirige al lugar correcto.

GOBIERNOS

Los gobiernos tienen un papel crucial en asegurar que los países sigan siendo prósperos a lo largo del tiempo. No obstante, en los últimos dos siglos, la responsabilidad de los gobiernos ha crecido de forma significativa. Hoy en día no sólo tienen la tarea de salvaguardar la ley y el orden en la sociedad —lo que constituye una verdadera proeza para muchos países pobres—; también deben asegurarse de que los ciudadanos tengan acceso a educación y atención médica de calidad, caminos, vías férreas y otras obras de infraestructura públicas, además de una plétora de programas sociales. De hecho, ahora los gobiernos deben hacerlo todo, y en muchos países pobres están tratando de lograrlo. Pero pocos de ellos tienen los recursos financieros, técnicos y administrativos para ofrecer la gran cantidad de servicios de los que son responsables ahora. En consecuencia, para los gobiernos cada vez resulta más difícil ajustarse a sus presupuestos y proporcionar esos servicios.

Al estudiar las responsabilidades que pesan sobre numerosos gobiernos en el mundo hemos aprendido que a menudo existe una brecha entre lo que *se espera* que los gobiernos de los países de bajos y medianos ingresos hagan y lo que *son capaces* de hacer. Así que con esta sección buscamos ofrecer esperanza a muchos gobiernos que lo están intentando. Cuando un gobierno entiende el progreso que la gente a la que sirve trata de alcanzar, puede ser más efectivo al cumplir con sus responsabilidades. Al analizar varios estudios de caso de distintos países —de Filipinas a Ruanda— destacaremos las formas como los gobiernos están sustentando programas innovadores con los limitados recursos que poseen. Esperemos que los lectores encuentren esto tan útil como inspirador.

Nigeria: la tarea de crear empleos

Pocos empleos hay en el mundo tan difíciles como el de un servidor público en un país pobre o de bajos recursos; pero también hay pocos que sean tan importantes. Literalmente, millones de vidas dependen de ellos. Cuando Akinwunmi Ambode decidió postularse para ser gobernador del estado de Lagos, en 2015, por su propia iniciativa, no apreció "los números". Según algunos cálculos, más de 20 millones de personas viven en Lagos, y cerca de 86 personas se mudan a esa región nigeriana cada hora. La rápida urbanización de Lagos ha provocado severa escasez de vivienda, empleo y servicios públicos, como escuelas, atención médica y buenos caminos.

Hay que reconocer que el gobernador Ambode entendió que no le sería posible arreglar todo al mismo tiempo y tampoco por sí mismo. Con una aguda comprensión de que el papel del gobierno es desarrollar un entorno que apoye a los emprendedores que buscan resolver buena parte de los problemas de la sociedad, Ambode creó el Fideicomiso para el Empleo del Estado de Lagos (LSETF, por sus siglas en inglés) poco después de asumir el cargo.

La visión del fideicomiso de 70 millones de dólares es simple: generar oportunidades de empleo y emprendimiento para todos los residentes de Lagos. El fondo tiene el objetivo de permitir la creación de más de 600 000 empleos y lograr la sustentabilidad financiera para 2019. Aunque el programa se enfocó principalmente en la investigación y la estrategia durante su primer año de vida, a la fecha ha desembolsado más de 11 millones de dólares en préstamos de bajo interés a largo plazo para miles de emprendedores de Lagos. Incluso llamó la atención del Programa de las Naciones Unidas para el Desarrollo (PNUD), que ha asignado un millón de dólares para proporcionar orientación vocacional a miles de habitantes del estado de Lagos.

Para administrar el fideicomiso, el gobernador Ambode seleccionó a un equipo de nigerianos jóvenes, ambiciosos y con alto potencial. El consejo, que reporta directamente al gobernador, está encabezado por Ifueko Omoigui-Okauru, profesional egresado de Harvard que alguna vez lideró el servicio de recaudación interna y que se desempeña como asesor en varios consejos influyentes del país. Otro de los miembros del consejo, Bilikiss Adebiyi-Abiola, es un respetado emprendedor del MIT que ha sido reconocido por varias organizaciones destacadas, como Intel, Cartier, Oracle, entre otras. Para dirigir las operaciones cotidianas, Ambode eligió a Akintunde Oyebode, renombrado economista célebre por su inalterable integridad, con más de una década de experiencia trabajando en algunas de las principales instituciones financieras nigerianas.

Aún no se sabe si el LSETF alcanzará sus ambiciosas metas de ayudar a los emprendedores de Nigeria a crear cientos de miles de empleos, pero hasta ahora parece estar en el camino correcto. Como hemos comentado en repetidas ocasiones en este libro, así como una sola compañía no puede hacer que se desarrolle Nigeria, país de más de 180 millones de habitantes, una sola iniciativa del LSETF tampoco lo logrará. Empero, los principios y procesos cultivados por este fideicomiso pueden tener un impacto significativo en la trayectoria del país.

Filipinas: el negocio del agua

Aunque el agua es vida, por desgracia no es gratuita. De hecho, lejos de serlo, el agua segura es muy costosa y a menudo está subsidiada en los países prósperos. Sin embargo, Filipinas, con un PIB per cápita de menos de 3 000 dólares, no es un país próspero, y unos 10 millones de filipinos no tenían acceso a agua segura en 1995. En la región oriental de Manila, la ciudad más densamente poblada del mundo, apenas una cuarta parte de las personas que ahí vivían tenía acceso a agua segura y potable. La situación empeoró tanto que el gobierno se vio obligado a promulgar una Ley Nacional de Crisis del Agua, con lo que pavimentó el camino para que los innovadores trabajaran con el gobierno con el fin de resolver el problema. Como resultado de esta crisis nació Manila Water, sociedad público-privada de las Obras Metropolitanas del Agua y el Sistema de Saneamiento con el conglomerado más antiguo de Filipinas, Ayla Corporation.

Cuando se formó Manila Water, la organización no sólo buscó atender a sus clientes de manera más rentable. Por el contrario, su misión era obtener agua de forma más sustentable y rentable para tanta gente como fuera posible. Básicamente, entendieron lo que querían los consumidores: acceso fácil y oportuno al agua a un precio asequible. Para lograrlo, la organización se enfocó en desarrollar su propia fuerza de trabajo y reorganizar la estructura organizacional existente y pudo ampliar el acceso al agua segura de alrededor de una cuarta parte a 99 por ciento de los residentes. En 2016 Manila Water atendía a más de 6.5 millones de clientes. Construyó la infraestructura necesaria para sustentar su trabajo, aumentó la eficiencia y triplicó el volumen de agua entregada, que pasó de 440 millones de litros al día a más de 1 300 millones.

Cabe destacar que en Manila el agua siempre ha estado ahí, lo mismo que la gente; la tecnología no ha dejado de estar disponible, y la necesidad del agua ha existido desde siempre. Pero la asociación entre el gobierno y el sector privado no estaba ahí. Si los ciudadanos y el gobierno hubieran seguido viendo el abastecimiento de agua como una función exclusiva del sector público, Manila Water no existiría hoy. Por fortuna no fue así. Y, como resultado, Manila Water ha transformado la vida de millones de personas en Filipinas.

Cuando los gobiernos toman decisiones encaminadas a proporcionar soluciones para la gente a la que sirven, respaldando organizaciones que técnica, financiera y administrativamente son más capaces de proporcionar los servicios, las vidas y las economías se transforman.

Ruanda: abierta a los negocios bajo un mismo techo

Antes de la creación del Consejo para el Desarrollo de Ruanda, hacer negocios en ese pequeño país del occidente africano, con 12 millones de habitantes, era increíblemente difícil. Para obtener un permiso, registrar una compañía o pagar impuestos, inversionistas y emprendedores tenían que interactuar con numerosas dependencias que no se comunicaban entre sí. El sistema era ineficiente y parecía que el gobierno ruandés no quería que la gente hiciera negocios en el país. Sin embargo, todo eso cambió cuando el gobierno comenzó a plantearse algunas sencillas preguntas que lo ayudaron a comprender mejor su papel en la creación de un entorno que sustentara las inversiones: ¿por qué hacemos que quienes tienen capital y desean iniciar compañías, generar empleos y ofrecer oportunidades para los ruandeses se enfrenten a tantos obstáculos? ¿Cómo podemos facilitarles el proceso? ¿Existe alguna razón por la que no podamos hacer más fluido el proceso para invertir en Ruanda? Eran preguntas sencillas que condujeron a la fundación del Consejo para el Desarrollo de Ruanda (CDR).

Establecido en 2009, el CDR es ahora una de las organizaciones ruandesas más importantes y rinde cuentas directamente al presidente. Su trabajo es simplificar el proceso de inversión para quienes desean hacer negocios en Ruanda. Para ello, la organización reunió bajo un solo techo a todas las dependencias y departamentos con los que los inversionistas debían interactuar. Se trata de una ventanilla única para los inversionistas, que da acceso a información sobre impuestos, licencias, inmigración, servicios, registro de hipotecas, etcétera. El CDR redujo a días procesos que podían tomar semanas o meses, y de paso ha hecho que el entorno empresarial sea más transparente. Hasta ahora ha sido un éxito notable.

En 2017 el CDR registró inversiones totales (nacionales y extranjeras) por aproximadamente 1 700 millones de dólares, más de 50 por ciento en comparación con 2016. Las inversiones extranjeras directas ascendieron a cerca de 1 000 millones de dólares, en comparación con 8.3 millones de dólares en el año 2000. Mediante el consejo, el gobierno de Ruanda espera crear decenas de miles de empleos anuales. Y va por buen camino. En 2017 se registraron más de 38 000 empleos en el CDR, un aumento de 184 por ciento respecto de 2016.

Hace sólo 25 años Ruanda experimentó un doloroso genocidio en el que, según se estima, más de un millón de personas perdieron la vida. Parecía haber poca esperanza para esta pequeña y pobre nación, rodeada de tierra, sin litorales. Para muchos era demasiado pobre, pero el gobierno ha dado un giro a las cosas al priorizar su papel de servicio y apoyo a la economía. Aunque hoy en día Ruanda sigue siendo un país pobre, existe la esperanza de que, si continúa su trayectoria actual, su futuro será brillante. Tal vez pueda ser un rayo de esperanza para otros países africanos, tal como Singapur lo fue —y todavía lo es— para numerosos países asiáticos.

Singapur: empleos mediante la innovación

"Heredamos un corazón sin cuerpo..." Así es como Lee Kuan Yew, primer ministro de Singapur, describió el nacimiento de su país. Singapur "enfrentó tremendas circunstancias, con nulas posibilidades de supervivencia. Singapur no era un país natural". Desde todos los puntos de vista, esta pequeña nación isleña no debería existir en absoluto y hace 60 años pocos habrían predicho que se convertiría en una de las naciones soberanas más ricas del mundo. Con sólo 5.6 millones de habitantes, su PIB de 300 000 millones de dólares representa una quinta parte del de África Subsahariana. Singapur tuvo éxito al priorizar los empleos mediante la innovación.

Hace décadas, al doctor Goh Keng Swee, uno de los ministros de Singapur, se le rompía el corazón cada vez que veía a cientos de niños saliendo en tropel de las escuelas, porque sabía que su gobierno tendría que proporcionarles empleo. Keng Swee y el gobierno entendían que asistir a la escuela no era suficiente. ¿Qué harían los estudiantes cuando completaran su educación? Singapur encontró la respuesta en priorizar la innovación, lo cual no es empresa fácil. Una de las formas de hacerlo fue establecer el Consejo de Desarrollo Económico (CDE), que a la fecha sigue funcionando y ejerciendo su influencia.

El trabajo del CDE era atraer inversión extranjera a Singapur con el fin de crear empleo, el cual escaseaba mucho entonces. Los funcionarios del gobierno singapurense visitaron a inversionistas en Chicago, Nueva York y otras ciudades estadounidenses, con el objetivo de convencerlos de que su país estaba abierto a los negocios. A los estadounidenses les encantó el hecho de que la nación isleña no pidiera limosnas, sino inversiones. Los funcionarios se reunían constantemente con ejecutivos estadounidenses, y no con la comunidad de ayuda. Lo hacían para enviar el mensaje de que, aunque en ese momento su país era pobre, no tenía la intención de permanecer indefinidamente en la pobreza. Una vez que se corrió la voz de que Singapur era lugar seguro y rentable para invertir, el capital fluyó —o, más bien, entró a borbotones— en el país. En 1970 la IED en Singapur fue de alrededor de 93 millones de dólares. Para 2017 la pequeña nación atraía un valor de más de 60 000 millones de dólares de IED, más de lo que captaba todo el continente africano.[28]

Cabe destacar que la IED de Singapur no sólo ha aumentado, sino que la naturaleza de las inversiones ha cambiado. Hoy en día Singapur no atrae inversiones para generar empleos en las industrias textil, del vestido, de juguetes y maderera, como hace 50 años. En vez de eso capta inversiones en los sectores biotecnológico, farmacéutico, aeroespacial, de dispositivos electrónicos y otras industrias avanzadas, como tecnología limpia. Apple, Microsoft, Bosch, Novartis y muchas compañías más tienen sus oficinas matrices regionales en Singapur, lo que demuestra que el país se enfocó en la innovación y no sólo en la industrialización o las exportaciones. No se concentró únicamente en crear empleos, sino en hacerlo a través de la innovación, la cual es una forma más dinámica y sustentable de desarrollar una economía.

A lo largo de este libro hemos dicho que la prosperidad es un proceso. El caso de Singapur muestra que continuamente debemos aprender nuevas cosas si queremos seguir progresando.

México: intercambiar basura por comida

A medida que más y más países se urbanizan, los gobiernos no sólo tienen que lidiar con un significativo flujo de gente que entra en las ciudades, sino también con la basura que generan los recién llegados. Aunque la Ciudad de México siempre ha tenido dificultades para manejar su basura, la situación empeoró cuando se cerró el vertedero del Bordo Poniente, uno de los más grandes, en 2012. Como comentó un reporte en *The Guardian*, el cierre de la planta "destacó la ausencia de una política amplia de recolección, disposición y procesamiento de la basura urbana" en el país.[29] Los habitantes de la Ciudad de México no dejaron de generar basura súbitamente porque el vertedero había cerrado. En vez de eso, los desechos permanecieron en las calles de la urbe, al menos hasta que el gobierno capitalino creó el Mercado de Trueque.

En este mercado los mexicanos pueden cambiar su basura reciclable por vales de comida; éstos son aceptados en muchos mercados sobre ruedas de la ciudad, que apoya a los agricultores mexicanos. Desde su origen, el programa ha sido tremendamente popular. Alex Castañeda, pequeño agricultor, comentó al respecto: "Es bueno para nosotros [los agricultores]: el precio es bueno, y el volumen excelente". El programa también es popular entre un número creciente de mexicanos, que ahora reciclan al intercambiar basura por vales de comida. Érika Rodríguez, usuaria frecuente, dijo: "Realmente vale la pena el esfuerzo. Ya que comienzas, es difícil parar".

Desde el cierre del vertedero, en 2012, el programa ha reciclado cientos de miles de kilogramos de basura. Al proporcionar un mercado para los productos reciclables y agrícolas crea empleos para los recicladores y mejora la vida de los agricultores mexicanos. Aunque no resuelve por sí mismo el problema de la basura en la Ciudad de México representa una forma diferente de abordar una situación complicada que puede crear inmenso valor para los funcionarios de la ciudad y los ciudadanos.

La India: Fintech

El 8 de noviembre de 2016 una onda expansiva golpeó a la India de manera inesperada. Sin previo aviso, el gobierno del primer ministro Narendra Modi declaró que los billetes de 500 y 1 000 rupias eran obsoletos, maniobra que detuvo casi por completo la economía nacional. En esa época los billetes de 500 y 1 000 rupias representaban aproximadamente 86 por ciento de la circulación de efectivo en la India, y cerca de 98 por ciento de las transacciones de consumo en el país se realizaban en efectivo.[30] El retiro de los billetes causó un tsunami económico que llevó a la reducción del crecimiento del PIB y de la producción industrial, así como a la pérdida de empleos para muchos indios. Decenas de millones de ellos hacían fila durante horas tratando de cambiar sus viejos billetes para que no perdieran valor. Hay reacciones encontradas respecto de la política de desmonetización, pero la mayoría estaría de acuerdo en que creó una lucha significativa en la India, la cual hizo que numerosos indios innovaran.

Aunque la política enfrentó varios problemas en su aplicación —desde limitar la cantidad de efectivo que la gente podía retirar del banco hasta el hecho de que los cajeros automáticos no tenían suficientes billetes nuevos en circulación—, también condujo a la creación de varias innovaciones en los pagos que de otra manera habrían tardado mucho en realizarse. Hasta Google capitalizó esa lucha y lanzó una aplicación de pagos digitales, mercado que, según proyectan los analistas, alcanzará los 500 000 millones de dólares para 2020.[31] Los pagos digitales se elevaron más de 80 por ciento una vez que la política entró en vigor.[32]

La política de desmonetización y la subsecuente digitalización de la economía también están repercutiendo en otros aspectos de la economía india. Por ejemplo, antes de la política de desmonetización, aproximadamente tres por ciento de los trabajadores pagaba impuestos. No obstante, el número de devoluciones de impuestos se incrementó 25 por ciento un año después de que la política se pusiera en marcha, pues millones de indios fueron jalados a la economía digital, donde ahora tienen un perfil digital.[33] En algunas localidades la recaudación fiscal aumentó más de 250 por ciento. Además, otra de las razones para instituir dicha política fue frenar las redes de trata de personas y terrorismo en el país. Las estimaciones sugieren que la política ha sido efectiva, cuando menos por ahora, al reducir esos malos comportamientos.[34]

El punto aquí no es que otros gobiernos también deberían instrumentar una política de desmonetización de largo alcance —que tendría efectos adversos en la economía— con la esperanza de estimular innovaciones que hagan que todo valga la pena. Las circunstancias de cada país son diferentes. Por el contrario, la perspectiva más amplia es que a veces el gobierno tiene el poder de crear en el sistema una lucha suficiente para impulsar a los innovadores con el fin de que desarrollen productos y servicios que en última instancia harán más fácil la vida de las personas. En gran parte esto es lo que ha hecho la política de desmonetización en la India, intencionalmente o no.

Ninguna de las iniciativas descritas en este apéndice puede cambiar por sí sola un país, pero esperamos que sean útiles al lector mientras sigue pensando en formas de generar prosperidad en los rincones de nuestro mundo que más lo necesitan.

CONCLUSIÓN

En la clase que imparto en la Escuela de Negocios de Harvard digo a mis estudiantes que mi esperanza es que puedan usar las teorías y los marcos de referencia que les enseño como lentes para ver el mundo de manera diferente. Ése fue el propósito de este apéndice: presentar oportunidades en distintas partes del mundo que a menudo son pasadas por alto, confiando en que el lector comience a verlas de otra forma. Invertir en innovación, y, más específicamente, crear nuevos mercados, es una de las cosas más importantes que podemos hacer en los mercados emergentes, no sólo para cosechar grandes dividendos, sino también para desarrollar las regiones de forma sustentable. El mundo está lleno de oportunidades; sólo hay que saber lo que se está buscando.

Notas

PREFACIO

[1] La OCDE es un grupo conformado por 35 países miembros, incluidos los Estados Unidos, Francia, Alemania y varias de las naciones más desarrolladas del mundo. OCDE, "About the OECD: Members and Partners", consultado el 16 de enero de 2018 en <http://www.oecd.org/about/membersandpartners/#d.en.194378>.

[2] Fareed Zakaria, "Give South Korea a Gold Medal", *Washington Post,* 8 de febrero de 2018, consultado en <https://www.washingtonpost.com/opinions/give-south-koreaa-gold-edal/2018/02/08/76be5e7e-0d1a-11e8-8890-372e2047c935_story.html?utm_term=.ac6f9aa492cf>.

[3] Por ejemplo, en dólares actuales, el ingreso per cápita de los Estados Unidos en esa época era de aproximadamente 3 363; el de Angola hoy es de 3 695; el de Mongolia, de 3 694, y el de Sri Lanka, de 3 844. A menos que se indique de otra manera, las cifras del PIB per cápita se basan en datos de 2016 y fueron recuperadas del Banco Mundial. The World Bank, Data, "GDP per capita (current US $)", consultado el 5 de febrero de 2018 en <https://data.worldbank.org/indicator/NY.GDP.PCAP.CD?locations=AO-MN-LK>.

[4] Michael Haines, "Fertility and Mortality in the United States", Economic History Association, consultado el 16 de enero de 2018 en <https://eh.net/encyclopedia/fertility-and-mortality-in-the-united-states/>.
The World Bank, "Mortality Rate, Infants (per 1 000 Live Births)", consultado el 21 de febrero de 2018 en <https://data.worldbank.org/indicator/SP.DYN.IMRT.IN>.

[5] Se ha escrito mucho acerca de cómo Occidente se volvió próspero y, en términos más generales, cómo pueden prosperar los países pobres. Reconocemos que hay numerosos trabajos notables en este campo. Varios libros y artículos académicos proporcionan una percepción muy importante en torno de estas cuestiones. Obra fundamental es *The Theory of Economic Development: An Inquiry into Profits, Capital, Credit, Interest, and the Business Cycle,* de Joseph Schumpeter (1934, traducido de la transcripción original en alemán de 1911). En ese libro el autor nos ayuda a ver claramente el papel de la innovación y el emprendimiento en el desarrollo económico. A medida que los emprendedores innovan, crean nuevos productos o nuevos métodos de producción, alteran el "flujo circular" de una economía, término que describe el estado de equilibrio en la sociedad. Aunque esta perpetua "alteración" —proceso marcado por nuevas innovaciones— se acompaña de cierto grado de inestabilidad e incertidumbre, el resultado final suele ser una sociedad más próspera. Por ejemplo, el automóvil desplazó a los carruajes jalados por caballos y a los tranvías eléctricos, pero nos ha hecho más prósperos. Para Schumpeter, los emprendedores —los Henry Ford del mundo— son las estrellas de la historia del desarrollo económico; como se verá a lo largo de este libro, ciertamente estamos de acuerdo con él.

En el último medio siglo, la bibliografía obligada acerca del ascenso de Occidente incluye *The Rise of the Western World: A New Economic History* (1973), de Douglass North y Robert Thomas; *How the West Grew Rich: The Economic Transformation of the Industrial World* (1986), de Nathan Rosenberg y Luther E. Birdzell, y *The Wealth and Poverty of Nations: Why Some Are So Rich and*

Some So Poor (1999), de David Landes. Este último autor proporciona una rica historia económica y hace hincapié en varios factores —como la geografía y la cultura— que contribuyeron a que Europa prosperara. Por otra parte, North y Thomas resumieron su argumento así: "Una organización económica eficiente es clave del crecimiento; el desarrollo de una organización económica en Europa occidental es la causa del ascenso de Occidente". En esencia, estos autores han ayudado a reconocer la importancia de las instituciones y los derechos de propiedad.

Asimismo, varios artículos académicos fundamentales han arrojado luz sobre el tema. Por ejemplo, *Making a Miracle* (1993), de Robert Lucas; *Economic Development as Self-Discovery* (2002), de Ricardo Hausmann y Dani Rodrik, e *Investment in Humans, Technological Diffusion, and Economic Growth*, de Richard Nelson y Edmund Phelps. A su manera, cada uno de estos economistas ha contribuido a simplificar, en buena medida, la complejidad inherente al desarrollo y el crecimiento económicos. Esto nos ha permitido entender mejor algunos elementos necesarios para el crecimiento económico sustentable. Robert Lucas contribuyó a que comprendiéramos la importancia de "aprender haciendo" para elevar la productividad de las economías. A juicio de Lucas, los rasgos principales de los milagros de Asia oriental han "involucrado un movimiento sostenido de la fuerza de trabajo de productos que van de menos a más complejos", además de un aumento en la eficiencia en la fabricación de productos ya existentes. Hausmann y Rodrik explican que, si bien es importante que los emprendedores de un país aprendan para qué son buenos, los beneficios sociales a menudo sobrepasan los beneficios privados. Esto es porque, en el papel, las compañías que aprenden a desarrollar innovaciones capaces de resolver un problema social pueden ser copiadas con facilidad por "segundos participantes", lo que tiene el efecto de diluir en forma importante los incentivos *a priori* para emprender el arduo trabajo de desarrollar la innovación en primer lugar. Lo anterior, a su vez, dificulta las inversiones en el tipo de aprendizaje que conduce a cambios económicos estructurales. En esas circunstancias, los profesionales del desarrollo y los creadores de políticas pueden desempeñar un papel significativo. Por su parte, Nelson y Phelps se enfocan en el capital humano y en la difusión de la tecnología. En efecto, proponen la hipótesis de que, "en una economía dinámica o tecnológicamente progresiva, la administración de la producción es una función que requiere la adaptación al cambio; mientras más educado sea un gerente, con mayor rapidez introducirá nuevas técnicas de producción".

En este libro nos concentraremos en la repercusión que tienen las innovaciones creadoras de mercado en la creación y el mantenimiento de la prosperidad económica. En el capítulo 2 proporcionamos una definición y una categorización de la palabra *innovación* y nos enfocamos en la forma en que los distintos tipos de innovación tienen impacto en las economías.

[6] The World Bank, "World Bank Forecasts Global Poverty to Fall Below 10% for First Time; Major Hurdles Remain in Goal to End Poverty by 2030", 4 de octubre de 2015, boletín de prensa consultado en <http://www.worldbank.org/en/news/press-release/2015/10/04/world-bank-forecasts-global-overty-to-fall-below-10-for-firsttime-major-hurdles-remain-in-goal-to-end-poverty-by-2030>.

[7] En cierta forma, el meteórico desarrollo de China en los últimos 50 años no es sorpresa para los estudiosos de la historia. La carretilla, la ciencia del suelo, el cartón, la brújula, la exploración profunda para buscar gas natural, el conocimiento de la circulación sanguínea, el papel y la imprenta, la pólvora y otros cientos de inventos se atribuyen a los chinos. Eran los europeos quienes trataban de seguir su ritmo en la Edad Media. Por ejemplo, hacia 1500, la economía china representaba 25 por ciento del PIB mundial. Sin embargo, para 1950 esa cifra disminuyó a sólo cinco por ciento. Hoy, empero, China está haciendo un regreso triunfal y su participación en el PIB del mundo es de alrededor de 19 por ciento.

El reciente crecimiento económico de China es espectacular, especialmente si consideramos los cientos de millones de personas que han salido de la pobreza. De acuerdo con la historia convencional de ese desarrollo, las discontinuidades en la política iniciada por Deng Xiaoping a finales de la década de 1970 despertaron al gigante económico de su sueño. Esto es verdad hasta cierto punto. No obstante, no es posible contar la historia del resurgimiento de China sin destacar la iniciativa de sus emprendedores y ciudadanos. Yasheng Huang, del Instituto Tecnológico de Massachusetts (MIT, por sus siglas en inglés), explica que la política económica china en la década de 1980 favoreció el emprendimiento y las soluciones orientadas al mercado, al tiempo que se registraba un surgimiento significativo de empresas en pueblos y aldeas. Huang llama a esa época "la Década del Emprendimiento". Sin embargo, en la década de 1990 la política económica nacional se enfocó más bien en el Estado, con el surgimiento de muchas empresas de carácter estatal. Aunque la economía siguió desarrollándose, Huang explica que ese crecimiento no fue tan robusto ni incluyente como el que tuvo el país en la década anterior.

Aun así, seguimos viendo que China va en ascenso. En fechas recientes el *Washington Post* publicó un artículo intitulado "China desafía cada vez más el dominio estadounidense de la ciencia". Los autores señalan que un número creciente de científicos de algunas de las instituciones más prestigiosas de los Estados Unidos está estableciendo laboratorios en China. Aunque los Estados Unidos continúan destinando cerca de medio billón de dólares anuales a la investigación científica, China los sigue de cerca, y a finales de 2018 estaba en camino de superarlos. De hecho, en 2016, por primera vez en la historia, las publicaciones científicas anuales de China superaron en número a las de los Estados Unidos. La economía china está muy lejos de lo que era en las décadas de 1960 y 1970, y parece estar recuperando su dominio de antaño.

Yasheng Huang, *Capitalism with Chinese Characteristics: Entrepreneurship and the State*, Cambridge University Press, Nueva York, 2008.

Ben Guarino, Emily Rauhala y William Wan, "China Increasingly Challenges American Dominance of Science", *Washington Post*, 3 de junio de 2018, consultado en <https://www.washingtonpost.com/national/health-science/china-challenges-american-dominance-of-science/2018/06/03/c1e0cfe4-48d5-11e8-827e-190efaf1f1ee_story.html?noredirect=on&utm_term=.99a54422d595>.

Philip Auerswald, "China's Sudden Fall and Slow Recovery", *New York Times*, 11 de agosto de 2008, consultado en <https://www.nytimes.com/2008/08/11/opinion/11iht-edauerswald.1.15175911.html>.

[8] En 1990 había aproximadamente 282 millones de personas viviendo en la pobreza, lo que representaba cerca de 55 por ciento de la población de África Subsahariana. En 2013 ese número ascendió a 401 millones, esto es, cerca de 42 por ciento de dicha población. The World Bank, Data, "Poverty Headcount Ratio at $1.90 a Day (2011 PPP)", consultado el 13 de marzo de 2018 en <http://povertydata.worldbank.org/poverty/region/SSF>.

[9] La trilogía *Bourgeois*, de Deirdre McCloskey, proporciona un detallado panorama de la historia económica y un análisis de las muchas causas sugeridas del crecimiento económico. En el segundo tomo, *Bourgeois Dignity: Why Economics Can't Explain the Modern World*, McCloskey expone muchas de las teorías más ampliamente aceptadas —instituciones, infraestructura del transporte, comercio exterior, esclavitud, ahorro, acumulación de capital, ética protestante del trabajo, expropiación, capital humano (educación), geografía o recursos naturales, ciencia, entre otras— sobre lo que pudo haber causado la transformación económica aportada por la Revolución industrial y sugiere que todas esas teorías fallaron el blanco. En esa obra en particular, de 592 páginas, explica por qué, pese a lo interesantes y plausibles que puedan parecer, esas explicaciones no son lo que nos trajo retretes, aires acondicionados, automóviles y teléfonos móviles. Deirdre McCloskey, *Bourgeois Dignity: Why Economics Can't Explain the Modern World*, The University of Chicago Press, Chicago, 2010, pp. 34-35.

[10] Esa cantidad no incluye los fondos privados invertidos por algunas de las organizaciones más ricas del mundo, como la Bill and Melinda Gates Foundation, la Skoll Foundation, la Omidyar Network, etcétera.

Official Development Assistance, "ODA 1960-16 Trends", 2016, Compare Your Country, consultado el 1º de febrero de 2018 en <http://www2.compareyourcountry.org/oda?cr=20001&lg=en&page=1#>.

[11] Muchos países consignados en el cuadro 1 recibieron ayuda oficial del Banco Mundial y de otras instituciones para desarrollar programas encaminados a la erradicación de la pobreza. Por ejemplo, Níger ha recibido 2 900 millones de dólares del Banco Mundial desde 1964, pero en 2015 su ingreso per cápita fue de menos de la mitad del que tuvo en la década de 1960. The World Bank, "Urban Water and Sanitation Project", consultado en <http://www.worldbank.org/projects/P117365/urban-water-sanitation-project?lang=en>.

[12] Jamie Skinner, "Why Every Drop Counts: Tackling Rural Africa's Water Crisis", información de IIED, consultado el 1º de febrero de 2018 en <http://pubs.iied.org/pdfs/17055IIED.pdf>.

CAPÍTULO 1. INTRODUCCIÓN A LA PARADOJA DE LA PROSPERIDAD

[1] Ahora parte de Bharti Airtel Limited.

[2] GSMA, "Number of Unique Mobile Subscribers in Africa Surpasses Half a Billion, Finds New GSM Study", consultado el 1º de febrero de 2018 en <https://www.gsma.com/newsroom/press-release/number-of-unique-mobilesubscribers-in-africa-surpasses-half-a-billion-finds-new-gsma-study/>.

[3] Por "mercado" entendemos un *sistema que permite la fabricación, compra y venta de un producto o servicio*.

[4] OCDE, Development Finance Statistics, "Aid at a Glance Charts", consultado el 23 de abril de 2018 en <http://www.oecd.org/dac/stats/aid-at-a-glance.htm>.

[5] Clayton Christensen, *The Innovator's Dilemma: When New Technologies Cause Great Firms to Fail*, HarperCollins Publishers, Nueva York, 2000.

Esta definición concuerda con el texto en el que Schumpeter, en *The Theory of Economic Development*, define la innovación como el acto de tomar un invento y colocarlo firmemente en un mercado, proceso que lleva al desarrollo o la producción de nuevas combinaciones. En el capítulo 2 Schumpeter escribe: "Producir significa combinar fuerzas y materiales a nuestro alcance. Producir otras cosas, o las mismas cosas con un método distinto, es combinar esas fuerzas y materiales de manera diferente" (p. 65). Esto es importante porque a menudo la innovación se confunde con el invento o con algo enteramente nuevo. Éste no es el caso para los fines del desarrollo económico. Según Schumpeter, una de las ilustraciones del proceso de combinación es "la apertura de un nuevo mercado, en el cual la rama de manufactura particular del país en cuestión no ha entrado antes, sea o no que ese mercado haya existido con anterioridad". En esencia, no importa que algo haya existido en otro país, siempre y cuando sea nuevo para el país donde está siendo introducido, donde tendrá un impacto en el desarrollo.

Ricardo Hausmann, de Harvard, y César Hidalgo, del MIT, aportan datos que muestran que la prosperidad de una economía está directamente relacionada con la cantidad de conocimiento *(know-how)* de esa nación. En su investigación, estos autores se refieren a ese concepto como "complejidad económica", la cual es "una medida de la cantidad de capacidades y conocimiento incluidos en la fabricación de cualquier producto. Los productos son vehículos del conocimiento. [Su] teoría y la evidencia empírica que la sostiene explican por qué la acumulación de conocimiento productivo es la clave para el crecimiento económico sostenido". No obstante, acumular conocimiento productivo no es fácil, y a menudo resulta muy costoso. Además, la acumulación por sí sola no es suficiente; se necesita la acumulación dinámica. Sidney Winter, de la Wharton School of Business en la Universidad de Pensilvania, ha escrito exhaustivamente acerca de la evolución de las capacidades organizacionales. De acuerdo con su investigación, una de las razones del éxito en los negocios es la habilidad de una organización para desarrollar capacidades dinámicas. Aunque Winter también explica que desarrollar esas capacidades no es empresa fácil. Véase *Toward a Neo-Schumpeterian Theory of the Firm* (1968), *Understanding Dynamic Capabilities* (2003) y *Deliberate Learning and the Evolution of Dynamic Capabilities* (2002).

Joseph A. Schumpeter, *The Theory of Economic Development: An Inquiry into Profits, Capital, Credit, Interest, and the Business Cycle,* Harvard University Press, Cambridge, 1934, p. 65.

Ricardo Hausmann *et al., The Atlas of Economic Complexity: Mapping Paths to Prosperity,* 2a. ed., MIT Press, Cambridge, 2013.

[6] Abundamos en esto en los capítulos 8 y 9, que tratan de instituciones y corrupción, respectivamente; considérese, sin embargo, cómo Mancur Olson lo expresa en su libro *Power and Prosperity:* "Cuando cambiamos de lo que es mejor para la prosperidad a lo que es peor, probablemente el consenso sería que, si hay un incentivo más fuerte para tomar que para hacer —esto es, más ganancia en la depredación de la que se obtiene mediante actividades productivas y mutuamente ventajosas—, las sociedades tocan fondo". Más adelante, Olson continúa destacando las virtudes y la importancia del emprendimiento, debido a la naturaleza imprevisible de la sociedad. Escribe: "Puesto que las incertidumbres son tan generalizadas e inconmensurables, las sociedades más prósperas y dinámicas son aquellas que intentan muchas cosas diferentes. Son sociedades con innúmeros emprendedores que tienen un acceso relativamente bueno al crédito y al capital de riesgo. Es imposible que una sociedad prediga el futuro; no obstante, si tiene un abanico de emprendedores lo bastante amplio, capaz de realizar un arreglo lo suficientemente extenso de transacciones mutuamente ventajosas, incluyendo las de crédito y capital de riesgo, podrá cubrir muchas opciones, más de las que una sola persona o agencia [o gobierno] podría siquiera imaginar". En efecto, si aprovechamos el poder de los emprendedores para desarrollar más y más innovaciones creadoras de mercado esto puede —y de hecho lo hace— llevar a un gobierno cada vez mejor.

Mancur Olson, *Power and Prosperity: Outgrowing Communist and Capitalist Dictatorships,* Basic Books, Nueva York, 2000, pp. 1, 188-189.

Iqbal Quadir, fundador del Legatum Center for Development and Entrepreneurship en el MIT, lo ha expresado de esta forma en su artículo publicado en el *Innovations Journal:* "Los intelectuales occidentales, de Adam Smith a Georg Simmel y Max Weber, han reconocido que el comercio ha transformado positivamente gobiernos, culturas y comportamientos, al hacer que las personas sean más racionales y mutuamente responsables".

CAPÍTULO 2. **NO TODAS LAS INNOVACIONES SON IGUALES**

[1] Ronald Coase, "Address at Markets, Firms and Property Rights: A Celebration of the Research of Ronald Coase Conference", publicado el 20 de abril de 2012, video, 25:40, consultado en <https://www.youtube.com/watch?v=ZAq06n-79QIs>.

[2] Christensen, Raynor y McDonald (2016) ofrecen un resumen conciso: "Disrupción es el proceso mediante el cual una compañía con menos recursos es capaz de desafiar con éxito negocios establecidos. Específicamente, cuando las empresas establecidas se concentran en mejorar sus productos y servicios para sus clientes más exigentes (usualmente los más rentables), exceden las necesidades de algunos segmentos e ignoran las de otros. Los negocios entrantes que demuestran ser disruptivos comienzan dirigiéndose eficazmente a esos segmentos ignorados; aseguran su posición al ofrecer funciones más adecuadas, con frecuencia a un precio más bajo. Al perseguir rendimientos más altos en segmentos más exigentes, los negocios establecidos tienden a no responder vigorosamente. En consecuencia, los entrantes mejoran su posición en el mercado, al dar los resultados que los principales clientes de los establecidos requieren y al preservar al mismo tiempo las ventajas que impulsaron su temprano éxito. La disrupción tiene lugar cuando esos clientes principales comienzan a adoptar en gran volumen los productos o servicios de los entrantes". La innovación con más probabilidades de ser disruptiva es la creadora de mercado (como veremos en varios ejemplos a lo largo de este libro).

Véase también M. Christensen, *The Innovator's Dilemma: When New Technologies Cause Great Firms to Fail,* Harvard Business School Press, Boston, 1997.

[3] En 2017, en una publicación del Banco Mundial intitulada *The Innovation Paradox: Developing-Country Capabilities and the Unrealized Promise of Technological Catch-Up*, los autores Xavier Cirera y William F. Maloney sugieren que "la capacidad de innovación parece ser la política prioritaria crítica para el desarrollo económico". El reporte continúa sugiriendo que "igualar la política de innovación con la política de ciencia y tecnología de vanguardia llevará a la frustración y al desperdicio si se ignora la dimensión de la firma [...] Sin un grupo de empresas capaces de llevar esas ideas al mercado las inversiones rendirán poco en términos de crecimiento". Esperamos que la categorización que aquí ofrecemos contribuya al trabajo del Banco Mundial y nos ayude a entender mejor cuán importantes son las empresas para el desarrollo económico.

Xavier Cirera y William F. Maloney, *The Innovation Paradox: Developing-Country Capabilities and the Unrealized Promise of Technological Catch-Up*, Banco Mundial, Washington, D. C., doi:10.1596/978-1-4648-1160-9. Licencia: Creative Commons Attribution CC BY 3.0 IGO.

[4] El Foro Económico Mundial publica un informe anual titulado "Reporte de la competitividad global", en el que la organización califica a los países con base en su competitividad. Uno de los parámetros utilizados para medir la competitividad de una nación es su "innovación". Otros son instituciones, infraestructura, salud y educación. Para evaluar la innovación de un país el informe considera factores como inversión en investigación y desarrollo, solicitudes de patentes y capacidad de la nación de ofrecer productos nuevos o únicos.

Alex Gray, "These Are the Ten Most Innovative Countries in the World", World Economic Forum, 11 de octubre de 2017, consultado en <http://www.weforum.org/agenda/2017/10/these-are-the-10-most-innovative-countries-in-the-world/>.

[5] Es crucial entender la forma en que los distintos tipos de innovación afectan a una economía, pues en ella existen actores diferentes. Mi amigo Lant Pritchett, economista muy respetado que trabajó en el Banco Mundial y que es profesor de Desarrollo Internacional en la Kennedy School of Government de la Universidad de Harvard, me dio un útil marco de referencia conceptual acerca de por qué es tan difícil para las economías pobres romper su rutina económica, y dónde la innovación puede marcar una profunda diferencia. Pritchett identifica cuatro entidades primarias en una economía: "rentistas", "magos", "agentes de poder" y "caballos de batalla".

Los *rentistas* son firmas agrícolas o de extracción de recursos que principalmente exportan a los mercados mundiales y a menudo están sujetos a rentas regulatorias; pensemos en compañías petroleras y mineras de diamantes. Los *magos* son exportadores que operan en industrias globales altamente competitivas; por ejemplo, los dueños de fábricas que confeccionan playeras y *jeans* para el consumo. Los *agentes de poder* son empresas que trabajan en el ámbito nacional, pero también están sujetas a "rentas regulatorias"; se trata de grandes compañías constructoras, dueños o administradores de hoteles caros, operadores de puertos y proveedores de electricidad. Finalmente, los *caballos de batalla* son las empresas menos glamorosas que operan en entornos nacionales altamente competitivos; desde el pequeño comerciante a la orilla de la carretera hasta la estilista que trabaja en su casa, constituyen la mayoría de los pobres del mundo.

"Las rentas regulatorias son aquellas que derivan de alguna acción discrecional del gobierno, como ofrecer licencias para el uso comercial de un recurso (por ejemplo, la minería), conceder ventajas fiscales específicas para las firmas (y no para la industria), exclusividad del mercado o aplicación de las regulaciones correspondientes. También pueden ser producto de una inacción gubernamental deliberada, como permitir que los monopolios cobren precios significativamente altos, por encima del costo marginal, o no hacer cumplir la ley antimonopolio ni perseguir a los mercados competitivos cuando eso sería apropiado para el bienestar del consumidor."

Lant Pritchett, Kunal Sen y Eric Werker, *Deals and Development: The Political Dynamics of Growth Episodes*, Oxford University Press, Oxford, 2018.

[6] Entendemos la economía como un sistema anidado. La economía global comprende las economías nacionales, las cuales se componen de industrias que a su vez contienen a las corporaciones. Estas últimas están conformadas por unidades de negocios, organizadas a partir de equipos, lo que define la forma en que los empleados coordinan su trabajo. Los empleados, por

su parte, fabrican y venden productos y servicios a los consumidores, quienes tienen preferencias que determinan lo que harán o no harán. Los estudiosos de las dos ramas tradicionales de la economía —macro y micro— construyen modelos, por un lado, del funcionamiento de los sistemas nacionales y globales, y, por otro, de cómo los individuos priorizan y toman decisiones. Sin embargo, la actividad económica más importante ocurre en algún punto entre estos dos extremos del sistema anidado, es decir, en las compañías. Independientemente de las prestaciones sociales y la gente empleada en entidades gubernamentales, las compañías, esencialmente, *son* la economía. Ellas crean y eliminan empleos y pagan salarios e impuestos; implementan la política del gobierno; eligen invertir o no invertir, y responden a los cambios en las tasas de interés. Las compañías construyen la infraestructura de las economías, y en muchas formas *son* nuestra infraestructura.

⁷ Desde hace mucho tiempo los economistas entendieron la importancia de la innovación —o lo que a menudo llaman "cambio técnico"— para impulsar el crecimiento económico. Por ejemplo, en 1956 Moses Abramovitz, economista de Stanford, publicó un artículo trascendental: "Resource and Output Trends in the United States since 1870" [Tendencias de recursos y producción en los Estados Unidos desde 1870], el cual destacaba el vínculo entre la actividad innovadora y el desarrollo económico a largo plazo. En esa publicación Abramovitz analizó el crecimiento de los Estados Unidos de 1870 a 1950 y descubrió que el capital y el trabajo representaban apenas 15 por ciento del crecimiento. Afirmó que la productividad, o lo que ahora llamamos tecnología, innovación o innovación técnica, representaba el 85 por ciento restante. Abramovitz escribió que, "como sabemos poco acerca de las causas del aumento en la productividad, la importancia de este elemento puede ser tomada como una suerte de medida de nuestra ignorancia respecto de las causas del crecimiento económico en los Estados Unidos, y un indicio de dónde tenemos que concentrar nuestra atención".

Moses Abramovitz, "Resource and Output Trends in the United States since 1870", *National Bureau of Economic Research* (1956), consultado en <http://www.nber.org/chapters/c5650.pdf>.

En forma paralela, Robert Solow, del Instituto de Tecnología de Massachusetts (MIT), llegó a una conclusión similar a la de Abramovitz utilizando métodos diferentes y analizando distintos periodos. Entre los trabajos de Solow está un artículo de 1957 titulado "Technical Change and the Aggregate Production Function" [El cambio técnico y la función de producción agregada], el cual arroja luz sobre el impacto que la innovación tecnológica puede tener en el crecimiento económico. Solow obtuvo el Premio Nobel de Economía en 1987 por sus contribuciones al entendimiento del mundo del crecimiento económico. Después de esa explicación, despegó la búsqueda para entender mejor cómo la innovación económica afectó al crecimiento económico, y la creencia de que lo hizo.

Robert Solow, "Technical Change and the Aggregate Production Function", *The Review of Economics and Statistics*, vol. 39, núm. 3 (agosto de 1957), pp. 312-320, consultado en <https://faculty.georgetown.edu/mh5/class/econ489/Solow-Growth-Accounting.pdf>.

Tradicionalmente, los economistas han observado el crecimiento desde la perspectiva de la productividad: agrupan todos los activos de una economía y los multiplican por una función de producción (o de innovación). Aunque esto es válido desde el punto de vista matemático, pensar en el crecimiento tomando como punto de referencia la productividad tiene menos utilidad cuando se piensa en políticas y programas para economías integradas por gente con diversas capacidades y culturas y que vive en contextos diferentes.

⁸ En la mayoría de los países pobres la distribución del dinero, el poder y la influencia se inclina desproporcionadamente hacia los rentistas y los agentes de poder. Ellos dirigen las economías y tienen poco o ningún incentivo para cambiar el sistema. La mayor parte de los pobres —los caballos de batalla, en el lenguaje de Pritchett— de nuestro mundo se esfuerza y trabaja incesantemente sólo para llevar una vida de lucha perpetua y sufrimiento. Así, la pregunta es: ¿cómo damos más poder e influencia a los caballos de batalla? O quizá: ¿cómo encontramos y alimentamos —para usar la metáfora de Pritchett— algunos "purasangre" entre esos caballos de batalla, esto es, compañías con el potencial de crear un nuevo mercado mediante la innovación y la

escala? Los llamamos "purasangre" porque son individuos u organizaciones capaces de desarrollar innovaciones creadoras de mercado con el potencial de cambiar la dinámica de una economía.

[9] Esto es distinto de lo que hizo sir Thomas Lipton cuando en 1890 compró una huerta en la actual Sri Lanka y comenzó a producir té. Sir Lipton pensaba que el precio de esta bebida era demasiado alto y que podía ofrecerla por menos dinero a muchos más bebedores de té.

[10] En algunos casos las compañías añaden características a un nuevo producto, le suben el precio, pero encuentran muchos nuevos consumidores dispuestos a introducir ese producto en su vida. Esto tiende a ocurrir cuando la nueva característica tiene el potencial de derrocar o desplazar a un producto existente en el mercado. Por ejemplo, cuando Apple agregó la función de posicionamiento global por satélite (GPS, por sus siglas en inglés) a sus teléfonos, la compañía hizo que los dispositivos GPS que se vendían por separado fueran obsoletos.

[11] "Toyota Camry Awards", 2018 Camry Overview, Toyota, consultado el 16 de febrero de 2018 en <https://www.toyota.com/camry/awards>.

[12] Es importante señalar que, en cierto punto, los modelos del Toyota Camry estaban creciendo exponencialmente en los Estados Unidos, pero con el tiempo el mercado se saturó y las ventas comenzaron a estabilizarse. En otras palabras, el Camry llenó el círculo concéntrico en el que se dirigía a nuevos clientes que podían costear el producto, y ahora lucha por su participación en el mercado con otras marcas como el Accord de Honda o el Sonata de Hyundai.

"Monthly and Annual Sales Figures for the Toyota Camry in the U. S.", Toyota Camry, Carsalesbase.com, consultado el 16 de febrero de 2018 en <http://carsalesbase.com/us-car-sales-data/toyota/toyota-camry/>.

[13] La "maldición de los recursos" —fenómeno que explica por qué muchas naciones que poseen recursos naturales (como petróleo, gas, oro, diamantes, entre otros) a menudo terminan con menos democracia, menos crecimiento económico y menos prosperidad que los países que carecen de dichos recursos— ha sido ampliamente estudiada en economía. A veces se le llama la "paradoja de la abundancia". Al usar la extracción de recursos como ejemplo no nos enfocamos en los ya ampliamente estudiados efectos macroeconómicos de la posesión de recursos naturales, sino en los incentivos de maximización de utilidades y reducción de costos de un gerente típico de esta industria, que termina vendiendo bienes de consumo cuyo precio ha sido establecido por el mercado global. Para más información sobre la "maldición de los recursos", véase el artículo de Jeffrey Frankel, *The Natural Resource Curse: A Survey* (2010).

[14] U. S. Energy Information Administration, Petroleum and Other Liquids, "U. S. Field Production of Crude Oil", consultado el 6 de abril de 2018 en <https://www.eia.gov/dnav/pet/hist/LeafHandler.ashx?n=PET&s=MCRFPUS2&f=A>.

[15] Bureau of Labor Statistics, Databases, Tables & Calculators by Subject, "Employment, Hours, and Earnings from the Current Employment Statistics Survey (National)", consultado el 6 de abril de 2018 en <https://data.bls.gov/pdq/SurveyOutputServlet>.

[16] Michael Eboh, "Unemployment: Oil Sector Employs 0.01% of Nigerian Workforce", *Vanguard*, 3 de junio de 2014, consultado en <http://www.vanguardngr.com/2014/06/unemployment-oil-sector-employs-0-01-nigerian-workforce/>.

[17] Iqbal Quadir, del MIT, lo explica así: "Cada innovación desata una compleja cadena de reacciones, pero los emprendedores empujan consistentemente hacia menores costos y mayores mercados. Eso preserva los recursos conocidos o crea nuevos, impone presiones de precio a los productos existentes e involucra a más gente en la economía". Y continúa: "Las innovaciones actuales pueden aparecer en formas y lugares inesperados, pero siguen el mismo patrón y no son menos espectaculares de lo que fueron en tiempos de Henry Ford". En efecto, conforme los emprendedores generan productos más simples y asequibles, cada vez más personas en la sociedad no sólo los compran y los usan, sino que también se les emplea en su creación. Este proceso conduce a una economía más próspera y vigorosa.

Iqbal Quadir, "Inclusive Prosperity in Low-Income Countries", *Innovations*, vol. 9, núms. 1-2 (2014), pp. 65-66.

[18] A menudo se señala al iPhone de Apple como ejemplo de la vulnerabilidad de los empleos globales (incluso hay una leyenda al reverso de cada iPhone: "Diseñado por Apple en California. Ensamblado en China"). Pero este aparato proporciona un ejemplo mejor de la importancia de los empleos locales que no pueden ofrecerse al mejor postor. De hecho, el término "diseñado" comprende una variedad de empleos locales que deben desempeñarse cerca de la sede de Apple en California. Esto incluye el trabajo de miles de ingenieros y científicos que exploran el mundo y desarrollan nuevos materiales; gerentes de producto que conducen investigaciones de mercado y generan los requisitos del producto, y personal minorista capacitado para presentar y dar explicaciones sobre los dispositivos a los consumidores finales. "Apple crea valor y por lo tanto empleos para los Estados Unidos mediante el diseño y el desarrollo de sus productos, no debido al lugar donde son construidos", concluyó un reciente análisis de *Bloomberg BusinessWeek*. "Todos estos aspectos forman parte del diseño de producto del iPhone y explican la forma en que Apple puede cobrar sobreprecios significativos y adueñarse de la mayor parte de las utilidades de la industria. Su margen bruto de 38 por ciento avergüenza al resto del mercado de los teléfonos inteligentes."

[19] Según datos del Banco Mundial, las inversiones extranjeras de portafolio (IEP) netas globales fueron de aproximadamente 173 000 millones de dólares. Las IEP son más a corto plazo, líquidas y volátiles, y se dirigen a valores, bonos y otros activos financieros. El valor absoluto (flujos de entrada y de salida) fue de un poco menos de 2.4 billones de dólares. Así, aun contando las IEP a corto plazo, es claro que la cantidad de inversiones extranjeras constituye un porcentaje muy pequeño de los activos globales bajo administración.

[20] Matt Harding, "Op-Ed: The Internet Will Fail and the TV Will Never Compete with the Radio", *Digital Journal*, 25 de abril de 2010, consultado en <http://www.digitaljournal.com/article/291152>.

[21] Un estudio realizado por Christopher Blattman, de la Universidad de Columbia, y Jeannie Annan, del Comité de Rescate Internacional, sugiere que proporcionar capacitación laboral y oportunidades de empleo podría ayudar a disminuir el crimen en una región. Esto tiene sentido en apariencia: cuantas más oportunidades legítimas tengan los integrantes de una comunidad para solucionar los problemas relacionados con el crimen —como ofrecerles los recursos necesarios para llevar una vida confortable—, menos propensos serán a involucrarse en actividades criminales. Cuando se observan las áreas más afectadas por el crimen en el mundo, incluso en los Estados Unidos, a menudo es posible ver que en ellas muchos carecen de oportunidades. Aunque ésa no es la única razón por la cual la gente se involucra en el crimen, con frecuencia es la causa principal. El estudio reveló que un pequeño aumento salarial de unos 40 centavos de dólar al día era suficiente para convencer a antiguos soldados mercenarios de Liberia de dedicar más tiempo a su nueva (y honesta) ocupación y alejarse de la violencia o de otras actividades criminales. Asimismo, la seguridad de que llegarían más ingresos en el futuro resultó particularmente efectiva en el combate de la actividad ilegal.

Gillian B. White, "Can Jobs Deter Crime?", *The Atlantic*, 25 de junio de 2015, consultado en <https://www.theatlantic.com/business/archive/2015/06/can-jobs-detercrime/396758/>.

[22] *Idem.*

[23] Milton Friedman, "Milton Friedman on Charlie Rose", video, 53:57, consultado en <https://charlierose.com/videos/19192>.

CAPÍTULO 3. EN LA LUCHA ESTÁ LA OPORTUNIDAD

[1] En su obra fundamental, *The Fortune at the Bottom of the Pyramid: Eradicating Poverty through Profits* (Prentice Hall, Upper Saddle River, N. J., 2006), el fallecido profesor de negocios C. K. Prahalad explica el vasto potencial de desarrollar productos y servicios para quienes están en la base de la pirámide (BoP, por sus siglas en inglés). La BoP representa a algunas de las perso-

nas más pobres del mundo, muchas de las cuales ganan menos de dos dólares diarios. El profesor Prahalad nos ayudó a comprender que atender a los pobres puede ser rentable para muchas compañías que a menudo los pasan por alto como consumidores. Aunque gran número de pobres suelen ser no consumidores de mercancías y servicios existentes debido a su precio, el costo de un producto constituye sólo una de las restricciones del no consumo. Éste se caracteriza por la lucha y la ausencia de un tramo de ingresos, lo que destaca un par de cosas. Primero, el tramo de ingresos de una persona puede ser indicador de una lucha, pero no son lo mismo. Segundo, enfocarse en el no consumo caracterizado por una lucha permite desarrollar soluciones útiles para gente de altos, bajos y medianos ingresos que lidian con un mismo problema. Es importante considerar la diferencia sutil entre desarrollar innovaciones exclusivamente para los pobres e innovaciones dirigidas a los no consumidores.

[2] Del sitio web del Banco Mundial sobre las metodologías para calcular el crecimiento: "Las tasas de crecimiento se calculan como promedios anuales y se representan como porcentajes. Excepto cuando se indique, las tasas de crecimiento de los valores se contabilizan a partir de series de precio constantes. Se utilizan tres métodos principales para calcular las tasas de crecimiento: los mínimos cuadrados, el extremo exponencial y el extremo geométrico. Las tasas de cambio de un periodo al siguiente se calculan como cambios proporcionales del periodo anterior". Es claro que esos cálculos del futuro dependen de datos económicos pasados, que se basan principalmente en la demografía de una región. Por ejemplo, uno de los métodos, "la tasa de crecimiento en mínimos cuadrados", se usa cuando existe una "serie de largo plazo [histórica] suficiente" para asegurar la exactitud. Pero como la economía de no consumo es invisible, resulta difícil incluirla en esas estimaciones.

The World Bank, Data, "Data Compilation Methodology", consultado el 19 de febrero de 2018 en <https://datahelpdesk.worldbank.org/knowledgebase/articles/906531-methodologies>.

[3] No queremos decir que hay exactamente dos partes distintas de una economía, y que, cuando perteneces a una, la economía de consumo, digamos, perteneces a toda la economía de consumo que existe en esa economía. Por ejemplo, si decidimos categorizar con base en el ingreso, podríamos decir que los individuos que ganan más de 75 000 dólares en los Estados Unidos son parte de la economía de consumo. Sin embargo, probablemente entre ellos haya gente para quienes ciertos productos del mercado sigan siendo demasiado caros, aun cuando se beneficiarían de tenerlos. Como resultado, el modelo es útil desde la perspectiva del innovador porque lo ayuda a entender por qué los consumidores potenciales —no consumidores— no están comprando su producto.

[4] OCDE, Data, "FDI Flows", consultado el 19 de febrero de 2018 en <https://data.oecd.org/fdi/fdi-flows.htm>.

[5] "Cutting the Cord", *The Economist*, 7 de octubre de 1999, consultado en <http://www.economist.com/node/246152>.

[6] Statista, "Number of Mobile Phone Subscriptions Worldwide from 1993 to 2017 (in Millions)", consultado el 19 de febrero de 2018 en <https://www.statista.com/statistics/262950/global-mobile-subscriptions-since-1993/>.

[7] Scott D. Anthony, Mark W. Johnson, Joseph V. Sinfied y Elizabeth J. Altman, *The Innovator's Guide to Growth: Putting Disruptive Innovation to Work*, Harvard Business Press, Boston, 2008, pp. 45-60.

[8] En nuestro libro *Competing Against Luck: The Story of Innovation and Customer Choice*, mis coautores, mi colaborador de muchos años, Bob Moesta, y yo proporcionamos un panorama más detallado de la teoría de los trabajos por hacer.

Clayton Christensen, Taddy Hall, Karen Dillon y David Duncan, *Competing against Luck: The Story of Innovation and Customer Choice*, HarperCollins, Nueva York, 2016.

[9] Daniel Kahneman y Amos Tversky, "Prospect Theory: An Analysis of Decision under Risk", *Econometrica*, vol. 47, núm. 2 (marzo de 1979), pp. 263-292.

[10] Galanz se desempeñó como fabricante contratista para varias compañías de microondas. Como parte de los convenios contractuales de manufactura, la empresa china pudo operar

las líneas de fabricación para sus propios fines después de cumplir su contrato. Esto dio a Galanz una entrada de bajo costo al negocio del microondas, pues no hubo necesidad de invertir mucho en tecnología de manufactura; sin embargo, no fue suficiente para vender al cliente chino promedio, por lo que Galanz tuvo que desarrollar ventas, distribución y apoyo locales para poder dirigirse con éxito al no consumo de China.

[11] De Xian, "Innovative Firm Leads in Microwave Market", *China Daily News,* 19 de diciembre de 1996, consultado en <http://www.chinadaily.com.cn/epaper/html/cd/1996/199612/199612 19/19961219010_1.html>.

[12] Como se detalla en un estudio del Instituto de Investigación Económica de Samsung realizado por la oficina en Pekín, Galanz hizo muchas otras cosas con el fin de asegurar que su producto fuera asequible para el chino promedio. Por ejemplo, cuando la compañía promedio gastaba entre 800 y 1 000 millones de dólares para desarrollar un magnetrón, el componente principal de un horno de microondas, Galanz invertía alrededor de 400 millones de dólares. La empresa se enfocó también en prácticas administrativas eficientes que redujeron sus costos de operación en 5-10 por ciento, en comparación con sus competidores. Además, las prácticas de compra de Galanz, como adquirir suministros por volumen y pagar de inmediato, ayudaron a reducir los costos de partes e insumos. En general, Galanz se concentró en hacer que sus operaciones fueran efectivas en costos porque su meta era el no consumo en China.

Samsung Economic Research Institute (Beijing Office), "Microwave Oven Maker Needs Reheating: Galanz's Low Pricing Stalls", 29 de febrero de 2008.

[13] Galanz, "About Galanz: Profile", consultado el 6 de abril de 2018 en <http://www.galanz. com/about/about_detail.html>.

[14] GSMA, "Number of Unique Mobile Subscribers in Africa Surpass Half a Billion, Finds New gsm Study", consultado el 1° de febrero de 2018 en <https://www.gsma.com/newsroom/press-release/number-of-unique-mobilesubscribers-in-africa-surpasses-half-a-billion-finds-new-gsma-study/>.

CAPÍTULO 4. JALAR CONTRA EMPUJAR: HISTORIA DE DOS ESTRATEGIAS

[1] Rama Lakshmi, "India Is Building Millions of Toilets, But That's the Easy Part", *Washington Post,* 4 de junio de 2015, consultado en <https://www.washingtonpost.com/world/asia_pacific/india-is-building-millions-of-toilets-but-toilettraining-could-be-a-bigger-task/2015/06/03/09d1aa9e-095a-11e5-a7adb430fc1d3f5c_story.html?utm_term=.d28251385c4e>.

[2] *Idem.*

[3] Community-Led Total Sanitation, "The CLTS Approach", consultado el 15 de marzo de 2018 en <http://www.communityledtotalsanitation.org/page/clts-approach>.

[4] En su libro *Kicking away the Ladder: Development Strategy in Historical Perspective,* Chang muestra que muchas inversiones que hacen los países pobres con la esperanza de generar crecimiento económico se realizan en una etapa de desarrollo diferente que en el caso de los países que ahora son prósperos. A menudo se efectúan demasiado pronto y, en consecuencia, todavía no son sustentables.

Ha-Joon Chang, *Kicking away the Ladder: Development Strategy in Historical Perspective,* Anthem Press, Londres, 2007.

[5] Center for Disease Control, "Chronic Diseases; the Leading Causes of Death and Disability in the United States: Chronic Disease Overview", consultado el 5 de febrero de 2018 en <https://www.cdc.gov/chronicdisease/overview/index.htm>.

[6] Mirele Matsuoka De Aragao, "Economic Impacts of the FIFA World Cup in Developing Countries", tesis, documento 2609, abril de 2015, consultado en <https://scholarworks.wmich.edu/cgi/viewcontent.cgi?article=3609&context=honors_theses>.

[7] Madhura Karnik, "tcs Is Quietly Transforming Itself to Take on India's Emerging Tech Scene", *Quartz*, 3 de julio de 2017, consultado en <https://qz.com/1000424/tcs-is-quietly-transforming-itself-to-take-on-indias-emerging-it-scene/>.

[8] Tolaram Group se fundó en Malang, Indonesia, en 1948. Comenzó comercializando textiles y telas y desde entonces ha evolucionado hasta convertirse en un conglomerado de manufactura, bienes raíces, infraestructura, banca, venta al menudeo y comercio electrónico.

[9] Gillian B. White, "Can Jobs Deter Crime?", *The Atlantic*, 25 de junio de 2015, consultado en <https://www.theatlantic.com/business/archive/2015/06/can-jobsdeter-crime/396758/>.

[10] Tolaram también está creando nuevos mercados en Nigeria para bienes de consumo de rápida circulación, como blanqueadores y aceite vegetal. Antes de que la empresa lanzara el blanqueador Hypo, menos de cinco por ciento de los nigerianos usaba cloro para lavar ropa. Según Tolaram, en los últimos años, aprovechando su capacidad de manufactura y distribución, ha expandido ese mercado seis veces, al llegar a 30 por ciento de la población.

[11] Muchas de esas inversiones se verificaron en el lapso de tres décadas, a menos que se especifique otra cosa. La tasa de cambio de nairas nigerianos por dólares americanos se modificó significativamente durante ese periodo. Por ejemplo, en 1995 un dólar valía aproximadamente 22 nairas nigerianos. Al momento de escribir estas líneas, un dólar equivale a cerca de 360 nairas nigerianos.

[12] En su artículo "The Educator's Dilemma: When and How Schools Should Embrace Poverty Relief", Michael Horn y Julia Freeland Fisher proporcionan un excelente ejemplo de cómo Gustavus Franklin Swift integró sus operaciones para hacer que la carne de res fuera más económica y accesible para decenas de miles de personas, en un tiempo en que trasladar carne a través de las líneas estatales no era práctica común en los Estados Unidos. Los autores explican: "Durante siglos las compañías han intentado incorporar actividades que no formaban parte de su negocio para alcanzar nuevos niveles de desempeño y distribución. El enfoque de Gustavus Franklin Swift respecto de la comercialización y la venta de carne de res, por ejemplo, reflejaba su disposición de ir más allá del modelo de finales del siglo xix de crianza, matanza y venta de carne a escala exclusivamente local. En esa época la industria cárnica carecía de economías de escala significativas porque no había tecnología para transportar la carne a largas distancias. Swift vio una oportunidad de integrar hacia atrás y hacia delante: centralizó la matanza en Kansas City, lo que significaba que podía procesar la carne a un costo muy bajo. Después diseñó los primeros vagones de ferrocarril frigoríficos del mundo. Incluso fabricó y vendió gabinetes de hielo a las tiendas minoristas en todo el medio oeste y el noreste para que, cuando llegara la carne, se mantuviera fresca. Una clave de la capacidad de Swift para comercializar la carne en regiones lejanas fue la posibilidad de garantizar a los clientes que el consumo seguía siendo seguro, dado que el producto había viajado de los corrales de Chicago al mercado. Como en ese tiempo no existía un entendimiento claro de los procedimientos de refrigeración y empaquetado, Swift tuvo que controlar todo el proceso para verificar que la temperatura y las prácticas de almacenamiento fueran adecuadas. En otras palabras, Swift tuvo que expandirse más allá de sus llamadas competencias principales e introducir nuevas líneas de negocios interdependientes para revolucionar la industria de la carne".

Michael B. Horn y Julia Freeland Fisher, "The Educator's Dilemma: When and How Schools Should Embrace Poverty Relief", Clayton Christensen Institute for Disruptive Innovation, consultado el 1° de mayo de 2018 en <https://www.christenseninstitute.org/wp-content/uploads/2015/06/The-Educators-Dilemma.pdf>.

En *The Innovator's Solution: Creating and Sustaining Successful Growth* (Harvard Business Review Press, Boston, 2003, pp. 125-126), mi coautor Michael Raynor y yo dedicamos todo un capítulo (el 5) a la teoría de la interdependencia y la modularidad.

[13] Elvis Ondieki, "M-Pesa Transactions Rise to Sh15bn Daily after Systems Upgrade", *Daily Nation*, 8 de mayo de 2016, consultado en <https://www.nation.co.ke/news/MPesa-transactions-rise-to-Sh15bn-after-systems-upgrade/1056-3194774-llu8yjz/index.html>.

[14] The World Bank, "World Development Indicators: The Information Society", consultado el 20 de febrero de 2018 en <http://wdi.worldbank.org/table/5.12>.

[15] Rebecca Moudio, "Nigeria's Film Industry, a Potential Goldmine?", *U. N. Africa Renewal Online*, mayo de 2013, consultado en <http://www.un.org/africarenewal/magazine/may-2013/nigeria%E2%80%99s-film-industry-potential-gold-mine>.

[16] Efosa Ojomo, "Obsession with Ending Poverty Is Where Development Is Going Wrong", *The Guardian*, 8 de febrero de 2017, consultado en <https://www.theguardian.com/global-development-professionals-network/2017/feb/08/obsession-with-ending-poverty-is-where-development-is-going-wrong>.

CAPÍTULO 5. LA HISTORIA DE LA INNOVACIÓN EN LOS ESTADOS UNIDOS

[1] Robert J. Gordon, *The Rise and Fall of American Growth: The U. S. Standard of Living Since the Civil War*, Princeton University Press, New Jersey, 2016, p. 1.

[2] En 1890 más de la mitad de los neoyorquinos vivía en "departamentos atestados, pequeños y mal ventilados, cuyas ventanas daban hacia pozos de ventilación apestosos". Con frecuencia los niños orinaban en las paredes de muchos edificios de departamentos y la plomería estaba infestada "de agujeros que emitían gases de alcantarilla tan virulentos que eran inflamables". Robert J. Gordon, *op. cit.*, pp. 97, 103.

[3] *Ibid.*, p. 57.

[4] Department of Justice: FBI, "Rate: Number of Crimes per 100 000 Inhabitants", 2016 Crime in the United States; disponible en <https://ucr.fbi.gov/crime-in-the-u.s/2016/crime-in-the-u.s.-2016/tables/table-11> (consultado el 8 de marzo de 2018).

[5] Faith Jaycox, *The Progressive Era*, Facts on File, Nueva York, 2005, p. 79.

[6] *Ibid.*, p. 267.

[7] *Ibid.*, p. 22.

[8] Jack Beatty, *Age of Betrayal. The Triumph of Money in America, 1865-1900*, Alfred A. Knopf, Nueva York, 2007, p. 3.

[9] Isaac Merritt Singer no era, bajo ningún aspecto, hombre muy agradable. Tuvo 24 hijos con su esposa y con varias amantes. A menudo hizo a un lado a socios o a quienes lo apoyaban en su camino a la cima y era conocido por su extravagancia personal. Pero su impulso también desempeñó un papel al iniciar prácticas de negocios cuando veía la oportunidad, incluyendo traducir los manuales de usuario de Singer a 50 idiomas diferentes. Como describimos, lo que permitió la innovación de Singer cambió al mundo.

[10] En la época del ascenso de Singer era popular esta canción acerca de la estresante vida de las costureras antes de la proliferación de la máquina de coser:

CANCIÓN DE LA CAMISA

Con dedos cansados y gastados,
los párpados rojos y pesados,
una mujer vestida en harapos
está cosiendo retazos.
¡Cose! ¡Cose! ¡Cose!
En la pobreza, el hambre, la mugre,
y aun así con voz de timbre doloroso,
¡quisiera que su tono llegara al rico y poderoso!

[With fingers weary and worn,
With eyelids heavy and red,
A woman sat, in unwomanly rags,

Plying her needle and thread—
Stitch! Stitch! Stitch!
In poverty, hunger, and dirt
And still with a voice of dolorous pitch—
Would that its tone could reach the rich!—]

[11] Numerosos expertos que sabían mucho más de sastrería y de la industria que Singer pensaban que éste fracasaría. ¿Quién podría culparlos? Edwin Wildman escribe en su libro *Famous Leaders of Industry* [Famosos líderes de la industria]: "La gente era escéptica respecto de la máquina de coser [...] y muy a menudo [Singer] era 'conducido a la puerta' en el momento en que mencionaba su negocio. Él [Singer] recibió el consejo del señor Blodgett, sastre de oficio que posiblemente sabía más de costura que Singer, de que abandonara la manufactura [...] Blodgett le dijo además a Singer que estaba seguro de que las máquinas de coser nunca se convertirían en algo de uso común..."
Edwin Wildman, *Famous Leaders of Industry. The Life Stories of Boys Who Have Succeeded*, The Page Company, Boston, 1921, pp. 251-252.

[12] Hubo muchos "inventores" de la máquina de coser compitiendo por dominar el mercado en la época de Singer, y obtuvieron patentes con rapidez (de una oficina de patentes con muy poco discernimiento) para sustentar sus reclamos. Las batallas legales florecieron, amenazando con quebrar virtualmente a todas las compañías de máquinas de coser de la época, incluyendo la de Singer. Con el tiempo, muchos titulares de patentes de innovaciones específicas de las máquinas de coser se unieron y acordaron permitir el uso de sus patentes a cambio de una parte de las ganancias de las ventas generadas. Así fue como Elias Howe, quien tiene el crédito de haber obtenido la primera patente de una máquina de coser, terminó volviéndose rico. Anteriormente Howe no había logrado comercializar su invento, lo que muestra que la innovación en el modelo de negocios es aún más importante que la innovación técnica.

[13] Geoffrey Jones y David Kiron, "Globalizing Consumer Durables: Singer Sewing Machine before 1914", Harvard Business School Case 804-001, octubre de 2003 (revisado en enero de 2017).

[14] La historia de Singer es especialmente notable porque a finales del siglo XIX creó una compañía realmente global, estableciendo fábricas y oficinas de venta y distribución en los Estados Unidos, Rusia, Escocia, Inglaterra, Alemania, Austria y otros puntos. Obsérvese que esos países presentaban distintos niveles de desarrollo, cada uno con su propia infraestructura, instituciones y cultura. Rusia, por ejemplo, era considerada una "tierra perdida y subdesarrollada" entonces. Pero la empresa de Singer pudo absorber mucho riesgo y atraer la infraestructura necesaria para vender sus productos en la región. Como resultado, su firma tuvo éxito en Rusia sin ayuda gubernamental y a pesar de los esfuerzos del gobierno por imponer altos aranceles a la compañía. Sin embargo, su meta siguió siendo clara: crear un nuevo mercado haciendo llegar a manos de los no consumidores rusos tantas máquinas de coser como fuera posible.

Consideremos la forma como la estrategia de Singer de dirigirse al no consumo permitió el éxito de la compañía en Rusia. El país era tan pobre que Singer tendría que vender casi todas sus máquinas a crédito; el sistema legal, los mercados de capital y las instituciones de crédito rusos estaban subdesarrollados, incluso para esa época; el país experimentaba una turbulencia económica y política; carecía de mano de obra calificada, importante para las operaciones de Singer, y el territorio era inmenso, con una población dispersa. ¿Esto le recuerda al lector a algún país pobre o mercado emergente de hoy?

Pero Singer no sólo instaló una fábrica en Rusia; también creó la empresa comercial más grande del país, con miles de tiendas y más de 27 000 empleados. Mediante una serie de innovaciones gerenciales y organizacionales, incluyendo la contratación y la capacitación de trabajadores no calificados (con lo que generó una infraestructura educativa), la operación de la compañía en Rusia se convirtió en una de las más exitosas de la corporación Singer.

[15] Crear una organización internacional no es tarea fácil hoy en día, sin importar cuán globalmente conectados estemos y pese a los avances en telecomunicaciones y tecnología del trans-

porte. Sin embargo, Singer lo consiguió en el siglo antepasado, cuando esa tecnología no existía. De manera similar, numerosos mercados emergentes actuales tienen infraestructura al menos comparable o mejor que la que había en los Estados Unidos en la época del surgimiento de Singer. La pregunta es: ¿qué innovaciones en el modelo de negocios deben ejecutar los innovadores de esas regiones para dirigirse al no consumo?

[16] Quentin Skrabec, *The 100 Most Significant Events in American Business: An Encyclopedia*, Greenwood, Santa Bárbara, 2012, p. 39.

[17] *Ibid.*, p. 38.

[18] "Singer Railway Station", Overview, Gazetteer for Scotland, consultado el 24 de febrero de 2018 en <http://www.scottish-places.info/features/featurefirst11985.html>.

[19] Rose Eveleth, "How Many Photographs of You Are Out There in the World?", *The Atlantic*, 2 de noviembre de 2015, consultado en <https://www.theatlantic.com/technology/archive/2015/11/how-many-photographs-of-you-are-out-there-in-the-world/413389/>.

[20] Los laboratorios húmedos son aquellos donde se manejan químicos líquidos y a veces volátiles.

[21] "About Us: George Eastman", Heritage, Kodak, consultado el 27 de febrero de 2018 en <https://www.kodak.com/corp/aboutus/heritage/georgeeastman/default.htm#>.

[22] "George Eastman, Easy-to-Use Cameras", Who Made America?, PBS, consultado el 27 de febrero de 2018 en <http://www.pbs.org/wgbh/theymadeamerica/whomade/eastman_hi.html>.

[23] Aunque la habilidad de George Eastman para los negocios y la innovación era impresionante, su generosidad era quizá más notable. El primer acto generoso de Eastman fue regalar "una suma sustancial de su propio dinero" a todos sus empleados en 1889. Siguieron más actos de esta naturaleza, entre ellos un "dividendo de salario" gracias al cual los empleados se beneficiaban, con independencia de su sueldo, en función de los dividendos de la compañía. Ésta no era una práctica normal en ese tiempo. Eastman realmente creía que las organizaciones se elevaban o caían dependiendo de la lealtad y el ingenio de sus trabajadores. Ejemplificó esta creencia en 1919 al dar a sus empleados un tercio de sus acciones, con valor de 10 millones de dólares (o 146.3 millones de dólares de 2017). Poco después instituyó programas de anualidad para el retiro, planes de seguro de vida y beneficios de incapacidad para su personal. Pero la generosidad corría por sus venas y, como tal, no se limitaba a sus empleados. Eastman donó 20 millones de dólares al Massachusetts Institute of Technology (MIT) y millones más a las universidades de Rochester, Hampton y Tuskegee. También financió muchas clínicas dentales en varias ciudades de los Estados Unidos y Europa, incluyendo Rochester, Londres, París, Roma y Bruselas.

"About Us: George Eastman", Heritage, Kodak, consultado el 27 de febrero de 2018 en <https://www.kodak.com/corp/aboutus/heritage/georgeeastman/default.htm#>.

[24] Henry Ford, *My Life and Work*, Garden City Publishing, Nueva York, 1922, p. 31.

[25] Aunque más adelante veremos con mayor detalle la relación entre innovaciones, infraestructura e instituciones, considérese lo siguiente. La ley estadounidense de propiedad intelectual no estaba avanzada (por decir lo menos) a mediados del siglo XIX. Ha-Joon Chang, economista de Cambridge, observa que "las patentes se concedían sin pruebas de originalidad", lo cual llevó a la importación de tecnologías ya patentadas y búsqueda de rentas por parte de estafadores que deseaban beneficiarse de innovaciones que ya existían. Tampoco había una ley de bancarrota en los Estados Unidos, o en el mejor de los casos era inmadura. No fue sino hasta 1898 cuando el Congreso adoptó una ley federal de bancarrota duradera. Los primeros intentos generaron gran tensión en el sistema judicial. Además, las empresas no incorporadas realizaban la mayor parte de la manufactura en la década de 1860 porque aún no había una ley federal que concediera responsabilidad legal limitada a los emprendedores.

[26] Más tarde, Ford asistió al Goldsmith, Bryant & Stratton Business College (ahora llamado Detroit Business Institute) en Detroit. Cualquiera que haya sido la "educación" que Ford recibió en su infancia fue de naturaleza contextual. Aprendió a arreglar cosas en la granja hasta que se mudó a Detroit, donde encontró empleo como aprendiz de mecánico.

[27] En retrospectiva, la idea de un auto económico tiene sentido. Sin embargo, en esa época no se pensaba así. Muchos inversionistas de Ford lo abandonaron porque no fueron capaces de ver cómo podría tener éxito. Sólo las personas ricas conducían, principalmente con fines recreativos. Los traslados a largas distancias se hacían por tren o por mar. Para transportarse a cortas distancias se usaban carruajes o caballos. La mayoría de la gente vivía cerca de su trabajo. No obstante, Ford pudo vislumbrar un futuro que muchos no pudieron ver.

[28] "Is the Recession Heralding a Return to Henry Ford's Model?", *The Economist*, 27 de marzo de 2009, consultado en <http://www.economist.com/node/13173671>.

[29] U. S. Department of Transportation Federal Highway Administration, "State Motor Vehicle Registrations (1900-1995)", consultado el 1° de marzo de 2018 en <https://www.fhwa.dot.gov/ohim/summary95/mv200.pdf>.

[30] Earl Swift, *Big Roads*, Houghton Mifflin Harcourt, Nueva York, 2011.

[31] *Ibid.*, p. 255.

[32] A medida que los autos aparecían en los Estados Unidos, muchos estados todavía tenían dificultades para construir caminos. Swift señala que "casi todos los estados [en los Estados Unidos] estaban desesperados por tener mejores caminos, pero exasperados por su incapacidad para crearlos. El costo de construir autopistas, incluso según los estándares de superficie mínima, rebasaba los medios de la mayoría y las capacidades técnicas de muchos". Exploraremos la relación entre innovación e infraestructura en el capítulo 10.

Ibid., pp. 24, 38.

[33] El estudio de Adam Przeworski al respecto es sumamente meticuloso y claro. Conforme los ciudadanos ganan independencia económica, surgen las libertades políticas y democráticas. Resumiendo la investigación de Przeworski, Fareed Zakaria apunta en su libro *The Future of Freedom: Illiberal Democracy at Home and Abroad* [El futuro de la libertad: democracia intolerante en casa y en el extranjero]: "En un país democrático con un ingreso per cápita inferior a 1500 dólares (en dólares actuales) el régimen tenía en promedio una expectativa de vida de sólo ocho años. Entre 1500 y 3000 dólares, sobrevivió un promedio de 14 años. Por encima de 6000 dólares, se volvió altamente resiliente. La probabilidad de que un régimen democrático muera en un país con un ingreso superior a 6000 dólares sería de 1 en 500. Una vez que son ricas, las democracias se vuelven inmortales". Así, podemos aplaudir al gobierno estadounidense por su ingenio para promover los valores democráticos, o a los innovadores que trabajaron incansablemente para aumentar los ingresos que hacen que las democracias sean estables.

Fareed Zakaria, *The Future of Freedom: Illiberal Democracy at Home and Abroad*, W. W. Norton & Company, Nueva York, 2007, pp. 69-70.

[34] Daniel Gross, "Henry Ford Understood that Raising Wages Would Bring Him More Profit", *The Daily Beast*, 6 de enero de 2014, consultado en <https://www.thedailybeast.com/henry-ford-understood-that-raising-wages-would-bring-him-more-profit>.

[35] Steven C. Stanford, "Henry Ford – An Impact Felt", Henry Ford Heritage Association, 1° de marzo de 2018, consultado en <http://hfha.org/the-ford-story/henryford-an-impact-felt/>.

[36] The Henry Ford, "Henry Ford Quotations: Popular Research Topics", Collections & Research, consultado el 7 de abril de 2018 en <https://www.thehenryford.org/collections-and-research/digital-resources/popular-topics/henry-ford-quotes/>.

[37] No es coincidencia que el precio del acero cayera significativamente a finales del siglo XIX y principios del XX. En 1872 una tonelada de acero costaba 56 dólares, pero para 1900 su precio había caído a 11.50 dólares. A medida que las innovaciones creadoras de mercado se expandieron en los Estados Unidos el transporte cobró importancia para mover los productos. Por ejemplo, el número de kilómetros de vías férreas —de las que el acero es componente principal— se elevó de 49 287 en 1860 a 311 160 en 1900. Esto dio como resultado una caída importante en el costo del flete, que pasó de 20 centavos de dólar por tonelada-milla en 1865 a 1.75 centavos de dólar en 1900. Conforme más estadounidenses incorporaban el acero en su vida (vías férreas, autos, edificios) los innovadores tuvieron más incentivos para abaratar el producto. Andrew Carnegie, uno de los

innovadores más influyentes de los siglos xix y xx, fue responsable de gran parte de las innovaciones de eficiencia en esta industria. Él consolidó el sector y aprovechó las economías de escala.

Michael Dahlen, "The Rise of American Big Government: A Brief History of How We Got Here", *The Objective Standard,* 28 de enero de 2014, consultado en <https://www.theobjectivestandard.com/issues/2009-fall/rise-of-american-big-government/>.

[38] Vehicle Technologies Office, Office of Energy Efficiency & Renewable Energy, "Fact #962: January 30, 2017 Vehicles Per Capita: Other Regions/Countries Compared to the United States", 30 de enero de 2017, consultado en <https://energy.gov/eere/vehicles/fact-962-january-30-2017-vehicles-capita-other-regionscountries-compared-united-states>.

[39] Daniel Kadlec, "America's Banker A. P. Giannini", *Time,* 8 de marzo de 2017, consultado en <http://content.time.com/time/magazine/article/0,9171,989772-2,00.html>.

[40] "A. P. Giannini, Branch Banking", Who Made America?, pbs, consultado el 1° de marzo de 2018 en <http://www.pbs.org/wgbh/theymadeamerica/whomade/giannini_hi.html>.

[41] Ralph J. Christian, "Statement of Significance", formulario del Departamento de Asuntos Interiores de los Estados Unidos, consultado el 2 de marzo de 2018 en <https://npgallery.nps.gov/pdfhost/docs/NHLS/Text/78000754.pdf>.

[42] Alex E. McCalla y Warren E. Johnston, "Giannini: A Retrospective", Giannini Foundation for Agricultural Economics, consultado el 2 de marzo de 2018 en <https://s.giannini.ucop.edu/uploads/giannini_public/7b/9e/7b9e282bf8dd-4250-bdd7-9cd42235c269/apgiannini-book-a-retrospective.pdf>.

[43] Jerry Useem, "20 that Made History", *Fortune,* 27 de junio de 2005.

[44] Richard Morin, "Unconventional Wisdom", *Washington Post,* 15 de noviembre de 1998, consultado en <https://www.washingtonpost.com/archive/opinions/1998/11/15/unconventional-wisdom/24f94e64-5010-4ca1-9786-8c5c30bf6a68/?utm_term=.a3c06a9278ea>.

[45] Agricultores, recolectores y envasadores eran muy importantes para el Bank of America. En 1919 más de la mitad de los 74 millones de dólares que el banco prestó fue para los agricultores.

[46] Henry Louis Gates Jr., "Madam Walker, the First Black American Woman To Be a Self-Made Millionaire", pbs, consultado el 9 de marzo de 2018 en <http://www.pbs.org/wnet/african-americans-many-rivers-to-cross/history/100-amazing-facts/madam-walker-the-first-black-american-womanto-be-a-self-made-millionaire/>.

CAPÍTULO 6. DE CÓMO ORIENTE CONOCIÓ A OCCIDENTE

[1] William K. Tabb, *The Postwar Japanese System: Cultural Economy and Economic Transformation,* Oxford University Press, Oxford, 1995, p. 14.

[2] Ese estereotipo se borró hace tiempo. De hecho, lo hizo muy rápido. Cuando Marty McFly, el protagonista de la exitosa película de 1985 *Volver al futuro,* descubre que ha sido transportado accidentalmente a 1955, su compañero lamenta que un circuito clave en el auto que están tratando de reparar se haya averiado porque tenía la etiqueta de "Hecho en Japón". McFly no entiende la referencia. "¿De qué hablas? ¡Las mejores cosas se hacen en Japón!"

[3] Sony Corporation 50th Anniversary Project Team, *Genryu: Sony 50th Anniversary,* Sony Corporation, Tokio, 1996.

[4] Jeffrey Alexander, *Japan's Motorcycle Wars: An Industry History,* ubc Press, Vancouver, 2009, p. 36.

[5] Toyota, "Resumption of Automobile Exports and Toyota in Okinawa", 75 Years of Toyota, consultado el 30 de marzo de 2018 en <http://www.toyota-global.com/company/history_of_toyota/75years/text/taking_on_the_automotive_business/chapter2/section9/item2.html>.

[6] Al principio las exportaciones de Toyota a otros países de Asia y Oceanía también sobrepasaron las exportaciones a Norteamérica, aun cuando esos mercados eran significativamen-

te más pobres que el mercado norteamericano. De 1956 a 1967, por ejemplo, Toyota exportó dos veces más vehículos a países de Asia y Oceanía (186 815) que a Norteamérica. Esas cifras destacan el compromiso del presidente Toyoda con una estrategia de dirigirse primero al no consumo local y regional antes de perseguir el no consumo global. Toyota comenzó a exportar a Norteamérica su modelo Corona, precursor del Corolla, en la década de 1960, y vio cómo las ventas de ese auto económico crecían con rapidez. Para 1971 Toyota exportaba más de 400 000 vehículos a América del Norte cada año, y para 1980, casi 800 000.

Toyota, "Exports to the United States", 75 Years of Toyota, consultado el 30 de marzo de 2018 en <http://www.toyota-global.com/company/history_of_toyota/75years/text/entering_the_automotive_business/chapter1/section5/item5.html>.

[7] Yukiyasu Togo y William Wartman, *Against All Odds: The Story of the Toyota Motor Corporation and the Family that Created It*, St. Martin's Press, Nueva York, 1993, p. 194.

[8] *Idem.*

[9] Jeffrey Alexander, *op. cit.*, p. 36.

[10] Toyota, "Toyopet Crown: America's First Japanese Car", 16 de diciembre de 2016, consultado en <http://blog.toyota.co.uk/toyopet-crown-americas-first-japanese-car>.

"After Toyopet Trauma, Corona Got Toyota up to Speed in U. S.", *Automotive News*, 29 de octubre de 2007, consultado en <http://www.autonews.com/article/20071029/ANA03/710290307/after-toyopet-trauma-corona-got-toyota-up-to-speed-in-u.s>.

[11] David Henderson, investigador de la Hoover Institution de la Universidad de Stanford y profesor de economía en la Naval Postgraduate School de California, ha abordado la influencia del gobierno en el auge de Japón. En uno de sus artículos escribe: "Mucha gente cree que el extraordinario crecimiento de Japón se debe en gran parte al Ministerio de Comercio Internacional e Industria [MITI, por sus siglas en inglés]. Piensan que el MITI decidió en qué industrias debían invertir los japoneses y que persuadió a otras instancias gubernamentales japonesas de usar su poder coercitivo para hacer que las compañías aceptaran. Pero la evidencia contradice esa opinión. Entre 1953 y 1955 el MITI convenció al Banco de Desarrollo Japonés [JDB, por sus siglas en inglés], propiedad del gobierno, de prestar dinero a cuatro industrias: energía eléctrica, barcos, carbón y acero. Alrededor de 83 por ciento del financiamiento del JDB en esa época se destinó a ellas. Pero, aun en retrospectiva, lo que no se ha establecido es si fueron buenas inversiones [...] Aún más, si el MITI hubiera conseguido evitar que Sony desarrollara el radio de transistores, y si hubiera limitado coercitivamente al sector automotriz, dos de las industrias japonesas más prósperas, probablemente su éxito habría sido mucho menor".

David Henderson, "Japan and the Myth of MITI", *The Concise Encyclopedia of Economics*, consultado el 9 de abril de 2018 en <http://www.econlib.org/library/Enc1/JapanandtheMythofMITI.html>.

[12] Jeffrey Alexander, *op. cit.*, p. 34.

[13] *Ibid.*, p. 91.

[14] El yen japonés era una divisa mucho más fuerte en la década de 1930 que en la de 1950. Por ejemplo, 2 000 yenes de 1935 equivalen a aproximadamente 352 109 yenes de 1952 (920 dólares). Fuente: <http://www.historicalstatistics.org/Currencyconverter.html>.

[15] Bryan Mezue, Clayton Christensen y Derek van Bever, "The Power of Market Creation", *Foreign Affairs*, 15 de diciembre de 2014, consultado en <https://www.foreignaffairs.com/articles/africa/2014-12-15/power-market-creation>:

[16] Ezra Vogel, *The Four Little Dragons*, Harvard University Press, Boston, 1993, p. 42.

[17] Aunque Corea del Sur invirtió significativamente en industrias "pesadas" como el acero y la construcción de barcos, esa inversión por sí misma no explica la transición de la economía sudcoreana de un ingreso per cápita inferior a 200 dólares en la década de 1950 a más de 27 000 dólares en la actualidad. La transformación económica de Corea supone un aumento de 13 400 por ciento en el ingreso per cápita. Claro que las industrias pesadas ayudaron, pero es difícil afirmar que fueron la causa de semejante mudanza económica, seguida por la transformación social

y política que ha ocurrido en Corea del Sur. Tomemos como ejemplo la construcción de barcos: según un informe de la OCDE, hablando en números, esa industria representa hoy poco menos de dos por ciento del PIB de Corea del Sur y alrededor de 10 por ciento de las exportaciones del país (la industria del acero también representa alrededor de dos por ciento). Desde el punto de vista del empleo, la construcción de barcos representa aproximadamente 0.65 por ciento del empleo total del país. No hay duda de que dicha industria es importante para la economía sudcoreana, pero no basta para explicar la transición del país de menos de 200 dólares de ingreso per cápita a más de 27 000 en poco más de 50 años.

Council Working Party on Shipbuilding, "Peer Review of the Korean Shipbuilding Industry and Related Government Policies", *OECD* (enero de 2015), pp. 7-9, consultado en <http://www.oecd.org/officialdocuments/publicdisplaydocumentpdf/?cote=c/wp6(2014)10/final&doclanguage=en>.

[18] Kia, "History of Kia", consultado el 30 de marzo de 2018 en <http://www.kia.com/worldwide/about_kia/company/history_of_kia.do>.

[19] "From Fish Trader to Smartphone Maker", *New York Times,* 14 de diciembre de 2013, consultado en <https://archive.nytimes.com/www.nytimes.com/interactive/2013/12/15/technology/samsung-timeline.html#/#time298_8340>.

[20] Ahn Choong-yong, "Iron and Steel Helped Korea's Industrial Take-off", *The Korea Times,* 19 de julio de 2010, consultado en <http://www.koreatimes.co.kr/www/news/biz/2016/05/291_69759.html>.

[21] Bryan Mezue, Clayton Christensen y Derek van Bever, "The Power of Market Creation", *op. cit.*

[22] Arno Tausch y Peter Herrmann, *The West, Europe, and the Muslim World*, Nova Publishers, Nueva York, 2006, p. 123.

[23] Gary Dymski y James Crotty, "Can the Global Neoliberal Regime Survive Victory in Asia? The Political Economy of the Asian Crisis", Political Economy Research Institute, septiembre de 2000.

[24] Para un breve ensayo sobre la idea de que no todas las exportaciones son iguales, véase Efosa Ojomo, "Assessing Exports through the Lens of Innovation", Christensen Institute, 5 de junio de 2018, en <https://www.christenseninstitute.org/blog/assessing-exports-through-the-lens-of-innovation/>.

CAPÍTULO 7. EL PROBLEMA DE LA EFICIENCIA EN MÉXICO

[1] PBS Interview Commanding Heights, "Vicente Fox", entrevista realizada el 2 de abril de 2001, consultada en <http://www.pbs.org/wgbh/commandingheights/shared/minitext/int_vicentefox.html>.

[2] Renegociado por los tres países en 2018 y luego nombrado por México como *Tratado entre México, Estados Unidos y Canadá* o T-MEC; por Estados Unidos como *United States-Mexico-Canada Agreement* o USMCA, y por Canadá como *Canada-United States-Mexico Agreement* o CUSMA; en francés: *Accord Canada-États-Unis-Mexique* o ACEUM. (N. del E.)

[3] Del sitio web de la OCDE: "El PIB por hora trabajada es una medida de la productividad de la mano de obra. Mide qué tan eficientemente se combina el insumo de mano de obra con otros factores de producción, y es usado en el proceso de producción. El insumo de mano de obra se define como las horas totales trabajadas por todas las personas involucradas en la producción. La productividad de la mano de obra refleja sólo en parte la productividad de la mano de obra en términos de las capacidades personales de los trabajadores o la intensidad de su esfuerzo". OCDE, "GDP per Hour Worked: OECD Data", consultado el 10 de abril de 2018 en <https://data.oecd.org/lprdty/gdp-per-hour-worked.htm>.

[4] David Johnson, "These Are the Most Productive Countries in the World", *Time*, 4 de enero de 2017, consultado en <http://time.com/4621185/worker-productivity-countries/>.

[5] De acuerdo con el Observatorio de Complejidad Económica, en 2015 las cinco mayores exportaciones de México eran, en miles de millones de dólares: autos, 31.4; partes automotrices, 26.2; camiones repartidores, 23.4; computadoras, 21.2, y teléfonos, 15.7. Más de 80 por ciento de las exportaciones mexicanas termina en los Estados Unidos. Véase el perfil de México en el Atlas de la Complejidad Económica en el sitio web <https://atlas.media.mit.edu/en/profile/country/mex/>.

[6] México ha mantenido una tasa promedio de inflación de 3.9 por ciento desde 2006. Las tasas de interés real en 2015 se movían en torno de 0.9 por ciento; Islandia, los Estados Unidos y Suiza tuvieron tasas de interés real de 1.6 por ciento, 2.2 por ciento y 3.3 por ciento, respectivamente.

[7] En 1993 la IED en México fue de aproximadamente 4 300 millones de dólares; 20 años más tarde, en 2013, se había elevado más de 11 veces, llegando a aproximadamente 47 500 millones de dólares. El incremento en la IED se debe en parte al entorno macroeconómico mexicano, relativamente estable.

[8] El hecho de que México no sólo exporte juguetes y playeras es importante. Una investigación realizada por Ricardo Hausmann, de la Universidad de Harvard, y César A. Hidalgo, del MIT, nos ha ayudado a entender que la complejidad de la economía de un país (o cuán complejos son los productos que fabrica) tiene una alta correlación con su nivel de desarrollo. Los países más *capaces*, que pueden fabricar productos más complejos, tienden a ser más ricos.

César A. Hidalgo y Ricardo Hausmann, "The Building Blocks of Economic Complexity", *Proceedings of the National Academy of Sciences*, vol. 106, núm. 26 (junio de 2009).

[9] The World Bank, "Economy Rankings", Doing Business, consultado el 2 de abril de 2018 en <http://www.doingbusiness.org/rankings>.

[10] Para una historia económica más profunda de México antes de 1960, léase la sección 2 de "Catch-up Growth Followed by Stagnation: Mexico, 1950-2010", escrita por Timothy J. Kehoe y Felipe Meza, en <https://www.minneapolisfed.org/research/wp/wp693.pdf>.

[11] Desde el punto de vista empresarial, aun cuando México tiene el doble de población que Corea, y pese a disfrutar los beneficios que hemos mencionado más arriba, sólo tiene nueve compañías en la lista de *Forbes* de las 1 000 empresas públicas más grandes, en comparación con las 31 de Corea del Sur. Asimismo, la calificación de crédito de Corea del Sur actualmente es AA2, la tercera más alta, de acuerdo con Moody's Investors, y AA- según Fitch. México es A3, con un panorama negativo, según Moody's, y BBB+ de acuerdo con Fitch. Según la mayoría de los parámetros, Corea del Sur está superando a México en términos económicos.

[12] Anahi Rama y Anna Yukjananov, "Mexican Government Says Poverty Rate Rose to 46.2 Percent in 2014", *Reuters*, 23 de julio de 2015, consultado en <http://www.reuters.com/article/us-mexico-poverty-idUSKCN0PX2B320150723>.

[13] Gordon Hanson, de la Universidad de California en San Diego y del Buró Nacional de Investigación Económica, ha escrito profusamente sobre México y el papel de las maquiladoras en su economía. Por ejemplo, en un artículo de 2002, "The Role of Maquiladoras in Mexico's Export Boom" [El papel de las maquiladoras en el auge exportador de México], el autor destaca algunos riesgos y recompensas asociados con ese componente de la economía mexicana.

Gordon H. Hanson, "The Role of Maquiladoras in Mexico's Export Boom", University of California, San Diego, consultado el 30 de abril de 2018 en <https://migration.ucdavis.edu/rs/more.php?id=8>.

[14] En los cinco años que precedieron al TLCAN el empleo en las maquiladoras creció 47 por ciento, pero en los cinco años que siguieron a la promulgación del tratado el empleo aumentó 86 por ciento. Además, a mediados de la década de 1980, las maquiladoras empleaban aproximadamente a 180 000 personas; en el año 2000 el sistema empleaba a más de un millón y generaba alrededor de 50 por ciento de las exportaciones mexicanas. Gordon H. Hanson, "The Role of Maquiladoras in Mexico's Export Boom", *op. cit.*

[15] Gary Hufbauer, ex integrante del Consejo de Relaciones Exteriores y profesor de la Universidad de Georgetown, apunta que "la transformación de la industria automotriz en México, como resultado del TLCAN no fue cualquier cosa. Constituyó, de hecho, la transformación más grande de cualquier industria en nuestros tres países [los Estados Unidos, Canadá y México]". Antes del TLCAN, la industria automovilística en México estaba muy protegida; los autos podían costar de dos a tres veces el costo de producción en los Estados Unidos. El TLCAN, que promovió las innovaciones de eficiencia en la región, redujo significativamente el costo de producción. Sonari Glinton, "How NAFTA Drove the Auto Industry South", NPR, 8 de diciembre de 2013, consultado en <http://www.npr.org/templates/story/story.php?storyId=249626017>.

[16] Aquí nos enfocamos en las exportaciones porque, pese a no constituir la totalidad de la economía mexicana, son un microcosmos de ella: representan más de 35 por ciento del PIB mexicano, el cuarto más alto entre los 20 países más poblados del mundo, y el más alto de cualquier país con una población superior a 100 millones de personas.

[17] En términos generales, México exporta tres de cada cuatro autos que fabrica, la mayoría de los cuales van a los Estados Unidos. Sara Miller Llana, "Mexico Prepares for (Ford) Fiesta", *The Christian Science Monitor*, 2 de junio de 2008, consultado en <http://www.csmonitor.com/World/Americas/2008/0602/p06s02-woam.html>.

[18] En 2015 cerca de nueve por ciento del petróleo crudo importado por los Estados Unidos provenía de México. Las ganancias por las ventas de crudo representan una porción significativa de las exportaciones y la economía mexicanas, al aportar casi 20 000 millones de dólares anuales. U. S. Energy Information Administration, "U. S. Energy Trade with Mexico: U. S. Export Value More than Twice Import Value in 2016", Today in Energy, 9 de febrero de 2017, consultado en <https://www.eia.gov/todayinenergy/detail.php?id=29892>.

[19] Tim McMahon, "Historical Crude Oil Prices (Table)", InflationData.com, 27 de agosto de 2017, consultado en <https://inflationdata.com/Inflation/Inflation_Rate/Historical_Oil_Prices_Table.asp>.

[20] IGNIA Fund es una firma de capital de riesgo en México dedicada a invertir en compañías innovadoras que ofrecen bienes y servicios de alto impacto a poblaciones de bajos ingresos. La compañía ha recaudado fondos en dos ocasiones: en 2008 recibió 102 millones de dólares de Omidyar Network, JPMorgan Investment, International Finance Corporation y el Banco Interamericano de Desarrollo; en 2015 recaudó fondos subsecuentes por valor de 90 millones de dólares mediante certificados de valores fiduciarios conocidos como CKD. IGNIA también fue el primer fondo de capital de riesgo en México en reunir capital de los fondos de pensiones, lo que indica la "confianza de los inversionistas en la trayectoria de IGNIA, así como en el acelerado crecimiento económico que está en la base de la pirámide socioeconómica de México".

[21] "Daniel Servitje Montull & Family", *Forbes*, consultado el 30 de abril de 2018 en <https://www.forbes.com/profile/daniel-servitje-montull/>.

[22] Algunos podrían sugerir que Grupo Bimbo hizo quebrar a muchas panaderías de México y que, en efecto, fue mala para la economía de ese país. Aunque esta afirmación es cierta, no considera el impacto significativo que Grupo Bimbo ha tenido y sigue teniendo en la economía mexicana. Grupo Bimbo puede compararse con Ford Motor Company, más específicamente durante la era del modelo T. Antes de éste había más de 1 000 fabricantes automotrices en los Estados Unidos, muchos de los cuales fabricaban autos personalizados para individuos acaudalados. Cuando Ford introdujo el económico modelo T, casi todos esos fabricantes quebraron, salvo unos cuantos. Pero sería difícil argumentar que Ford no fue bueno para la economía estadounidense. Considérese cómo influyó en la producción de acero, la fabricación de vidrio, la investigación y el desarrollo de motores y automóviles, la regulación, la agricultura, la construcción de caminos, las estaciones de gasolina, los talleres de reparaciones, la extracción de mineral de hierro, la producción de pintura, el aumento de los salarios y muchos otros aspectos de la economía de los Estados Unidos. Si bien el pan no es el modelo T, Grupo Bimbo también ha tenido un impacto positivo en la economía mexicana, aun cuando pequeñas y tal vez menos eficientes panaderías hayan quebra-

do. La compañía ha mejorado la agricultura, las cadenas de distribución y suministro y la educación, además de elevar los salarios.

[23] De hecho, Grupo Bimbo no sólo paga a sus trabajadores en México considerablemente más que el salario mínimo; le paga más a todo el mundo, incluyendo a sus empleados estadounidenses, europeos, latinoamericanos y asiáticos. En promedio, Grupo Bimbo paga a su personal de rango más bajo más o menos el doble del salario mínimo en los países donde opera su negocio. Grupo Bimbo, "Grupo Bimbo Annual Reports", consultado en <https://www.grupobimbo.com/en/investors/financial-information/annual-information>.

[24] Andrea Navarro, "This Mexican Town Paid the Price for Trump's Attacks on Ford", *Bloomberg*, 1° de febrero de 2017, consultado en <https://www.bloomberg.com/news/articles/2017-02-01/when-trump-s-taunts-cowed-ford-thismexico-town-paid-the-price>.

CAPÍTULO 8. LAS BUENAS LEYES NO BASTAN

[1] El fallecido científico político estadounidense Samuel Huntington define las instituciones como "patrones de comportamiento estables, valorados y recurrentes". Las instituciones pueden ser de naturaleza política, económica o social; también pueden ser formales (sistemas establecidos por los cuerpos de gobierno) o informales, y representan las costumbres de una región (la forma como una sociedad celebra las bodas o los nacimientos). Algunos ejemplos son el sistema legal de un país, las organizaciones gubernamentales o públicas y los sistemas financieros.

[2] Esta definición, como señalan Daron Acemoglu y James Robinson, economistas del MIT y de Harvard, respectivamente, tiene tres rasgos importantes. Primero, tales reglas del juego son "concebidas por humanos"; segundo, efectivamente establecen limitaciones al comportamiento humano, y tercero, su mayor efecto se produce a través de los incentivos.

Daron Acemoglu y James Robinson, "The Role of Institutions in Growth and Development", *World Bank Working Paper 1*, núm. 1 (enero de 2008).

[3] En un caso de corrupción, un asistente del entonces primer ministro Mirek Topolánek fue acusado de exigir un soborno multimillonario a una compañía extranjera a cambio de un contrato de defensa del gobierno (Reuters, febrero de 2016). Tras un largo juicio que incluyó una condena —la cual fue anulada y finalmente ratificada por la Suprema Corte del país— el asistente fue sentenciado a cinco años de prisión (Radio Praha, mayo de 2017).

[4] Kate Bridges y Michael Woolcock, "How (Not) to Fix Problems that Matter: Assessing and Responding to Malawi's History of Institutional Reform", *World Bank Policy Research Working Paper 1*, núm. 8289 (diciembre de 2017).

[5] Descartar la forma de hacer las cosas que prevalecía durante la Checoslovaquia gobernada por los comunistas no fue algo que se consiguiera redactando una nueva constitución en el país, ni fue la solución en ninguna de las otras esperanzadoras democracias renovadas en la era postsoviética. En enero de 2018 más de 50 000 personas marcharon, en medio de una dura nevada, al edificio del parlamento en Bucarest, Rumania, cantando "Ladrones" y llevando carteles que decían *"Demisia"*, lo cual significa "Renuncien" en rumano. Protestaban por la falta de impulso en el cumplimiento de las leyes y la prevalencia de la corrupción en el país. La situación no es mejor en Hungría, país miembro de la Unión Europea que cayó en el Índice de Percepción de la Corrupción de Transparencia Internacional en 2018. De hecho descendió tanto que ahora está por debajo de Montenegro, pequeña nación a la que no se le ha permitido unirse a la Unión Europea, en parte porque se le considera demasiado corrupta. Andrea Shalal, "Hungary Slides Deeper Down Corruption Index, Watchdog Says", *Reuters*, 21 de febrero de 2018, consultado en <https://www.reuters.com/article/us-global-corruption/hungary-slides-deeper-down-corruption-index-watchdog-says-idUSKCN1G52E6>.

[6] Matt Andrews, profesor asociado del Centro para el Desarrollo Internacional, escribió un artículo para *The Guardian* que resaltó ese punto. En ese texto Andrews asienta: "Cada año se gas-

tan miles de millones de dólares en reformas institucionales de desarrollo que apuntan ostensiblemente a mejorar la funcionalidad de los gobiernos de los países en desarrollo. Sin embargo, las evaluaciones realizadas por las organizaciones multilaterales y bilaterales que patrocinan dichas reformas muestran que con frecuencia el éxito es limitado. Esas evaluaciones revelan que 70 por ciento de las reformas parece haber tenido pálidos resultados. Producen nuevas leyes que no se ponen en marcha, nuevos presupuestos que no son ejercidos o nuevas unidades y agencias que carecen de fondos y personal. En resumen, emergen nuevas formas, pero con frecuencia carecen de funcionalidad: lo que ves no es lo que obtienes".

Matt Andrews, "Why Institutional Reforms in the Developing World Aren't Working", *The Guardian,* 8 de marzo de 2013, consultado en <https://www.theguardian.com/global-development-professionals-network/2013/mar/08/institutional-reform-international-development>.

[7] Kate Bridges y Michael Woolcock, "How (Not) to Fix Problems that Matter: Assessing and Responding to Malawi's History of Institutional Reform", *op. cit.*, p. 4.

[8] Bridges y Woolcock señalan que, de todos los proyectos que analizaron, 92 por ciento eran regulatorios (por ejemplo, actividades orientadas a fortalecer las leyes y los cuerpos regulatorios), tres por ciento normativos (por ejemplo, actividades que trataban de entender las prácticas culturales y las normas profesionales) y cinco por ciento cultural cognitivos (por ejemplo, actividades de educación o guía para el cumplimiento de los estándares internacionales). Su análisis muestra que las soluciones abrumadoramente regulatorias, que no aprecian la naturaleza cultural cognitiva o normativa de los entornos en que son instrumentadas, con frecuencia son parte del problema.

Ibid., pp. 12-17.

[9] Cuando se publicaron los índices de facilidad para hacer negocios del Banco Mundial de 2017, Nigeria celebró su progreso. El país subió 24 puntos y ahora es el número 145 entre "los países con los cuales es más fácil hacer negocios", de 190 naciones evaluadas. Durante el año y medio previo Nigeria había estado empujando regulaciones y reformas institucionales con el objetivo de a avanzar en esa clasificación. Cuando los esfuerzos se vieron recompensados por una mejor calificación, hubo comprensible entusiasmo. ¿Pero cómo el hecho de que Nigeria haya ascendido en el índice afecta a los nigerianos promedio, para quienes la vida cotidiana consiste en progresar a medida que interactúan con la policía, el sistema judicial y los sistemas locales vigentes? La respuesta a esta pregunta sería que "las reformas tendrán efectos a largo plazo". No obstante, en 2016 la economía nigeriana se contrajo y, en consecuencia, perdió decenas de miles de empleos. La cultura cotidiana de cómo los nigerianos progresan y resuelven sus problemas permanecería sin cambios aun cuando el país ascendiera en las "clasificaciones". El cambio vendrá cuando exista un fuerte imperativo desde dentro del país para hacer que las instituciones reflejen una nueva realidad de hacer negocios en Nigeria.

[10] Edgar Schein, *Organizational Structure and Leadership,* Jossey-Bass Publishers, San Francisco, 1988.

[11] Ésta es una de muchas razones por las que el emprendedor sudanés Mo Ibrahim luchó por reunir dinero para financiar la construcción de su compañía de telecomunicaciones en África. La cuestión del gobierno efectivo es tan poderosa para Ibrahim que, en los años posteriores a su éxito, creó la Fundación Mo Ibrahim, la cual publica el Índice Ibrahim de Gobernanza en África, que califica los gobiernos africanos según varios parámetros, incluyendo Estado de derecho, administración pública, derechos humanos, etcétera. Véase <http://mo.ibrahim.foundation/iiag/>.

[12] Diego Puga y Daniel Trefler, "International Trade and Institutional Change: Medieval Venice's Response to Globalization", *Quarterly Journal of Economics,* vol. 129, núm. 2 (mayo de 2014), pp. 753-821, consultado en <http://www.nber.org/papers/w18288>.

[13] Max Nisen, "How Globalization Created and Destroyed the City of Venice", *Business Insider,* 8 de septiembre de 2012, consultado en <http://www.businessinsider.com/the-economic-history-of-venice-2012-8>.

[14] *Idem.*

¹⁵ Diego Puga y Daniel Trefler, "International Trade and Institutional Change: Medieval Venice's Response to Globalization", *op. cit.*, pp. 753-821.

¹⁶ Se observó un fenómeno similar de crecientes ingresos que llevaron a un cambio institucional en los Países Bajos, otro desarrollador temprano. En un artículo fundamental, "The Rise of Europe: Atlantic Trade, Institutional Change, and Economic Growth" [El surgimiento de Europa: comercio atlántico, cambio institucional y crecimiento económico], Daron Acemoglu y colaboradores escriben: "Fue crucial que los comerciantes holandeses aumentaran sus fortunas, en parte gracias al comercio atlántico, que fue usado para reunir un poderoso ejército contra el Imperio de los Habsburgo [...] En general, tanto la evidencia británica como la holandesa parecen, por lo tanto, ser favorables a nuestra hipótesis de que el comercio atlántico enriqueció a un grupo de comerciantes que después tuvo un papel crucial en el surgimiento de nuevas instituciones políticas que limitaron el poder de la Corona".

Daron Acemoglu, Simon Johnson y James Robinson, "The Rise of Europe: Atlantic Trade, Institutional Change, and Economic Growth", *American Economic Review,* vol. 95, núm. 3 (junio de 2005), pp. 546-579.

¹⁷ Diego Puga y Daniel Trefler, "International Trade and Institutional Change: Medieval Venice's Response to Globalization", *op. cit.*, pp. 753-821.

¹⁸ Matt Andrews, *The Limits of Institutional Reform in Development: Changing Rules for Realistic Solutions,* Cambridge University Press, Cambridge, 2013, pp. 1-3.

¹⁹ Matthew McCartney, *Economic Growth and Development: A Comparative Introduction,* Palgrave Macmillan, Londres, 2015, p. 219.

²⁰ El fallecido William Baumol, de Princeton, escribió extensamente acerca de la innovación, el emprendimiento y el crecimiento económico. Baumol era de la opinión de que las condiciones del terreno son las que más afectan los tipos de innovaciones que persiguen los emprendedores. En palabras del autor: "La forma en que un emprendedor actúa en un tiempo y un lugar determinados depende mucho de las reglas del juego —la estructura de recompensas de la economía— que prevalezcan en ese momento". Aunque en general estamos de acuerdo con Baumol acerca de la importancia de las reglas del juego, las preguntas relevantes que planteamos son: ¿cómo se establecen esas reglas? y ¿cómo se cambian? Cuando se observan las circunstancias en que las reglas han cambiado, se advierte que las innovaciones han sido grandes impulsoras, en especial las que han creado nuevos mercados.

William J. Baumol, "Entrepreneurship: Productive, Unproductive, and Destructive", *Journal of Political Economy,* vol. 98, núm. 5 (octubre de 1990), consultado en <http://www.jstor.org/stable/2937617?seq=1#page_scan_tab_contents>.

²¹ Aunque comenzó a presentarse hace más de 150 años, este patrón de obtener prosperidad antes de contar con instituciones que realmente puedan funcionar para el ciudadano promedio es el que observamos en los Estados Unidos. A medida que el país empezaba a industrializarse muchas de sus instituciones —a semejanza de lo que ocurre en muchos países pobres en la actualidad— funcionaban para los ricos. Esto se debe a que los ricos tenían mercados que podían financiar sus propias "instituciones", pero los estadounidenses promedio carecían de ellos. Por increíble que parezca, los accidentes ferroviarios e industriales regularmente mataban o incapacitaban a muchos estadounidenses que tenían pocos o ningún recurso. Pero a medida que más y más estadounidenses comenzaron a desarrollar mercados para los ciudadanos promedio, esos mercados atrajeron buenas instituciones, creando así un círculo virtuoso. Es difícil que la puesta en marcha de las instituciones, sin mercados, conduzca al desarrollo de buenas instituciones que sean sustentables.

²² Diego Puga y Daniel Trefler, "International Trade and Institutional Change: Medieval Venice's Response to Globalization", *op. cit.*, pp. 753-821.

²³ OpenSecrets.org, Center for Responsive Politics, "Lobbying: Overview", consultado el 5 de marzo de 2018 en <https://www.opensecrets.org/lobby/>.

²⁴ ¿Y qué ocurre con países como China, Chile o Corea del Sur, que pudieron desarrollar instituciones que impulsaron el crecimiento económico? Esos países acoplaron el desarrollo de sus

instituciones con fuertes inversiones en innovaciones que generaron mercados. En última instancia, tales mercados pagaron la creación y el mantenimiento de las instituciones. E, inclus en ese caso, no fue un proceso tan directo. Matthew McCartney, profesor de Oxford, señala que, en la década de 1980, las naciones del este de Asia que experimentaron un rápido crecimiento tenían índices de corrupción similares a los de muchos "países en desarrollo". Por ejemplo, Corea del Sur tenía el mismo nivel de calidad institucional que Costa de Marfil. Según concluye el profesor McCartney, esto supone que "el mejoramiento de las instituciones fue resultado, y no causa, del rápido crecimiento del este de Asia".

Matthew McCartney, *Economic Growth and Development: A Comparative Introduction*, *op. cit.*, p. 217.

[25] The World Bank, "New Study Reveals the Complexity of the Informal Sector", 20 de julio de 2016, consultado en <http://www.worldbank.org/en/news/feature/2016/07/20/new-study-reveals-the-complexity-of-the-informal-sector>.

[26] Frank V. Céspedes, Thomas R. Eisenmann, María Fernanda Miguel y Laura Urdapilleta, "IguanaFix", Harvard Business School Case Study, 10 de noviembre de 2016, p. 2.

CAPÍTULO 9. LA CORRUPCIÓN NO ES EL PROBLEMA; ES UNA SOLUCIÓN

[1] Edward L. Glaeser y Andrei Shleifer, "The Rise of the Regulatory State", *Journal of Economic Literature*, vol. 41, núm. 2 (junio de 2003), pp. 401-425.

[2] Transparency International, "Corruption Perceptions Index 2017", 21 de febrero de 2018, consultado en <https://www.transparency.org/news/feature/corruption_perceptions_index_2017>.

[3] "La remuneración mensual que recibe cada uno de sus funcionarios y empleados, incluyendo el sistema de compensaciones según lo dispuesto en sus regulaciones", The Maharashtra State Anti Corruption Bureau, consultado el 6 de abril de 2018 en <http://acbmaharashtra.gov.in/>.

[4] La caída en los precios del petróleo, que representa 95 por ciento de los ingresos del gobierno venezolano, no ha ayudado. Ha causado que los ingresos desciendan de unos 80 000 millones de dólares en 2013 a alrededor de 22 000 millones en 2016. No sólo el gobierno ya no puede financiar algunas necesidades básicas; también se ha vuelto más creativo para "recaudar fondos". Por ejemplo, algunos en el gobierno han apuntado a los programas de distribución de alimentos y piden sobornos para que los contenedores de comida puedan salir de los puertos del país.

The Associated Press, "U. S. Lawmakers Call for Action on Venezuela Food Corruption", *NBC News*, 23 de enero de 2017, consultado en <http://www.nbcnews.com/news/latino/us-lawmakers-call-action-venezuela-food-corruption-n710906>.

[5] Christian Goebel, "Taiwan's Fight against Corruption", *Journal of Democracy*, vol. 27, núm. 1 (enero de 2016), p. 128, consultado en <https://www.researchgate.net/publication/291821592_Taiwan's_Fight_Against_Corruption>.

[6] Minxin Pei, "Corruption Threatens China's Future", *Carnegie Endowment for International Peace Policy Brief*, núm. 55, octubre de 2017, consultado en <http://carnegieendowment.org/publications/index.cfm?fa=view&id=19628>.

[7] Sul-Lee Wee, "China's Parliament is a Growing Billionaires' Club", *The New York Times*, 1° de marzo de 2018, consultado en <https://nyti.ms/2t7KA4z>.

[8] Howard French, *China's Second Continent: How a Million Migrants Are Building a New Empire in Africa*, Alfred A. Knopf, Nueva York, 2014.

Jeff Desjardins, "These Countries Are Leading the Way on Growth", *World Economic Forum*, 30 de octubre de 2017, consultado en <https://www.weforum.org/agenda/2017/10/these-countries-are-leading-the-way-on-growth>.

[9] Transparency International, "Corruption Perceptions Index 2017", 21 de febrero de 2018.

¹⁰ The World Bank, "Foreign Direct Investment, Net Inflows (BoP, current US$)", consultado el 6 de abril de 2018 en <https://data.worldbank.org/indicator/BX.KLT.DINV.CD.WD?locations=CN>.

¹¹ OpenSecrets.org, Center for Responsive Politics, "Lobbying: Overview", consultado el 5 de marzo de 2018 en <https://www.opensecrets.org/lobby/>.

¹² El Instituto de Investigación Congresual, centro de estudios de financiamiento independiente enfocado en mejorar la gobernanza en los Estados Unidos para que represente mejor a los estadounidenses, ha realizado extensas investigaciones sobre los efectos de la transparencia en los gobiernos, particularmente en el Congreso de los Estados Unidos. Una de sus tesis principales es que aumentar la transparencia de hecho puede "degradar la calidad de una democracia". La investigación muestra que, a medida que el proceso legislativo se vuelve más transparente para los ciudadanos, incluyendo a los cabilderos, éstos pueden comenzar a influir en los legisladores para que voten en formas que no representan las necesidades y los deseos del pueblo estadounidense. Esto significa que ni siquiera una sociedad transparente está exenta de corrupción. Y, por tanto, debemos buscar continuamente formas de ayudar a la gente a encontrar un sustituto para ese cáncer económico. Al respecto, véase <http://congressionsalresearch.org/index.html>.

¹³ Pete Hamil, "'Boss Tweed': The Fellowship of the Ring", *The New York Times*, 27 de marzo de 2005, consultado en <https://nyti.ms/2jLJRNi>.

¹⁴ El libro de Faith Jaycox, *The Progressive Era* [La era progresista], ofrece un recuento de algunas prácticas corruptas del Tammany Hall (la maquinaria del Partido Demócrata de la ciudad de Nueva York). La organización se vio involucrada en "corrupción de la policía, incluyendo sobornos ampliamente repartidos, intimidación de votantes y fraude electoral, colaboración con arrendadores que rastrillaban las rentas y empleados esquiroles, así como maltrato a los nuevos inmigrantes". Cuando algunos reformadores de la ciudad de Nueva York armaron un caso contra la organización, el gobernador se negó a pagar una investigación, la cual fue financiada por la Cámara de Comercio y otros "clubes de buen gobierno", como se les conocía entonces. Esos clubes surgieron en todo Estados Unidos como respuesta a la creciente corrupción gubernamental y eran financiados por ciudadanos preocupados que querían tener mejor representación por parte de su gobierno.
Faith Jaycox, *The Progressive Era*, Facts on File, Nueva York, 2005, p. 80.

¹⁵ Jack Beatty, *Age of Betrayal*, Vintage Books, Nueva York, 2008, p. xvi.

¹⁶ Woodrow Wilson fue escritor prolífico, aun antes de ser presidente. Escribió con frecuencia acerca del estado del gobierno en los Estados Unidos y sobre la corrupción. En agosto de 1879 la influyente *International Review* publicó uno de sus ensayos, escrito mientras estudiaba en Princeton. En él, el futuro presidente asentó: "Las legislaturas estatales y nacionales son desdeñadas con nerviosa suspicacia, y llamamos a que haya una suspensión del Congreso como inmunidad temporal contra el peligro". Más tarde, en un discurso intitulado "Gobierno y negocios", Wilson escribió: "¿Qué ocurre con los negocios en este país? En primer lugar, ciertos monopolios, o monopolios virtuales, se han establecido de forma injusta y se han mantenido de forma injusta, y han sido usados y diseñados con fines monopólicos".
Woodrow Wilson, *The New Freedom: A Call for the Emancipation of the Generous Energies of a People*, Doubleday, Page & Company, Nueva York, 1913, p. 240.

¹⁷ Larry Schweikart, *The Entrepreneurial Adventure: A History of Business in the United States*, Harcourt College Publishers, Forth Worth, 2000, pp. 153-154.

¹⁸ Earl Swift, *The Big Roads: The Untold Story of the Engineers, Visionaries, and Trailblazers Who Created the American Superhighways*, Houghton Mifflin Harcourt, Boston, 2011.

¹⁹ Lawrence Friedman, *A History of American Law*, 3a. ed. revisada, Simon & Schuster, Nueva York, 2005.

²⁰ Cuando Isaac Singer lanzó su máquina de coser, para los innovadores era más probable ser demandados por sus innovaciones que vender sus productos. Las demandas eran tan comunes que Singer y otros innovadores crearon un "grupo de patentes". La idea de que, de alguna forma, el entorno empresarial de los Estados Unidos era predecible, y que se respetaban la ley y el orden, no es muy verdadera.

Además, durante la construcción de vías férreas hubo mucha especulación y tratos con los miembros del Congreso, muchos de los cuales aprovecharon la oportunidad para forrar sus bolsillos concediendo favores a los mejores postores.

[21] Edward L. Glaeser y Andrei Shleifer, "The Rise of the Regulatory State", *op. cit.*, p. 419.

[22] Ralph V. Turner y Richard Heiser, *The Reign of Richard Lionheart: Ruler of the Angevin Empire, 1189-1199*, Routledge, Londres, 2000, p. 12.

[23] Sir John Fortescue y Charles Plummer, *The Governance of England: The Difference between an Absolute and a Limited Monarchy*, Clarendon Press, Oxford, 1885, p. 24.

[24] Deirdre McCloskey, *Bourgeois Dignity: Why Economics Can't Explain the Modern World*, The University of Chicago Press, Chicago, 2010, p. 317.

[25] El profesor Robert Bates, de la Universidad de Harvard, proporciona un brillante resumen de la evolución del desarrollo institucional en Europa en su breve libro *Prosperity & Violence* [Prosperidad y violencia]. El autor levanta el telón y va detrás del escenario para mostrarnos cómo evolucionaron las cortes y los parlamentos europeos. En ambos casos, muchos de los cuales es aparente la conexión entre los mercados crecientes y prósperos y la capacidad del Estado para generar más ingresos desarrollando esas nuevas instituciones.

Robert Bates, *Prosperity & Violence*, W. W. Norton & Co., Nueva York, 2010, pp. 41, 52.

[26] *Idem.*

[27] En su artículo "Predictable Corruption and Firm Investment" [Corrupción predecible e inversión empresarial], el economista Krislert Samphantharak y el científico político Edmund J. Malesky sostienen que la previsibilidad de los sobornos es tanto o más importante para las decisiones de inversión de una firma como la cantidad de sobornos que las compañías pagan, siempre que esa cantidad no sea prohibitiva.

Krislert Samphantharak y Edmund J. Malesky, "Predictable Corruption and Firm Investment: Evidence from a Natural Experiment and Survey of Cambodian Entrepreneurs", *Quarterly Journal of Political Science*, vol. 3, 31 de marzo de 2008, pp. 227-267.

J. Edgar Campos llega a la misma conclusión de que la previsibilidad importa en términos del impacto que tiene la corrupción en las inversiones. Explica esto en su artículo "The Impact of Corruption on Investment: Predictability Matters" [El impacto de la corrupción en la inversión: la previsibilidad importa].

[28] Choe Sang-Hun, "Park Geun-hye, South Korea's Ousted President, Gets 24 Years in Prison", *The New York Times*, 6 de abril de 2018, consultado en <https://nyti.ms/2Heh68v>.

[29] Mushtaq H. Khan, "State Failure in Developing Countries and Institutional Reform Strategies", *Annual World Bank Conference on Development Economics – Europe 2003*, consultado en <http://eprints.soas.ac.uk/3683/1/State_Failure.pdf>.

Matthew McCartney, *Economic Growth and Development: A Comparative Introduction*, Palgrave Macmillan, Londres, 2015, p. 217.

[30] Edward L. Glaeser y Andrei Shleifer, "The Rise of the Regulatory State", *op. cit.*, p. 420.

[31] Philip Auerswald, *The Coming Prosperity: How Entrepreneurs are Transforming the Global Economy*, Oxford University Press, Oxford, 2012, p. 58.

Karim Khoja, "Connecting a Nation: Roshan Brings Communications Services to Afghanistan", *Innovations*, vol. 4, núm. 1 (invierno de 2009), pp. 33-50, consultado en <https://www.mitpressjournals.org/doi/pdf/10.1162/itgg.2009.4.1.33>.

CAPÍTULO 10. SI LO CONSTRUYES, ELLOS PUEDEN NO VENIR

[1] "Plans for a Weirdly Unfinished Highway in Cape Town", *The Economist*, 12 de abril de 2017, consultado en <https://www.economist.com/news/middleeast-and-africa/21720649-road-nowhere-may-finally-reach-end-plansweirdly-unfinished-highway>.

[2] Chiponda Chimbelu, "Poor Infrastructure Is Key Obstacle to Development in Africa", *Deutsche Welle*, 26 de julio de 2011, consultado en <http://p.dw.com/p/122ya>.

[3] En "Infrastructure and the International Governance of Economic Development" [Infraestructura y gobierno internacional del desarrollo económico], el profesor William Rankin, de la Universidad de Yale, explica que en la década de 1950 "los debates sobre la ayuda para el desarrollo cambiaron su enfoque de una definición económica de la infraestructura a una más enmarcada en términos de los requisitos generales". Rankin añade que "la teoría del desarrollo temprano a menudo se describe como centrada en la infraestructura; si existe una sola teoría que represente el pensamiento económico sobre el desarrollo en la década de 1950 es la del 'gran empujón', según la cual se considera necesaria una enorme inyección de capital de infraestructura para superar el círculo vicioso de baja productividad, bajas tasas de ahorro y baja inversión que se piensa que existe en los países subdesarrollados [...] Sólo en el contexto del debate internacional acerca del desarrollo económico, después de la Segunda Guerra Mundial, el término *infraestructura* se convirtió en una etiqueta para los sistemas tecnopolíticos requeridos para el crecimiento y la modernidad [...] Pero en ninguna parte de esos primeros usos de la infraestructura puede uno encontrar la idea de que los sistemas de ingeniería a gran escala, especialmente los de transporte y comunicación, constituyen una base para otros tipos de actividad económica. Es sólo en la discusión de la década de 1950 acerca del financiamiento internacional del desarrollo económico cuando la infraestructura es reconocida como un concepto que relaciona la ingeniería con preocupaciones socioeconómicas más grandes".

Esto tiene implicaciones significativas para el desarrollo económico, en particular en los países pobres. Si la infraestructura es considerada ahora como requisito para el desarrollo, técnicamente no puede haber desarrollo sin generación de infraestructura. Y puesto que el modelo prevaleciente consiste en que "el gobierno debe proporcionar la infraestructura", los países pobres se encuentran en una máquina caminadora del desarrollo económico, corriendo tan rápido como pueden, pero sin llegar a ninguna parte.

[4] Earl Swift, *The Big Roads: The Untold Story of the Engineers, Visionaries, and Trailblazers Who Created the American Superhighways*, Houghton Mifflin Harcourt, Boston, 2011, p. 33.

[5] Andrew Degrandpre y Alex Horton, "Ghost Schools and Goats: 16 Years of U. S. Taxpayer Waste in Afghanistan", *Chicago Tribune*, 21 de agosto de 2017, consultado en <http://www.chicagotribune.com/news/nationworld/ct-us-afghanistan-spending-20170821-story.html>.

[6] La historia del proyecto de Mufindi se detalla en el libro de Robert Calderisi, *The Trouble with Africa: Why Foreign Aid Isn't Working* [El problema de África: por qué la ayuda extranjera no está funcionando]. Ahí, Calderisi explica que Tanzania no tenía la experiencia técnica para manejar una obra tan grande y el personal del Banco Mundial no incluyó el entrenamiento ni la capacidad de construcción en el costo del proyecto.

Robert Calderisi, *The Trouble with Africa: Why Foreign Aid isn't Working*, St. Martin's Griffin, Nueva York, 2006.

[7] Chris McGreal, "A Month Ago, the Hospitals Were Overflowing. Now They Lie Empty", *The Guardian*, 6 de diciembre de 2008, consultado en <https://www.theguardian.com/world/2008/dec/06/zimbabwe-cholera-hospitals>.

[8] Es la definición de *infraestructura* del *Diccionario Oxford*. Hay muchas definiciones de *infraestructura* que no son muy distintas de ésta: <https://en.oxforddictionaries.com/definition/infrastructure>.

[9] La idea de que la infraestructura debe preceder al desarrollo es comprensible. En un artículo titulado "Infrastructure and Economic Development in Sub-Saharan Africa" [Infraestructura y desarrollo económico en África Subsahariana], César Calderón y Luis Servén concluyen que existe "sólida evidencia de que el desarrollo de infraestructura —medido por un aumento en el volumen de las existencias de infraestructura y una mejor calidad de los servicios de infraestructura— tiene un impacto positivo en el crecimiento a largo plazo y un impacto negativo en la desigualdad de ingresos". Los autores también señalan que, "como la mayoría de los países africanos

están rezagados en términos de cantidad, calidad y acceso universal a la infraestructura, la conclusión tentativa es que el desarrollo de la infraestructura ofrece un doble potencial para acelerar la reducción de la pobreza en África Subsahariana: está asociado tanto con el alto crecimiento como con la baja desigualdad".

Leer un artículo como ése puede guiar a los creadores de políticas a realizar inversiones significativas para aumentar las existencias de infraestructura en el país. Aunque las obras de infraestructura suelen ser algo bueno, esperamos haber mostrado en este capítulo que si no están conectadas a un mercado serán muy difíciles de mantener.

César Calderón y Luis Servén, "Infrastructure and Economic Development in Sub-Saharan Africa", World Bank Group, Policy Research Working Paper 4712, septiembre de 2008, consultado en <https://openknowledge.worldbank.org/handle/10986/6988>.

[10] Al referirse a la infraestructura en Inglaterra y cómo contribuyó a la Gran Divergencia, la economista Deirdre McCloskey explica que la infraestructura "cambia los lugares, no las cantidades. Aumenta la eficiencia, pero no eleva los ingresos en un factor de dos o dieciséis o un ciento de calidad corregida". Deirdre McCloskey, *Bourgeois Dignity: Why Economics Can't Explain the Modern World,* University of Chicago Press, Chicago, 2010, p. 343.

[11] Pritchett continúa señalando que el adulto promedio en un país pobre actualmente recibe más años de educación que el adulto promedio de un país desarrollado en 1960. Pero es claro que la infraestructura educativa en numerosos países pobres de hoy no vale tanto como la que tenían los países desarrollados en la década de 1960, y que esa infraestructura recién construida no está preparando a la gente para el futuro. Lant Pritchett, *The Rebirth of Education: Schooling Ain't Learning,* Center for Global Development, Washington, D. C., 2013.

[12] The World Bank, "World Development Report 2018: Learning to Realize Education's Promise", consultado el 3 de mayo de 2018, doi:10.1596/978-1-4648-1096-1, p. 5.

[13] *Ibid.,* pp. 5-6.

[14] Dayo Adesulu, "Graduate Unemployment, Time-Bomb in Nigeria", *Vanguard,* 4 de junio de 2015, consultado en <https://www.vanguardngr.com/2015/06/graduate-unemployment-time-bomb-in-nigeria/>.

[15] "Did Kenya Get a Loan to Build a Railway or Vice Versa?", *The Economist,* 22 de marzo de 2018, consultado en <https://www.economist.com/news/middle-east-and-africa/21739227-chinese-backed-nairobi-mombasa-line-may-never-makemoney-did-kenya-get>.

[16] Simon Romero, "Grand Visions Fizzle in Brazil", *New York Times,* 12 de abril de 2014, consultado en <https://nyti.ms/2HoVtCo>.

[17] La investigación de Bent Flyvbjerg sobre el desarrollo y la evolución de los megaproyectos, categoría que engloba muchos proyectos de infraestructura, es muy vasta. Flyvbjerg menciona los siguientes principios indiscutibles e inevitables —leyes de acero, como se les llama— de los megaproyectos. Primero, nueve de cada 10 megaproyectos incurren en excedentes de costos, muchos de los cuales sobrepasan 50 por ciento la cantidad presupuestada originalmente. Esos excedentes no son específicos de ninguna geografía y han permanecido relativamente constantes durante los últimos 70 años. Por ejemplo, el Aeropuerto Internacional de Denver se pasó 200 por ciento del presupuesto. De hecho, algunas industrias han sido tan estudiadas que hay excedentes esperados. La industria ferroviaria es una de ellas: se espera que el proyecto promedio rebase el presupuesto aproximadamente 45 por ciento. Asimismo, se cree que los proyectos de construcción de caminos se pasarán 20 por ciento del presupuesto. Segundo, Flyvberg señala que nueve de cada 10 megaproyectos se retrasan. Cuando se proponen cuantiosos proyectos a gran escala, costos y calendarios son datos que se usan para calcular los beneficios económicos y sociales a corto y largo plazos. Como resultado, nueve de cada 10 megaproyectos sobreestiman sus beneficios económicos y sociales. Después de modelar varios proyectos a gran escala Flyvbjerg descubrió que un retraso de un año puede elevar el costo de un proyecto hasta 4.6 por ciento. Pocos proyectos ilustran este punto con mayor perfección que el Big Dig Central Artery/Tunnel de Boston, que redirigió una supervía central de la ciudad hacia un túnel recién construido. En 1982 el precio del

Big Dig era de 2 800 millones de dólares (aproximadamente 7 000 millones de hoy); pero, según el *Boston Globe*, a la postre costará unos 24 000 millones. El proyecto también se retrasó nueve años. Sin embargo, el Big Dig de Boston no es un caso anómalo. Tercero, y tal vez lo más sorprendente, los excedentes de costo son un problema para los proyectos del sector público tanto como del privado. Flyvbjerg menciona el Channel Tunnel, túnel ferroviario de 50 kilómetros que une el Reino Unido con Francia. Euro-Tunnel, los propietarios de la obra, estimaron que probablemente los excedentes de costo no sobrepasarían 10 por ciento. Los costos de construcción rebasaron el presupuesto 80 por ciento, mientras que los costos del financiamiento se excedieron 140 por ciento. La economía británica ha perdido 17 800 millones de dólares con este proyecto, mientras que los inversionistas obtuvieron un enorme 14.5 por ciento sobre su inversión.

Bent Flyvbjerg, "What You Should Know about Megaprojects and Why: An Overview", *Project Management Journal*, vol. 45, núm. 2 (abril-mayo de 2014), pp. 6-19.

[18] V. Kasturi Rangan, "The Aravind Eye Hospital, Madurai, India: In Service for Sight", Harvard Business School Case 593-098, abril de 1993 (revisado en mayo de 2009).

[19] *Idem.*

[20] Larry Schweikart, *The Entrepreneurial Adventure: A History of Business in the United States*, Harcourt College Publishers, Fort Worth, 2000, p. 97.

[21] Jack Stewart, "America Gets a D Plus for Infrastructure, and a Big Bill to Fix it", *Wired*, 9 de marzo de 2017, consultado en <https://www.wired.com/2017/03/america-gets-d-plus-infrastructure-big-bill-fix/>.

[22] Larry Schweikart, *The Entrepreneurial Adventure: A History of Business in the United States, op. cit.*, p. 98.

CAPÍTULO 11. DE LA PARADOJA DE LA PROSPERIDAD
AL PROCESO DE LA PROSPERIDAD

[1] Centers for Medicare and Medicaid Services, "National Health Expenditure Data: History", consultado el 26 de abril de 2018 en <https://www.cms.gov/Research-Statistics-Data-and-Systems/Statistics-Trends-and-Reports/NationalHealthExpendData/NationalHealthAccountsHistorical.html>.

[2] Kailash Chand, "The NHS is under Threat. Only a New Model Will Save It", *The Guardian*, 4 de enero de 2018, consultado en <https://www.theguardian.com/healthcare-network/2018/jan/04/nhs-under-threat-new-model-of-care>.

[3] Robert F. Graboyes, "High Quality and Low Price Coverage at Narayana and Health City Cayman Islands", *Inside Sources*, 13 de septiembre de 2017, consultado en <http://www.insidesources.com/high-quality-low-price-convergenarayana-health-city-cayman-islands/>.

[4] Tarun Khanna, V. Kasturi Rangan y Merlina Manocaran, "Narayana Hrudayalaya Heart Hospital: Cardiac Care for the Poor (A)", Harvard Business School Publishing núm. 505-078, Boston, 2011, p. 20.

[5] Narayana Health, "Investor Presentations: Investor Presentation – May 2017", consultado el 26 de abril de 2018 en <https://www.narayanahealth.org/sites/default/files/download/investor-presentations/Investor-Presentation-May-2017.pdf>.

[6] Tarun Khanna, V. Kasturi Rangan y Merlina Manocaran, "Narayana Hrudayalaya Heart Hospital: Cardiac Care for the Poor (A)", *op. cit.*, p. 10.

[7] Sasha Banks-Louie, "How a Small Clinic is Having a Big Impact on Healthcare in Brazil", *Forbes*, 26 de septiembre de 2017, consultado en <https://www.forbes.com/sites/oracle/2017/09/26/how-a-small-clinic-is-having-a-big-impacton-healthcare-in-brazil/#358d9e1f3ab5>.

APÉNDICE. **EL MUNDO A TRAVÉS DE NUEVAS LENTES**

[1] La carga a granel es un proceso mediante el cual los bienes son colocados en un camión y trasladados al almacén de un puerto donde los trabajadores, llamados estibadores, los descargan y almacenan en una bodega o en un barco si hay uno disponible.

[2] Charles Duhigg, Aaron Bird y Samantha Stark, "The Power of Outsiders", *New York Times*, video, consultado el 29 de enero de 2018 en <https://www.nytimes.com/video/business/100000004807604/the-power-of-outsiders.html>.

[3] En ese tiempo, cultivar la bacteria durante más de 48 horas no habría sido eficiente. Las reglas existentes, la sabiduría popular y la ciencia aceptada sugerían que los especímenes serían inútiles para sus propósitos. De modo que había una buena razón para que los expertos no cultivaran las bacterias durante más de dos días.

[4] Marshall Barry y Paul C Adams, "*Helicobacter pylori:* A Nobel Pursuit?", *Canadian Journal of Gastroenterology*, vol. 22, núm. 11 (2008), pp. 895-896.

[5] Statista, "Sales of Washing Machines in India from 2007-2016", consultado el 29 de enero de 2018 en <https://www-statista-com.ezp-prod1.hul.harvard.edu/statistics/370640/washing-machine-market-size-india/>.

[6] Grand View Research, "Electronic Devices: Washing Machine Market Share & Size, Industry Analysis Report, 2025", diciembre de 2016, consultado en <https://www.grandviewresearch.com/industry-analysis/washing-machine-market>.

[7] Grand View Research, "Press Room: Washing Machine Market Size to Reach USD 42.16 Billion By 2025", diciembre de 2016, consultado en <https://www.grandviewresearch.com/press-release/global-washing-machine-market>.

[8] Metro Electronic Lab, compañía india, ha desarrollado una lavadora portátil que se vende por unos 40 dólares. La máquina se conecta a una cubeta, pesa menos de 2.2 kilogramos y puede lavar tres kilogramos de ropa en ciclos de seis minutos. Para saber más, véase <http://www.waterfiltermanufacturer.in/handy-washing-machine.html#handy-washing-machine>.

[9] The World Bank, "The World Bank in Cambodia", actualizado en octubre de 2017, consultado en <http://www.worldbank.org/en/country/cambodia/overview>.

[10] Observatory of Economic Complexity, "Exports: Mexico", consultado el 29 de enero de 2018 en <https://atlas.media.mit.edu/en/profile/country/mex/#-Exports>.

[11] Mau Juárez, "Analizamos a Zacua, la marca mexicana de autos eléctricos: ¿buena idea o proyecto sin rumbo?", 18 de septiembre de 2017, consultado en <https://www.motorpasion.com.mx/autos-mexicanos/analizamos-a-zacua-lamarca-mexicana-de-autos-electricos-buena-idea-o-proyecto-sin-rumbo>.

[12] World Health Organization, "Data: Road Safety, Registered Vehicles, Data by Country", actualizado el 11 de noviembre de 2015, consultado en <http://apps.who.int/gho/data/node.main.A995>.

[13] Bureau of Transportation Statistics, "National Transportation Statistics", consultado el 29 de enero de 2018 en <https://www.rita.dot.gov/bts/sites/rita.dot.gov.bts/files/publications/national_transportation_statistics/html/table_01_11.html>.

[14] Australian Bureau of Statistics, "Motor Vehicle Census, Australia, January 31, 2018", actualizado el 27 de julio de 2017, consultado en <http://www.abs.gov.au/AUSSTATS/abs@.nsf/Lookup/9309.0Main+Features131%20Jan%202017?OpenDocument>.

[15] Anjani Trivedi, "China's Electric Car Market Has Grown Up", *Wall Street Journal*, actualizado el 7 de enero de 2018, consultado en <https://www.wsj.com/articles/chinas-electric-car-market-has-grown-up-1515380940>.

[16] European Environment Agency, "Indicators: Occupancy Rate of Passenger Vehicles", actualizado el 19 de abril de 2016, consultado en <https://www.eea.europa.eu/data-and-maps/indicators/occupancy-rates-of-passenger-vehicles/occupancy-rates-of-passenger-vehicles>.

[17] The World Bank, "Global Consumption Database: Nigeria", 24 de enero de 2018, consultado en <http://datatopics.worldbank.org/consumption/country/Nigeria>.

[18] Monica Davey y Mary Williams Walsh, "Billions in Debt, Detroit Tumbles into Insolvency", *New York Times,* 18 de julio de 2013, consultado en <http://www.nytimes.com/2013/07/19/us/detroit-files-for-bankruptcy.html?pagewanted=all&_r=0>.

[19] Jake Bright, "Meet 'Nollywood': The Second Largest Movie Industry in the World", *Fortune,* 24 de junio de 2015, consultado en <http://fortune.com/2015/06/24/nollywood-movie-industry/>.

[20] Brad Tuttle, "What It Really Costs to Go to Walt Disney World", *Time,* 15 de mayo de 2017, consultado en <http://time.com/money/4749180/walt-disney-worldtickets-prices-cost/>.

[21] "Fourth Population and Housing Census 2012", *National Institute of Statistics of Rwanda* (enero de 2014), p. 79, consultado en <http://www.statistics.gov.rw/publication/rphc4-atlas>.

[22] The World Bank, "GDP Per Capita (Current US$)", consultado el 23 de enero de 2018 en <https://data.worldbank.org/indicator/NY.GDP.PCAP.CD>.

[23] Son 80 dólares por hogar, multiplicados por 20 por ciento de los 1.6 millones de hogares que tienen pisos de tierra.
"Fourth Population and Housing Census 2012", *op. cit.*

[24] "Infrastructure Development Company Limited (Idcol) fue establecida el 14 de mayo de 1997 por el gobierno de Bangladesh. La compañía obtuvo licencia del Banco de Bangladesh para desempeñarse como institución financiera no bancaria [NBFI, por sus siglas en inglés] el 5 de enero de 1998." Para saber más sobre Idcol, véase <http://idcol.org/home/about>.

[25] Jess Jiang, "The Price of Electricity in Your State", NPR, 28 de octubre de 2011, consultado en <https://www.npr.org/sections/money/2011/10/27/141766341/theprice-of-electricity-in-your-state>.

[26] UNICEF, "Health and Nutrition: Nutrition, a Silent Killer", consultado el 30 de enero de 2018 en <https://www.unicef.org/ghana/health_nutrition_7522.html>.

[27] MoringaConnect, "Our Story", consultado el 30 de enero de 2018 en <http://moringaconnect.com/our-story/>.

[28] The World Bank, "Foreign Direct Investment, Net Inflows (BoP, current US$)", consultado el 23 de enero de 2018 en <https://data.worldbank.org/indicator/BX.KLT.DINV.CD.WD?locations=SG>.

[29] Emilio Godoy, "The Waste Mountain Engulfing Mexico City", *The Guardian,* 9 de enero de 2012, consultado en <https://www.theguardian.com/environment/2012/jan/09/waste-mountain-mexico-city>.

[30] Rishi Iyengar, "50 Days of Pain: What Happened When India Trashed its Cash", *CNN-Money,* 4 de enero de 2017, consultado en <http://money.cnn.com/2017/01/04/news/india/india-cash-crisis-rupee/>.

[31] "Google Just Launched a Digital Payments App in India", *Fortune,* 18 de septiembre de 2017, consultado en <http://fortune.com/2017/09/18/google-tez-digitalpayments-app-launch-india/>.

[32] Rajeev Deshpandel, "Demonetisation to Power 80% Rise in Digital Payments, May Hit Rs 1800 Crore in 2017-18", *Times of India,* 4 de noviembre de 2017, consultado en <https://timesofindia.indiatimes.com/business/india-business/demonetisation-to-power-80-rise-in-digital-payments-mayhit-rs-1800-crore-in-2017-18/articleshow/61500546.cms>.

[33] "Number of Income Tax Returns Filed Goes up 24.7%", *The Hindu,* 7 de agosto de 2017, consultado en <http://www.thehindu.com/business/Economy/number-of-income-tax-returns-filed-goes-up-247/article19446415.ece>.

[34] Michael Safi, "India Currency Note Ban Sparks 'Dramatic Fall' in Sex Trafficking", *The Guardian,* 22 de diciembre de 2016, consultado en <https://www.theguardian.com/global-development/2016/dec/22/india-currency-note-bansparks-dramatic-fall-sex-trafficking>.

Agradecimientos

CLAYTON CHRISTENSEN: MÁS ALLÁ DE LA PROSPERIDAD

Corea del Sur era un país muy pobre cuando lo dejé para regresar a los Estados Unidos en 1973. La tasa de mortalidad para los niños menores de cinco años de edad era muy alta y la gente simplemente no vivía hasta una edad avanzada. Recuerdo a amigos y conocidos que luchaban por llevar incluso el sustento más magro para sus familias. Mis años en Corea del Sur me cambiaron profundamente; dejé ahí la mitad de mi corazón, decidido a encontrar una forma de ayudar a mis amigos a levantarse de la desesperada pobreza a la que estaban acostumbrados.

Pese a lo inconsolablemente oscura que resulta esa imagen del país, mi impresión más duradera fue muy distinta. Era de felicidad. Recuerdo haber encontrado a un amigo al que llamábamos hermano Yoo, en lo alto de las colinas de Ulsan, arrastrando una pequeña carretilla. Nos dijo que estaba en proceso de mudarse de departamento, de modo que nos arremangamos y le ofrecimos ayuda. Con una sonrisa, él señaló la carretilla a sus espaldas, diciendo: "Esto es todo lo que tengo". Allí se hallaban todas las posesiones de su familia, tan pocas que fácilmente pudo trasladarse por sí solo con su esposa y su bebé. Mucha gente que conocí parecía tener esa inexplicable alegría de no depender del número de cosas que poseía. Tenía pocas posesiones materiales, pero sus vidas eran ricas en amigos y familia.

En esos días, cuando visité Corea del Sur, casi no había signos visibles de la omnipresente pobreza que yo asociaba con el país. Me hace muy feliz informar que Corea del Sur virtualmente erradicó la mortalidad infantil (la tasa actual es de sólo 2.9 de cada 1000 nacimientos, mientras que la de los Estados Unidos es de 5.6), y la expectativa de vida se ha elevado a más de 82 años. Igualmente sorprendente es el crecimiento económico puro: entre 1973 y 2017 el PIB per cápita creció casi 6700 por ciento, al pasar de aproximadamente 406 a 27 539 dólares en 2016. Esto representa un crecimiento anual compuesto de 10.3 por ciento durante 43 años; una tasa de crecimiento que fascinaría a cualquier compañía, para no hablar de cualquier país. Debido a todas esas mejoras, Corea del Sur pudo pasar de ser un país "en vías de desarrollo" a uno que no sólo fue anfitrión de las Olimpiadas en dos ocasiones, sino que ahora financia proyectos de ayuda en muchas naciones de bajos ingresos.

Corea de Sur alberga numerosas marcas globales reconocidas, que diseñan y fabrican productos complejos, desde autos y teléfonos inteligentes hasta grandes barcos. Incluso exporta su cultura (el lector puede preguntar a su hijo adolescente sobre K-pop u hojear las páginas de una revista de modas para ver la influencia de la moda coreana) a todo el orbe.

Corea del Sur ha resuelto el problema de la prosperidad. Pero temo que ha adquirido otros problemas en el proceso. La tasa nacional de suicidios es alarmantemente alta: 29.1 personas por cada 100 000 en 2012, promedio casi 2.5 veces más alto que el de la OCDE. El país también tiene la tasa más alta de hospitalización por enfermedad mental, entre los integrantes de la OCDE, con más de dos millones de personas que anualmente sufren depresión (y aún más doloroso es el hecho de que sólo 15 000 de ellas decidieran buscar un tratamiento en regla, debido al estigma social y a las presiones familiares). Corea del Sur suele ser considerado entre los países que tienen los mejores sistemas educativos del mundo —ha invertido mucho en ese rubro—, pero la presión por el desempeño de los estudiantes ha llevado a un debate nacional sobre los costos humanos de tan altas expectativas.

Queremos aclarar que deseamos la prosperidad para el mundo, pero la prosperidad en sí misma no resuelve todos los problemas de una sociedad. Y tampoco resuelve nuestros problemas personales. Como Robert Kennedy dijo alguna vez: el PIB no registra "la belleza de nuestra poesía o la fortaleza de nuestros matrimonios o la inteligencia de nuestro debate público..." El PIB mide todo "menos lo que hace que la vida valga la pena".

Espero que en nuestra lucha por hacer del mundo un lugar mejor nunca perdamos de vista lo que más importa. Para mí, eso ha significado construir mi vida en torno del deseo de ayudar a la gente, meta que ha sido el fundamento de mi papel como maestro, colega y amigo. Y, lo que es más importante, sigo buscando cómo conocer a Dios más profundamente.

Al compartir con ustedes nuestro pensamiento, Efosa, Karen y yo esperamos que también los estemos ayudando.

Trabajar codo a codo con Karen Dillon y Efosa Ojomo ha sido una experiencia deliciosa. Realmente deliciosa. Escribimos este libro como equipo, aunque cada uno asumió funciones clave. La habilidad de Efosa para dominar y sintetizar lo que el mundo académico y los practicantes han aportado a este rompecabezas —investigación ancha y profunda—, y después entender dónde cabe ahí nuestro razonamiento, ha sido la base de este libro. El papel de Efosa ha consistido en comprender el corazón y la mente de África, Asia y América, en el pasado y en el presente, de manera simultánea, y hacer que ese conocimiento cobre vida, primero en su propia investigación y después en estas páginas. Su comprensión de partes del mundo que yo no conocía, salvo de forma superficial, es sumamente notable. Todavía puedo recordar exactamente dónde se sentaba Efosa en mi clase hace algunos años: era el segundo lugar en la última fila a la izquierda, cerca del fondo del salón. Nadie ha vuelto a ocupar ese sitio con el mismo deleite y comprensión que él aportó a mi clase. Entonces yo creía que él estaba entre mis estudiantes más prometedores y su trabajo en este libro ha probado cuánta razón tuve. Ha excedido todas mis expectativas como socio y colaborador.

Ésta es la tercera vez que tengo el placer de colaborar con Karen en un libro y he llegado a apreciar sus dones cada vez más. En este proyecto, Karen definió nuestras reuniones al plantearme preguntas, escuchar cuidadosamente mis respuestas y seguir profundizando en ellas. Después logró traducir pensamientos complejos en algo claro y poderoso al mismo tiempo. Karen escribe entendiendo mi mente y mi corazón simultáneamente y ha hecho un hermoso trabajo capturándolos a ambos aquí. Como escritora, es insuperable. Realmente ha sido una invaluable compañera de pensamiento, colaboradora y amiga. Lo lamento por quienes no tienen la oportunidad de trabajar con ella.

También quiero agradecer a las muchas personas que nos ayudaron con este libro. Comenzaré con mis amigos de Corea del Sur, allá por la década de 1970, particularmente el presidente Edward y la hermana Carol Brown, quienes contribuyeron a despertar mi interés inicial en las preguntas sobre la prosperidad.

Puesto que hemos discutido y compartido estas ideas en clase, mis estudiantes se han convertido en mis más grandes maestros. Me gratifica ver cómo han usado estas ideas en sus trabajos (los fundadores de IguanaFix y Clínicas del Azúcar, por ejemplo, escucharon por primera vez estas ideas cuando estudiaban aquí en Cambridge y las aplicaron para ayudar a moldear sus innovaciones creadoras de mercado); sus experiencias han ayudado a moldear y refinar nuestro razonamiento.

Mis colegas de la Escuela de Negocios de Harvard, Willy Shih, Steve Kaufman, Chet Huber, Derek van Bever, Rory McDonald, Raj Chowdhury y Ray Gilmartin, quienes imparten el curso "Construcción y sustentación de una empresa exitosa", han sido fuente invaluable de apoyo y retroalimentación. El decano Nohria, que nos guía a todos, ha apoyado constantemente mi investigación y también es un querido amigo. El profesor Roberto Unger, de la Escuela de Leyes de Harvard, con quien a menudo he compartido ideas sobre cómo usamos la disrupción para elevar el potencial humano, ha sido fuente de inspiración y razonamiento provocador. Howard Yu, mi antiguo estudiante de doctorado, demostró el poder de las "inmersiones profundas" que han influido esta obra. Entre mis primeros mentores, cuyo liderazgo y apoyo valoro profundamente, se encuentran Kim Clark, quien me enseñó a investigar; Kent Bowen, quien me enseñó a enseñar, y Steve Wheelright, quien fue una guía estable y constante cuando buscaba mi camino en el mundo académico.

El personal del Foro para el Crecimiento y la Innovación de la Escuela de Negocios de Harvard, encabezado por Derek van Bever, ha sido fuente inestimable de apoyo y liderazgo; por ejemplo, nos permitió trabajar estrechamente con Nate Kim, del Foro, quien nos proporcionó horas interminables de asistencia en la investigación y razonamiento crítico mientras reuníamos información de todo el mundo, y con Pooja Venkatraman, cuyo trabajo paralelo sobre las innovaciones creadoras de mercado y los mercados de capital contribuyó a moldear el razonamiento que aquí presentamos. Clare Stanton ayudó a organizar y coordinar muchos esfuerzos del Foro para presentar nuestro trabajo en el campus, lo que nos sirvió enormemente.

También quiero agradecer a mis colegas y queridos amigos del Christensen Institute and Innosight, en particular a mi cofundador del Christensen Intitute, Michael Horn, y al socio principal de Innosight, Scott Anthony, quienes aportaron horas de razonamiento con el fin de darnos una retroalimentación invaluable para esta obra. Agradezco su apoyo y su amistad, y este libro es mejor gracias a ustedes. TCS y Li & Fung también nos han brindado su valioso apoyo en nuestros mayores esfuerzos de investigación en el Christensen Institute, por lo cual estoy verdaderamente agradecido.

Realmente he sido afortunado al haber contado con el apoyo de un equipo estelar aquí en la Escuela de Negocios de Harvard, incluyendo a mi incansable jefe de personal, Cliff Maxwell, quien ha sido mi socio en muchos trabajos importantes durante el año pasado. La aguda mente de Cliff, su diestra sensibilidad para editar y su sincero deseo de realizar un trabajo que haga del mundo un lugar mejor han sido un enorme regalo para nosotros en este proyecto. Su predecesor, Jon Palmer, quien ahora cursa el doctorado en la Escuela de Negocios de Harvard, fue uno de los apoyos iniciales más fuertes de esta obra, y agradecemos las horas y horas de razonamiento y energía que dedicó para ayudarnos a que este libro cobrara vida. Mi asistente, Brittany McCready, de alguna forma mágica se ocupó de muchas cosas a la vez; le agradezco su apoyo en este y en todos los otros proyectos que calladamente ha hecho fluir sin tropiezos. Antes de Brittany estaba Emily Snyder, quien ha seguido alentándonos aun cuando dejó Harvard para cursar la maestría en la Escuela de Negocios de Columbia. Y ahora estoy agradecido de tener a mi lado a la maravillosa Erin Wetzel.

En HarperCollins he tenido la suerte de trabajar durante años con un increíble equipo en el que se encuentra mi editora y colaboradora de toda la vida, Hollis Heimbouch, quien realmente ha mejorado todo lo que he publicado. Mi agente de muchos años, Danny Stern, y su equipo de primera línea en Stern Strategy, incluidos Ned Ward, Kristen Soehngen Karp y Ania Trzepizur, nos han proporcionado su apoyo constante y su hábil guía.

La familia Christensen ha estado entre mis colaboradores más importantes en pensamiento y apoyo, tanto en este libro como en todo mi trabajo de las últimas décadas. Quiero agradecer a Matthew y Liz, Ann, Michael, Spencer y Channing, así como a Katie, por su incansable interés en ayudarme a refinar mi pensamiento y a completar un trabajo que contribuirá a hacer del mundo un lugar mejor. Mi esposa, Christine, y yo estamos orgullosos del éxito que han tenido en su vida y en su carrera, en parte porque han aplicado las teorías sobre administración que se perfeccionaron en discusiones en casa. Sin embargo, más allá de esto, Christine y yo estamos muy orgullosos de que cada día recuerden por qué Dios nos envió a esta tierra.

Por último, a mi esposa, Christine, quien realmente ha sido mi compañera más importante en todo lo que ha sido relevante en mi vida. Ella ha leído y editado cada libro que he escrito, pero en éste pienso que se superó a sí misma. Tanto su cabeza como su corazón se involucraron verdaderamente en esta obra y su toque se refleja en cada página. Y ha hecho todo eso mientras me ayudaba a enfrentar algunos desafiantes problemas de salud en años recientes. Me considero realmente afortunado de tener a Christine a mi lado; mi trabajo y mi vida han sido mejores por eso.

EFOSA OJOMO: MÁS ALLÁ DEL SUEÑO AMERICANO

Hace 20 años reprobé el examen de ingreso a la universidad en Nigeria. Dos veces. Pero gracias a Dios tuve la fortuna de que me admitieran en una universidad de los Estados Unidos. Así, vine a este país en agosto del año 2000 para estudiar y obtener mi propia tajada del sueño americano. Nunca tuve la intención de regresar a mi tierra natal y durante mucho tiempo ni siquiera fui de visita. Me gradué, obtuve un empleo y me compré una casa y una SUV. Estaba en camino de realizar ese sueño americano del que tanto había oído hablar. Entonces, en 2008, en las páginas del libro *The White Man's Burden* [La carga del hombre blanco], del profesor William Easterly de la Universidad de Nueva York, conocí a Amaretch.

En una fría noche de febrero, en Wisconsin, leí acerca de Amaretch, niña etíope de 10 años de edad cuya historia cambió al instante la trayectoria de mi vida. Después de enterarme de que Amaretch debía levantarse a diario a las tres de la mañana, recoger leña y venderla en el mercado, pedí a algunos amigos que me ayudaran a montar Poverty Stops Here. Compensamos lo que nos faltaba de habilidad y experiencia con pasión y dedicación. Sin embargo, después de recaudar un par de cientos de miles de dólares me di cuenta de que el problema era mucho más complejo de lo que originalmente había pensado. En consecuencia, en 2013 me dirigí a la Escuela de Negocios de Harvard para aprender cómo los negocios pueden contribuir a la erradicación de la pobreza. Ahí conocí al profesor Clayton Christensen.

Clay: He conocido pocas personas tan brillantes y bondadosas como el profesor Christensen. Tiene la capacidad de cambiar no sólo la forma en que ves el mundo, sino cómo te ves a ti mismo y tu potencial. Conocí a Clay al tomar su curso "Building and Sustaining a Successful Enterprise" [Construcción y sustentación de una empresa exitosa]; quedé fascinado al instante por su disposición para ayudar a todos los que encontraba a su paso a ser una mejor versión de sí mismos. Su dedicación a la enseñanza sólo se ve superada por el genuino afecto que siente por sus alumnos. Después de asistir a su clase fue fácil tomar la decisión de trabajar con él. Para mí, este libro es la culminación de un proceso de tres años de pensar, escribir y refinar nuestras ideas. Para él, representa un viaje de tres décadas para hacer de este mundo un lugar mejor. Clay creyó en mí lo suficiente para llevarme en este viaje especial, y por eso le estaré eternamente agradecido. Él amplió mi razonamiento cuando yo pensaba que había encontrado una respuesta a una pregunta apremiante. Me demostró su paciencia cuando dábamos los últimos toques al mensaje de la paradoja de la prosperidad. Y, cada vez que nos reuníamos, era simplemente bondadoso. No es fácil agradecer a una persona así. Fuera de mi familia, Clay ha tenido el impacto más profundo en mi vida. Él es mi profesor y mi mentor, pero sobre todo es mi amigo. Y a Christine, muchas gracias por las incontables horas que pasaste leyendo y dándonos tus invaluables comentarios.

Karen: Escribir un libro es algo parecido a correr un maratón, en el sentido de que puede tomar un buen rato. En este proceso, entre instantes de excitación y descubrimiento, hubo momentos de falta de confianza en mí mismo y ansiedad. La presencia de Karen fue absolutamente esencial para hacer que este libro y las ideas que contiene llegaran a buen puerto. Su capacidad para hacer preguntas, simplificar conceptos y destacar partes de una historia con la que se identificaran los lectores realmente no tiene parangón. Siempre estaba dispuesta a dar su tiempo y su persona en beneficio del libro. Ha sido una auténtica compañera en este proceso; pero, más importante, se ha convertido en "familia". Estoy muy agradecido con ella.

Nate Kim dedicó incontables horas para llevar a cabo una investigación y una edición excelentes, que han fortalecido este libro. Tiene una aguda capacidad para simplificar conceptos complejos con el fin de hacerlos accesibles para todas las audiencias. La ayuda de Nate en este proyecto fue verdaderamente vital al permitirnos escribir el mejor libro posible.

Desde que comencé a trabajar en el Christensen Institute, ANN CHRISTENSEN, mi gerente, me ha hecho esta pregunta cada semana: "¿Cómo puedo serte más útil?" Ann no sólo hizo que escribir este libro fuera un placer; también ha hecho del trabajo una alegría. Por las muchas formas en que te sacrificas por nosotros, gracias, Ann.

Cliff Maxwell, jefe de personal del profesor Christensen, ha leído este libro casi tantas veces como nosotros y nos ha aportado invaluable retroalimentación. Hasta el último momento, Cliff seguía ayudándonos a afinar nuestro razonamiento. Nos referimos a él con afecto como el cuarto autor.

Brittany McCready, asistente de Clay en la facultad, ha sido esencial al ocuparse de muchas cosas al mismo tiempo mientras escribíamos este libro. Nos dio ánimos durante todo el proceso y siempre mantuvo nuestro espíritu en alto.

Jon Palmer tuvo la brillante idea de "reclutar" a Karen para que se uniera a nosotros en este proyecto, y también leyó de buen grado los primeros manuscritos. La destreza editorial de Jon verdaderamente no tiene igual. Gracias por ayudarnos a mejorar este libro.

Aunque Emily Snyder se fue para estudiar su maestría en Columbia, la cultura y la estructura que creó para respaldar el trabajo de Clay siguen vivas y fueron básicas para asegurar que hiciéramos el mejor trabajo posible.

Scott Anthony y Michael Horn aportaron retroalimentación que prácticamente cambió la dirección de esta obra. Leyeron los primeros borradores de todo el libro (incluyendo nuestras muchas notas al margen ☺) y tuvieron la amabilidad de explicarnos sus observaciones. Estamos en deuda con ustedes.

Mis Colegas del Instituto Christensen: Ruth Hartt, David Sundahl, Horace Dediu, Spencer Nam, Ryan Marlin, Alana Dunagan, Aroop Gupta, Subhajit Das, Jenny White, Rebecca Fogg, Julia Freeland Fisher, John George, Tom Arnett, Chandrasekar Iyer, Richard Price, John Riley, Meris Stansbury y Parthasarathi Varatharajan, trabajar con todos ustedes es verdaderamente una de las alegrías de mi vida. Su dedicación a hacer de este mundo un lugar mejor me alienta a superarme cada día.

Quiero agradecer especialmente a Hayden Hill y a Christina Nunez por leer los primeros manuscritos y aportarnos excelentes observaciones.

Pooja Singhi y Terrens Muradzikwa, dos de los estudiantes universitarios más brillantes con los que he interactuado, aportaron perceptivos comentarios y realizaron una excelente investigación que ayudó a mejorar las ideas contenidas en este libro.

Mi familia de Poverty Stops Here: Jeremy y Ruth Akins, Ranjit y Sneha Mathai, Donald y Grace Ogisi, Terry y Mary Claire Esbeck, Jeff Meisel, Ese Efemini y Femi Owoyemi, hace 10 años se arriesgaron a crear PSH. Su confianza en que crearíamos un mundo mejor para quienes habían estado lidiando con una suerte difícil sigue impulsándome hasta el día de hoy.

Mi familia de la Iglesia: el pastor Chris y Becky Dolson, Jason y Veronica Zhang, Lee-Shing Chang, Bright Amudzi y mi grupo de City on a Hill Community, ustedes me respaldaron en los días más difíciles que he tenido en tiempos recientes. Oraron por mí, tuvieron esperanza por mí y me ayudaron a ser una mejor versión de mí mismo. Me recordaron el papel del cuerpo de Cristo. Gracias. A Priscila Samuel, que ha cambiado mi vida en más formas de las que puede imaginar, gracias por haber sido bondadosa siempre.

Mis amigos del Foro para el Crecimiento y la Innovación de la Escuela de Negocios de Harvard: Derek van Bever, Pooja Venkatraman, Clare Stanton, Bryan Mezue, Tom Bartman, Katie Zandbergen y Tracy Horn, gracias por su apoyo, su rigor intelectual, y por ayudarme a correr la voz. También quiero agradecer a Taddy Hall, quien nos presentó a varios de los emprendedores de los que nos ocupamos en el libro.

Hollis Heimbouch, nuestro editor en HarperCollins, gracias. No sólo creíste en nosotros cuando nuestras ideas todavía no estaban plenamente formadas, sino que nos ayudaste a mejorarlas.

Amy Bernstein, de *Harvard Business Review,* gracias por creer en mí. Has sido fundamental en mi crecimiento como escritor.

A nuestros amigos del Center for International Private Enterprise (CIPE) y a sus colegas Toni Weis, Kim Bettcher, Brian Levy y Katrin Kuhlman, gracias por leer los borradores, brindar retroalimentación y ayudarnos a mejorar nuestras ideas. Un agradecimiento muy especial a Philip Auerswald, quien leyó el manuscrito completo y aportó invaluables observaciones y referencias.

A mi familia: papá, mamá, Esosa, Feyi, Edefe, Edema, Gigi y Uyi, gracias. Todo lo que soy se lo debo al amor constante y al incesante aliento que me han brindado. Gracias a mis padres por creer siempre en mí. Esosa y Feyi (mi hermano y su esposa), ustedes son tan generosos como brillantes; a través de incontables conversaciones me ayudaron a pensar de forma más crítica acerca de muchas ideas de este libro. Sus hermosos hijos, Gigi y Uyi, son fuente constante de inspiración para todos nosotros. Mis dos hermanas —una de las cuales tiene un doctorado y otra está cursando uno— saben muy bien lo que se requiere para escribir. A lo largo de este proceso ustedes dos me han ayudado a plantearme mejores preguntas y me han recordado concebir el libro como una invitación a una conversación. Siempre me han apoyado, aun cuando eso tuvo un costo para ustedes. Gracias.

Y, principalmente, agradezco a Dios, aquel de quien fluyen todas mis bendiciones.

Hace 20 años llegué a los Estados Unidos en pos del sueño americano. Vine buscando mi propia prosperidad. Pero ahora todo eso ha cambiado. He aprendido que la vida no puede girar sólo en torno de uno mismo. Necesariamente hay que ayudar a mucha gente como podamos en el breve tiempo que tenemos aquí en la tierra. Mi esperanza más profunda es que las palabras de *La paradoja de la prosperidad* te sean útiles para tu causa de hacer del mundo un lugar mejor. Gracias.

KAREN DILLON: MÁS ALLÁ DE QUE TE IMPORTE

Hace dos años, a mi hija Rebecca le pidieron invitar a un orador con una "perspectiva única e innovadora" del mundo para que hablara a su grupo de secundaria. Cuando me preguntó si conocía a alguien que se ajustara a esa descripción, de inmediato pensé en Efosa Ojomo. Yo sabía que Efosa estaba haciendo una interesante investigación sobre innovación y prosperidad en el Christensen Institute, de modo que recomendé a Rebecca que lo buscara. Habiendo cumplido con mi "deber de mamá", me desentendí de la situación; sin embargo, el día que Efosa asistió a su clase, fui absorbida de nuevo por ella. La conversación de esa noche en la mesa familiar se vio animada por lo que Efosa había abordado con los estudiantes. ¿Sabía yo qué duras habían sido las cosas en los Estados Unidos tan sólo hacía algunas generaciones? ¿Sabía yo acerca de los pozos de Efosa? ¿Sabía yo de la innovación que se desarrollaba en los lugares más improbables del mundo? Mi hija de 16 años estaba cautivada por las ideas de Efosa, y ahora yo también.

A principios de 2018 la revista *Nature* publicó los hallazgos de dos estudios independientes sobre los progresos registrados en la nutrición de los niños pobres y en los bajos niveles educativos de 51 naciones africanas. Los estudios evaluaron, con extraordinario detalle, qué tanto se acerca cada país de África al objetivo de la ONU de erradicar la malnutrición infantil. Los hallazgos publicados en *Nature* fueron sombríos: no sólo ningún país africano había alcanzado la Meta de Desarrollo del Milenio de 2015, sino que no se esperaba que ninguno lo hiciera en 2030. Simon Hay, uno de los autores de los artículos publicados en *Nature,* sugirió que la meta global de la ONU era solamente un objetivo "aspiracional". Y la aspiración particular de erradicar la malnutrición infantil está, dijo, "muy, muy lejos".

Esta conclusión me rompe el corazón. Hace más de 30 años yo era una entre millones de adolescentes pegados a la televisión para ver la transmisión en vivo del concierto de Live Aid, que presentaba una variedad sin precedentes de las estrellas de rock más grandes del planeta, quienes recaudaron millones de dólares para ayudar a alimentar a la gente que pasaba hambre en África. Memorizamos la letra de "Alimenten al mundo" [Feed the World], nos transmitimos promesas por teléfono y nos convencimos a nosotros mismos de que, si nos importaba lo suficiente, podríamos contribuir a cambiar el mundo.

Mis hijas tienen ahora más o menos la misma edad que yo entonces, y es dolorosamente claro que la aguja no se ha movido, no lo suficiente. Pero me niego a ver a la generación de mis hijas hundirse lentamente en la misma desesperación —o, peor, indiferencia— que campeó en las generaciones anteriores. No es suficiente que nos importe. Necesitamos nuevas herramientas, nuevas armas. Con este libro, Clay, Efosa y yo nos hemos unido a la pelea. Al compartir nuestras mejores ideas, al hurgar y poner a prueba la sabiduría convencional, y al alentar el uso de nuevas lentes para enfocar antiguos problemas, esperamos haberte motivado a hacer lo mismo.

Uno de los privilegios de mi vida ha sido colaborar con Clayton Christensen. Éste ya es nuestro tercer libro juntos y nunca dejo de apreciar el regalo que me ha sido dado de trabajar estrechamente con uno de los académicos más respetados del mundo. Pero, mucho más importante que eso, he tenido la oportunidad de colaborar con el hombre verdaderamente bueno detrás de esa reputación tan bien merecida. Nuestro trabajo conjunto, así como la profunda amistad que hemos desarrollado con los años, no tienen precio para mí. Realmente has cambiado mi vida.

Efosa Ojomo: ha sido una increíble alegría ser tu compañera en este libro. Me has inspirado de muchas maneras en el curso de nuestra colaboración. No sólo eres brillante; también eres realmente bondadoso, combinación en extremo rara en este día y época. Para mí, una de las mejores cosas que resultaron de este proyecto es la maravillosa amistad que hemos forjado en los días, semanas y meses que trabajamos muy de cerca en algo que nos importa tan profundamente. Has sido mucho más que un compañero: te has convertido en mi familia. Sé que los pozos que tan desesperadamente quisiste devolver a

Nigeria no duraron, pero de alguna manera espero que este libro se convierta en tu primer "pozo" duradero, un manantial de ideas con las cuales podrás ayudar a muchas más personas que con un único pozo. No puedo esperar a ver las grandes cosas que tienes para ofrecer al mundo en los años venideros.

A Cliff Maxwell, jefe de personal de Clay, no pudimos haber pedido un compañero que nos respaldara más en este proceso. Este libro te interesó tanto como a nosotros; nos ofreciste tu mejor razonamiento, nos retaste, y tu edición ayudó a llevar esta obra a otro nivel. Todos estamos en deuda contigo. Christine Christensen, quien es la encarnación de la bondad y la clase, fue una de las personas que con más fuerza apoyaron este proyecto y estoy muy agradecida por su trabajo en él. Y a Brittany McCready, mujer de extraordinarios recursos, un caluroso agradecimiento porque siempre estuviste ahí cuando te necesitamos, ya fuera aplicando laca para el pelo en una sesión fotográfica, ocupándote de muchas cosas al mismo tiempo o sólo haciéndonos reír. Fuiste una hermana del alma a lo largo de este proyecto. Nate Kim, sabía que tu investigación en este libro sería invaluable, pero fue una maravillosa sorpresa descubrir que también eres un magnífico editor y escritor. Si pudiéramos destacar con un marcador todas las secciones de este libro en las que desempeñaste un papel esencial, todas las páginas quedarían amarillas. Gracias por darle verdaderamente todo a este libro.

A Jon Palmer, quien suavemente me convenció de mirar el trabajo de Efosa en los primeros días y después dedicó horas de su tiempo a aportar retroalimentación para este libro, tengo contigo una enorme deuda de gratitud. Has sido un auténtico compañero y amigo. Scott Anthony y Michael Horn, dos de las mentes más agudas que conozco, nos dieron invaluables ideas sobre los primeros borradores de esta obra, y el libro es mucho más fuerte gracias a ello. Tuvimos el beneficio de contar con muchas otras mentes de primera clase en el camino, como Ann Christensen, Pooja Venkatraman, Hayden Hill, Christina Nunez, Karen Player, Khuyen Bui y Stephanie Gruner. Mallory Dwinal-Palisch fue una primera lectora profundamente valorada, que trabajó con entusiasmo en todo el manuscrito mientras ayudaba a que el mundo fuera un lugar mejor en la Oxford Day Academy. Charlene Bazarian, has sido una de mis armas secretas en estos años, inspirándome a diario con tu espíritu infatigable. Quizás éste no sea aún nuestro viaje al Ritz, pero considéralo una muestra de gratitud que viene desde el fondo de mi corazón. A mis amigos, cercanos y lejanos, que me animaron mientras me aventuraba en este libro, gracias por su apoyo incondicional.

Danny Stern, Ania Trezpizur, Ned Ward, Kristen Soehngen Karp y toda la gente de Stern Strategy han ofrecido guía y aliento continuos a lo largo de este proceso y estoy muy agradecida de que formen parte de nuestro equipo. Somos extremadamente afortunados de haber tenido la guía de la talentosa Hollis Heimbouch, nuestra editora de muchos años en HarperCollins, quien dio un salto de fe con nosotros en este libro. Hollis representa el equilibrio perfecto, empujando y jalando como editora, asegurándose de que quisiéramos darle nuestro mejor trabajo. Su colega Rebecca Raskin también ha sido una aliada invaluable mientras nos abríamos camino hacia los días finales de la creación del libro.

A Rob Lachenauer y a todos mis colegas de BanyanGlobal Family Business Advisors: ustedes han sido fuente de mucha felicidad porque me dieron la bienvenida al grupo, me retaron a aprender y a crecer, y me recordaron que trabajar de cerca con colegas de clase mundial es un regalo. Es un honor ser una banyanita.

A mis padres, Bill y Marilyn Dillon, quienes me infundieron un sentido de compasión por los demás, sigo teniendo con ustedes una enorme deuda de gratitud por el apoyo incondicional que me han brindado toda mi vida. Mi amada madre, Marilyn, ha editado cada libro que he escrito y he podido contar con su ojo avizor para mejorar mi trabajo. Mi hermano, Bill Dillon, y mi hermana, Robin Ardito, han estado entre mis partidarios más fervientes, limpiando el camino para que me concentrara en este libro mientras cumplían con las responsabilidades familiares. Los amo a todos más de lo que estas palabras pueden expresar.

A mis hijas, Rebecca y Emma, sé que encontrarán sus propias formas de hacer del mundo un lugar mejor en los años venideros; estoy agradecida por su apoyo y su interés mientras analizábamos con entusiasmo cada nueva pieza de investigación para esta publicación. Ser su madre ha sido la alegría más grande de mi vida. Ustedes me inspiraron continuamente para hacer un trabajo que importe y espero que estén orgullosas de mí con este libro. Y a mi esposo, Richard, quien ha sido, todos los días, un ávido buscador de ideas y ejemplos para esta obra, mi más confiable compañero de pensamiento y mi mejor amigo: quizá no resolvamos todos los problemas del mundo en nuestras largas caminatas, pero al menos estamos seguros de que lo intentamos. No puedo pensar en un compañero mejor con el cual caminar por la vida.

Índice analítico

Los números de página de figuras y tablas aparecen en itálicas.

41, *61*; necesidades locales e: 110; no
consumo como objetivo: 38, 41, 49-65,
96-97, 100-101, 111-116, 152, 209-210,
222-224; opositores a ideas originales:
37; principios de las: 208-211; productos
asequibles que crean mercados de
crecimiento: 209; productos y servicios
democratizadores: 35-*36*, 100, 152, 187,
210-211; prosperidad e: 20, 24-25, 27,
37, 77, 87-90, 107, 245-246n5; recursos
necesarios: 39; red de valor e: 38; riesgo
e: 47-48; soporte ejecutivo: 39; soporte
organizacional o gubernamental:
206-207; tecnología habilitadora: 38;
trabajo por hacer e: 50-52, 54, 65, 94,
113, 158, 254n8; tres resultados: 23-24.
*Véase también compañías, personas y
productos específicos*
Innovation Paradox, The (Cirera y Maloney):
250n3
Innovator's Dilemma, The (Christensen): 27
Innovator's Guide to Growth, The (Anthony
et al.): 49
Innovator's Solution, The (Christensen y
Raynor): 256n12
instituciones: 145-160, 266n1 y 2;
aprendizaje compartido e: 150; carreta
antes del caballo e: 153-154; Colleganza
(Venecia): 151-153, 156; cómo no
arreglar los problemas: 148-149, 267n8;
como proceso: 156; contexto local de:
155; crecimiento económico e: 181, 268-
269n24; cultura de la sociedad e: 149-
151; emprendedores y: 268n20; Estado
de derecho e: 145, 147, 151; estrategias
que consisten en empujar e: 147-148;
europeas: 151-152; "importación" como
inefectiva: 147-148; ingresos elevados
y: 153, 267-268n16; innovación como
pegamento: 155-157; innovaciones
creadoras de mercado que preceden a
las: 155; Malawi, caso de estudio: 149;
países del antiguo bloque soviético: 146;
programas de reforma fallidos: 153-154,
266-267n6; prosperidad e: 151, 268n21;
"vacíos institucionales": 147
Insull, Samuel: 104
integración vertical: 96, 177-178, 197
inversiones/inversiones de capital: CDR de
Ruanda e: 238-239; construcción de
instituciones e: 151-152; construcción

de naciones e: 42-43; corrupción,
desalentar la: 161, 166; en China: 169-
170; en Singapur: 239-240; IED: 37, 48,
78, *132*, 169, 240, 264n7; IEP: 253n19;
innovaciones creadoras de mercados e:
36-37, 48; innovaciones de sustentación
y ROI: 47; microfinanciamiento: 230-231;
para Celtel: 19; para el Dr. Consulta
de Brasil: 207; para infraestructura:
187; para MicroEnsure: 55; préstamos
a los monarcas europeos: 174-175;
programación: 255n4; sobornos e: 168-
170, 271n25 y 27
inversiones extranjeras directas (IED): 37, 48,
78, *132*, 169, 240, 264n7
*Investment in Humans, Technological
Diffusion, and Economic Growth*
(Nelson y Phelps): 245-246n5

Japan's Motorcycle Wars (Alexander): 116
Japón: 22, 25, 107-119, 151, 201, 261n2,
262n11 y 14; cambio cultural: 116-
117; construcción de caminos: 108,
114, 187; cultura de la innovación y:
119; electrónicos de consumo y: 118;
fabricantes automotrices y: 114-115, 117;
mercado de exportaciones y: 107, 109,
114-115; mercado de motocicletas: 117-
119, 187; papel económico del gobierno:
262n11; Sony y: 110-114; Toyota y: 114-
117; tres lecciones de: 109-110
Jaycox, Faith: 270n14
"jefes del Senado, Los" (caricatura): 172

Kagame, Paul: 215
Kahneman, Daniel: 53
Kamiya, Shotaro: 117
Kar, Kamal: 69
Kawasaki: 118
Kellogg's: 77-78
Kenia: 147, 150, 191, 193, 202, 227; Ferrocarril
Mombasa-Nairobi: 192; M-Pesa: *59*,
82, 211
Khan, Mushtaq: 176
Khanna, Tarun: 147
Khoja, Karim: 178
Kia Motors: 107, 119-120
Kicking away the Ladder (Chang): 69, 255n4
Kim, Jim: 84
Kim, Nate: 122
Kuhlmann, Katrin: 150

Sobre los autores

CLAYTON M. CHRISTENSEN es profesor Kim B. Clark en la Escuela de Negocios de Harvard y autor de 12 libros; ha recibido en cinco ocasiones el Premio McKinsey por el mejor artículo para la revista *Harvard Business Review* y es cofundador de cuatro compañías, incluyendo Innosight, firma de consultoría sobre innovación. Ha sido reconocido repetidamente por Thinkers50 como uno de los pensadores más influyentes del mundo, y se ha dicho que "su influencia en el mundo de los negocios ha sido profunda".

EFOSA OJOMO trabaja codo a codo con Christensen como investigador principal en el Christensen Institute for Disruptive Innovation, donde dirige la Global Prosperity Practice de la organización. Su trabajo ha sido publicado en *Harvard Business Review, The Guardian, Quartz,* CNBC Africa y *Emerging Markets Business Review.* Se graduó en 2015 de la maestría en administración de la Escuela de Negocios de Harvard.

KAREN DILLON fue editora de *Harvard Business Review* y coautora del éxito de ventas del *New York Times: How Will You Measure Your Life?* [¿Cómo medirás tu vida?] y *Competing against Luck* [Competir contra la suerte]. Graduada de la Cornell University y la Northwestern University's Medill School of Journalism, es directora editorial de Banyan Global Family Business Advisors. Fue nombrada por Ashoka como una de las mujeres más influyentes e inspiradoras del mundo.

Printed in the USA
CPSIA information can be obtained
at www.ICGtesting.com
LVHW031952301223
766660LV00003B/9